企业纳税实务

及

风险管理

庄粉荣　李汉柱　著

中国铁道出版社有限公司
CHINA RAILWAY PUBLISHING HOUSE CO., LTD.

图书在版编目（CIP）数据

企业纳税实务及风险管理/庄粉荣，李汉柱著.—北京：中国铁道出版社有限公司，2020.7

ISBN 978-7-113-26791-9

Ⅰ.①企… Ⅱ.①庄… ②李… Ⅲ.①企业管理-税收管理-风险管理-中国 Ⅳ.①F812.423

中国版本图书馆CIP数据核字（2020）第063318号

书　　名：企业纳税实务及风险管理
QIYE NASHUI SHIWU JI FENGXIAN GUANLI

作　　者： 庄粉荣　李汉柱

责任编辑： 王　佩　　**读者热线：**（010）63560056

责任校对： 王　杰

责任印制： 赵星辰　　**封面设计：** 仙境

出版发行： 中国铁道出版社有限公司（100054，北京市西城区右安门西街8号）

印　　刷： 三河市兴达印务有限公司

版　　次： 2020年7月第1版　2020年7月第1次印刷

开　　本： 787 mm×1 092 mm　1/16　**印张：** 21　**字数：** 423千

书　　号： ISBN 978-7-113-26791-9

定　　价： 69.80元

前言

过去几年，国际经济低迷和国内经济增速放缓越来越影响人们的生活。为了帮助大众走出困境，国家从各个方面采取一定的对策。在此形势下，我国财税领域发生了很多变革：

其一，着力税制改革，降低纳税人的负担。一是推行流转税改革，全面推行“营改增”，从2016年5月1日起，建筑、房地产、金融和现代服务等四大行业实行营业税改征增值税，从而在流转环节实现增值税全覆盖；二是增加递延纳税的规定，鼓励民间投资和外商再投资；三是为企业强化造血功能赋能，如扩大加速折旧、加计扣除的力度和范围，阶段性规定一定金额的器具和设备直接在税前扣除，等等；四是从税收上扶持小微企业发展，先后八次调整企业所得税优惠政策；五是进一步提高增值税的起征点，扩大特殊人群就业的税收扶持力度；六是进行个人所得税法的改革和完善，降低中低收入人群的税收负担。

其二，规范行政执法工作。主要体现：一是减政放权、取消数十项涉税行政审批和备案事项，简化了办税流程；二是实行信用分类管理，将纳税人的信用情况与税务管理和享受税收优惠权结合起来；三是立法工作，完善环保费改税的立法工作，出台了《环保税法》和完成车船税等多个地方税种的立法程序。

其三，强化了税收征管手段，主要表现在税务机关联合中央人民银行和其他管理部门对纳税人实行作用等级管理、推广“金三”系统、合并国地税，以及调整税收征管模式等方面。

其四，承认纳税人策划税收的权利。2017年5月5日国家税务总局出台的《国家税务总局关于发布〈涉税专业服务监管办法(试行)〉的公告》（国家税务总局公告2017年第13号）明确涉税专业服务机构可以从事税收策划业务，对纳税人、扣缴义务人的经营和投资活动提供符合税收法律法规及相关规定的纳税计划、纳税方案。同时，中国注册税务师协会2017年1月25日也出台了《税收筹划业务规则（试行）》（中税协发〔2017〕004号）。这就为税收策划由理论走向实践提供了法律依据。

在这样的情况下，人们被涉税问题困扰而产生的焦虑感越来越多：一方面，感觉税收政策变化快，税收政策变化后找不到企业操作的支点；另一方面对涉税风险更加警觉。在此情景下，笔者意识到需要对企业涉税风险的测试与控制进一步研究。于是利用近一年的时间，对新形势下纳税人存在的各种涉税风险进行了系统的研究，重点将企业的内部控制机制的完善和防范涉税风险结合起来，同时针对新情况提出一系列应对措施。

纳税人的涉税风险是在税务检查过程中揭示出来的，所以，我们在研究防范涉税风险的时候，自然需要将应对纳税检查结合起来。目前税务检查的手段越来越多，包括专业风险应对、纳税评估、管理性检查、税务稽查以及反避税调查等。

本书以不同行业的企业为切入点，以企业的生产和经营业务流程为脉络，对不同的企业在不同的环节可能存在的涉税风险及防范思路和方法进行比较详细的展示，同时给出应对方法和技巧。在具体业务处理上，结合企业的常见业务模式和操作流程，综合提示涉税风险处理和防范技巧。

本书的特点是引用大量的案例从各个方位全面分析企业的涉税风险，既有理论的深度，又有实践性。因此，本书既适合于高级研究机构的研究人员作为税收策划理论研究的参考读物，也适合注册会计师和税务师在实务过程中作为指导性工具书，更适合于企业的投资人、企业财务总监和财务主管作为经营决策涉税指导手册。相信本书的出版，会对纳税人防范涉税风险产生较好的指导作用。

由于水平有限，书中难免存在疏漏之处，期待读者在阅读的过程中帮助提高和完善。

作者

2020年5月 上海

CONTENTS 目录

第一章　企业纳税实务及风险管理概论 1

第一节　企业涉税风险概述 1

一、企业涉税风险的认知 2

二、涉税风险与利益的关系 4

第二节　企业涉税风险揭示 5

一、纳税检查人员的职权 6

二、纳税检查人员的义务 6

三、纳税人的权利 7

四、纳税检查过程中的配合要求 10

第三节　企业风险管理的理论基础 11

一、税收筹划的主体是纳税人 11

二、税收筹划的客体是各项涉税行为 12

三、应对纳税检查的重点环节是企业的生产和经营业务流程 13

四、纳税检查应对活动的目标在于追求涉税零风险 14

第四节　涉税风险防范的思维方略 14

一、涉税风险防范的方法 14

二、企业存在固有的缺陷 17

三、企业应当定期做“体检” 20

四、利用他人智慧增加收益 21

五、投资于咨询效益大 24

第二章　投资业务过程中的涉税风险 26

第一节　投资业务涉税的表现提示 26

一、非货币性资产投资的涉税风险 26

二、创业投资和天使投资过程中的涉税风险 28

三、技术入股过程中的涉税风险 29
四、取得或者转让股权的涉税风险 30
五、持有股权期间的资本运作风险 31
第二节 非货币性资产投资的涉税处理 33
一、非货币性资产投资的增值税处理 33
二、非货币性资产投资土地增值税和契税的相关规定 34
三、非货币性资产投资所得税征管的主要规定 35
第三节 创业投资和天使投资涉税政策分析 38
一、政策扶持主体 38
二、创投税收优惠政策要点 40
第四节 上市企业股权激励的税收优惠 41
一、上市公司员工获提股票期权的有关税收规定 42
二、股权激励税收优惠政策的调整 44
第五节 技术入股的税收优惠 44
一、技术入股的增值税规定 44
二、最新技术入股的所得税收优惠 44
第三章 企业筹备过程中的涉税风险 47
第一节 "税收洼地"的涉税风险 47
一、合法的"税收洼地"利用 48
二、非法的"税收洼地"风险提示 49
第二节 企业法律形式的选择风险 50
一、政策分析 51
二、静态分析 52
三、策划分析 53
四、税负测算 53
五、筹划结论 56
第三节 企业新办的涉税风险 58
一、分拆业务新办企业增值税不能免 58
二、关联交易转移利润受处罚 63

三、企业筹建不当失去所得税优惠......65
四、新办企业项目认定错误致涉税风险......70
第四节　企业的涉税协调风险......73
一、与当地政府的涉税协调......73
二、与税务人员关系处理的涉税风险......74
第四章　企业管理机制涉税风险分析......76
第一节　企业内部控制简述......76
一、现代企业内部控制的主要内容......76
二、关于内部控制的目的......78
三、企业财务内部控制的基本方法......79
第二节　内部控制的固有局限......83
一、内部控制机制本身的不完善......83
二、实施主体的问题无法解决......84
三、内部控制机构的适应性......85
四、价值取向不到位......85
五、当前企业内部会计控制存在的问题......85
六、内部控制与税收的关系分析......87
第三节　国有企业的涉税风险......89
一、管理人员的“官”意识......89
二、机构臃肿、业务流程环节多......91
三、管理机制死板......91
四、控制（控股）业务的影响......93
第四节　民营企业制约机制不完善......94
一、投机心理、侥幸心理影响较大......95
二、约束机制不完善......96
第五节　管理制度弹性控制分析......100
一、管理制度完善是取得有关资质的前提......100
二、完善的管理制度是享受税收优惠的前提......101
三、完善的制度下不能核定征收......102

四、完善的制度下不能调节费用 103
第五章 管理创新涉税风险分析 105
第一节 纳税信用管理对企业人的影响 105
一、信用评价指标 105
二、信用级别分类 106
三、纳税信用评价 108
四、激励措施 110
第二节 税务大数据利用情况简介 111
一、税务信息化建设的成果 111
二、税务大数据分析平台技术架构 112
三、基于税务大数据平台的业务应用 114
四、大数据在税务管理进程中展望 115
第三节 大数据对企业涉税风险的影响 116
一、“金三”系统的作用 117
二、“金税三期”对企业的影响 118
第四节 减政放权给纳税人带来的涉税风险 119
一、税收优惠管理办法 120
二、政策分析 121
第六章 涉税风险规避的策略 124
第一节 建立正确的税收意识 124
一、税收意识淡薄仍是当前的社会性问题 124
二、老板决策不能忽略税收风险 127
三、建立全员管理税收意识 131
第二节 建立企业内部避险机制 136
一、决策环节考虑税收 136
二、完善内部控制机制 139
三、业务部门的涉税风险 143
四、规范财务核算与缴税 145
五、设立专职机构防范涉税风险 147

第三节　完善外部保障机制……150
一、应当敢于承认自己的不足……150
二、应当定期请外部专家机构做体检……151
三、应当聘请外部税务专家做顾问……154
第四节　掌握规避涉税风险的方法和技巧……156
一、掌握应对纳税评估技术……156
二、注意入账凭证的合法有效性……158
三、正确处理相关费用的涉税问题……160
四、及时处理涉税事项……161
第七章　企业财务报告分析……163
第一节　财务报表分析基础……163
一、企业财务会计报表简介……164
二、分析企业会计报表的假设基础……164
三、会计报表税收分析的基础……165
四、税收分析对会计报表的关注……165
五、几个常用的分析模式……166
六、财务报表分析的作用……172
七、财务报表分析对增值税测评的影响……173
第二节　企业财务报告分析思路……174
一、资产负债表及有关附表的分析……174
二、利润表和利润分配表的分析……178
三、现金流量表的分析……180
四、运用企业会计报表数据综合分析……182
第三节　财务报表分析实务……188
一、会计报表信息是可以利用的……188
二、生产和经营过程中存在的问题是可能被发现的……191
三、纳税人应当正确认识自己的义务……194
四、纳税人谋求税收利益应当通过合法的渠道进行……194
第四节　账簿检查的应对……194

一、对总分类账的检查......195
二、明细分类账的检查......195
三、纳税检查应对原则......198
第五节 会计凭证检查的应对......198
一、实例分析......198
二、税务检查的思路和方法......200
第八章 检查过程中的应对策略......201
第一节 管理性检查的主要内容及方法......201
一、开业登记的税务检查......201
二、一般纳税人申请认定及复验检查......204
三、享受税收优惠资格认定检查......205
四、对注销企业的管理性检查......208
五、日常管理过程中的检查......211
第二节 纳税评估简要介绍......211
一、纳税评估的对象......211
二、纳税评估对象确定的方法......212
三、评估分析方法......213
四、评估处理......216
第三节 反避税调查简要介绍......216
一、关联企业间关联关系的认定......217
二、关联企业间业务往来交易额的认定......218
第四节 “阳光稽查”条件下的应对策略......221
一、正确理解稽查的意图......221
二、进行自查......225
三、利用纳税评估消化问题......228
四、纳税评估的法律后果分析......232
第五节 突击稽查实施时的处理方法......234
一、会计事项的合法性是应对纳税检查的前提......234
二、日常操作的合理化是应对检查的关键......235

三、沉着应付冷静对待......238
四、为自己争取时间和空间......239
五、纳税评估与税务稽查的差异......241
第六节 检查过程中的应对策略......244
一、安排有经验懂业务的人陪同检查......244
二、注意检查人员的提问重点......247
三、准确把握纳税检查的进程......248
四、稽查过程中的心理交流......251
第九章 对稽查结果的确认策略......255
第一节 偷税认定的政策分析......255
一、关于偷税认定的政策分析......255
二、偷税认定的政策界限......260
第二节 确认偷税应当注意的问题......262
一、缴税期限未过不能为偷税......262
二、注意偷税认定的要件......263
三、构成偷税罪的标准......264
四、计算偷税比例的基数确认方法......267
五、注意责任主体的确认......269
六、代扣代缴涉税纠纷的政策分析......270
七、检查期间补缴税款仍要受罚......271
第三节 陈述机会的正确运用......272
一、目前税务稽查执法常见差错的主要表现......273
二、利用陈述期间积极陈述......277
三、纳税人陈述过程中应注意的问题......281
第十章 纳税检查的账务调整......285
第一节 纳税检查账务调整概述......285
一、纳税检查后企业的账务调整......285
二、纳税检查调账存在的问题......288
三、账务调整的原则......291

四、纳税调整的协调……292
第二节　应交税费的账务处理规定……294
一、应交税费的核算范围……294
二、应交税费的主要账务处理……295
三、新准则的主要变化……296
第三节　账务调整的方法……299
一、一般账务调整方法……300
二、汇算清缴的涉税账务调整方法……302
第四节　补退流转税的账务调整……304
一、补、退增值税的账务调整……304
二、补、退消费税的账务调整……306
三、补、退缴营业税的账务调整……307
四、查补税业务的一般处理方法……309
第五节　企业所得税的账务调整……310
一、补缴所得税的账务调整……311
二、利润总额与应纳税所得额产生差异的原因……311
三、对所得税账户调整的方法……312
四、企业所得税纳税检查调整的特殊事项……317
参考文献……320

第一章 企业纳税实务及风险管理概论

马克思指出："赋税是政府机器的经济基础""国家存在的经济体现就是捐税"。税收的基本特征是强制性、无偿性、固定性。强制性是指税收由国家强制征收的；无偿性是指纳税的费用归国家所有的；固定性是指税收提前指定固定的标准。但是，企业一旦进入正常运行，就必然会发生应税行为，就要依法纳税。企业对生产和经营活动过程中的涉税事项进行必要的税务管理，是其应尽的法定义务。所以，企业的生产经营活动与纳税是一对孪生兄弟，两者存在必然的联系。而从纳税人的角度来讲，纳税的过程既然是利益分配过程，也就必然是一个利益博弈的过程，在这个过程中自然就存在涉税风险。因此，本书将重点讨论企业在日常纳税实务过程中的风险管理问题。

第一节 企业涉税风险概述

既然从事生产和经营活动与纳税是一对孪生兄弟，两者存在必然的联系，那么纳税管理义务就贯穿在生产和经营的整个过程中，而且从企业的投资行为开始之后就自然地发生了。有没有按期完成纳税申报？投资人和企业取得收入的过程有没有纳税？企业做大做强以后，该缴的税缴足了没有？该用的优惠政策用足了没有？有没有多缴"冤枉税"？

这些困扰许多企业老板的问题正是涉税风险管理所关注的课题。不管是从事生产和经营活动的企业，还是提供理财服务活动的税务中介机构，都应该认识到税务管理更深的内涵是涉税风险管理，即控制企业涉税风险，减少多缴税或少缴税的可能性。但是，现实生活中，许多企业家往往对此认识不够，而一旦风险被揭示出来了，往往又感到十分无助，觉得十分冤枉和委曲。

一、企业涉税风险的认知

投资人从事生产经营活动，必然存在一定的支出。作为投资人和经营者来说，增加收入，减少支出是他们的共同追求。而在诸多支出因素中，税收又是其中一个重要的方面。由于种种原因，企业人士对税收了解得并不多，在日常涉税处理过程中往往是凭直觉安排税收问题，所以，纳税人存在较大的涉税风险。

随着我国税收政策体系的完善、越来越严格的税务征管措施和越来越复杂的企业交易行为，使得企业的纳税存在越来越多的涉税风险。什么是涉税风险？企业涉税风险就是指企业的涉税行为没有按照税收法规的具体规定处理，从而导致企业未来利益的可能损失。具体表现为企业涉税行为中影响纳税准确性的不确定因素，其最终结果表现为企业多缴了税或者少缴了税。这里，我们引用一个案例来说明，这个案例中所涉及的事项可能就发生在您身边。

A企业是一家拟上市公司，属于集研发、生产高新技术于一体的集团公司，由于发展需要，高薪招聘了一批高水平的研发人员和管理人员，共20人加盟。合同约定：其一，合作期限暂定为3年；其二，这些人的年薪均为60万元，公司在工资表上反映10万元，其余的由各自提供旅游费、交际费和其他家庭费用发票报销；其三，公司为这批人员分别配置小车、住房、手提电脑等，如果3年内业绩出色，由公司配备的小车、住房、手提电脑等均归个人所有。

3年过去了，这些专家确实为公司做出了突出的贡献，创造了大量财富，业绩得到公司领导的肯定。公司也兑现了将小车、住房、手提电脑等归个人的承诺。

后来，这些专家因为公司的管理存在较大的涉税风险而陆续离开这家公司。可惜的是，公司领导并未意识到涉税风险的存在，仍然按照原操作模式管理公司。结果，在一次税务稽查时被掀开了盖头，被追溯审查了5年的账目，最终补税、罚款达到9 000多万元（包括其他方面的补税和处罚）。

这里哪些属于涉税风险呢？一是工资没有如实反映，需要补缴个人所得税；二是公司财产归个人后，属于奖励性质，应该补缴个人所得税；三是小车等固定资产给个人，企业不仅没有作视同销售处理，而且仍然在提取折旧，影响了企业所得税；四是个人的交际费、旅游费和家庭费用在企业列支，这里也需要补缴企业所得税。

涉税风险是人人都应当知道的事情，但是当你走到书店的财经管理书架前，你肯定会有这样的感受：创业、投资、理财的书非常多，可以说是琳琅满目，而与税收有关的书，可能就只有税收筹划了。如果你想找一本关于涉税风险控制的书，却是十分困难。

这种现象真实地反映了目前在企业税收管理中的一热一冷的问题，热的是筹划、节税，冷的是涉税风险的评估和控制。这种趋势如果不引起重视，得不到及时遏制的话，不但会有很多参与税收筹划的企业遭受经济和声誉的损失，同时会将税收筹划引入误区。这里再举一个实例：

2019年3月底，某市税务局的稽查人员查处了一家制造公司偷税案。当稽查部门将所偷税款和滞纳金、罚款追缴入库时，公司法人代表王某后悔莫及地说：“本以为筹划可以为公司少缴点税，可没想到离谱的税收筹划害了我。”

新源股份有限公司（母公司，制造企业）将自己名下的一块地（约300亩）注入其子公司（房地产开发企业）B企业，用于增资扩股。该地块是三年前以1 000万元取得的，在注资时，当地资产评估机构评估其公允价值为3 000万元。母公司按成本价作如下核算：借记长期股权投资1 000万元，贷记无形资产1 000万元；子公司按评估价作如下核算：借记无形资产3 000万元，贷记实收资本3 000万元。

无独有偶，甲企业是沿海某市的一家大型机床生产企业，2018年3月28日将本公司账面原值为1 000万元、已提折旧800万元的机床，现金200万元，应收账款300万元，应付账款300万元以及公司员工10人转让给西部某县的一家子公司乙企业，而在乙公司入账时，设备价款则按1 000万元作为固定资产计提折旧，其他项目则按转出金额入账。

上述两个案例存在一个共同的问题：财产转移过程中，入账财产的成本被明显虚增。对于财产转出企业来说，隐瞒了收入，而对于接受企业而言，则增加了投资成本，影响到未来的企业所得税。类似的现象，社会中越来越多。他们为什么要这样操作呢？有关企业的财税负责人道出了天机：这是他们进行税收筹划的策略。

如此操作，企业存在涉税风险吗？通过研究我们发现若干问题：

首先，可能来自于投资人和管理者。目前，我国的投资人普遍缺乏税收意识，又缺乏咨询意识。然而，在重大的投资业务或者交易事项上又需要他们定夺，于是在这个环节发生多缴税或者少缴税的事情是十分常见的。

其次，多数发生在采购和销售等交易环节。企业生产和经营的环节较多，而这些环节都可能影响税收。比如，在日常采购业务中，不懂税收业务的采购人员收取虚开、代开发票的现象十分普遍。又如，技术参数不达标就无法享受税收优惠，混合销售业务的处理多缴税，等等。此外，企业并购重组也是一种特殊交易行为，而在这个环节的涉税风险特别大。在对外兼并的过程中，企业往往重视并购对象的价值评估，而忽视对其进行涉税风险的评估，由于未对被兼并对象的纳税情况进行充分的调查，等兼并活动完成后，才发现被兼并企业存在以前年度大额偷税问题，企业不得不额外承担被兼并企业的补税和罚款。

再次，还可能来自企业员工。企业税务岗位员工频繁变动，企业缺乏定期的员工技能培训制度和奖惩机制，都可能导致涉税风险。比如，员工缺乏责任心或者业务水平差，在审核过程中只看有关凭证的合法性，却没有审核与此相对应的其他资料的合理性；对相关交易行为的界定不准确，企业未按规定及时申报纳税；经验丰富的税务人员离职，继任者需要从头开始纳税管理工作；等等。

此外，还有对政策的理解和适用不到位。可以说，员工风险应该是所有涉税风险的根本风险，它是最难控制和管理的。

企业在日常纳税管理过程中，由于经常游走在税法的边缘，片面地追求减轻税收负担，这就必然蕴含着极大的风险，难免成为税务机关评估和稽查的对象。

二、涉税风险与利益的关系

在日常经营活动中，利益和风险往往是并存的。与税收有关的商业利益目标是企业要考虑的重要因素，为了获得既定的利益目标，企业的决策人在制定方案过程中，都要研究监控和改善企业的风险。

从商业角度讲，风险越大，将来损失越大，同时意味着收益越大。但企业涉税风险却是例外，企业涉税风险对企业来说可能是净损失，谈不上收益。因为在日常税务管理活动中，如果是企业因自己的原因多缴了税，税务机关可能不会退回；企业自己少缴了税，税务机关将保留无限期追索的权限，并且一旦检查出来，企业除补缴税款外，还将承担罚款和滞纳金。

通过纳税筹划可以获得一定的商业利益，企业应该考虑会不会由于这个税务利益的产生，令企业的某种交易做不了而导致商业目标无法实现，或者交易的本身就会带来税务利益和风险？税务利益由小到大的时候，对企业经营理念也会产生由小到大的吸引力。

当然小商、小贩是不会考虑税务风险的，他们有可能在利益的驱使下，街头摆摊赚钱，因为他的规模太小，如果被抓的话，大不了全部被没收。所以，对于小商贩来说，他们的经营风险都不考虑，所以，更谈不上控制涉税风险问题。

但是如果企业上了规模，就会从较低的风险程度转到较高的风险程度上。目前，中国的市场经济发展日新月异，企业扩张的速度也非常快，企业的生产经营决策就会处于变动状态。当企业规模不大的时候，税务利益的空间很小，但是经营者还是千方百计去追求。随着经营规模的扩大，决策者所看到的不仅仅是税务利益，还有企业生命力、企业各方面的影响力、企业本身的市场需求等。在这样的情况下，风险控制就自然地摆在决策人面前。

从企业管理的角度讲，哪种风险最难控制？在税务稽查过程中遭受灭顶之灾的公司管理人会告诉你：涉税风险最难控制！涉税风险难以控制的原因主要有三：一是涉税利益划分的标准来自于外部；二是税收政策与企业的业务流程难以衔接；三是人们存在侥幸心理。

发生税务风险的结果来自于两方面：一方面是税务机关通过检查发现问题且不予认可，发生税务处罚，从而增加税收成本支出；另一方面，对具有一定规模的企业来讲，肯定会影响企业形象。这个后果是更加严重的，因为影响企业的形象导致企业没有收入的时候，就不是简单的税务利益分配问题，而是企业能不能可持续发展的策略问题了。这些问题可以通过税收筹划来解决，主动引进和加强涉税风险管理，也就是说，与其事后救火，不如事前防范。这些问题，我们在这里归结起来研究，并将其称之为纳税检查应对技巧，主要从三个方面去着手：

首先，建立风险控制环境，即企业管理层在建立书面涉税风险控制策略和目标时，必须明确：企业应遵守国家税收政策规定，照章纳税；企业应积极争取和企业相关的税收优惠；企业和分支机构必须要设置税务部门以及各级负责人。

其次，评估涉税风险和设计控制措施。评估涉税风险就是企业对具体经营行为涉及的涉税风险进行识别并明确责任人，这是企业涉税风险管理的核心内容。在这一过程中，企业要厘清自己有哪些具体经营行为，哪些经营行为涉及纳税问题，这些岗位的相关责任人是谁，谁将对控制措施的实施负责等。

最后，信息交流和监控实施效果。信息交流是整个涉税风险管理工作平稳顺利运行的润滑油。因为即使设计了清晰的目标和措施，但是因为相关部门和人员不理解，导致责任人不能有效地执行，相关部门不能密切配合，实施效果将大打折扣。监控实施效果就是检查涉税风险管理的效果，并对涉税风险管理效果进行总结。

第二节　企业涉税风险揭示

企业涉税风险是客观存在的，但是，这个风险是如何被揭示出来的呢？在通常情况下，是被咨询专家诊断或者税务稽查人员检查出来的。不过，虽然咨询专家和税务稽查人员都能够揭示企业的税务风险，但是，两者的后果不同。咨询专家的诊断属于企业自查，自我完善过程；而税务稽查人员的检查，却是国家监督管理过程，被税务稽查出来的税款，不仅需要补税，还需要加收滞纳金，并且根据情节处以0.5倍以上到5倍以下的罚款，数额超过一定的量，企业还会被调降信用等级，其后果很严重。因此，企业一般都十分重视税务稽查的应对工作。

应对涉税风险揭示活动是围绕纳税检查进行的，因此，需要了解税务机构在纳税检查过程的权利和义务，掌握税务检查人员进行纳税检查的思路和方法以及操作重点，实际上就是掌握不同阶段的税收政策环境和税务管理的要求，从而有针对性地实施企业的税务管理。

一、纳税检查人员的职权

有关税收法规规定了纳税检查人员有哪些职权呢？具体地说，税务机关有权进行下列纳税检查：

一是检查纳税人的账簿、记账凭证、报表和有关资料，检查扣缴义务人代扣代缴、代收代缴税款账簿、记账凭证和有关资料。

二是到纳税人的生产、经营场所和货物存放地检查纳税人应纳税的商品、货物或者其他财产，检查扣缴义务人与代扣代缴、代收代缴税款有关的经营情况。

三是责成纳税人、扣缴义务人提供与纳税或者代扣代缴、代收代缴税款有关文件、证明材料和有关资料。

四是询问纳税人、扣缴义务人与纳税或者代扣代缴、代收代缴税款有关问题和情况。

五是到车站、码头、机场、邮政企业及其分支机构检查纳税人托运、邮寄应税商品、货物或者其他财产的有关单据和有关资料，但不能擅自开箱、开包检查。

六是经县以上税务局（分局）局长批准，凭全国统一格式的检查存款账户许可证明，查询从事生产、经营的纳税人、扣缴义务人在银行或者其他金融机构的存款账户，税务机关在调查税收违法案件时，经设区的市、自治州以上的税务局（分局）局长批准，可以查询案件涉嫌人员的储蓄存款。税务机关查询所获得的资料，不得用于税收以外的用途。

二、纳税检查人员的义务

一是税务机关派出人员进行纳税检查时，应当出示纳税检查证。

二是税务机关派出人员进行检查时，在出示纳税检查证件的同时，还应出示纳税检查通知书。未出示纳税检查证和税检查通知书的，被检查人有权拒绝检查。

纳税检查通知书的送达有两种方式：一种是在检查前几天内通知被检查人；另一种是在检查人进入检查现场时，向被检查人出示纳税检查通知书，并说明案由。

三是为被检查人保守秘密。

四是法律规定或者纳税人要求回避的，有关检查人员应该回避。

为了保证纳税检查的公正性，《中华人民共和国税收征收管理法实施细则》明确规定了回避制度。其第八条规定：税务人员在核定应纳税额、调整税收定额、进行税务检查、实施税务行政处罚、办理税务行政复议时，与纳税人、扣缴义务人或者其法定代表人、直接责任人有下列关系之一的，应当回避：

（一）夫妻关系；

（二）直系亲属关系；

（三）三代以内旁系血亲关系；

（四）近姻亲关系；

（五）可能影响公正执法的其他利害关系。

三、纳税人的权利

2009年底国家税务总局发出《国家税务总局关于纳税人权利与义务的公告》（国家税务总局公告〔2009〕第001号），对纳税人的权利进行了全面的概括，其要点如下：

1. 知情权

纳税人有权向税务机关或者税务人员了解国家税收法律、行政法规的规定以及与纳税程序有关的情况，包括：现行税收法律、行政法规和税收政策规定；办理税收事项的时间、方式、步骤以及需要提交的资料；应纳税额核定及其他税务行政处理决定的法律依据、事实依据和计算方法；与税务机关或者税务人员在纳税、处罚和采取强制执行措施时发生争议或纠纷时，纳税人可以采取的法律救济途径及需要满足的条件。

2. 保密权

纳税人有权要求税务机关或者税务人员为纳税人的情况保密。税务机关或者税务人员将依法为纳税人的商业秘密和个人隐私保密，主要包括纳税人的技术信息、经营信息和纳税人、主要投资人以及经营者不愿公开的个人事项。上述事项，如无法律、行政法规明确规定或者纳税人的许可，税务机关或者税务人员将不会对外部门、社会公众和其他个人提供。但根据法律规定，税收违法行为信息不属于保密范围。

3. 税收监督权

纳税人对税务机关或者税务人员违反税收法律、行政法规的行为，如税务人员索贿受贿、徇私舞弊、玩忽职守，不征或者少征应征税款，滥用职权多征税款或者故意刁难等，可以进行检举和控告。同时，纳税人对其他纳税人的税收违法行为也有权进行检举。

4. 纳税申报方式选择权

纳税人可以直接到办税服务大厅办理纳税申报或者报送代扣代缴、代收代缴税款报告表，也可以按照规定采取邮寄、数据电文或者其他方式办理上述申报、报送事项。但采取邮寄或数据电文方式办理上述申报、报送事项的，需经纳税人的主管税务机关批准。

纳税人如采取邮寄方式办理纳税申报，应当使用统一的纳税申报专用信封，并以邮政部门收据作为申报凭据。邮寄申报以寄出的邮戳日期为实际申报日期。

数据电文方式是指税务机关或者税务人员确定的电话语音、电子数据交换和网络传输等电子方式。纳税人如采用电子方式办理纳税申报，应当按照税务机关或者税务人员规定的期限和要求保存有关资料，并定期书面报送给税务机关或者税务人员。

5. 申请延期申报权

纳税人如不能按期办理纳税申报或者报送代扣代缴、代收代缴税款报告表，应当在规定的期限内向税务机关或者税务人员提出书面延期申请，经核准，可在核准的期限内办理。经核准延期办理申报、报送事项的，应当在税法规定的纳税期内按照上期实际缴纳的税额或者税务机关或者税务人员核定的税额预缴税款，并在核准的延期内办理税款结算。

6. 申请延期缴纳税款权

如纳税人因有特殊困难，不能按期缴纳税款的，经省、自治区、直辖市国家税务局、地方税务局批准，可以延期缴纳税款，但是最长不得超过三个月。计划单列市国家税务局、地方税务局可以参照省级税务机关的批准权限，审批纳税人的延期缴纳税款申请。

纳税人满足以下任何一个条件，均可以申请延期缴纳税款：一是因不可抗力，导致纳税人发生较大损失，正常生产经营活动受到较大影响的；二是当期货币资金在扣除应付职工工资、社会保险费后，不足以缴纳税款的。

7. 申请退还多缴税款权

对纳税人超过应纳税额缴纳的税款，税务机关或者税务人员发现后，将自发现之日起10日内办理退还手续；如纳税人自结算缴纳税款之日起三年内发现的，可以向税务机关或者税务人员要求退还多缴的税款并加算银行同期存款利息。税务机关或者税务人员将自接到纳税人退还申请之日起30日内查实并办理退还手续，涉及从国库中退库的，依照法律、行政法规有关国库管理的规定退还。

8. 依法享受税收优惠权

纳税人可以依照法律、行政法规的规定书面申请减税、免税。减税、免税的申请须经法律、行政法规规定的减税、免税审查批准机关审批。减税、免税期满，应当自期满次日起恢复纳税。减税、免税条件发生变化的，应当自发生变化之日起15日内向税务机关或者税务人员报告；不再符合减税、免税条件的，应当依法履行纳税义务。

如纳税人享受的税收优惠需要备案和备查的，应当按照税收法律、行政法规和有关政策规定，及时办理事前、事后备案或者按照要求将有关资料留存备查。

9. 委托税务代理权

纳税人有权就以下事项委托税务代理人代为办理：办理、变更或者注销税务登记、除增值税专用发票外的发票领购手续、纳税申报或扣缴税款报告、税款缴纳和申请退税、制作涉税文书、审查纳税情况、建账建制、办理财务、税务咨询、申请税务行政复议、提起税务行政诉讼以及国家税务总局规定的其他业务。

10. 陈述与申辩权

纳税人对税务机关或者税务人员做出的决定，享有陈述权、申辩权。如果纳税人有充分的证据证明自己的行为合法，税务机关或者税务人员就不得对纳税人实施行政处罚；即使纳税人的陈述或申辩不充分合理，税务机关或者税务人员也会向纳税人解释实施行政处罚的原因。税务机关或者税务人员不会因纳税人的申辩而加重处罚。

11. 对未出示税务检查证和税务检查通知书的拒绝检查权

税务机关或者税务人员派出的人员进行税务检查时，应当向纳税人出示税务检查证和税务检查通知书；对未出示税务检查证和税务检查通知书的，纳税人有权拒绝检查。

12. 税收法律救济权

纳税人对税务机关或者税务人员做出的决定，依法享有申请行政复议、提起行政诉讼、请求国家赔偿等权利。

纳税人、纳税担保人同税务机关或者税务人员在纳税上发生争议时，必须先依照税务机关或者税务人员的纳税决定缴纳或者解缴税款及滞纳金或者提供相应的担保，然后可以依法申请行政复议；对行政复议决定不服的，可以依法向人民法院起诉。如纳税人对税务机关或者税务人员的处罚决定、强制执行措施或者税收保全措施不服的，可以依法申请行政复议，也可以依法向人民法院起诉。

当税务机关或者税务人员的职务违法行为给纳税人和其他税务当事人的合法权益造成侵害时，纳税人和其他税务当事人可以要求税务行政赔偿。主要包括：一是纳税人在限期内已缴纳税款，税务机关或者税务人员未立即解除税收保全措施，使纳税人的合法权益遭受损失的；二是税务机关或者税务人员滥用职权违法采取税收保全措施、强制执行措施或者采取税收保全措施、强制执行措施不当，使纳税人或者纳税担保人的合法权益遭受损失的。

13. 依法要求听证的权利

对纳税人作出规定金额以上罚款的行政处罚之前，税务机关或者税务人员会向纳税人送达《税务行政处罚事项告知书》，告知纳税人已经查明的违法事实、证据、行政处罚的法律依据和拟将给予的行政处罚。对此，纳税人有权要求举行听证。税务机关或者税务人员将应纳税人的要求组织听证。如纳税人认为税务机关或者税务人员指定的听证主持人与本案有直接利害关系，纳税人有权申请主持人回避。

对应当进行听证的案件，税务机关或者税务人员不组织听证，行政处罚决定不能成立。但纳税人放弃听证权利或者被正当取消听证权利的除外。

14. 索取有关税收凭证的权利

税务机关或者税务人员征收税款时，必须给纳税人开具完税凭证。扣缴义务人代扣、代收税款时，纳税人要求扣缴义务人开具代扣、代收税款凭证时，扣缴义务人应当开具。

税务机关或者税务人员扣押商品、货物或者其他财产时，必须开付收据；查封商品、货物或者其他财产时，必须开付清单。

四、纳税检查过程中的配合要求

1. 纳税人的配合

纳税人、扣缴义务人必须接受税务机关依法进行的纳税检查，如实反映情况，提供有关资料。不得拒绝、隐瞒。纳税人、扣缴义务人接受税务机关依法进行的纳税检查，如实反映情况，提供有关资料，是纳税人履行纳税义务和扣缴义务人履行义务的一个重要组成部分。

2. 相关部门的配合

税务机关依法进行纳税检查时，有权向有关单位和个人调查纳税人、扣缴义务人和其他当事人与纳税或者代扣代缴、代收代缴税款有关的情况，有关单位和个人有义务向税务机关如实提供有关资料及证明材料。税务机关在执行税收政策的过程中，必须主动取得有关部门支持和配合，有关部门特别是企业主管部门、工商管理、计划、物价、邮电、银行、公安、铁路、民航、检察院、法院等部门有义务向税务机关提供有关资料和证明。

3. 纳税检查的证据要求

税务机关调查税务违法案件时，对与案件有关的情况和资料，可以记录、录音、录像、照相和复制。在工作中应该注意的是，税务机关采取记录、录音、录像、照相和复制手段是有范围限制的，必须在调查税务违法案件时使用。

4. 检查环节实施简易强制措施的要求

税务机关对纳税人以前纳税期的纳税情况依法进行纳税检查时，发现纳税人有逃避纳税义务行为，并有明显的转移、隐匿其应纳税的商品、货物以及其他财产或者应纳税的收入迹象的，可以按照税收征管法规定的批准权限采取税收保全措施或者强制执行措施。这里的批准权限是指县级以上税务局（分局）局长批准。

税务机关在行使这项检查时，必须注意前提条件。一是必须是以前纳税期，即对当期的不能按上述规定行使。对当期偷、逃的税款可按照税款征收一章中规定的程序办理。二是必须发现纳税人有逃避纳税义务行为，并有明显的转移、隐匿其应纳税的商品、货物以及其他财产或者应纳税的收入迹象的。三是按照税收征管法规定的批准权限可直接采取税收保全措施或者强制执行措施。这一规定是新征管法的重大突破。

第三节　企业风险管理的理论基础

我们通过对1 000多宗纳税检查案例的分析和研究发现，几乎80%以上的查补税款案例是可以在税务机关检查实施之前，主动采取措施规避因检查而带来的涉税风险的。因为这些问题主要表现为账面记录与实务操作脱节，或者账面记录缺乏完善的资料相配合佐证，或者业务流程和模式确认的资料不完善，等等。而明知故犯、有意通过各种手段逃避纳税的事实在查处案件中所占的比例并不大。

在企业的税务管理实践过程中，涉税问题的发生多数在业务流程中的各环节，对有关业务流程相关资料的补充和完善是可以在事后进行的。而税务监督检查又是在企业生产和经营一个相当长的时间之后，也就是事后监督。虽然税务机关处理涉税事项讲究“以事实为依据”的原则，注重证据定案，但是在具体操作过程中，又往往更看重形式（即形式证据：书面材料），而这些书面资料本来就是纳税人自己应当完善的，在税务机关进行纳税检查或者案件终结之前，由纳税人向主管稽查的税务机关提供，应当是纳税人的权利。基于这个认识，就形成了根据稽查人员进行纳税检查的要点，有针对性地完善、补充资料（形式大于实质）的纳税检查应对技术和技巧。而这些技术和技巧的操作是建立在税收筹划的理论基础之上的。

所谓税收筹划，就是纳税人在现行税制条件下，通过充分利用各种有利的税收政策，适当安排投资行为和生产经营业务流程，通过合理的财务协调和有机的会计处理，巧妙地安排纳税方案，在合法的前提下，以实现税后利益最大化为目标的涉税经济行为。

一、税收筹划的主体是纳税人

从广义上说，税收筹划是一个中性词，既可用于纳税人，又可用于征税机关，但我们在这里主要是研究微观税收筹划问题，因此我们就把策划主体界定为纳税人。当然，进行税收筹划的主体是纳税人，并不是说就不能依靠社会力量，纳税人完全可以根据自己的实际情况进行服务外包，委托社会中介组织进行税收筹划。

国家税务总局在《关于发布〈涉税专业服务监管办法（试行）〉的公告》（国家税务总局公告2017年第13号）中明确，涉税专业服务机构可以从事税收策划业务，即对纳税人、扣缴义务人的经营和投资活动提供符合税收法律法规及相关规定的纳税计划、纳税方案。目前已经发展起来的税务咨询事业，不仅保护了纳税人的合法权益，提高了办税质量，而且也使纳税人从具体的税收缴纳和办税交涉事宜中解放出来，集中精力搞好生产经营，切实让纳税人尝到了甜头。不仅如此，那些高端的税务咨询提供高层次的涉税服务活动，为纳税人提供系统性的纳税方案，纳税人可以合理合法地通过税收筹划降低税收成本，增加收益。仅以普誉财税策划工作室为例，目前该工作室以专家牵头，提供从高端专业培训到现场咨询的“一条龙”服务产品，涉及一般财务咨询、企业财务和税收管理咨询以及深入企业现场提供系统的解决方案等多项内容。据了解，他们的特色服务包括：

（1）最优纳税方案设计。在调查研究的基础上，根据委托企业的发展方向、战略目标和运行步骤，对企业设立、并购、重组，企业资产整合、企业集团运行机制的设计（如对外扩张的投资方式、销售网络的设计、关联业务的涉税操作等）、公司上市前的资产整合等事项的筹划，寻找出各种可能的纳税模型；从而寻找出最优的纳税方案，帮助企业实现股东利益最大化。与投资人（纳税人）一起共同操作，确保最优纳税方案的贯彻和落实。

（2）投资项目的税收政策论证。在市场分析、资本运营和资源配置等多要素的基础上，论证投资活动的涉税影响，通过资本架构、组织架构和业务流程的设计，为未来取得最大的税收利益奠定基础，同时为委托人争取和利用各地招商引资的优惠政策。所以，投资环节的涉税业务的处理也是税收策划最重要的环节。

（3）涉税项目的风险评估。当投资人的投资主体（企业）存续了一定期间，并且发展到一定的规模，就形成自身固有的运行机制。这个运行机制可能与政府的运行机制（反映在利益分配上就是税收）不相一致。如果两者的差异过大，就形成涉税风险。为了保证企业健康地生存和发展，就需要专家为企业定期进行“体检”——涉税风险评估。税务专家将对企业的采购、生产和销售环节涉及收入、成本和费用以及资产折旧等各方面进行涉税性安全评估和分析，从而给出合法化和合理化建议。

（4）内部控制体系会诊及设计。任何一个规模经营的企业，几乎都拥有自己的一套管理制度和内部控制体系。但是，有些内部控制制度不健全，存在很多漏洞；有些过于严格，到了“机械”“苛刻”的程度。这从税收筹划的角度讲，是很不经济的。能够体现全面管理但又有“弹性”的内部控制制度才是最佳的管理机制。税务专家将对企业的组织架构、资本运营结构、货物流、资金和信息流的涉税环节进行综合分析，确认内部控制机制的严密性和涉税弹性，同时给出合理化建议。

（5）企业内部培训。税务专家将对样本进行解剖取样，并在对相应的样本分析的基础上，结合《公司法》《合同法》等有关税收法规，联系委托企业的生产和经营业务情况做分类专题分析，进行系统的涉税处理和税收筹划专题培训。

二、税收筹划的客体是各项涉税行为

税收筹划者可以是纳税人本人，也可以是受纳税人委托的其他企业、组织和个人，但税收筹划的服务对象必定是纳税人，策划所指向的对象是投资人所从事的具体生产经营活动涉及的纳税行为及过程。税收筹划过程是围绕如何充分利用各种有利的税收政策和合理安排涉税活动，在规避涉税风险的前提下，为达到税后利益最大化开展的。如投资地点和投资行业的选择，经济组织的性质、经营方式的安排，筹资计划的落实，存货计价、折旧和分配方案的运作以及企业扩张、资产重组等，在这些具体经济业务活动中，都蕴含有税收利益可以争取的机会和可能。

从理论上讲，在策划过程中使用的方法，可能是合法的，也可能是不违法或者违法的，这样策划的结果便可能出现与税法立法精神相适应的合法策划、与税法立法精神相悖的违法策划。例如，避税就是一种与税法立法精神相悖的但不违法的策划；利用税务机关的征管漏洞，把应税收入转为灰色收入达到“节税”目的，则为违法策划。可见，税收筹划所提供的纳税模式本身可能隐含有与税法立法精神相悖的不违法以及违法的行为。但是从实务操作环节讲，流转税法规中明确税务机关对计税依据可以核定的规定、企业所得税法中有关“特别纳税调整”的规定、《税收征管法》及其实施细则的相关具体规定，就使纳税人在我国境内通过避税获利成为不可能。

税收筹划可能帮助纳税人获得税收利益，但是，其前提是涉税零风险。因此，应对纳税检查，帮助纳税人减少涉税风险，也是税收筹划的一个内容，更是税收筹划的一项基础工作。

三、应对纳税检查的重点环节是企业的生产和经营业务流程

投资人的投资活动，从投资活动开始到收回投资，其间存在一个漫长的过程和操作期间，而这个过程又可以划分成若干环节，如在企业设立的时候有投资地点、行业选择，企业规模、经营方式的安排等；而企业正常经营则有原材料的采购、生产、销售等环节等等。这些环节的每一步都涉及税收问题。比如企业用现金购买原材料，按照职能分工是由企业的采购人员来完成的。当货物入库以后，采购人员将购货发票交给法人代表签字后，再由会计人员入账。企业会计人员凭签字后的发票和货物入库单入账，申报抵扣购进原材料的增值税。但是一年半载以后，税务机关查实该笔采购业务所取得的发票不符合税法规定，属于偷税行为，企业补缴税款后还受到税务机关的处罚。具体分析该笔业务，才发现系采购人员接受了销售方提供的从第三方取得的发票。也就是说，是业务流程、财务核算衔接与税法规定出现差异。应对纳税检查，就是要在纳税人涉税事项的第一个环节着手，强化有关人员的涉税意识，在完善有关业务流程上下功夫。

四、纳税检查应对活动的目标在于追求涉税零风险

防范涉税风险的重要手段之一是应对纳税检查，纳税检查应对活动作为税收筹划活动的一个部分，与其他经济行为所追求的目标是一致的，是税收筹划的基础性工作。纳税检查应对活动必须以依法治税为前提。

不过，有些事项需要放在经济活动的具体环境里进行分析，换句话说，纳税检查应对活动需要与投资人的其他生产要素结合起来考虑和筹划，有时一项经济活动完成以后，从税法规定的角度来分析，可能属于非法的，但是，如果结合企业的生产和经营活动的特点，根据有关税收政策规定，在最后确认有关事项的过程中，再将其业务流程进行补充和完善，就可能使该事项的处理获得合法性。

当然，纳税检查应对活动是有限度的，也是有一定条件的，并不是随随便便就可以任意运作的，一定要在不违反现行法律法规的前提下进行，任何违背合法性原则的纳税检查应对活动，都是行不通的。

第四节　涉税风险防范的思维方略

纳税检查应对主要是从操作层面上研究某个具体涉税业务的操作技术和技巧，但是，如果从企业运筹涉税利益的角度去考虑，还需要一个理论将这些技术和技巧系统地运用起来，从而既达到涉税风险防范的目的。目前，税收筹划已经从一个学科成为一个热门的咨询服务产品，减轻税收负担是其兴起与发展的根本原因。从涉税咨询实践过程来看，涉税零风险应当是税收筹划的首要目的。所谓涉税零风险是指纳税人有关经济事项的纳税界限合法，账目清楚，申报正确，税款缴纳及时，不会出现任何涉税行政处罚，即将涉税风险降到最小状态。

一、涉税风险防范的方法

实践证明，税收筹划是一项增值业务，可以为有关企业带来直接或者间接的经济效益。但是，究竟应当如何去做税收筹划？目前投资人和企业管理者对此需要有一个正确的认识。

1. 正确认识税收筹划在涉税风险防范过程中的作用

税收作为国家的一种无偿的强制性课征，直接将企业的一部分收入转移到国家手中，这种价值向国家的单向转移，导致企业的交易成本增加，直接影响企业的行为选择。因此，税收对于企业来说，其本质是一项费用，一项支出。首先，企业依法缴纳税款，必然引起现金的流出；其次，税收支出与企业收入存在着因果关系。企业如果

没有取得收入，也不会发生税收支出，取得的收入越多，税收支出也越大。可见对于企业来说，税收支出属于企业的一项费用。企业的生产经营目的在于盈利，也就是收入必须大于费用。而费用的减少，意味着利润的增加。因此，正确地对纳税事务进行核算和筹划，是企业财务管理的重要工作。

在税法规定中，有许多条款可以允许企业自行选择。例如企业组建方式，企业可选择组建为有限责任公司，也可组建为个人独资企业；又如会计核算方法，允许企业选择“先进先出法”或“加权平均法”。在市场经济条件下，国家也通过税收调节国民经济和产业结构，如对发展高新技术产业进行多项税收调节，对税收优惠采用不同的操作方法等，这些纳税筹划也是依法纳税所要求的，也是税收调节功能的反映。

税收筹划是一种符合国家政策导向、得到国家鼓励的经济行为，是受到国家法律保护的正规经营方式。税收筹划的主要方式是选择低税收负担方案，即在多种纳税方案中选择税收负担低的方案，也就意味着选择较低的税收成本。税收筹划以依法足额纳税为基本前提，进行科学筹划，寻求企业最少纳税的方案，由此可见，如果运用税收筹划的原理来应对纳税检查，将会使涉税风险降低到理想状态。

2. 税收筹划是涉税风险防范的保证

在日常生产和经营活动中，税收筹划原理所体现的操作理念与其他经济行为所追求的目标是一致的，是投资人理财的一个重要手段。企业涉税事项的处理有以下几个方面的特点：法律规范性、政策导向性、高度技术性等。而解决以上问题的新学科——税收筹划，就是在合法的前提下进行的，是在对政府制定的税法进行比较研究后进行的纳税优化选择。因此，税收筹划是一种不违反税收政策法规的行为，它受到有关法律法规的限制和约束。

首先，税收筹划必须以纳税零风险为前提，也就是说，税收筹划必须以依法治税为前提。由于国家征税是强制的、无偿的，在税收法律关系中，纳税人只有在依法纳税之后才获得与之相关的权利。所以我们说，投资人承担税收是必然的，纳税人所实施的税收筹划，只有在获得税务机关认可的前提下，才可能获得筹划效益。对纳税人来说，依法纳税是其应尽的义务，而通过合法途径进行税收筹划，利用合法手段保护自己，也是自己应享受的权益。但在具体的税收行为中，国家为了鼓励某项产业、某项事业的发展，依据现时的客观条件和从有利于发展的目标出发，制定出一些优惠政策，这就给予了纳税人一定的筹划权利，为纳税人实施税收筹划提供了操作空间，使税收筹划的具体运作成为可能。但是，无论如何筹划，都必须建立在没有风险的基础之上。如果通过筹划操作使企业的税收成本下降了，但是，后来又被税务机关检查确认为偷税行为，那么这个筹划就是失败的。

其次，税收筹划必须遵循经济原则。众所周知，对于纳税人来说，税收筹划的根本目的是节约成本，增加投资收益。在进行税收筹划时，要以《税收征收管理法》以及现行的各种税收法规为依据，任何违背税收筹划的合法性原则，都不能算作是税收筹划。而合法进行税收筹划，以达到减轻纳税的目的，维护自身的经济利益，是其应当享有的权利。因此其操作必须遵循经济原则，选择最佳的纳税方案，达到合理赋税的目的。也就是说，税收筹划需要与投资人的其他生产要素结合起来考虑和筹划，有时税收成本与其他费用的发生往往会此消彼长，如果因为通过筹划节约了税收支出，而增加了其他费用的支出，并且其他费用的增加额大于税收成本的下降额，对于接受服务的投资人而言，也是不经济的。

第三，税收筹划不完全等同于节税，节税仅是税收筹划的目标之一。税收筹划的根本目标在于实现企业整体利益的最大化，因此，如果某种纳税方案能够实现企业的整体利益的最大化，那么，即使当前的税收负担水平有所提高，这种纳税方案还是可取的。现实生活中大量存在的税收负担逆转的税收筹划便是证明。纳税人特别是企业管理层、财务人员要端正态度，转变观念。作为企业管理层，要正确认识税收筹划，正确对待税收筹划，统筹把握税收筹划，积极创造条件开展税收筹划；作为财务人员，要加强学习，拓宽知识面，克服困难，正确操作税收筹划，使税收筹划这一利国利民的政策健康快速地发展。

税收筹划同时也是一项综合性筹划行为，由于纳税人的一项经济行为可能同时涉及多个税种，而税种之间又存在相互牵制和税收负担此消彼长的作用。因此，不能单纯停留在某一税种的筹划上，而必须从一定时期的整体税收负担出发进行。

纳税人如果在处理有关涉税事项的过程中体现上述思想，就不会选择偷税的手段，从而就会有效地做好涉税风险防范。

3. 税收筹划是应对纳税检查的有效手段

目前偷税现象十分严重，涉税问题已经成为目前社会焦点问题之一，国家税务总局和各级税务机关每年都会曝光重大偷税案件。但是，笔者通过对1 000多则纳税检查案例的分析发现一个重要特点：许多纳税案例最终被确认为偷税，其原因是业务流程操作不当。笔者曾经让人作过统计分析，由于业务流程操作不当最终被确定为偷税的，占偷税案件的60%以上！而业务流程的设计和分析正好也是税收筹划的起点。所以笔者十分重视涉税事项的零风险筹划，并且将其作为税收筹划的基础工作来倡导。

目前的网络技术为税务检查提供了大数据（“金三”系统），纳税人的涉税风险比较容易被管理部门提示出来。但是，在许多情况下，有关数据在企业的业务流程的安排是否得当，就决定了涉税事项的合法性。而税务机关确认纳税人对有关涉税事项是否合法是通过纳税检查来进行的。

由于生产和经营活动是纳税人的自主操作行为，其生产和经营活动的操作流程的具体安排也是纳税人的自主行为。从法律意义上讲，如何安排生产和经营的业务流程是纳税人的权利。同样，在经营活动发生以后，纳税人对完成的生产和经营事项进行事后检查和事后完善也是纳税人的义务。那么，纳税人应当如何认识目前投资环节、生产和经营环节的涉税风险？如何对完成的生产和经营事项进行事前检查和事后完善？如果一旦被税务机关检查又将如何运用有关法律手段进行自我保护呢？

目前，企业的经济行为和申报行为随时通过“金三”系统与税务机关联结，而部分“聪明”的财务人员通过自主调节税负和费用的方式平衡有关指标，以为这样就可以蒙混过关，而就有关大数据与业务模式以及税收之间的关联性，绝大多数企业的相关人员没有这方面的心理准备和知识储备。为了帮助广大纳税人规避涉税风险，笔者围绕纳税检查应对问题结合实际情况不断研究，并在全国各地提供《纳税检查应对技巧》的专题讲座。

二、企业存在固有的缺陷

企业发展到一定规模的时候，一般都拥有比较完善的经营团队，形成具有特色的企业文化，建立相对健全的管理制度……但是，由于企业运行机制的相对稳定与市场及国家政策的动态变化不匹配，就导致企业运行与政策环境出现差异，这个差异在经济方面集中的冲突就是税务管理的矛盾。而在这对矛盾体中，企业处于被动状态，并且容易出现自身力量无法预测的涉税风险。

1．企业管理机制影响内部专家作用的发挥

有些企业的老板认为：我以高薪聘请了高水平的财务总监（总会计师），我公司的涉税事项都由他来把关，还要请外面的专家干什么？他们认为，财务人员应当完全负责本公司与税收有关的一切事宜。其实，这是对企业财务税收工作的一个误解。

（1）业务流程决定了财务人员只能完成税收的“后道”工作。

在实践过程中，财务人员对这个“误解”的产生表示很无奈：许多涉税事项他们想负责，但是无力负责；许多涉税风险他们想控制，但是没有权力来控制。

为什么会出现如此尴尬的状态呢？其实原因很简单：在企业管理这道“流水线”上，后道工序的人员无法对前道工序施加影响。

企业规模经营以后，一般都建立起自己的业务流程（“工序”）——投资、采购、生产、销售。在这个“流水线”作业的流程图上，按照会计的职能，目前他们所做的仅仅是事后反映（核算）的经济事项，税收的计算和申报只是其中的一个部分。如果从整个业务流程来分析，税收是在投资、采购和销售等环节决定的，会计（财务）只是凭票登账、计算和申报，换句话说，与经济事项有关的纳税义务在票据传到会计人员手上之前就已经产生了。处于业务流程后端的会计和财务管理往往无法对前道工序上的操作施加影响。

这里仅以制造企业为例，从原料采购开始，中间存在若干个生产和管理环节，形成产品后再销售出去。这些事项决定了有关企业税收的产生，比如应纳税种、税率、缴税时间……当这些业务处理完毕后，才是经济活动的涉税结算事项。按照目前的常规操作，涉税结算事项由会计和财务部门负责。通过对涉税业务的具体分析，我们发现在整个生产经营活动中，至少有不低于80%的涉税事项的处理是其他业务部门操作的，也就是说，有80%以上的纳税义务产生的活动不在财务人员手上！但是在现实生活中，多数老板往往责怪会计的工作没有做到位。事实上，问题在于采购人员！如果要帮助纳税人筹划材料采购的涉税问题，当然应当从采购环节开始！

（2）部门“各自为政”，财务人员难以插手其他部门。

随着企业越做越大，业务量不断增加，企业内部分工也越来越细化。企业就会建立一个由若干个部门来协同的经营机制，这种经营和管理机制已经成为目前规模企业实施经济活动的普遍模式。从涉税事项处理的角度讲，部分大型企业和企业集团可能还有审计部门和税收筹划部门。但是，在专业分工机制下，采购人员不管（不懂）生产和财务、生产人员不管（不懂）销售和财务、销售人员不管（不懂）生产和财务的现象不可避免。

也许有人会说：负责税收业务的财务部门（或者企业专职税务管理部门）可以主动介入管理。笔者认为：这是一个天真的想法。试想，财务部门（或者企业税务管理部门）与销售、采购和其他部门一样，都是企业的一个职能管理部门，虽然多数企业都赋予财务经理（总监或者总会计师）介入其他业务部门进行有关理财和涉税业务管理的职责，但是，在实务操作过程中却是很难实施到位。因为大家地位平等，工作互相制约，有些人员甚至存在排斥心理。职能部门占“山头”，配合“两张皮”，即使实施管理，但力度往往不到位。再加上如果彼此业务不熟悉，管理也只会流于形式。

（3）统一管理与灵活筹划的矛盾。

现代企业管理特别强调制度的作用，显然，在法制社会其制度在企业管理过程中的地位不言而喻。但是，制度对于经济和经营活动往往存在滞后性；企业制度和国家制度（这里仅指税收制度）往往会产生碰撞。客观存在是给企业带来涉税风险的重要因素。

强化管理的另一个结果就是形成“同质化”的现象。规模性企业往往都在建立拥有自身特色的企业文化，这个企业文化包括企业的制度、规章、纪律、业务流程等方面，通过各种形式表现出来，有形的表现如厂容厂貌、服装佩带、行为举止等方面。企业所做的努力是要做到行动的统一，以便强化执行力。但是，操作的结果在思维方式上也得到统一。这个“统一”，对于企业的内部管理是积极的因素，但是，对于处理税收等外部不断变化的问题来说却是消极的。因为许多成功的涉税筹划需要操作人员与企业日常管理模式相反的思维和运作，通过调整习惯性的业务流程而进行。而消除这个消极因素，如果只是通过企业自身的努力往往是做不到的。

2. “思维定式”不利于对动态外因做出反应

许多财务总监（包括企业自设的税务总监）认为，企业应当能够完成自己的税务筹划，其实并非如此。社会上有一种说法：屁股指挥脑袋，这是一个实际情况。一个人，在其位，谋其职。作为一个员工，他往往仅仅站在企业的立场上去思考问题，而税收是从国家、法律的角度去规范经济行为的，也就是说，涉税事项恰恰又是涉及全局的问题，这就产生了许多矛盾。

（1）政策变化较快与思维定式滞后的矛盾。

企业都希望有一个稳定的政策环境，但是，我国目前的税收政策还在不断改进和完善，处于一个相对变化的阶段。作为企业人士一般无法适应。因为对于规模企业来说，往往都建立了一个相对比较规范的运行机制，要求内部人员根据这个机制按部就班地操作。一个变化，对应一个稳定，体现出其中的矛盾。特别是我国采用的多税制结构，同一个经济事项可能存在很多税收政策对其进行规范，企业人员无法、也不可能对所有政策有一个全面而系统地把握和理解。即使是咨询专家，如果没有在税务机关工作过的经历，他对有关立法精神的理解和把握也是十分困难的。

（2）专业分工和综合管理的矛盾。

企业的规模越大，企业所从事的经济事项越复杂，就越需要进行专业分工。对于企业的会计和财务部门而言，其工作职责本身就很复杂、很专业。会计人员的主要职责是对本企业各项经济活动的核算和反映工作，按时拿出会计资料和报表；而财务人员则主要负责各项财务活动的分析及资金的筹措等活动。这些工作的特点是烦琐、量大，政策性很强，如果能够将这些事情做好，就可以称之为出类拔萃的人才了。

目前许多中小型企业将会计和财务部门合在一起，并且同时还要完成开票和纳税申报等各种事宜。这从表面上看是节约了人工成本，提升了经济效益，但是，税务机关一旦到企业现场实施检查，这些企业管理者的心里就没有底了。在这些企业里，财务部门人手不足，甚至不能满足日常工作的基本要求，平时，他们仅仅为应付做账、制凭证、出报表以及买发票、协调日常涉税事务就已经感觉力不从心，根本不可能有时间和精力去深入透彻地研究税收政策，关注税收政策对本企业有关业务的影响。

（3）知识结构“专业”与筹划要求“综合”的矛盾。

目前在企业任职的财务人员长期担任一个方面的专业职位，从而导致其知识结构过分“专”。比如在部分大型企业里，从事成本会计、出纳会计的人员，一干就是十多年，以致其专业知识结构很狭窄；在民营企业里，财务经理（总监）在一家企业，一干就是十多年，以致其思维方式单一。固然，管理者需要这样安心工作的“螺丝钉”，也需要忠诚老实、跟自己长期打拼的干将，但是，他们无法弥补企业管理者能力和思维方式的不足和缺陷。再加上，税收完全是外部因素，这样很有可能给企业带来重大的涉税损失。

三、企业应当定期做“体检”

随着生活水平的不断提高，人们对生活质量越来越重视。而身体健康又是生活质量的一个重要方面。所以，目前许多成年人都定期到医院做体检。

对于一个企业来说，也和人一样，有一个出生（注册成立）、成长、壮大到衰弱、死亡（倒闭）的过程，当然也就存在与人成长一样的发展机理。要将一个企业做成百年老店，其中极其重要的一环，就是让它健康成长——合法经营！但是，一家企业发生“病变”的地方很多。下面以税收方面为例，说明一家企业在涉税事项处理方面容易“生病”的地方。

比如：企业采购人员可能接受虚开、代开的增值税专用发票，导致补税罚款；由于销售人员操作不当导致企业多缴税；生产环节，技术参数把握不当，就会丢失税收优惠资格。还有，在企业资产重组环节，因不会处理有关事项导致多缴税的事例就更多了。企业的经营规模需要扩大，或者为了规避市场风险而多角经营。因此，对外设点、收购其他企业；或者投资方向调整、经营模式进行战略转型，对存量资产进行出售处理。这些事项从表面上看与税收无关，其实其中蕴含着大量的涉税问题，所以，在资产重组环节，几乎没有一家企业能够仅凭自己就将有关税收问题解决的。

有些企业在资产重组过程中没有意识到问题的存在，但是三年五载以后，涉税风险却突然冒出来，而此时的问题已经十分严重，因为此时不仅是补税，罚款和滞纳金也已经成为一个沉重的负担。最后，企业难以持续经营，关门歇业。在这样的情况下，许多投资人往往非常草率地处理企业的资产（存货）。你关门了，你将仓库里的“破铜烂铁”都处理完了，税务人员也找上门了。你可能会说：企业已经关门了，我都亏成这样了，你们还要我缴税？但是税务检查人员不管企业亏不亏损，只要你将存货销出去了就要缴税！税务机关会要求你就账面存货的销售情况缴纳相关的税收。

“这也是偷税吗？”这时的你再后悔也来不及了。

产生上述问题的原因，无非是专业分工、有关制约机制和涉税业务太复杂造成的，但是企业要发展，就需要专业分工，就需要建立一整套制度和业务操作流程。对于一个企业而言，制度、业务流程和专业分工是相对稳定的，但是，与该企业相对应的有关税收政策却是变化的、复杂的和综合的。企业的有关业务无法做到专业人员与专业事项一一对应。而这些问题和矛盾在所难免。

既然在生产和经营过程中的涉税问题不可避免，投资人就应当开明一些，定期聘请专业人员到企业进行诊断。通过外聘专家为本企业排除“地雷”，可以进一步强化企业的健康，有利于企业的发展。即使由于投资人的战略需要，对某个项目进行歇业（战略收缩），当税务机关进行清算检查时，或在与税务人员见面之前找一下税务专家咨询一下，同样也会帮助你减少一笔税收支出。

有一些企业管理者心存侥幸，认为即使企业被税务机关稽查出涉税问题，但是，通过非常规操作可以帮助“摆平”。郑重提示：这种错误的、违法的观念不可有。目前，涉税事项实行网络管理、流程管理、专业化管理，问题一旦进入流程，没有谁可以侥幸逃脱。

另外，这里还需要特别提醒的是，目前政府开始实行信用管理，如果你已经上了税务机关的“黑名单”，下一次再被处罚将会从重处理！

四、利用他人智慧增加收益

金无足赤，人无完人。企业也是如此，任何企业都有自身固有的不足。因此，投资人和企业家需要拥有咨询意识，寻求他人帮助，弥补自己的不足。

这里为什么要强调企业家必须拥有咨询意识呢？以前有一个著名的木桶理论。一个木桶能装多少水，取决于最短的一块板。主张人们要尽可能全面发展，主张企业要建立全能型职能部门。在工业化时代，这个理论的确非常有效。但是在全球互联网的时代，这个理论实际早已过时。

今天的公司实在没有必要精通一切，如果财务不够专业，可以聘用比自己更有优势的财务咨询公司；如果在人力资源上欠缺，可以聘用猎头。市场、公关如果是短板，有大量的优秀广告和宣传公司为你度身定做。同样的，还有法律服务、战略咨询、员工心理服务……当代公司只需要有一块足够长的长板，以及一个有“完整的桶”的意识的管理者，就可以通过合作的方式补齐自己的短板。

所以今天的企业发展从短板原理，变成长板原理。当你把桶倾斜，你会发现能装多少水取决于你的长板（核心竞争力）。而当你有了一块长板，围绕这块长板展开布局，为你赚到利润。如果你同时拥有系统化的思考，你就可以用合作、购买的方式，补足你其他的短板。

1. 内外结合，弥补不足

对于企业人士来说，即使有良好的思维方式，他对本企业系统性的涉税事项的处理也是存在困难的，其中最突出的问题就是存在心理上的障碍。这就像医院的医生做手术，医术再高的医生，他也不敢为自己的亲友主刀，原因是他有心理上的顾虑和压力。

所以，一个有社会阅历和工作经验的财务总监，他可能对所属企业的某项具体业务非常熟悉，但是，关于对企业集团产生全面影响的涉税业务（特别是税收筹划业务），他不一定能够全面意识，更不会轻易动手的（这就是某些企业只关心涉税风险，而不关心涉税筹划的原因之一）。

其实，企业内部的专家没办法为自己的企业进行诊断也有其行为科学方面的原因。比如受到“经验”的影响，不容易发现和适应变化的新情况。人不是神，作为一个自然人，都有自己的心理弱点和缺陷。况且有些现象并不是缺陷，而是人的固有特性。古人说得好：“旁观者清，当局者迷”；苏东坡有诗云：“横看成岭侧成峰，远近高低各不同，不识庐山真面目，只缘身在此山中”。这些千古名言就道出其中的道理。

企业管理者应当清楚，对于由于固有特性造成的问题，就不能求全责备。目前已经不能再给自己的财务（会计）人员增加压力了：他们一人做着几个人的工作，其工作压力很大；他们害怕出现差错，害怕被税务检查人员查出问题，其心理压力也很大！而解决问题、调和矛盾、规避涉税风险的良好办法，就是借助于外部机构的咨询专家。

百事可乐在中国的战略就是这样：他们把所有的制作、渠道、发货、物流全部外包，只保留市场部的寥寥几人运营百事可乐的品牌。仅仅做好品牌这个长板就好。你今天喝到的青岛啤酒，或许来自你附近100公里的啤酒厂，瓶子和盖子来自另外一家专门做瓶盖的厂家，而青岛啤酒做的仅仅是拿出自己的配方，贴上自己的标签……伟大的公司没必要每块板都强，而是把一块板做到极致。淘宝做好了交易平台；小米做好了粉丝互动；新东方做好了精神建设；腾讯则抓住了几乎八成的中国网民。

2. 简单的筹划自己做，复杂的筹划请专家

企业管理业务中一般可以划分为常规业务和特殊业务两个大类，日常理财属于常规业务，而涉税筹划显然属于特殊业务。税收筹划是一门新兴学科，也是一个新的职业门类。从业务特点上看，税收筹划又是一门综合性学科，需要会计、财务、税收、企业管理和其他法律专业知识和能力作为基础。

企业平时需要处理的涉税业务非常多，根据税收筹划操作的复杂程度，可以将税收筹划分为一般性税收筹划、综合性税收筹划、系统性税收筹划。

所谓一般性税收筹划，是指相对简单的税收筹划活动，是指某一个涉税经济事项比较单纯，在处理过程中涉及的面不广，相对比较简单的涉税事项处理和筹划活动。如材料采购、商品销售等各种单项经济业务的涉税计算，税款的归结和申报，个人所得税代扣代缴，增值税专用发票的购领、开具，等等。这类的业务，企业的财务人员应当能够处理。

所谓综合性税收筹划，是指在一个独立核算的企业发生的涉税事项，这个涉税事项涉及两个以上部门，与两个以上税种有关联的涉税事项，一般是指某一个涉税经济事项比较复杂，在处理过程中涉及的面比较广，相对比较复杂的涉税事项的处理和筹划活动。如会计方法的选择、材料计价方法的筹划、筹资业务的税收筹划、促销业务的税收筹划，年末分配方案的设计，技术改造项目的税收筹划等。这类业务相对比较复杂，企业人士处理起来往往会感到很吃力。

所谓系统性税收筹划，是指在一个企业集团内发生的，涉及两个以上子公司和多个税种的涉税经济事项的税收筹划活动。如关联业务的税收筹划，集团公司筹资活动的税收筹划，集团公司财产租赁活动的税收筹划，企业扩张、并购、资产重组，等等。这类业务由于多方面的原因，企业人士一般不方便自己去操作。

3．请外部专家做综合性业务筹划

量才录用是现代管理中的一个基本原则，如果让人做不能胜任（甚至于无法完成）的事情，就可能给企业带来风险。税收筹划作为一门新兴学科，是一项专业性、政策性很强的活动，要求操作人既要懂生产经营、财务管理，又要熟悉税收政策，还要能够运用政策对企业生产经营各环节进行综合筹划，其中特别是综合性税收筹划和系统性税收筹划所涉及的因素太多，再加上企业涉税事项的前期操作80%不在财务人员手上；而且，税收筹划贯穿于企业经营管理全过程，在进行税收筹划时，不能仅把眼光盯在纳税上，还要考虑企业发展的长远目标，考虑企业的整体收益，实现企业价值最大化，在这样的情况下，让本企业的财务人员进行税收筹划就存在很大的障碍。

虽然专业的细分让我们无法补齐所有的短板，但是互联网提高了企业内外信息的流通速度，这使得合作成本变得越来越低。这个时候，当一个工作做不好，与其非要花精力治愈自己的某些“顽疾”，不如花同样的时间和精力，把自己的优势发挥出来，而自己不足的方面可以聘请顾问和咨询专家。现代很多经理人的工作方式，就是“自己+助理+外脑+导师”的工作方式。

对于企业家，他们意识到的问题，知道自己的长板，同时寻找其他人弥补短板，而他们则始终关注自己的优势。这让我们看到了伟大的林肯、坚强的罗斯福、永不妥协的丘吉尔、追求完美的乔布斯、搞笑的周星驰和帮助了千万个生意人的马云。把优秀的一面发挥出来，就已经足够。

外聘专家可以弥补企业的不足。企业内部人员用“习惯性”思维方式、以常规性的操作模式处理习以为常的经济业务，其中可能产生涉税风险、可能忽视筹划机会。有时即使发现其间存在税收筹划的可能，但对操作空间有多大没有把握。而这恰恰就是外部专家会给企业带来的意想不到的但又是实质性的经济效益。

专业机构和专业人员是合法、合理、有效的税收筹划的保证。因为他们可以从宏观的角度审视企业整体运行情况，不会受到企业机制和习惯思维的束缚，再加上他们专门研究税收政策，精通企业管理，知识结构广泛，筹划能力强，他们与企业内部专家有机结合，就可以收到相得益彰的效果。

4．请顾问应当找名家

企业涉税事项的处理主要有3个特点：法律规范性、政策导向性、高度技术性等。税收筹划一般都是在投资活动和应税行为发生之前所进行的规划、设计和安排，其活动渗透到投资人投资决策、组织采购、安排生产和开拓市场的全过程，因而具有很强的技术性。它可以在事先测算出策划的效果，从而具有超前策划性。这种超前策划，既要求操作人员全面、系统地了解、理解有关税收政策和其他相关法律法规，又要理解有关经济业务，同时又不被有关企业的运行机制、习惯性思维方式等因素所束缚，从而有效利用合法的政策优惠，进行有效充分的税收筹划。而这一点，只有外部的专业人士才能做到。所以，明智的企业家往往会聘请外部咨询专家来做自己的顾问。

顾问是企业进行决策的“外脑”，也就是智囊团。有的时候，顾问的一句话，一个提醒，就可能帮助投资人减少数百万元的经济损失，也可能为投资人和企业管理者带来数百万、甚至于上千万元的经济效益。

但是，在实践过程中存在一个如何利用专家工作的问题。也许有人会说，我们已经请专家了，发现他们并没有为企业做多少事情呀！这里存在一个对专家作用的认识问题。请顾问不是请代理人，顾问是出谋划策的人，而代理人是帮助聘用方做具体事情的人。顾问是指导聘用者如何做某件事；代理人是替聘用者完成指定的具体事项。两者的作用存在很大的差异。代理人的作用是具体而明确的，而顾问的作用存在很大的不确定性。

与顾问（专家）合作的过程，实际上是一个“磨刀”的过程。对于一个处于发展过程中的成长性企业来说，其自身已经具有很高的素质，就好像是一把用很好的材料做成的宝剑，宝剑再好，使用久了就会“钝”。如果欲使其更加锋利，就需要一块“磨刀石”。而专家或者由专家组成的专业咨询机构，往往就是那块“磨刀石”。企业通过与专家的咨询和交流，就是“磨刀”，宝刀与磨刀石的配合和“作用”过程。在这个过程中，宝刀因经过磨砺而更加锋利。

企业通过“磨刀”过程也可碰撞出智慧。接受咨询专家的专业服务可以提升企业的管理水平，强化某些经济事项的合法性、合理性。专家以咨询的形式提供服务，主要是通过彼此双方交流、研讨，从而为聘用方提供专业服务，解决相关专业问题。因此，作为纳税人的委托人应当主动将相关问题或者需要决策的相关事项提出来，与有关专家进行交流和探讨，否则就会影响企业的咨询效果。

当然，我们要对“磨刀石”进行识别。目前咨询市场良莠不齐，鱼龙混杂，需要咨询的企业要对其进行鉴别和选择。这里需要提醒的是，聘请顾问应当聘请著名专家。一般而言，作为真正的专家或者专家机构，往往都是在某个方面“集大成者”，或者集中了相应权威人士的服务机构，这些人士都是在某一个方面具有理论和实践的权威。

五、投资于咨询效益大

许多企业家虽然有咨询意识，但是没有咨询的行动，特别是一些中小型企业的掌门人就更是如此。为什么呢？因为咨询是需要支付费用的。有些人会对咨询费用提出质疑：“支付这么多钱做咨询，值得吗？”可见，这里有一个对专家服务价值的认识问题。

目前少数投资人特别是小型企业的经营者的思维方式很奇怪：让他为企业支付十几万元的涉税咨询费用，需要反复盘算，但是一局麻将下来输掉几十万甚至于上百万，他一点儿也不心疼。笔者曾认识一个服装企业的老板，当地税务师事务所为其服务的2万元咨询费，上门10次都没有收到款，后来，他迷恋赌博，一次输掉800多万元，结果倾家荡产……

事实上，聘请专家做咨询是一种最划算的投资活动，因为投资于咨询活动可以获得很大的回报。目前，投资于其他传统行业，其投资三到五年能收回成本就已经相当不错了，而投资于咨询活动，其当年投资回报率一般都在1∶3以上，有时高达十倍以上。这个回报包括可以计量和不可计量的两个部分，可以计量的部分包括涉税风险防范（帮助企业避免涉税处罚）和节税（帮助企业在合法的前提下少缴税）两个方面。不可以计量的部分包括建立新的投资理念、完善内部管理机制、强化税收风险意识、完善知识结构等方面。对于投资人而言，减少支出是当时的效益，而建立新的经营和管理理念、提升管理能力则是终身受益的。这样好的事情何乐而不为呢？

我们在日常生产和经营过程中往往会看到这样的情景，某企业被当地税务机关查处，将可能被处罚几百万元，甚至上千万元。这时的管理者才着急上火，火急火燎地找咨询专家想解决办法。

其实事后救火，不如事先防范。

实践证明，很多涉税风险都是企业的业务人员操作不当（业务流程不完善）造成的，如果平时聘请有水平的专家当顾问，就可以防患于未然，这对规模企业尤其是如此。

当然，企业应当承认专家服务的价值。作为纳税人，如果想与有关专家进行合作，其前提是对知识的价值有一个正确的认识。一般认为，在市场经济条件下，交易双方是以等价交换为基础的，如果背离了这个基础，就无从达成交易。这个原则落实在日常经营活动中，就是“互利互惠”“双赢”和“共同发展”，交易双方只能在彼此诚信和双赢的价值基础上提出服务要求。而对于咨询服务机构所提供的知识服务而言，其价值是随着接受服务者的科学运用而不断增加。

第二章
投资业务过程中的涉税风险

在国家“大众创业、万众创新”政策的鼓励下，人们投资创办企业的热情空前高涨，各种投资行为和投资交易活动在我国越来越普遍。为此，国家在非货币性资产投资、创业投资和天使投资、上市企业股权激励以及技术入股方面都制定了税收优惠政策。同时，为了强化涉税管理，税务机关联合市场管理、银行和证监会等部门携手建立信息共享平台“金税工程”，共同整治投资活动过程中因信息不畅导致的偷税现象。因此，对于税务当局、纳税人和税务中介机构来讲，熟练掌握投资活动特别是股权转让行为的税收政策是一项十分重要的必修课。

第一节　投资业务涉税的表现提示

《中华人民共和国公司法》（以下简称《公司法》）规定，股东可以用货币出资，也可以用实物、知识产权、土地使用权等以货币估价并可以依法转让的非货币财产作价出资。对作为出资的非货币财产应当评估作价，核实财产，不得高估或者低估作价。《股权出资登记管理办法》和《公司债权转股权登记管理办法》将股权资产和债权资产也纳入了出资范畴并进行规范。

投资人在投资过程中面临着许多税收问题，主要在投资进入、股权持有以及退出等环节。特别是以非货币性资产对外投资、创业投资和天使投资、上市企业股权激励以及技术入股的税收政策都是近年才出台，在实务中人们往往不能把握其要领，从而发生涉税风险。

一、非货币性资产投资的涉税风险

在投资实务过程，以实物投资是一个常见的现象。对于以实物投资的投资人而言，就需要了解相关政策的具体规定和变化情况。但是，现实生活中许多投资人往往想不到这些，同时又缺乏咨询意识，从而多缴了冤枉税。

【例】

最近王老板比较烦恼。为什么呢？其原因是他看到当下智能机器人的发展前景很好，于是，便于2019年1月跟两个朋友合伙成立了一个经营公司，他用自己价值1 000万元的房产做投资，但是当他缴完200多万元的税，将产品过户到公司名下以后，其流动资金发生困难。

其实，200多万元的税款是可以暂时不缴的。造成流动资金发生困难的原因是他不了解税收政策，这就是投资人不了解税收政策带来的涉税风险。

1．税收政策适用风险

由于我国税收政策文件繁多冗杂，一项交易行为可能涉及多个税种、多个文件，因此纳税人在进行涉及税种较多、涉税金额较大的交易项目时，应对税务事项进行明确，重视其中涉及的税收优惠政策及潜在的税收风险。

2．非货币性资产投资收入确认的风险

（财税〔2014〕116号）文件第二条规定：企业以非货币性资产对外投资，应于投资协议生效并办理股权登记手续时，确认非货币性资产转让收入的实现。国家税务总局33号公告第二条规定，关联企业之间发生的非货币性资产投资行为，投资协议生效后12个月内尚未完成股权变更登记手续的，于投资协议生效时，确认非货币性资产转让收入的实现。（财税〔2015〕41号）文件第二条规定，个人以非货币性资产投资，应于非货币性资产转让、取得被投资企业股权时，确认非货币性资产转让收入的实现。纳税人应充分重视收入实现的时间点，除在规定期限内履行纳税义务外，还可以通过对时间的安排，实现推迟纳税的效果。

3．五年分期如何划分税额

（财税〔2015〕41号）文件第三条规定：纳税人一次性缴税有困难的，可合理确定分期缴纳计划并报主管税务机关备案后，自发生上述应税行为之日起不超过5个公历年度内（含）分期缴纳个人所得税。对于五年内分期缴纳的比例没有明确规定，对于纳税人而言，可以根据企业情况，通过分期缴纳递延纳税。

4．特殊性税务处理选择的风险

（财税〔2014〕116号）文件第六条规定：企业发生非货币性资产投资，符合《财政部 国家税务总局关于企业重组业务企业所得税处理若干问题的通知》（财税〔2009〕59号）等文件规定的特殊性税务处理条件的，也可选择按特殊性税务处理规定执行。国家税务总局33号公告第三条规定：符合（财税〔2014〕116号）文件规定的企业非货币性资产投资行为，同时又符合《财政部 国家税务总局关于企业重组业务企业所得税处理若干问题的通知》（财税〔2009〕59号）、《财政部 国家税务总局关于促进企业重组有关企业所得税处理问题的通知》（财税〔2014〕109号）等文件规定的特殊性税务处理条件的，可由企业选择其中一项政策执行，且一经选择，不得改变。

因此，纳税人在同时符合分期纳税及特殊性税务处理两项政策规定时，应综合评估两种税务处理方法的税收利益，从中选择较为有利的处理方式。

二、创业投资和天使投资过程中的涉税风险

创业投资和天使投资的涉税处理，其政策性很强，纳税人在具体操作实务过程中往往会出现差错。其风险点主要有以下7个方面：

（1）研发费用口径确认的风险；

（2）从业人数确认的风险；

（3）投资额确认的风险；

（4）天使投资个人、公司制创业投资企业等各方手续办理的风险；

（5）初创科技型企业接受天使投资个人投资时间确认的风险；

（6）法人合伙人投资于多个合伙创业投资企业（以下简称合伙创投企业）利益分配的风险；

（7）享受税收优惠的资料不全的风险。

为了便于征纳人双方承办相关业务，保证相关税收优惠政策精准落地，（财税〔2018〕55号）文件和（国家税务总局2018年第43号）公告明确相关税收征管工作流程，纳税人应当注意相关风险防范。

（1）研发费用口径，按照《财政部 国家税务总局 科技部关于完善研究开发费用税前加计扣除政策的通知》（财税〔2015〕119号）等规定执行。

（2）从业人数，包括与企业建立劳动关系的职工人员及企业接受的劳务派遣人员。从业人数和资产总额指标，按照企业接受投资前连续12个月的平均数计算，不足12个月的，按实际月数平均计算。

销售收入，包括主营业务收入与其他业务收入；年销售收入指标，按照企业接受投资前连续12个月的累计数计算，不足12个月的，按实际月数累计计算。

成本费用，包括主营业务成本、其他业务成本、销售费用、管理费用、财务费用。

（3）投资额，按照创业投资企业或天使投资个人对初创科技型企业的实缴投资额确定。

合伙创投企业的合伙人对初创科技型企业的投资额，按照合伙创投企业对初创科技型企业的实缴投资额和合伙协议约定的合伙人占合伙创投企业的出资比例计算确定。合伙人从合伙创投企业分得的所得，按照《财政部 国家税务总局关于合伙企业合伙人所得税问题的通知》（财税〔2008〕159号）规定计算。

这里所称出资比例，按投资满2年当年年末各合伙人对合伙创投企业的实缴出资额

占所有合伙人全部实缴出资额的比例计算。

（4）天使投资个人、公司制创业投资企业、合伙创投企业、合伙创投企业法人合伙人、被投资初创科技型企业应按规定办理优惠手续。

（5）初创科技型企业接受天使投资个人投资满2年，在上海证券交易所、深圳证券交易所上市的，天使投资个人转让该企业股票时，按照现行限售股有关规定执行，其尚未抵扣的投资额，在税款清算时一并计算抵扣。

（6）法人合伙人投资于多个符合条件的合伙创投企业，可合并计算其可抵扣的投资额和分得的所得。当年不足抵扣的，可结转以后纳税年度继续抵扣；当年抵扣后有结余的，应按照企业所得税法的规定计算缴纳企业所得税。

所称符合条件的合伙创投企业既包括符合《通知》规定条件的合伙创投企业，也包括符合《国家税务总局关于有限合伙制创业投资企业法人合伙人企业所得税有关问题的公告》（国家税务总局公告〔2015〕年第81号）规定条件的合伙创投企业。

（7）享受本通知规定的税收政策的纳税人，其主管税务机关对被投资企业是否符合初创科技型企业条件有异议的，可以转请被投资企业主管税务机关提供相关材料。对纳税人提供虚假资料，违规享受税收政策的，应按税收征管法相关规定处理，并将其列入失信纳税人名单，按规定实施联合惩戒措施。

三、技术入股过程中的涉税风险

个人以技术成果投资入股境内公司并选择递延纳税的，被投资公司应于取得技术成果并支付股权之次月15日内，向主管税务机关报送《技术成果投资入股个人所得税递延纳税备案表》、技术成果相关证书或证明材料、技术成果投资入股协议、技术成果评估报告等资料。

进行技术入股的政策性很强，一旦操作不当，就会形成涉税风险。因此，在这里提醒技术入股的企业应当注意如下问题：

其一，个人所得税5年分期缴纳是分期计算应纳税款，且不必每年均匀缴纳。企业所得税5年分期缴纳是分期计算所得，且须均匀计入相应年度。

其二，若5年分期纳税，技术入股的企业必须是实行查账征收的居民企业。被投资企业必须是居民企业。

其三，5年内每年企业所得税汇算清缴时向主管税务机关报送《非货币性资产投资递延纳税调整明细表》。

其四，企业应将股权投资合同或协议、对外投资的非货币性资产（明细）公允价值评估确认报告、非货币性资产（明细）计税基础的情况说明、被投资企业设立或变更的工商部门证明材料等资料留存备查，并单独准确核算税法与会计差异情况。

四、取得或者转让股权的涉税风险

投资人在投资过程中除了以非货币性资产对外投资、创业投资和天使投资、上市企业股权激励以及技术入股等投资活动以外，还有其他大量的各种投资活动，而这些活动同样也存在各种涉税风险。这里我们引用部分资料就其主要风险事项做一个简要梳理。

1. 货币性资产投资认缴不足引起的涉税风险

该方式存在的税收风险是在认缴制度下，投资额为实际缴纳的金额而不是认缴金额，如果在未完成认缴期间将股权转让，在计算税款时允许扣除的金额是实际缴纳的金额，因此在股权转让协议中一定要明确双方对未认缴部分是如何处理的，否则会导致多缴税款。

2. 非货币资产投资提前缴税

目前，非货币性资产投资在投资时要按照财产转让所得缴纳个人所得税，尽管有5年内分期缴纳的税收优惠，但在投资前一定要对税收负担做到心里有数，千万不要出现“尚未经营，缴税百万”的悲剧。

3. 代持股手续不完备引起的涉税风险

目前在法律上对代持股问题争论较多，在税收上，除了（国家税务总局2011年第39号公告）对限售股代持问题加以承认之外，基本上只承认股权的显名股东，代持股之间的更名视为股权转让，需要缴纳税款。

4. 债转股过程中的价值确认不当引起的涉税风险

如果对债转股，债务的额度就是股东的投资额。该过程不会产生纳税义务，但是，如果出现折价或者溢价，情况就另当别论了。

5. 出售股权过程中的定价不当引起的涉税风险

根据《国家税务总局关于发布〈股权转让所得个人所得税管理办法（试行）〉的公告》（国家税务总局公告2014年67号公告）文件规定，股权转让应按照财产转让征收个人所得税。对股权的卖价是否公允、股权原值如何确定、税务机关是否核定等问题都存在税收风险。对于股权转让后取得的后续收入，要并入此次转让所得中征税，但后续产生的损失，税务机关不予考虑，也不允许退税。

6. 股份公开发行过程引起的涉税风险

发行人首次公开发行新股时，被投资企业股东将其持有的股份以公开发行方式一并向投资者发售。虽然没有转让协议，但仍然视为股权转让。

7. 股权被司法或行政机关强制过户引起的涉税风险

虽然非主观愿意，但是实际上已经发生所有权的转移，因此应当视为股权转让。

8. 以股换股引起的涉税风险

这是两笔交易的组合，双方均视为股权转让，与出售股权的税收风险相同，但有可以分期5年缴纳税款的优惠。

9. 股东撤资引起的涉税风险

根据国家税务总局2011年第41号公告规定，对个人因各种原因终止投资、联营、经营合作等行为，视为股权转让，按照财产转让所得征收个人所得税。

10. 转让企业内部股权引起的涉税风险

对于根据相关法律、政府文件或企业章程规定，并有相关资料充分证明转让价格合理且真实的本企业员工持有的不能对外转让股权的内部转让，由于没有可比性，往往低价或平价转让股权，如此操作也就不会产生纳税义务。但是，如果这种内部股权并不是真正意义上的股权，它是那种只作为取得股息红利依据的股权，只存在于企业内部不能对外转让，如果操作过度，就会存在涉税风险。

11. 赠予或无偿让渡股权引起的涉税风险

低价或者无偿转让股权的合理性，目前文件只明确直系亲属之间的赠予视为合理，其他原因是否为合理需要税务机关界定。非合理性的赠予或无偿让渡股权要视为股权转让，对赠予人或让渡人要核定转让收入，按照财产转让所得征收个人所得税。

五、持有股权期间的资本运作风险

在一般人看来，股权投资的涉税风险只有在转让过程中才出现，其实不然。在持有期间，由于会发生与股权有关的经济事项，因此，同样也存在涉税风险。对此我们引用部分资料对股权持有期间可能发生的涉税风险做一个简要梳理。

1. 股息红利分配引起的涉税风险

在持有股权期间，无论是以现金还是非货币性资产对股东进行分配，都要按照利息股息红利所得项目缴纳个人所得税，如果分配的非货币性资产涉及房产、股权等资产，还需要对资产的价值进行评估确定。如果涉及资产的转移，可能还涉及增值税。

2. 增资引起的涉税风险

时下，在经营过程中增资的情况时有发生，除用非货币性资产增资外，目前没有税务文件明确对增资过程征收税款。但是，如果发生不公平的增资行为，其实质可能会被认定为股权转让而涉及相关税收风险。

3. 转增股本（资本）引起的涉税风险

目前，除用溢价产生的资本公积转增股本（资本）不征收个人所得税外，用其他资本公积、盈余公积、未分配利润转增股本（资本），都需要按照转增额的20%缴纳个人所得税。

4. 公司回购股权引起的涉税风险

无论谁接手股权，对放弃股权方都视为股权转让，应当缴纳个人所得税。

5. 以股权进行除股权以外的其他非货币性交易引起的涉税风险

虽然转让方没有获得现金，但仍视为股权转让，纳税义务发生后就要全额缴纳税款，无法享受分期5年缴纳税款的优惠，且存在税务机关核定股权转让收入和取得的非货币性资产要进行评估的双重风险。

6. 以股权抵偿债务引起的涉税风险

这种业务也是复合交易活动，从表面上看没有所得，但仍应当视为股权转让，从而承担相应的纳税义务。

7. 减资引起的涉税风险

目前没有税务文件明确对减资按照股权转让征收税款。但是在实务操作过程中，造成股权比例发生变化的减资活动可能被认定为股权转让。

8. 合并分立等重组行为引起的涉税风险

对个人股东而言，在资产重组过程中只要投资企业、投资比例发生变化，均视为股权转让。一旦重组业务发生就会产生纳税义务，如果符合以股换股的条件，可享受分期5年缴纳税款的优惠。

9. 改制引起的涉税风险

比如，独资企业改为有限公司或者股份公司。这些活动在未来一个时期将长期存在。对于企业改制，就是按照净资产进行折股，因此对于个人股东，应该对企业留存收益部分按照利息股息红利所得征收个人所得税。

10. 企业清算取得低于投资成本的资产引起的涉税风险

如果投资人所投资的企业进入清算阶段，并取得低于投资成本的资产，按照（财税〔2009〕60号）文件规定，被清算企业的股东分得的剩余资产的金额，其中相当于被清算企业累计未分配利润和累计盈余公积中按该股东所占股份比例计算的部分，应确认为股息所得；剩余资产减除股息所得后的余额，超过或低于股东投资成本的部分，应确认为股东的投资转让所得或损失。举例说明，某人当初投资200万元，占100%股权，企业清算前有累计盈余20万元，假如企业清算后分得160万元，一般理解投资亏了，没有投资所得不应该缴税。但按照文件，企业清算前账上有累计盈余20万元，所以该股东清算分得的160万元中的20万元要按照利息股息红利所得缴纳4万元的个人所得税。

11. 企业清算取得高于投资成本的资产引起的涉税风险

如果投资人所投资的企业进入清算阶段，并取得高于投资成本的资产，按照（财税〔2009〕60号）文件，股东要交两部分税款。仍按上例，假如企业清算后分得260万元资产，则其中20万元按照利息股息红利所得缴纳4万元的个人所得税，其中40万元

（260-20-200）按照财产转让所得缴纳8万元的个人所得税，一共需缴纳税款12万元。

第二节　非货币性资产投资的涉税处理

非货币性资产，指货币性资产以外的资产，包括存货、固定资产、无形资产、股权投资以及不准备持有至到期的债券投资等。非货币性资产有别于货币性资产的最基本特征是，其在将来为企业带来的经济利益，即货币金额是不固定的或不可确定的。非货币性资产投资，就是以非货币性资产出资设立新的企业，或者以非货币性资产出资参与企业增资扩股、定向增发股票、重组改制以及其他类似的投资（包括股权换股权）。

一、非货币性资产投资的增值税处理

对于非货币性资产投资的流转税的征收问题，政策有所变化，在2016年4月30日前，对于非货币性资产投资的行为执行《财政部 国家税务总局关于股权转让有关营业税问题的通知》（财税〔2002〕191号）。根据这个规定：其一，以无形资产、不动产投资入股，参与接受投资方利润分配，共同承担投资风险的行为，不征收营业税。其二，对股权转让不征收营业税。

也就是说，在2016年4月30日前，企业以无形资产、不动产投资入股，参与接受投资方利润分配，共同承担投资风险的行为，以及股权转让行为，均不缴纳营业税。

但是自2016年5月1日起，营业税改征增值税全面推开，那么，企业发生无形资产、不动产投资入股、股权转让行为是否不征增值税？这就需要对有关政策进行梳理。

《财政部国家税务总局关于全面推开营业税改征增值税试点的通知》（财税〔2016〕36号）附件一《营业税改征增值税试点实施办法》第十条规定，销售服务、无形资产或者不动产，是指有偿提供服务、有偿转让无形资产或者不动产。同时在其第十一条进一步明确：有偿，是指取得货币、货物或者其他经济利益。

此外，（财税〔2016〕36号）文附件二《营业税改征增值税试点有关事项的规定》第一条第（四）项第1点、第二条第（一）项第1点明确：适用一般计税方法的试点纳税人，2016年5月1日后取得并在会计制度上按固定资产核算的不动产或者2016年5月1日后取得的不动产在建工程，其进项税额应自取得之日起分2年从销项税额中抵扣，第一年抵扣比例为60%，第二年抵扣比例为40%。取得不动产，包括以直接购买、接受捐赠、接受投资入股、自建以及抵债等各种形式取得不动产，不包括房地产开发企业自行开发的房地产项目。后来，《财政部 税务总局 海关总署关于深化增值税改革有关政策的公告》（财政部 税务总局 海关总署公告2019年第39号）第五条规定：自2019年4月1日起，《营业税改征增值税试点有关事项的规定》（财税〔2016〕36号印发）第一条第（四）项第1点、第二条第（一）项第1点停止执行，纳税人取得不动产或者不动产在建工程的进项税额不再分2年抵扣。此前按照上述规定尚未抵扣完毕的待抵扣进项税额，可自2019年4月税款所属期起从销项税额中抵扣。

根据上述规定可以得出，企业将无形资产、不动产投资入股换取被投资企业股权的行为属于有偿取得“其他经济利益”，且被投资企业取得不动产包括“接受投资入股”形式取得的不动产，其进项税额准予从销项税额中抵扣。这就意味着企业以不动产投资应作为销售缴纳增值税，并可计算销项税额、开具增值税专用发票给被投资企业作为抵扣进项税额的凭据，从而说明以不动产投资入股行为列入了增值税“销售不动产”税目的征税范围。

另外，根据《增值税暂行条例》及其实施细则、《财政部国家税务总局关于全国实施增值税转型改革若干问题的通知》（财税〔2008〕170号）和《国家税务总局关于增值税简易征收政策有关管理问题的通知》（国税函〔2009〕90号）等文件的规定，以设备、货物等对外投资需要缴纳增值税，以维护增值税抵扣链条的完整性。

至于股权转让是否征收增值税问题，从财税36号《营业税改征增值税试点实施办法》附：“销售服务、无形资产、不动产注释”中看，股权转让行为不属于营改增试点征收范围，因此，股权转让行为原来不征营业税，营改增后也不征增值税。

但是，特殊情形例外。根据《关于纳税人资产重组有关增值税问题的公告》（国家税务总局公告2011年第13号）规定，纳税人在资产重组过程中，通过合并、分立、出售、置换等方式，将全部或者部分实物资产以及与其相关联的债权、负债和劳动力一并转让给其他单位和个人，不属于增值税的征税范围，其中涉及的货物转让，不征收增值税。

二、非货币性资产投资土地增值税和契税的相关规定

根据《财政部 税务总局关于继续实施企业改制重组有关土地增值税政策的通知》（财税〔2018〕57号）明确，自2018年1月1日至2020年12月31日，单位、个人在改制重组时以房地产作价入股进行投资，对其将房地产转移、变更到被投资的企业，暂不征土地增值税。

因此，企业以国有土地、房屋进行投资符合条件的，可以享受相关土地增值税优惠政策。

根据《中华人民共和国契税暂行条例细则》（财法字〔1997〕52号）第八条规定：土地、房屋权属以下列方式转移的，视同土地使用权转让、房屋买卖或者房屋赠

予征税：

（一）以土地、房屋权属作价投资、入股。

（二）以土地、房屋权属抵债。

（三）以获奖方式承受土地、房屋权属。

（四）以预购方式或者预付集资建房款方式承受土地、房屋权属。

根据《中华人民共和国契税暂行条例》（国务院令国务院令224号）第三条：契税税率为3%~5%。契税的适用税率，由省、自治区、直辖市人民政府在前款规定的幅度内按照本地区的实际情况确定，并报财政部和国家税务总局备案。

但是，如果符合《财政部 税务总局关于继续支持企业 事业单位 改制重组有关契税政策的通知》（财税〔2018〕17号）“在股权（股份）转让中，单位、个人承受公司股权（股份），公司土地、房屋权属不发生转移，不征收契税。”的情景，也可以享受契税优惠。

三、非货币性资产投资所得税征管的主要规定

在日常投资活动过程中，利用非货币性资产进行投资相对比较普遍，因此，税法对非货币性资产投资所得税征管进行了具体明确。

1. 企业所得税

《财政部 国家税务总局关于非货币性资产投资企业所得税政策问题的通知》（财税〔2014〕116号）和《国家税务总局关于非货币性资产投资企业所得税有关征管问题的公告》（国家税务总局公告2015年第33号）对非货币性资产投资企业所得税如何缴纳进行了明确。

（1）实行查账征收的居民企业（以下简称企业）以非货币性资产对外投资确认的非货币性资产转让所得，可自确认非货币性资产转让收入年度起不超过连续5个纳税年度的期间内，分期均匀计入相应年度的应纳税所得额，按规定计算缴纳企业所得税。

（2）企业以非货币性资产对外投资，应对非货币性资产进行评估并按评估后的公允价值扣除计税基础后的余额，计算确认非货币性资产转让所得。

【例】

2017年1月1日，甲公司以其拥有的土地使用权对乙公司进行投资，并对其实施了有效控制，同日办理了资产、股权的登记过户手续。该土地使用权的账面原值为1 000万元，投资时已计提的累计摊销为200万元，账面价值与计税基础相同，公允价值为1 500万元。2019年5月，甲公司将该股权转让，取得价款2 000万元。甲公司作为出资的土地使用权占其全部资产的比例超过50%，乙公司按10年对土地使用权进行摊销（符合税法规定）。

为简化计算，假设甲公司未计提与上述业务有关的资产减值准备，采用成本法核算长期股权投资，股权投资及转让过程中未发生相关税费，不涉及初始投资成本的调整，甲公司每年实现的利润均为1 000万元，无其他纳税调整项目（以下会计处理单位为万元）。

1. 甲公司的财税处理

（1）2017年，甲公司以土地使用权换取乙公司的股权。

借：长期股权投资——乙公司　　15 000 000
　　累计摊销　　2 000 000
　贷：无形资产——土地使用权　　10 000 000
　　　资产处置收益——无形资产处置收益　　7 000 000

甲公司应确认土地使用权转让所得：

1 500−（1 000−200）=700（万元）。

甲公司选择在五年期限内分期均匀计入相应年度的应纳税所得额，则2017年应确认资产转让所得140万元。

应调减应纳税所得额：

1 000+140=1 140（万元）。

应交企业所得税：

1 140×25%=285（万元）。

借：所得税费用——当期所得税费用　　2 850 000
　贷：应交税费——应交所得税　　2 850 000

2017年12月31日，根据财税〔2014〕116号文件的规定，甲公司应以土地使用权的原计税成本为计税基础，加上每年确认的非货币性资产转让所得，逐年进行调整。此时，长期股权投资的计税基础：

1 000−200+140=940（万元）。

而其账面价值为1 500万元，两者之间的差额560万元会增加未来期间的应纳税所得额和应交所得税，属于应纳税暂时性差异，应确认递延所得税负债：

560×25%=140（万元）。

借：所得税费用——递延所得税费用　　1 400 000
　贷：递延所得税负债　　1 400 000

（2）2018年，税务上确认当期土地使用权转让所得140万元，应进行纳税调增。应交企业所得税：

（1 000+140）×25%=285（万元）。

借：所得税费用——当期所得税费用　　2 850 000
　贷：应交税费——应交所得税　　2 850 000

2018年12月31日，长期股权投资的计税基础为：

800+140+140=1 080（万元）。

其账面价值为1 500万元，两者之间的差额为：

1 500−1 080=420（万元）。

这个差额属于累计应确认的应纳税暂时性差异，应保留递延所得税负债：

420 × 25％=105（万元）。

该科目期初余额为140万元，应转回递延所得税负债：

140−105=35（万元）。

借：递延所得税负债　　　　　　　　　　　　　　　350 000

　贷：所得税费用——递延所得税费用　　　　　　　　　350 000

（3）2019年11月，甲公司将该股权转让。

借：银行存款　　　　　　　　　　　　　　　　20 000 000

　贷：长期股权投资——乙公司　　　　　　　　　　15 000 000

　　　投资收益　　　　　　　　　　　　　　　　　5 000 000

根据财税〔2014〕116号文件的规定，企业在对外投资5年内转让股权或投资收回的，应停止执行递延纳税政策，并就递延期内尚未确认的非货币性资产转让所得，在转让股权或投资收回当年的企业所得税年度汇算清缴时，一次性计算缴纳企业所得税；同时企业在计算权转让所得时，可将股权的计税基础一次调整到位。据此，2019年甲公司应将递延的土地使用权转让所得420万元予以确认，调增应纳税所得额。另外，将股权的计税基础调整为取得时的公允价值1 500万元；此时，会计与税法对股权转让所得的处理一致。

2019年应交企业所得税：

（1 000+500+420）× 25％=480（万元）。

借：所得税费用——当期所得税费用　　　　　　　　4 800 000

　贷：应交税费——应交所得税　　　　　　　　　　　4 800 000

2019年12月31日，长期股权投资的计税基础和账面价值均为0，递延所得税负债科目期初余额应全部予以转回。

借：递延所得税负债　　　　　　　　　　　　　　1 050 000

　贷：所得税费用——递延所得税费用　　　　　　　　1 050 000

2. 乙公司的财税处理

（1）2017年，乙公司取得甲公司投入的土地使用权。

借：无形资产——土地使用权　　　　　　　　　　15 000 000

　贷：实收资本　　　　　　　　　　　　　　　　　15 000 000

根据税法的规定，被投资企业取得非货币性资产的计税基础，应按非货币性资产的公允价值确定。因此，乙公司取得投入土地使用权的计税基础也是1 500万元，与会计处理一致。

（2）乙公司对取得的土地使用权正常进行摊销，会计与税务处理一致，略。

2. 个人所得税

《财政部 国家税务总局关于个人非货币性资产投资有关个人所得税政策的通知》（财税〔2015〕41号）和《国家税务总局关于个人非货币性资产投资有关个人所得税征管问题的公告》（国家税务总局公告2015年第20号）就非货币性资产投资个人所得税政策进行了明确。

（1）个人以非货币性资产投资，属于个人转让非货币性资产和投资同时发生。对个人转让非货币性资产的所得，应按照“财产转让所得”项目，依法计算缴纳个人所得税。

（2）个人以非货币性资产投资，应按评估后的公允价值确认非货币性资产转让收入。非货币性资产转让收入减除该资产原值及合理税费后的余额为应纳税所得额。

（3）个人应在发生上述应税行为的次月15日内向主管税务机关申报纳税。纳税人一次性缴税有困难的，可合理确定分期缴纳计划并报主管税务机关备案后，自发生上述应税行为之日起不超过5个公历年度内（含）分期缴纳个人所得税。

第三节 创业投资和天使投资涉税政策分析

创业投资和天使投资是促进大众创业、万众创新的重要资本力量，是促进科技创新成果转化的助推器，财政部和国家税务总局根据国务院决定，联合出台了《关于创业投资企业和天使投资个人有关税收政策的通知》（财税〔2018〕55号）为了落实有关政策，国家税务总局在《关于创业投资企业和天使投资个人税收政策有关问题的公告》（国家税务总局公告2018年第43号）中对相关问题的具体执行口径又做出进一步明确。现就有关事项归纳和分析。

一、政策扶持主体

（财税〔2018〕55号）文件优惠鼓励和扶持的主体是投资对象和投资人。这里的投资对象是指初创科技型企业，投资人是指创业投资企业和天使投资个人。上述主体需要具备一定的条件，具体情况如下。

1. 初创科技型企业的条件

初创科技型企业应同时符合以下条件：

（1）在中国境内（不包括港、澳、台地区）注册成立、实行查账征收的居民企业；

（2）接受投资时，从业人数不超过200人，其中具有大学本科以上学历的从业人数不低于30%；资产总额和年销售收入均不超过3 000万元；

（3）接受投资时设立时间不超过5年（60个月）；

（4）接受投资时以及接受投资后2年内未在境内外证券交易所上市；

（5）接受投资当年及下一纳税年度，研发费用总额占成本费用支出的比例不低于20%。

注：（财税〔2019〕13号）文件第五条明确规定，《财政部 税务总局关于创业投资企业和天使投资个人有关税收政策的通知》（财税〔2018〕55号）第二条第（一）项关于初创科技型企业条件中的“从业人数不超过200人”调整为“从业人数不超过300人”，“资产总额和年销售收入均不超过3 000万元”调整为“资产总额和年销售收入均不超过5 000万元”。

2019年1月1日至2021年12月31日期间发生的投资，投资满2年且符合本通知规定和（财税〔2018〕55号）文件规定的其他条件的，可以适用（财税〔2018〕55号）文件规定的税收政策。

2019年1月1日前2年内发生的投资，自2019年1月1日起投资满2年且符合本通知规定和（财税〔2018〕55号）文件规定的其他条件的，可以适用（财税〔2018〕55号）文件规定的税收政策。

这里所称研发费用总额占成本费用支出的比例，是指企业接受投资当年及下一纳税年度的研发费用总额合计占同期成本费用总额合计的比例。

这里所称从业人数及资产总额指标，按照初创科技型企业接受投资前连续12个月的平均数计算，不足12个月的，按实际月数平均计算。具体计算公式如下：

月平均数=（月初数＋月末数）÷2

接受投资前连续12个月平均数=接受投资前连续12个月平均数之和÷12

2. 创业投资企业的条件

享受税法规定税收试点政策的创业投资企业应同时符合以下条件：

（1）在中国境内（不含港、澳、台地区）注册成立、实行查账征收的居民企业或合伙创投企业，且不属于被投资初创科技型企业的发起人；

（2）符合《创业投资企业管理暂行办法》（发展改革委等10部门令第39号）规定或者《私募投资基金监督管理暂行办法》（证监会令第105号）关于创业投资基金的特别规定，按照上述规定完成备案且规范运作；

（3）投资后2年内，创业投资企业及其关联方持有被投资初创科技型企业的股权比例合计应低于50%。

3. 天使投资个人的条件

享受税法规定税收试点政策的天使投资个人应同时符合以下条件:

（1）不属于被投资初创科技型企业的发起人、雇员或其亲属（包括配偶、父母、子女、祖父母、外祖父母、孙子女、外孙子女、兄弟姐妹，下同），且与被投资初创科技型企业不存在劳务派遣等关系；

（2）投资后2年内，本人及其亲属持有被投资初创科技型企业股权比例合计应低于50%。

另外，在投资方式上（财税〔2018〕55号）文件同时还明确，享受本通知规定的税收政策的投资，仅限于通过向被投资初创科技型企业直接支付现金方式取得的股权投资，不包括受让其他股东的存量股权。

二、创投税收优惠政策要点

在市场经济条件下进行投资是存在较大的风险的，为了减少创业投资企业和天使投资个人可能发生的投资风险，（财税〔2018〕55号）文件明确了如下税收优惠。

（一）公司制创业投资企业采取股权投资方式直接投资于种子期、初创期科技型企业（以下简称初创科技型企业）满2年（24个月，下同）的，可以按照投资额的70%在股权持有满2年的当年抵扣该公司制创业投资企业的应纳税所得额；当年不足抵扣的，可以在以后纳税年度结转抵扣。

这里的满2年是指公司制创业投资企业（以下简称公司制创投企业）、有限合伙制创业投资企业（以下简称合伙创投企业）和天使投资个人投资于种子期、初创期科技型企业（以下简称“初创科技型企业”）的实缴投资满2年，投资时间从初创科技型企业接受投资并完成工商变更登记的日期算起。

（二）有限合伙制创业投资企业（以下简称合伙创投企业）采取股权投资方式直接投资于初创科技型企业满2年的，该合伙创投企业的合伙人分别按以下方式处理：

（1）法人合伙人可以按照对初创科技型企业投资额的70%抵扣法人合伙人从合伙创投企业分得的所得；当年不足抵扣的，可以在以后纳税年度结转抵扣。

（2）个人合伙人可以按照对初创科技型企业投资额的70%抵扣个人合伙人从合伙创投企业分得的经营所得；当年不足抵扣的，可以在以后纳税年度结转抵扣。

（三）天使投资个人采取股权投资方式直接投资于初创科技型企业满2年的，可以按照投资额的70%抵扣转让该初创科技型企业股权取得的应纳税所得额；当期不足抵扣的，可以在以后取得转让该初创科技型企业股权的应纳税所得额时结转抵扣。

天使投资个人投资多个初创科技型企业的，对其中办理注销清算的初创科技型企业，天使投资个人对其投资额的70%尚未抵扣完的，可自注销清算之日起36个月内抵扣天使投资个人转让其他初创科技型企业股权取得的应纳税所得额。

【例】

2017年1月3日，甲、乙两个合伙人分别实缴出资了200万元和300万元成立合伙创投企业A，1月20日合伙创投企业A成立了初创科技公司B，实缴投资额400万元。2018年1月3日，丙后期现金增资500万元（实缴）成为合伙创投企业A的合伙人，合伙协议约定，后期进入的丙不享有和负担前期项目的收益或亏损。2019年合伙创投企业A投资初创科技公司B满2年。假设2019年A投资B实现收益240万元，那么只对甲、乙两个合伙人进行收益分配。

在享有限额抵扣优惠政策时，按照（财税（2018）55号）文件的规定，可以得出：

甲限额抵扣的投资额：400 × 200 ÷ （200+300+500） × 70%=56（万元）。

乙限额抵扣的投资额：

400 × 300 ÷ （200+300+500） × 70%=84（万元）。

丙分摊了投资额：

400 × 500 ÷ （200+300+300） × 70%=175（万元）。

根据合伙协议，2019年的收益不对丙进行分配，那么丙就不会存在限额抵扣，本身合伙创投企业A对B的投资额400万元就全部来自于甲、乙两个合伙人，所以原则上合伙创投企业A对B的投资额400万元的70%部分，就应该在甲、乙两个合伙人之间进行分配。如果按照（财税〔2018〕55号）文件规定，那么就是在甲、乙、丙三个合伙人之间进行分配了，但是丙并没有对B出资，那么丙就不能分担限额抵扣的部分。

甲限额抵扣的投资额：400 × 200 ÷ （200+300） × 70%=112（万元）。

实际抵扣=240 × 40%=96（万元）。

剩余112−96=16（万元）。

乙限额抵扣的投资额：

400 × 300 ÷ （200+300） × 70%=168（万元）。

实际抵扣=240 × 60%=144（万元）。

剩余：168−144=24（万元）。

第四节　上市企业股权激励的税收优惠

通过股权激励，是上市公司留住人才、用好人才的重要手段之一，为了促进全国经济结构转型升级，近期，财政部、国家税务总局联合印发了《关于完善股权激励和技术入股有关所得税政策的通知》（财税〔2016〕101号，以下简称101号文）和《关于股权激励和技术入股所得税征管问题的公告》（国家税务总局2016年第62号公告，以下简称62号公告）。

企业员工股票期权（以下简称股票期权）是指上市公司按照规定的程序授予本公司及其控股企业员工的一项权利，该权利允许被授权员工在未来时间内以某一特定价格购买本公司一定数量的股票。上述“某一特定价格”被称为“授予价”或“施权价”，即根据股票期权计划可以购买股票的价格，一般为股票期权授予日的市场价格或该价格的折扣价格，也可以是按照事先设定的计算方法约定的价格。“授予日”，是指公司授予员工上述权利的日期；“行权”，是指员工根据股票期权计划选择购买股票的过程；员工行使上述权利的当日为“行权日”，也称“购买日”。

一、上市公司员工获提股票期权的有关税收规定

目前我国针对股权激励的政策主要集中在上市公司，对于上市公司给予员工的股票期权、限制性股票和股票增值等股权激励，现行税收政策的一般性规定是在授予时暂不征税，而是待实际行权时再按照实际购买价格与公平市场价格之间的差额，按照“工资、薪金所得”项目，适用3%~45%的7级超额累进税率征收个人所得税。对于个人转让上述以行权后的股票时，属于转让上市公司股票暂免征收个人所得税的范围。

1. 获得期权的应税所得税计算

《财政部、国家税务总局关于个人股票期权所得征收个人所得税问题的通知》（财税〔2005〕35号）规定：

（一）员工接受实施股票期权计划授予的股票期权时，除另有规定外，一般不作为应税所得征税。

（二）员工行权时，其从企业取得股票的实际购买价（施权价）低于购买日公平市场价（指该股票当日的收盘价，下同）的差额，按“工资、薪金所得”计算缴纳个人所得税。对因特殊情况，员工在行权日之前将股票期权转让的，以股票期权的转让净收入，作为工资薪金所得征收个人所得税。此外，《国家税务总局关于个人股票期权所得缴纳个人所得税有关问题的补充通知》（国税函〔2006〕902号）第一条规定：员工接受雇主（含上市公司和非上市公司）授予的股票期权，凡该股票期权指定的股票为上市公司（含境内、外上市公司）股票的，均应按照（财税〔2005〕35号）文件进行税务处理。

2. 个人从上市公司取得的股票增值权所得和限制性股票所得的确认

《财政部、国家税务总局关于股票增值权所得和限制性股票所得征收个人所得税有关问题的通知》（财税〔2009〕5号）规定：

（一）对于个人从上市公司取得的股票增值权所得和限制性股票所得，比照（财税〔2005〕35号）、（国税函〔2006〕902号）的有关规定计算征收个人所得税。

（二）本通知所称股票增值权，是指上市公司授予公司员工在未来一定时期和约

定条件下，获得规定数量的股票价格上升所带来收益的权利。被授权人在约定条件下行权，上市公司按照行权日与授权日二级市场股票差价乘以授权股票数量，发放给被授权人现金。

（三）本通知所称限制性股票，是指上市公司按照股权激励计划约定的条件，授予公司员工一定数量本公司的股票。

也就是说，对于员工从任职公司取得的股票增值权所得和限制性股票所得均按股票期权规定缴纳个人所得税。

3．对上市公司股票期权、限制性股票和股权奖励适当延长纳税期限

财政部和国家税务总局在《关于完善股权激励和技术入股有关所得税政策的通知》（财税〔2016〕101号）第二条第一款和第二款中明确，上市公司授予个人的股票期权、限制性股票和股权奖励，经向主管税务机关备案，个人可自股票期权行权、限制性股票解禁或取得股权奖励之日起，在不超过12个月的期限内缴纳个人所得税。上市公司股票期权、限制性股票应纳税款的计算，继续按照《财政部 国家税务总局关于个人股票期权所得征收个人所得税问题的通知》（财税〔2005〕35号）、《财政部 国家税务总局关于股票增值权所得和限制性股票所得征收个人所得税有关问题的通知》（财税〔2009〕5号）、《国家税务总局关于股权激励有关个人所得税问题的通知》（国税函〔2009〕461号）等相关规定执行。股权奖励应纳税款的计算比照上述规定执行。

与此同时，《财政部 国家税务总局关于上市公司高管人员股票期权所得缴纳个人所得税有关问题的通知》（财税〔2009〕40号）自本通知施行之日起废止。

4．限制性股票应税所得确认时间和方法

《国家税务总局关于股权激励有关个人所得税问题的通知》（国税函〔2009〕461号）规定：按照个人所得税法及其实施条例等有关规定，原则上应在限制性股票所有权归属于被激励对象时确认其限制性股票所得的应纳税所得额。即：上市公司实施限制性股票计划时，应以被激励对象限制性股票在中国证券登记结算公司进行股票登记日期的股票市价（指当日收盘价，下同）和本批次解禁股票当日市价（指当日收盘价，下同）的平均价格乘以本批次解禁股票份数，减去被激励对象本批次解禁股份数所对应的为获取限制性股票实际支付资金数额，其差额为应纳税所得额。（财税〔2005〕35号）、（国税函〔2006〕902号）和（财税〔2009〕5号）以及本通知有关股权激励个人所得税政策，适用于上市公司（含所属分支机构）和上市公司控股企业的员工，其中上市公司占控股企业股份比例最低为30%，间接持股比例，按各层持股比例相乘计算，上市公司对一级子公司持股比例超过50%的，按100%计算。

5．享受税收优惠的上市公司应当履行备案义务

上市公司实施股权激励，个人选择在不超过12个月期限内缴税的，上市公司应自股票期权行权、限制性股票解禁、股权奖励获得之次月15日内，向主管税务机关报送《上市公司股权激励个人所得税延期纳税备案表》。上市公司初次办理股权激励备案时，还应一并向主管税务机关报送股权激励计划、董事会或股东大会决议等资料。

二、股权激励税收优惠政策的调整

原针对上市公司的股权激励政策规定，对董事、监事、高级管理人员等取得股票期权在行权时，纳税确有困难的，经主管税务机关审核，可自其股票期权行权之日起，在不超过6个月的期限内分期缴纳个人所得税。而（财税〔2016〕101号）文件则将可享受分期纳税的人员范围放宽至全部员工，且延期纳税期限延长至12个月。此项政策充分考虑了证监会对上市公司高管处置限制性股票、股权奖励的限制性要求的实际情况，为缓解全部激励对象的实际纳税困难，降低企业代扣代缴税款难度起到了积极作用。

第五节　技术入股的税收优惠

为了支持国家大众创业、万众创新战略的实施，促进全国经济结构转型升级，财政部、国家税务总局联合印发了《关于完善股权激励和技术入股有关所得税政策的通知》（财税〔2016〕101号）和《关于股权激励和技术入股所得税征管问题的公告》（国家税务总局2016年第62号公告）。

自2016年9月1日起，实施新的技术入股等个人所得税递延纳税政策。政策一经出台，就引起社会的高度关注，广大创新创业企业纷纷表示，股权激励政策对促进企业发展、减轻纳税人经济负担起到了极大的作用。

一、技术入股的增值税规定

根据《财政部、国家税务总局关于全面推开营业税改征增值税试点的通知》（财税〔2016〕36号）相关规定，转让技术成果是销售无形资产，免征增值税。在享受增值税优惠的过程中需要注意，这里的技术，包括专利技术和非专利技术。而申请免征增值税时，技术成果投资入股书面合同须经所在地省级科技主管部门认定并出具审核意见证明文件，报主管税务机关备查。

二、最新技术入股的所得税收优惠

根据现行政策规定，技术入股属于个人以非货币性资产投资的事项，是个人转让非货币性资产和投资同时发生。因此，对个人转让技术取得的所得，应按照“财产转让所得”项目计算缴纳个人所得税。而原税收优惠的规定则是，对于个人以技术成果投资入股，在投资入股环节，按照技术成果评估增值额确认应税所得，在计算缴纳企业所得税或个人所得税，允许在5年内分期纳税。

为了促进我国经济结构转型升级，财政部和国家税务总局先后出台了（财税〔2016〕101号）和（国家税务总局2016年第62号公告），主要包括个人所得税和企业所得税两个方面。

1. 个人所得税

新政策增加了递延纳税的政策选择。（财税〔2016〕101号）文件明确，投资人在以技术作投资，被投资企业支付的对价全部为股票（权）的，企业或个人选择技术成果投资入股递延纳税政策的，经向主管税务机关备案，投资入股当期可暂不纳税，允许递延至转让股权时，按股权转让收入减去技术成果原值和合理税费后的差额计算缴纳所得税。

与此同时，根据《财政部、国家税务总局关于个人非货币性资产投资有关个人所得税政策的通知》（财税〔2015〕41号）和《国家税务总局关于个人非货币性资产投资有关个人所得税征管问题的公告》（国家税务总局公告2015年第20号），个人于技术成果转让、取得被投资企业股权时，确认收入的实现。按评估后的公允价值确认转让收入，减除原值（即技术成果研发费用）及合理税费后的余额为应纳税所得额，按照“财产转让所得”项目计算个人所得税，于次月15日内申报纳税。若一次性缴税有困难，可5年内分期缴纳。

因此，纳税人可自由选择采取现行政策5年分期纳税规定，或者递延至股权转让时点征税的规定，灵活地政策选择方式，将大幅降低企业和个人技术成果投资入股税收负担，积极促进科技成果转化。

若5年分期缴纳，个人须自行制定缴税计划并向主管税务机关报送《非货币性资产投资分期缴纳个人所得税备案表》、纳税人身份证明、投资协议、非货币性资产评估价格证明材料、能够证明非货币性资产原值及合理税费的相关资料。

取得技术成果的被投资企业应将技术入股个人取得股权和分期缴税期间股权变动情况，分别于相关事项发生后15日内向主管税务机关报告，并协助税务机关执行公务。

不过，享受技术成果优惠需要具备如下条件：一是被投资方必须是境内居民企业；二是技术成果包括专利技术（含国防专利）、计算机软件著作权、集成电路布图设计专有权、植物新品种权、生物医药新品种，以及科技部、财政部、国家税务总局确定的其他技术成果；三是取得技术成果的被投资企业支付的对价全部为股票（权），如果一部分为股票（权），另一部分为货币，则不能递延纳税；四是取得技术成果的被投资企业为个人所得税扣缴义务人。递延纳税期间，应在每个纳税年度终了后向主管税务机关报告递延纳税有关情况。

2. 企业所得税

如果以技术成果投资入股方是企业，则涉及企业所得税。

技术入股的企业，同样可根据（财税〔2016〕101号）文规定，选择递延纳税优惠——递延至转让股权时，按股权转让收入减去技术成果原值和合理税费后的差额计算缴纳企业所得税。企业所得税递延纳税事项的处理与个人所得税递延纳税大致相同。转让技术成果取得股票（权）的企业应在规定期限内到主管税务机关办理备案手续。否则不得递延纳税。

技术入股的企业也可以选择当期纳税或5年分期纳税。根据《财政部、国家税务总局关于非货币性资产投资企业所得税政策问题的通知》（财税〔2014〕116号）和《国家税务总局关于非货币性资产投资企业所得税有关征管问题的公告》（国家税务总局公告2015年第33号），于投资协议生效并办理股权登记手续时，确认收入的实现，按评估后的公允价值扣除计税基础后的余额，计算确认所得，可以5年内分期均匀计入相应年度的应纳税所得额，计算缴纳企业所得税。取得被投资企业的股权，应以技术成果原计税成本为计税基础，加上每年确认的转让所得，逐年进行调整。

第三章
企业筹备过程中的涉税风险

投资人一旦确定准备注册成立经营平台开始经营，接下来还有许多事情要做。如经营地点的选择、经营平台的法律形式的选择、纳税人身份的选择……这些环节的具体操作事项如果操作不当，就可能会给投资人带来长期的涉税风险。因为投资环节的基础工作决定投资人未来经营期间的长期利益。本章我们将选择其中部分常见问题进行讲解分析。

第一节“税收洼地”的涉税风险

“洼地”顾名思义即中间低四周高的自然地形。对于“洼地效应”最直观的解释是，当房地产围合一个湖泊中心发展之时，便形成了自湖心向四周土地递减的级差地租，大致出现“近贵远贱”的圈层分布，这其实就围合出湖心的价值洼地。一旦因某种特殊原因填湖开发，那么湖心洼地的地价和房价就会突然井喷，创下区域地产的最大价值，甚至引发周边地产的价值飙升，即产生了洼地效应。当然在房地产实际开发中，所谓的洼地不一定就是湖心区，也可能是市政中心、城市广场或历史建筑区等对于区域价值有提升作用的区域。

洼地效应是在经济发展过程中，人们把“水往低处流”这种自然现象引申为一个新的经济概念，叫“洼地效应”。从经济学理论上讲，“洼地效应”就是利用比较优势，创造理想的经济和社会人文环境，使之对各类生产要素具有更强的吸引力，从而形成独特竞争优势，吸引外来资源向本地区汇聚、流动，弥补本地资源结构上的缺陷，促进本地区经济和社会的快速发展。简单地说，一个区域与其他区域相比，环境质量更高，对各类生产要素具有更强的吸引力，从而形成独特竞争优势。

从税境的角度讲，我国也有许多“税收洼地”。这些地方主要是享受“前5年免企业所得税，后5年减半征收企业所得税”的政策，因此，一些娱乐明星的影视文化公司选择在这些地方落户，产生实际节税效果的示范效应。这是“税收洼地”的一种情景，“税收洼地”的另一种表现形式就是“税收返还”。一些地区的地方政府为了招商引资，便利用税收的优惠政策做文章。“税收洼地”为投资人谋利的基本思路有三：

其一：利用国家级的区域性税收优惠政策。

比较典型的有新疆霍尔果斯的企业所得税5免5减半的政策，西部大开发相关的地区企业所得税减按15%的政策等。

其二：利用简化税收征管办法。

比较典型的就是利用税收管理上的“核定征收”的办法，即利用核定利润率的方法计算公司制的企业所得税或者合伙制、个人独资制的个人所得税，对高毛利或者成本费用严重无票的企业诱惑力比较大。

其三：利用税收地方分成后税收返还。

中国的财政分配实行“分灶吃饭”，目前的分配机制是增值税由国家和省级地方对半开，所得税是国家和省级地方六四分，因各地贫富差距不同省级以下级别的地方再和省级财政有各自分配方法也不同，所以具体到落地的地方政府财政其可以分配的部分一定低于省级财政的分成，而“洼地”的地方财政正是用这部分地方留成资金进行税收返还，来吸引企业入驻。

一、合法的“税收洼地”利用

布局税收洼地是税务筹划的一种方式，在我国，最明显的税收洼地是西部大开发地区，包括重庆市、四川省、贵州省、云南省、西藏自治区、陕西省、甘肃省、宁夏回族自治区、青海省、新疆维吾尔自治区、新疆生产建设兵团、内蒙古自治区和广西壮族自治区。湖南省湘西土家族苗族自治州、湖北省恩施土家族苗族自治州、吉林省延边朝鲜族自治州，可以比照西部地区的税收政策执行。

可以享受的税收优惠：

对设在西部地区以《西部地区鼓励类产业目录》（国家发展和改革委员会令第15号）中新增鼓励类产业项目为主营业务，且其当年度主营业务收入占企业收入总额70%以上的企业，可减按15%税率缴纳企业所得税。

对在新疆喀什、霍尔果斯两个特殊经济开发区内新办的属于《新疆困难地区重点鼓励发展产业企业所得税优惠目录》（以下简称《目录》）范围内的企业（是指以《目录》中规定的产业项目为主营业务，其主营业务收入占企业收入总额70%以上的企业），自取得第一笔生产经营收入所属纳税年度起，5年内免征企业所得税。

涉及的税收政策很多，简要总结如下：

（1）财政部、海关总署、国家税务总局关于深入实施西部大开发战略有关税收政策问题的通知（财税〔2011〕58号）。

（2）财政部 国家税务总局关于新疆喀什、霍尔果斯两个特殊经济开发区企业所得税优惠政策的通知（财税〔2011〕112号）。

（3）《国家税务总局关于深入实施西部大开发战略有关企业所得税问题的公告》（国家税务总局公告2012年第12号）。

（4）关于《深入实施西部大开发战略有关企业所得税问题的公告》的解读（国家税务总局办公厅）。

（5）国家税务总局关于执行《西部地区鼓励类产业目录》有关企业所得税问题的公告（国家税务总局公告2015年第14号）。

（6）关于《国家税务总局关于执行〈西部地区鼓励类产业目录〉有关企业所得税问题的公告》的解读（国家税务总局办公厅）。

（7）财政部、国家税务总局、国家发展改革委、工业和信息化部关于完善新疆困难地区重点鼓励发展产业企业所得税优惠目录的通知（财税〔2016〕85号）。

（8）企业所得税法第二十九条 民族自治地方的自治机关对本民族自治地方的企业应缴纳的企业所得税中属于地方分享的部分，可以决定减征或者免征。自治州、自治县决定减征或者免征的，须报省、自治区、直辖市人民政府批准。

（9）国家税务总局关于印发《跨地区经营汇总纳税企业所得税征收管理办法》的公告（国家税务总局公告2012年第57号）。

（10）关于《印发〈跨地区经营汇总纳税企业所得税征收管理办法〉的公告》的解读（国家税务总局办公厅）。

鉴于有关优惠和管理政策很多，这里就不展开罗列了，有需要的读者可以自行按文件号或文件名查询。

二、非法的“税收洼地”风险提示

除了上述介绍的对部分地区给予税收扶持，从而形成“税收洼地”以外，还有一种不确定的“税收洼地”，那就是各个地方政府为了招商引资，利用财政（税收）返还给具体投资人的税收优惠。这种“税收洼地”没有统一、公开、明确的政策，但是客观存在。比如，C市以总部经济税收优惠政策：

（1）增值税（营改增）：以纳税总额地方留存30%~50%给予税收扶持奖励。

（2）企业所得税：以地方财政留存30%~50%给予税收扶持奖励。

（3）个人独资企业/有限合伙企业（针对解决个税、股东分红、劳务报酬、投资权益分红等问题）。

（4）可申请核定征收（所得税综合税负0.5%~3.1%，解决成本难问题）。

不过，这里笔者要提醒那些想去“税收洼地”策划税收的读者们，不要光看到

“税收洼地”的诱惑，也要看到“税收洼地”的政策风险和税收返还的风险。税收返还作为一种利用地方政府之间的竞争而采用的与地方政府博弈的手段，天然存在着一些风险是无法规避的。

1. “税收返还”协议存在法律风险

税收返还的协议大多由企业与当地招商局签订，协议本身的合法性即处于灰色地带，当地政府不履行返还协议时，是否可以根据该协议对招商局进行诉讼，是值得商榷的。目前一些知名企业被某些地方一些乡镇以税收返还的名义招商后，并未实际取得返还，这些企业目前还没有人试图通过法律的方式来维护权益。这种“形式合法而内容非法”的协议最终无法得到法律的支持。

2. “税收返还”具体操作不明的风险

在“招商引资”活动过程中，部分地方政府为了维护自身和信誉，一般还是说到做到的，但是，在具体返还金额上，往往难以明确。这是因为地方财力实得部分是一个非常模糊的核心概念，解释权归地方政府。只有按实际交税金额的百分比进行返还才是一个透明的可操作方式，如果按地方财力实得部分进行返还，会由于核心概念不明，最后返还的金额还是由地方政府决定。

3. “税收返还”存在地方财力保证风险

由于“税收返还”不是公开而合法的政策，只是某些地方政府不正当竞争开的一个“经济回流口子”，实质上是以地方政府甚至某个政府官员的个人诚信作为保证的，因而地方财力是否有能力保证返还政策的履行，是落实返还政策时需要考量一个重要因素。

4. 投资当事人与政府沟通不确定的风险

注册地和纳税地的选择应考量当地政府的执政能力，以避免后期沟通成本的增加。如果打算在该地区长期发展，为了企业长远规划的考量，应综合考虑政府沟通成本与税收成本节约的平衡。

第二节　企业法律形式的选择风险

投资人一旦确定在某地投资创业以后，就需要去市场管理部门办理企业的注册登记。这时出现一个问题：应当注册什么形式的企业？这里的选项有个人独资企业（合伙企业、个体工商户）和有限责任公司两大类。那么，投资人应当如何做出选择呢？这是一个十分重要的问题，因为一旦做出决策，就影响未来十多年甚至几十年的利益。如果选择不当，就会造成多缴税的问题！为了帮助读者理解这个问题，下面我们举例说明。

我国市场经济发展了近30年，许多民营企业的发展已经初具规模，企业制度建设、企业职工队伍建设、企业文化建设已经得到越来越多的企业家的重视，而国有企业、股份制企业则更是不例外。所有这些，都意味着我国企业市场竞争的软实力正在不断提升。

在万众创业的时代，创立企业是有识之士的一个理想。例如：拥有一定技术的工程师李哲民在积累了一定经验之后，感觉自己可以独立经营了，于是开始筹备自己的企业。

2018年底，他准备以个人名义投资创办一家研发型机电设备制造企业。经过测算，投资额200万元，在不考虑自己费用的情况下，在最初的两年里，年收入大约为500万元，计税利润为120万元。

李哲民知道，我国目前的经济政策不断变化，但是，总的趋势是不断完善。而对未来企业收益影响极大的，就是税收政策。因此，他认真学习了有关税收政策。

一、政策分析

从所得税的角度讲，如果李哲民选择有限责任公司，那么他就需要缴纳企业所得税和个人所得税，最后才是他的净收入。但是，如果他选择的是个人独资企业，那么，他就只需要缴纳个人所得税。在两种情况下，哪种企业能够使其实现税收利益最大化？下面我们对其作一个简要分析。

2006年1月实施的《公司法》使得一人公司法律制度在我国首次得以确立，一人公司是依照《公司法》成立的承担有限责任的法人企业。作为法人企业，就应当缴纳企业所得税。

2008年1月1日实施的《中华人民共和国企业所得税法》（以下简称《企业所得税法》）第四条规定，企业所得税的税率为25%。同时，《企业所得税法》第二十八条规定，符合条件的小型微利企业，减按20%的税率征收企业所得税。国家需要重点扶持的高新技术企业，减按15%的税率征收企业所得税。《企业所得税法》实施前，内资企业存在着计税工资的限制，在此情况下，因企业所得税的计税工资与个人所得税薪金扣除费用是一致的，所以个人独资企业所得税税收负担水平要轻于有限责任公司税收负担水平。《企业所得税法》实施后，新税法取消了原对内资企业计税工资的限制，对有限责任公司投资者的合理的工资支出可以在税前据实扣除，但是，应当按规定缴纳个人所得税。

根据2018年8月31日第十三届全国人民代表大会常务委员会第五次会议通过《全国人民代表大会常务委员会关于修改<中华人民共和国个人所得税法>的决定》，经修订后的《个人所得税法》第六条规定，应纳税所得额的计算：

（一）居民个人的综合所得，以每一纳税年度的收入额减除费用六万元以及专项扣除、专项附加扣除和依法确定的其他扣除后的余额，为应纳税所得额。

（二）非居民个人的工资、薪金所得，以每月收入额减除费用五千元后的余额为应纳税所得额；劳务报酬所得、稿酬所得、特许权使用费所得，以每次收入额为应纳税所得额。

（三）经营所得，以每一纳税年度的收入总额减除成本、费用以及损失后的余额，为应纳税所得额。这里所说的专项扣除，包括居民个人按照国家规定的范围和标准缴纳的基本养老保险、基本医疗保险、失业保险等社会保险费和住房公积金等；专项附加扣除，包括子女教育、继续教育、大病医疗、住房贷款利息或者住房租金、赡养老人等支出，具体范围、标准和实施步骤由国务院确定，并报全国人民代表大会常务委员会备案。

当然，对于投资者来说，其税收负担并不到此就结束，因为，投资人进行投资的目的是需要收回投资的。由于有限责任公司与其股东是两个不同的法律主体，因此，在纳税时将有限责任公司与其股东分别对待，即对有限责任公司征收企业所得税，再对股东分得的税后利润征收个人所得税，作为投资人还需要就取得的红利计算缴纳20%的个人所得税，实行双重征税。所以，投资人的实际综合税收负担率为40%。即使是小型企业，其综合税收负担也要达到40%（如果投资人兴办的是国家需要重点扶持的高新技术企业，则其综合税收负担为35%）。

二、静态分析

结合上述政策对有关业务进行具体分析，如果2019年初，李哲民成立个人独资企业和成立责任有限公司（一人公司）两种情况下，其发生的费用相同，即在个人独资企业未扣除投资者费用，公司未扣除投资者工资的情况下，年度利润都为120万元。在此前提下，李哲民如果分别以两种法律形式办企业，其税收负担情况如何呢？

1. 个人独资企业的税收负担水平

个人独资企业在此利润水平下适用税率为35%，同时可以扣除投资者费用6万元/年，李哲民则应缴纳个人所得税：

（120−6）×35%−6.55=33.35（万元）。

根据现行政策，其税收负担率为：

33.35÷120×100%=27.79%。

2. 有限责任公司的税收负担水平

如果李哲民成立的是有限责任公司，为了便于比较，李哲民平时的工资也是每月5 000元，那么，他最终取得的收益需要缴纳两道税。其具体纳税情况计算如下：

其一，工资的税收负担。公司的投资者如果每月发放5 000元工资，全年发放6万元工资，则免缴个人所得税。

其二，企业所得税。公司年度应缴纳企业所得税：（120-6）×25%=28.5（万元）。

其三，红利应缴纳个人所得税。投资者个人分回股利收入应缴纳个人所得税：（120-6-28.5）×20%=17.1（万元）。

作为有限责任公司，其三个纳税事项合计应当缴纳个人所得税与企业所得税为：

0＋28.5＋17.1=45.6（万元）。

然后再计算出投资人经营这个公司，在所得税上的税收负担率为：

45.6÷120×100%=38%

3．分析结论

将两种性质企业的税收负担进行比较，有限责任公司的税收负担水平比个人独资企业的税收负担水平高10.21个百分点（38%-27.79%）。显然，有限责任公司的税收负担比较高。

从税收的角度讲，李哲民注册个人独资企业比较好。

三、策划分析

对于这个结论，李哲民有些疑惑：从计算的结果来看，个人独资企业的税收负担比较轻，但是，社会上个人独资为什么越来越少呢？在反复思考以后，他有些举棋不定了。虽然他对税收政策比较熟悉，但是考虑“旁观者清，当局者迷”，况且还有税收策划呢？那个毕竟是一个新专业啊！于是，他向专业咨询机构进行了咨询。

税收策划咨询专家与李哲民进行了深度沟通以后告诉他，对税收政策的解读和运用需要系统而全面，同时，还需要结合实际进行动态分析。因此，他结合目前的所得税（包括企业所得税和个人所得税）规定对企业设立提出两个方案：一个是个人独资企业，另一个是有限责任公司。但是，对有限责任公司的运行需要动态分析。比如在费用上可以结合经营情况做调整，在政策运用上可以灵活操作，如小型微利企业政策、高新技术企业政策以及加计扣除政策的运用等。

四、税负测算

通过以上分析，不难发现两者在税收上存在较大的差异。实际中，个人独资企业的所得税税收负担水平并不一定始终低于有限责任公司的税收负担水平。接下来，税收策划咨询专家同李哲民一起对相关操作方案进行数据计算和分析（为了分析简便，在这里我们利用一人公司作为分析对象，不考虑“四金”和附加专项扣除项目对税收的影响）。

1．个人独资企业的税收负担水平

由于个人所得税在这里规定得比较严格，这里几乎没有筹划的机会，其个人独资企业在此利润水平下适用税率为35%，同时可以扣除投资者费用6万元/年，李哲民则应缴纳个人所得税：

（120−6）×35%−6.55=33.35（万元）。

根据现行政策，其税收负担率为：

33.35÷120×100%=27.79%。

2．享受普惠性政策的有限责任公司的税收负担水平

如果李哲民成立的是有限责任公司，按照每月工资5 000元计算，那么，他最终取得的收益需要缴纳两道税。其具体纳税情况计算如下：

其一，工资的税收负担。公司的投资者每月发放5 000元工资，全年发放6万元工资，则免缴个人所得税。

其二，企业所得税。该公司目前的员工人数为20人，资产总额为200万元。为进一步支持小型微利企业发展，《关于实施小微企业普惠性税收减免政策的通知》（财税〔2019〕13号）第二条就小型微利企业所得税政策明确规定：

自2019年1月1日至2021年12月31日，对小型微利企业年应纳税所得额不超过100万元的部分，减按25%计入应纳税所得额，按20%的税率缴纳企业所得税；对年应纳税所得额超过100万元但不超过300万元的部分，减按50%计入应纳税所得额，按20%的税率缴纳企业所得税。

上述小型微利企业是指从事国家非限制和禁止行业，且同时符合年度应纳税所得额不超过300万元、从业人数不超过300人、资产总额不超过5 000万元等三个条件的企业。

从业人数，包括与企业建立劳动关系的职工人数和企业接受的劳务派遣用工人数。所称从业人数和资产总额指标，应按企业全年的季度平均值确定。具体计算公式如下：

季度平均值=（季初值＋季末值）÷2

全年季度平均值=全年各季度平均值之和÷4

年度中间开业或者终止经营活动的，以其实际经营期作为一个纳税年度确定上述相关指标。

经过现场考察，该企业的应纳税所得额为114万元，咨询专家认为该公司目前符合上述政策规定。所以，该公司2019年度应缴纳企业所得税：

100×25%×20%=5（万元），

(120−6−100) ×50%×20%=1.4（万元），

5+1.4=6.4（万元）。

其三，红利应缴纳个人所得税。投资者个人分回股利收入应缴纳个人所得税：（120−6−6.4）×20%=21.52（万元）。

作为一人公司，其三个纳税事项合计应当缴纳个人所得税与企业所得税为：

0＋6.4＋21.52=27.92（万元）。

然后再计算出投资人经营这个公司，在所得税上的税收负担率为：

27.92÷120×100%＝23.27%。

将两种性质企业的税收负担进行比较，个人独资企业的税收负担水平比一人公司（享受普惠性政策）的税收负担水平高4.52个百分点（27.79%−23.27%）。

3．享受高新技术企业政策的税收负担水平

由于李哲民拥有发明专利，可以转让给新办企业，在此前提下，有关企业就可以认定为高新技术企业。但是，未进行其他任何策划。那么，在这样的情景下：

其一，工资的税收负担。公司如果给李哲民6万元工资，其当年应缴纳个人所得税为0元。

其二，企业所得税。这里假设该公司被认定为高新技术企业，那么，该企业当年应缴纳企业所得税：（120−6）×15%=17.1（万元）。

其三，红利应缴纳个人所得税。投资者个人分回股利收入应缴纳个人所得税：（120−6−17.1）×20%=19.38（万元）。

作为一人公司，其三个纳税事项合计应当缴纳个人所得税与企业所得税为：

0＋17.1＋19.38=36.48（万元）。

然后再计算出投资人经营这个公司，在所得税上的税收负担率为：36.48÷120×100%=30.4%。

将两种性质企业的税收负担进行比较，一人公司（被认定为高新技术企业）的税收负担比个人独资企业的税收负担水平高2.61个百分点（30.4%−27.79%）。

4．利用费用调节法适当进行策划（费用调节+深度小微）

在新税法条件下，有限责任公司所发生的合理性工资可以在企业所得税前列支。这里我们假设将投资人的月工资以每月30 000元发放，即全年发放工资36万元，并且已经得到当地主管税务机关的认可。

其一，工资的税收负担。公司如果给老板李哲民每月发放30 000元工资，则其投资者个人年度工资薪金收入应缴纳个人所得税：（36−6）×20%−1.692 0=4.308（万元）。

其二，企业所得税。经过现场考察，该公司应纳税所得额为84万元，咨询专家认为该公司可以享受普惠性政策。所以，该公司2019年度应缴纳企业所得税：

（120−36）×25%×20%=4.2（万元）。

其三，红利应缴纳个人所得税。投资者个人分回股利收入应缴纳个人所得税：（120−36−4.2）×20%=15.96（万元）。

作为一人公司，其三个纳税事项合计应当缴纳个人所得税与企业所得税为：

4.308＋4.2＋15.96=24.468（万元）。

然后再计算出投资人经营这个公司，在所得税上的税收负担率为：24.468÷120×100%=20.39%。

将两种性质企业的税收负担进行比较，个人独资企业的税收负担水平比一人公司的税收负担水平高7.4个百分点（27.79%−20.39%）。

五、筹划结论

对于投资者而言，在企业注册的过程中就需要进行筹划。由于个人独资企业与有限公司的税收制度不同，个人独资企业只征一道所得税，而公司则需要缴纳两道税，如果不进行策划，投资人就可能不知不觉地多缴税。

不同企业税收负担分析表（单位：万元）

操作方案	策划内容	所得税总负担	税收负担率
方案一	个人独资企业	33.35	27.79%
方案二	享受小微	27.92	23.27%
方案三	高新技术企业	36.48	30.4%
方案四	费用调节＋深度小微	24.468	20.39%
方案五	公司（未策划）	45.60	38%

（1）企业的法律形式存在选择的空间。由于有限责任公司既缴纳企业所得税，又需要缴纳个人所得税，而个人独资企业只需要缴纳一道个人所得税，所以，在静态条件下，个人独资企业的所得税税收负担水平低于有限责任公司的税收负担水平。

（2）有限公司所对应的税收政策比较复杂，如果只是简单地进行策划，其税收负担可能也不会低。但是，如果进行综合策划，其情况就不同了，而且操作机会比较多，如果考虑其他税收优惠政策，则有限公司的筹划机会更多，空间更大。比如上例中，如果将费用调节与高新技术企业政策结合起来操作，其情况就会发生变化。

①深度策划之一：利用“费用调节+高新技术企业”政策策划。

在新税法条件下，有限责任公司所发生的合理性工资可以在企业所得税前列支。这里我们假设将投资人的月工资以每月30 000元发放，即全年发放工资36万元，并且已经得到当地主管税务机关的认可。

其一，工资的税收负担。如果公司给李哲民每月发放30 000元工资，则其投资者个人年度工资薪金收入应缴纳个人所得税：（36−6）×20%−1.692=4.308（万元）。

其二，企业所得税。如果李哲民的公司被认定为高新技术企业，并且符合税法规定的要求，那么，该公司年度应缴纳企业所得税：（120–36）×15%=12.6（万元）。

其三，红利应缴纳个人所得税。投资者个人分回股利收入应缴纳个人所得税：（120–36–12.6）×20%=14.28（万元）。

作为一人公司，其三个纳税事项合计应当缴纳个人所得税与企业所得税为：

4.308＋12.6＋14.28=31.188（万元）。

然后再计算出投资人经营这个公司，在所得税上的税收负担率为：31.188÷120×100%=25.99%。

将两种性质企业的税收负担进行比较，个人独资企业的税收负担水平比一人公司的税收负担水平高1.8个百分点（27.79%–25.99%）。

②深度策划之二：利用“费用+加计扣除+小微”政策策划。

在新税法条件下，有限责任公司所发生的合理性工资可以在企业所得税前列支。这里我们假设将投资人的月工资以每月30 000元发放，即全年发放工资36万元，并且已经得到当地主管税务机关的认可。

此外，该公司作为技术研究和科技创新方面也在持续推进，最近几年连续发生新产品、新技术和新工艺开发费用100万元，上述费用已在成本中列支。

其一，工资的税收负担。公司如果给李哲民每月发放30 000元工资，则其投资者个人年度工资薪金收入应缴纳个人所得税：（36–6）×20%–1.692=4.308（万元）。

其二，企业所得税。企业发生的“三新”开发费用根据（财税〔2018〕99号）文件规定，未形成无形资产计入当期损益的，在据实扣除的基础上，在2018年1月1日至2020年12月31日期间，再按照实际发生额的75%在税前加计扣除；形成无形资产的，在上述期间按照无形资产成本的175%在税前摊销。

这里我们假设该企业符合下列条件：从事国家非限制和禁止行业，且同时符合年度应纳税所得额不超过300万元、从业人数不超过300人、资产总额不超过5 000万元等三个条件的企业。那么，该企业当年度应缴纳企业所得税：

（120–36–100×75%）×25%×20%=0.45（万元）。

其三，红利应缴纳个人所得税。投资者个人分回股利收入应缴纳个人所得税：（120–36–0.45）×20%=16.71（万元）。

作为一人公司，其三个纳税事项合计应当缴纳个人所得税与企业所得税为：

4.308＋0.45＋16.71=21.468（万元）。

然后再计算出投资人经营这个公司，在所得税上的税收负担率为：

21.468÷120×100%=17.89%

分析结论：

将两种性质企业的税收负担进行比较，个人独资企业的税收负担水平比一人公司的税收负担水平高9.9个百分点（27.79%-17.89%）。

不同性质的企业税收负担水平比较如下表所示。

不同企业税收负担分析表　　（单位：万元）

操作方案	策划内容	所得税总负担	税收负担率
方案一	个人独资企业	33.35	27.79%
方案二	享受小微	27.92	23.27%
方案三	高新技术企业	36.48	30.4%
方案四	费用调节＋深度小微	24.468	20.39%
方案五	费用调节＋高新	31．188	25.99%
方案六	费用调节＋加扣＋小微	21.468	17.89%
方案七	公司（未策划）	45.60	38%

（3）根据企业的实际情况合理选择税收政策。根据《企业所得税法》第二十八条规定，符合条件的小型微利企业，减按20%的税率征收企业所得税。国家需要重点扶持的高新技术企业，减按15%的税率征收企业所得税。因此，该企业的所得税适用税率可以选择适用高新技术企业的15%税率，也可以选择适用小型微利企业的20%税率，但不得同时叠加享受。

第三节　企业新办的涉税风险

没钱的人想赚钱，有钱的人想赚更多的钱，这是人们常见的想法。当然，这个想法也没有错，于是创办一家企业来做事业的意识就在那些有想法的人中产生了。

在企业新办环节，投资人需要考虑的问题很多，其中应当包括涉税问题。因为这里既有税收利益，也有涉税风险。但是，部分投资人往往就忽视了这个十分重要的问题。

可以这样说，在企业新办环节的涉税策划，不仅影响到企业当时的税收优惠政策是否可以享受，而且还对企业未来若干年度的税收负担产生重大的影响。从目前的情况来看，多数投资人对当下的税收优惠是很看重的，而对企业未来的税收负担考虑得并不多。因此，部分投资人为了享受新办环节的税收利益，采取各种策划方法为自己策划出来的往往不是利益，而是涉税风险。

一、分拆业务新办企业增值税不能免

有些人认为新办企业有优惠，通过新办企业策划税收是一件最简单的策划项目。因此，许多人就利用兴办或者转办新企业的方式策划税收。但是，有政策还要会运

筹，运作不当最终还是竹篮打水一场空。

【例】

CY建设服务公司共有职工250人，其中包括2016年4月吸纳的自主择业的军队转业干部18人，管理人员12人，其余为搬运工人。2016年4月该公司实现服务收入500万元。

在进行纳税策划之前，该企业按“其他服务业”缴纳营业税，应负担的相关流转税费为27.5万元，其中：

（1）营业税：500 × 5%=25（万元）；

（2）城市维护建设税、教育费附加：25 ×（7%+3%）=2.5（万元）。

以上两项共需缴纳流转税费合计为27.5万元。

从2016年5月1日开始，当地实行“营改增”，考虑到2016年4月份接受的自主择业的军队转业干部18人，是一笔非常宝贵的人力资源，该企业的财务总监和人力资源经理经过商量和策划之后，就向公司的董事长做了汇报，建议对企业目前的组织架构进行重组。

一、策划依据

根据《关于全面推开营业税改征增值税试点的通知》（财税〔2016〕36号）附件3《营业税改征增值税试点过渡政策的规定》第一条第四十款的规定：其一，从事个体经营的军队转业干部，自领取税务登记证之日起，其提供的应税服务3年内免征增值税。其二，为安置自主择业的军队转业干部就业而新开办的企业，凡安置自主择业的军队转业干部占企业总人数60%（含）以上的，自领取税务登记证之日起，其提供的应税服务3年内免征增值税。这里所说的自主择业的军队转业干部，是指必须持有师以上部队颁发的转业证件。

二、策划建议

CY建设服务公司分立新办成甲公司和乙公司，然后将管理人员和自主择业的军队转业干部转移至甲公司，将其余220名搬运工人转移至乙公司。甲公司专门从事配载业务的联系和具体协调工作，然后将货物的搬运和配送劳务分包给乙公司。

三、测算分析

假设2016年5月以后各期的经营情况与上4月持平，营业收入仍然维持在500万元。但是，按照策划预案有关业务作如下分配：甲公司取得货物配载收入400万元，乙公司取得分包搬运配送劳务100万元。那么，有关业务的税收情况计算如下：

1. 甲公司应缴纳流转税费的计算

（1）实行“营改增”以后，甲公司每月应当按“物流辅助服务”缴纳增值税：400 × 6%=24（万元）；

（2）城市维护建设税、教育费附加：24 ×（7%+3%）=2.4（万元）。

以上两项每月共需缴纳流转税费合计为26.4万元。但是，由于甲公司安置自主择业的军队转业干部占企业总人数的60%（含）以上，因此，可免征增值税。

2. 乙公司应缴纳流转税费的计算

（1）由于乙公司提供的是装卸搬运服务，具体的是使用装卸搬运工具或人力、畜力将货物在运输工具之间、装卸现场之间或者运输工具与装卸现场之间进行装卸和搬运的业务活动。我们假设乙公司的业务量也比较稳定，因此，实行“营改增”以后，乙公司每月应当按“物流辅助服务”缴纳增值税：100×6%=6（万元）。

（2）城市维护建设税、教育费附加：6×（7%+3%）=0.6（万元）。

以上两项每月共需缴纳流转税费合计为6.6万元。

3. 甲、乙两公司每月税费负担合计

由于甲公司免征增值税，所以甲、乙两公司每月的税费负担合计为6.6万元（0+6.6）。

四、策划效果

每月的税费负担减少了20.9（27.5−6.6）万元。

五、税务稽查

2019年1月18日，当地主管税务稽查对该企业2016年1月1日至2018年12月31日的纳税情况进行检查时，发现了上述问题，不仅责令该企业对上述业务进行了补税处理，而且，还对该企业处以1倍的处罚。除了补税以外，还有滞纳金和罚款，三项合计965万元。

六、策划点评

该公司的管理层有关人员拥有税收策划意识，这是难能可贵的。问题是他们太自信了。在具体实施有关方案前，该企业的负责人曾跟笔者进行过交流。当时笔者就曾提醒他们：虽然有关方案符合策划原理，但是，具体细节以及方案落地环节可能还会出现预想不到的问题，因此，建议他们聘请专业人士去操作。这样，虽然会发生一笔咨询费用，但是，可以打上“保险”。但是，当他们向几家咨询机构和专业人员询价，了解到如果聘请专业人士需要支付不低于50万元的咨询后，就决定自己来操作了。

上述纳税策划方案从表面上看是天衣无缝，但是，如果结合有关政策分析，我们就可以发现该案例是一个失败的策划案例。有一个关键点就是享受税收优惠的主体必须是新办的企业，这里所说的新办是指从无到有，而不是通过改组和包装出来的“新”企业。在财政部、国家税务总局《关于在上海市开展交通运输业和部分现代服务业营业税改征增值税试点的通知》（财税〔2011〕第111号）附件3第一条第十二款第二项下对“新办的服务型企业”做出了具体的规定，是指《国务院办公厅转发民政部等部门关于扶持城镇退役士兵自谋职业优惠政策意见的通知》（国办发〔2004〕10

号）下发后新组建的企业。原有的企业合并、分立、改制、改组、扩建、搬迁、转产以及吸收新成员、改变领导或隶属关系、改变企业名称的，不能视为新办企业。财政部 国家税务总局《关于在全国开展交通运输业和部分现代服务业营业税改征增值税试点税收政策的通知》（财税〔2013〕106号）延续了上述规定，该政策自2014年1月1日以后在全国实行。

此外，财政部、国家税务总局在《关于全面推开营业税改征增值税试点的通知》（财税〔2016〕36号）附件3《营业税改征增值税试点过渡政策的规定》第一条第四十款明确：其一，从事个体经营的军队转业干部，自领取税务登记证之日起，其提供的应税服务3年内免征增值税。其二，为安置自主择业的军队转业干部就业而新开办的企业，凡安置自主择业的军队转业干部占企业总人数60%（含）以上的，自领取税务登记证之日起，其提供的应税服务3年内免征增值税。享受上述优惠政策的自主择业的军队转业干部必须持有师以上部队颁发的转业证件。

这里需要提醒纳税人注意的是，国家税务总局《关于发布<税收减免管理办法>的公告》（国家税务总局公告2015年第43号）第五条明确，纳税人享受核准类减免税，应当提交核准材料，提出申请，经依法具有批准权限的税务机关按本办法规定核准确认后执行。未按规定申请或虽申请但未经有批准权限的税务机关核准确认的，纳税人不得享受减免税。纳税人享受备案类减免税，应当具备相应的减免税资质，并履行规定的备案手续。纳税人应当根据相关规定履行必要的手续。

但是，上述规定后来又作了调整。国家税务总局在《关于发布修订后的<企业所得税优惠政策事项办理办法>的公告》（国家税务总局公告2018年第23号）第四条中明确，企业享受优惠事项采取“自行判别、申报享受、相关资料留存备查”的办理方式。企业应当根据经营情况以及相关税收规定自行判断是否符合优惠事项规定的条件，符合条件的可以按照《企业所得税优惠事项管理目录（2017年版）》列示的时间自行计算减免税额，并通过填报企业所得税纳税申报表以享受税收优惠。同时，按照本办法的规定归集和留存相关资料备查。

这里的留存备查资料是指与企业享受优惠事项有关的合同、协议、凭证、证书、文件、账册、说明等资料，用于证实企业是否符合相关优惠事项规定的条件。由于企业情况不同，留存备查资料难以全部列示，因此国家税务总局2018年第23号公告将留存备查资料分为主要留存备查资料和其他留存备查资料。企业应当按照《企业所得税优惠事项管理目录（2017年版）》列示的清单归集和整理主要留存备查资料，其他留存备查资料则由企业根据享受优惠事项的情况自行归集，以助于税务机关在后续管理时能够做出准确判断。

由于我国企业所得税实行法人所得税制，因此跨地区经营汇总纳税企业享受优惠事项的，应当由总机构负责统一归集并留存相关备查资料，但是分支机构按照规定可以独立享受优惠事项的，则由分支机构负责归集并留存相关备查资料。如：设在西部地区的鼓励类产业企业减按15%的税率征收企业所得税优惠事项，当设在西部地区的分支机构符合规定条件而享受优惠事项的，由该分支机构负责归集并留存相关备查资料，并同时将其留存备查资料的清单提供总机构汇总。

留存备查资料是企业自行判断是否符合相关优惠事项规定条件的直接依据，企业应当在年度纳税申报前全面归集、整理并认真研判。在本企业完成汇算清缴后，留存备查资料应当归集和整理完毕，以备税务机关核查。如：企业享受《企业所得税优惠事项管理目录（2017年版）》第1项优惠事项，并在2018年4月30日完成2017年度企业所得税纳税申报和缴纳税款，其应在4月30日同步将第1项优惠事项的留存备查资料归集和整理完毕。分支机构以及被汇总纳税的非居民企业机构、场所按照规定可独立享受优惠事项的，完成汇算清缴后，除需要将留存备查资料应当归集和整理完毕外，还需将留存的备查资料清单报送总机构汇总。如：企业设在西部地区的分支机构享受《企业所得税优惠事项管理目录（2017年版）》第63项优惠事项，该分支机构在2018年4月30日完成2017年度企业所得税纳税申报和缴纳税款，其应在4月30日同步将第63项优惠事项的留存备查资料归集和整理完毕，并将备查资料清单报送总机构汇总。

因此，纳税人在相关事项的策划过程中应当注意相应的涉税风险。

随着社会经济的不断发展和企业改革的逐步深化，客观上存在享受优惠政策的新办企业认定标准不够明确的问题。

对于增值税中的新办企业享受税收优惠问题，强调的重点是涉税主体是否属于新开办的企业。其依据是比照《国务院办公厅转发民政部等部门关于扶持城镇退役士兵自谋职业优惠政策意见的通知》（国办发〔2004〕10号），该通知第（十一）项明确，本意见所称新办企业是指本意见印发后新组建的企业。原有的企业合并、分立、改制、改组、扩建、搬迁、转产以及吸收新成员、改变领导或隶属关系、改变企业名称的，不能视为新办企业。

而企业所得税中的新开办企业的认定依据主要是财政部、国家税务总局曾在《关于享受企业所得税优惠政策的新办企业认定标准的通知》（财税〔2006〕第001号）、《关于缴纳企业所得税的新办企业认定标准执行口径等问题的补充通知》（国税发〔2006〕第103号）两个文件对享受企业所得税定期减税或免税的新办企业的认定标准重新进行了明确。一是按照国家法律、法规以及有关规定在工商行政主管部门办理设立登记，新注册成立的企业。二是新办企业的权益性出资人（股东或其他权益投资方）实际出资中固定资产、无形资产等非货币性资产的累计出资额占新办企业注册资金的比例一般不得超过25%。同时，还明确主管税务机关可以根据实质重于形式的原则，做如下处理：一是符合条件的新办企业利用转让定价等方法从关联企业转移来利润的，转移过来的利润不得享受新办企业所得税优惠政策。二是符合条件的新办企业，其业务和关键人员是从现有企业转移而来的，其全部所得不得享受新办企业所得税优惠政策。

上述资产是否到位需要注册会计师进行验证。但是，2015年3月1日正式实施的新《公司法》，推进了公司注册资本登记制度改革进程，将过去实施多年的注册资本“实缴”改为“认缴”，公司设立从此没有注册资本这一门槛。财税〔2006〕第001号和国税发〔2006〕第103号文件所规定的事项中的部分内容就失去了现实的意义。

通过对有关文件的梳理我们可以发现，现行税收政策对新办企业的界定并不十分明确和清晰，所以，建议投资人如果遇到有关新开办企业涉税认定的时候，就需要跟当地主管税务机关进行深入的沟通，同时应当做好相关资料的收集工作，以便留存和备查。

二、关联交易转移利润受处罚

关联交易是当下一个带普遍性的问题，许多“策划人”常常利用这个方法达到既定的目的。这里就有一个利用新办企业的税收优惠政策，通过关联业务转移利润的“策划方案”。

【例】

地处上海的A公司是一家财税咨询公司，2016年取得咨询服务收入6 000万元。2017年4月28日，该公司的主要负责人汪某参加了一个营改增税收策划专题活动，从而对“税改”政策有了进一步深刻的理解。A公司处在一个军队驻地附近，经常有些随军家属到该公司小坐和交流，由此他发现了商机。为了策划好本公司的税收问题，便于2017年5月8日另外设立了B财税咨询公司，同时吸纳了12名有交际能力和专业技能的随军家属，同时安排咨询专家6人。

汪某利用自己所控制的A公司和B财税咨询公司，将取得的劳务收入在两个公司中“适当”分配，在2017年5月以后进行了如下策划方案：

（1）2017年6月，A公司与昌源公司签订代理业务协议书，同年7月出具加盖“A公司”印章的审计报告，由B公司开票收取450万元的代理费。

（2）2017年7月，A公司与如意公司签订代理协议书，由B公司作收入并出具发票50万元。在此期间，一直由A公司委派单位员工负责该项代理业务的实施。

（3）2017年11月，A公司与正大公司签订代理协议书，B公司收取代理费300万元。在此期间，一直由A公司委派本单位员工负责该项代理业务的实施。

就这样，自2017年5月到2017年12月底，A公司按此方案将本来应当属于A公司的业务转移到B公司，在一年中共转移收入2 800万元。税款缴纳情况如下：

（1）实行“营改增”以后，B公司应当按“鉴证咨询服务”缴纳增值税：

2 800 × 6%=168（万元）。

（2）城市维护建设税、教育费附加：168 ×（7%+3%）=16.8（万元）。

以上两项合计184.8万元，而这笔税款已经报主管税务机关批准享受免税待遇。汪某为自己懂策划并取得实质性的经济效益而高兴。在年底公司的年会上，他将自己“成功”的策划案例进行了总结和交流。

税务稽查：

一封举报信引来了税务机关的税务稽查。2018年2月28日，通过检查，税务稽查人员发现该企业的上述策划过程和操作结果，认为B公司的业务是从现有企业转移而来的，B公司并没有提供实质性的服务，不能享受新办企业的税收优惠。

此“策划方案”产生的后果是相当严重的，A公司的主管税务机关给予A公司的处罚为：

（1）补税。根据《财政部、国家税务总局关于全面推开营业税改征增值税试点的通知》（财税〔2016〕36号）的规定，即附件1《营业税改征增值税试点实施办法》第一条“在中华人民共和国境内（以下称境内）提供交通运输业和部分现代服务业服务（以下称应税服务）的单位和个人，为增值税纳税人。”以及其他相关规定，责令A公司补缴增值税、城市维护建设税和教育费附加合计184.8万元，同时补缴企业所得税。

（2）滞纳金。根据《税收征收管理法》第三十二条规定，纳税人未按照规定期限缴纳税款的，税务机关除责令限期缴纳外，从滞纳税款之日起，按日加收滞纳税款万分之五的滞纳金，对A公司少缴税款加收了相应的滞纳金。

（3）罚款。根据《税收征收管理法》第六十三条的规定，对A公司的恶意策划行为认定为偷税，并给予所偷税款1倍的处罚。

风险提示：

本案的策划方法主要是通过关联交易进行的。由于“金三”系统提供了技术支持，对于关联交易的涉税问题越来越受到税务机关的关注。从目前的情况来看主要有以下几种情景：

（1）同一个或者几个投资人在一地或者几个地方设立多家公司，然后通过这些公司进行关联转让定价、支付多种名目管理服务费。因不同地区企业之间的税收优惠、财政返还政策差异，诱使部分企业更多地通过关联交易定价和支付费用的方式，将利润在不同地区间转移转移。

（2）在境内外设立多家企业，实行多类型关联交易混合控制，通过不透明、不固定的关联交易定价方法操纵各企业之间的交易，从而实现利润转移。主要表现为定价方法和政策为境外母公司掌控，定价方法在年度间甚至年度内不固定，关联与非关联交易利润率水平差异较大，母公司操纵关联交易税前成本的比率，从而使目标企业的利润水平降低。

（3）通过收取费用的形式向关联企业转移利润。有些集团性企业之间虽然关联购销业务比重不大或无关联购销往来，但向境内外关联方支付名目繁多的费用，有的支付名目和方向年度间有重大变化。如特许权使用费、管理服务费、市场推广费、技术服务费、审计服务费等。

（4）不断调整企业架构，不断变换业务模式，变换过程中将利益同时转移。比如设立“桥”公司人为分割跨境关联交易，将销售职能转移到母公司在北上广深等地设立的子公司或销售公司，有的外资企业将主要业务转移到关联内资企业，缩减外资企业规模；通过外资企业转化为内资，或将主要业务或部分职能转到关联内资企业，原先境外上市子公司变更为投资控股或管理母公司，然后向境内公司收取管理服务费，在境内资金紧张的情况下，收取跨境融资费用是常见的手段；在海外上市的大型外资企业新投资建立新公司，转移主要业务；返程投资性质的非居民股东撤资，或将股权转给境内关联企业或个人。

（5）不断变换股权架构，隐匿真实关联关系和关联交易，以股权代持等方式隐匿控制关系，对目标企业实质控制转移利润。主要表现为股权在关联企业之间频繁变更，控制方的股权转让，或平价低价转让股权，隐匿真实的关联关系和关联交易，或者改变销售模式和渠道，使客户结构变化，申报关联交易额大幅下降。

（6）渠道公司“真实化”，从而享受税收优惠。主要表现为外方股东变更为新加坡等有协定优惠缔约国的投资性公司，管理人员很少且多为境内人员兼职，专管境内被投资企业咨询服务并分取利润。

总之，通过事实上的关联企业转移利润，规避纳税义务，客观上存在涉税风险。

三、企业筹建不当失去所得税优惠

税收政策在税收优惠的规定上非常具体，纳税人策划享受税收优惠，就需要注意细节。如果有一个闪失，就可能导致前功尽弃的后果。

【例】

A市国税局对某集成电路设计有限公司2016年1月1日至2018年12月31日的纳税情况进行了检查，发现该公司不属于税法规定应当享受税收优惠的企业，于是，做出了责令退回享受的税收优惠的决定。企业法人代表王某得知原委后，痛心地说：“都怪自己不懂税法，从而造成了税收损失。”

案情简介：

据悉，该公司成立于2016年6月，2017年1月取得第一笔收入，并在2018年获利1 138.38万元。根据财政部国家税务总局《关于进一步鼓励软件产业和集成电路产业发展企业所得税政策的通知》（财税〔2012〕27号）第三条规定，我国境内新办的集成电路设计企业和符合条件的软件企业，经认定后，在2020年12月31日前自获利年度起计算优惠期，第一年至第二年免征企业所得税，第三年至第五年按照25%的法定税率减半征收企业所得税，并享受至期满为止。

因此，企业根据上述文件和国家税务总局《关于发布修订后的<企业所得税优惠政策事项办理办法>的公告》（国家税务总局公告2018年第23号）的规定，确认享受减免2018年企业所得税税款284.595万元的税收优惠。2019年3月18日当地主管税务局稽查人员对该公司进行纳税检查的过程中，发现其验资报告上股东出资由货币资金500万元和实物300万元构成，实物出资占出资总额的比例达到了37.5%。企业解释说，在筹建初期，因急于购买设备，在未取得中介机构验资报告、办理营业执照的前提下，从股东约定的货币出资额中，预先支付了设备购买价款，取得了购货发票，并以实物形式进行验资，按规定注册成立了有限责任公司。

根据财税〔2012〕27号文件第十二条规定，本通知所称新办企业认定标准按照《财政部国家税务总局关于享受企业所得税优惠政策的新办企业认定标准的通知》（财税〔2006〕1号）规定执行。而《财政部、国家税务总局关于享受企业所得税优惠政策的新办企业认定标准的通知》（财税〔2006〕1号）规定，享受企业所得税定期减税或免税的新办企业标准包括两项，一是按照国家法律、法规以及有关规定在工商行政主管部门办理设立登记、新注册成立的企业；二是新办企业的权益性出资人（股东或其他权益投资方）实际出资中固定资产、无形资产等非货币性资产的累计出资额占新办企业注册资金的比例一般不得超过25%。

该公司虽然是从无到有的组建，但由于在筹建之时，企业没有考虑第二条标准，先用货币资金购买设备，而后进行验资，使得企业本可以100%货币出资，却造成了实物出资超过25%的形式要件，使得其不能享受2018年度企业所得税减免优惠。

政策分析：

为进一步支持集成电路产业发展，《财政部、国家税务总局关于进一步鼓励软件产业和集成电路产业发展企业所得税政策的通知》（财税〔2012〕27号）以及财政部、国家税务总局、发展改革委、工业和信息化部联合颁布的《关于软件和集成电路产业企业所得税优惠政策有关问题的通知》（财税〔2016〕49号）和《关于集成电路生产企业有关企业所得税政策问题的通知》（财税〔2018〕27号）对集成电路先后出台了许多税收优惠，这里就集成电路企业有关税收优惠问题的规定做一个梳理。

（一）集成电路企业的有关概念

集成电路，就是把一定数量的常用电子元件，如电阻、电容、晶体管等，以及这些元件之间的连线，通过半导体工艺集成在一起的具有特定功能的电路。

1. 什么是集成电路生产企业

集成电路生产企业，是指以单片集成电路、多芯片集成电路、混合集成电路制造为主营业务并同时符合下列条件的企业：

（1）在中国境内（不包括港、澳、台地区）依法注册并在发展改革、工业和信息化部门备案的居民企业；

（2）汇算清缴年度具有劳动合同关系且具有大学专科以上学历职工人数占企业月平均职工总人数的比例不低于40%，其中研究开发人员占企业月平均职工总数的比例不低于20%；

（3）拥有核心关键技术，并以此为基础开展经营活动，且汇算清缴年度研究开发费用总额占企业销售（营业）收入（主营业务收入与其他业务收入之和，下同）总额的比例不低于5%；其中，企业在中国境内发生的研究开发费用金额占研究开发费用总额的比例不低于60%；

（4）汇算清缴年度集成电路制造销售（营业）收入占企业收入总额的比例不低于60%；

（5）具有保证产品生产的手段和能力，并获得有关资质认证（包括ISO质量体系认证）；

（6）汇算清缴年度未发生重大安全、重大质量事故或严重环境违法行为。

2. 什么是集成电路设计企业

集成电路设计企业是指以集成电路设计为主营业务并同时符合下列条件的企业：

（1）在中国境内（不包括港、澳、台地区）依法注册的居民企业；

（2）汇算清缴年度具有劳动合同关系且具有大学专科以上学历的职工人数占企业月平均职工总人数的比例不低40%，其中研究开发人员占企业月平均职工总数的比例不低于20%；

（3）拥有核心关键技术，并以此为基础开展经营活动，且汇算清缴年度研究开发费用总额占企业销售（营业）收入总额的比例不低于6%；其中，企业在中国境内发生的研究开发费用金额占研究开发费用总额的比例不低于60%。

（4）汇算清缴年度集成电路设计销售（营业）收入占企业收入总额的比例不低于60%，其中集成电路自主设计销售（营业）收入占企业收入总额的比例不低于50%；

（5）主营业务拥有自主知识产权；

（6）具有与集成电路设计相适应的软硬件设施等开发环境（如EDA工具、服务器或工作站等）；

（7）汇算清缴年度未发生重大安全、重大质量事故或严重环境违法行为。

3. 什么是国家规划布局内重点集成电路设计企业

国家规划布局内重点集成电路设计企业除了必须同时符合集成电路设计企业的条

件以外，还应至少符合下列条件中的一项：

（1）汇算清缴年度集成电路设计销售（营业）收入不低于2亿元，年应纳税所得额不低于1 000万元，研究开发人员占月平均职工总数的比例不低于25%；

（2）在国家规定的重点集成电路设计领域内，汇算清缴年度集成电路设计销售（营业）收入不低于2 000万元，应纳税所得额不低于250万元，研究开发人员占月平均职工总数的比例不低于35%，企业在中国境内发生的研发开发费用金额占研究开发费用总额的比例不低于70%。

（二）集成电路企业的税收优惠

对于集成电路企业而言，（财税〔2018〕27号）文件对集成电路生产企业的税收优惠政策进行了专项规定，自2018年1月1日起执行如下政策。

1. 优惠内容

（1）集成电路生产企业可以享受“两免三减半”或者“五免五减半”税收优惠政策，具体地讲有两种情景：

① 2018年1月1日后投资新设的集成电路线宽小于130纳米，且经营期在10年以上的集成电路生产企业或项目，第一年至第二年免征企业所得税，第三年至第五年按照25%的法定税率减半征收企业所得税，并享受至期满为止。

② 2018年1月1日后投资新设的集成电路线宽小于65纳米或投资额超过150亿元，且经营期在15年以上的集成电路生产企业或项目，第一年至第五年免征企业所得税，第六年至第十年按照25%的法定税率减半征收企业所得税，并享受至期满为止。

（2）优惠政策的衔接。

① 2017年12月31日前设立但未获利的集成电路线宽小于0.25微米或投资额超过80亿元，且经营期在15年以上的集成电路生产企业，自获利年度起第一年至第五年免征企业所得税，第六年至第十年按照25%的法定税率减半征收企业所得税，并享受至期满为止。

② 2017年12月31日前设立但未获利的集成电路线宽小于0.8微米（含）的集成电路生产企业，自获利年度起第一年至第二年免征企业所得税，第三年至第五年按照25%的法定税率减半征收企业所得税，并享受至期满为止。

③ 优惠起点。对于按照集成电路生产企业享受上述税收优惠政策的，优惠期自企业获利年度起计算；对于按照集成电路生产项目享受上述优惠的，优惠期自项目取得第一笔生产经营收入所属纳税年度起计算。

2. 企业条件

集成电路，就是把一定数量的常用电子元件，如电阻、电容、晶体管等，以及这些元件之间的连线，通过半导体工艺集成在一起的具有特定功能的电路。享受上述税收优惠政策的集成电路生产项目，其主体企业应符合集成电路生产企业条件，《财政部、国家税务总局、发展改革委、工业和信息化部关于软件和集成电路产业企业所得税优惠政策有关问题的通知》（财税〔2016〕49号）第二条进行了具体明确：所称集成电路生产企业，是指以单片集成电路、多芯片集成电路、混合集成电路制造为主营业务并同时符合下列条件的企业：

（1）在中国境内（不包括港、澳、台地区）依法注册并在发展改革、工业和信息化部门备案的居民企业；

（2）汇算清缴年度具有劳动合同关系或劳务派遣、聘用关系且具有大学专科以上学历职工人数占企业月平均职工总人数的比例不低于40%，其中研究开发人员占企业月平均职工总数的比例不低于20%；

（3）拥有核心关键技术，并以此为基础开展经营活动，且汇算清缴年度研究开发费用总额占企业销售（营业）收入（主营业务收入与其他业务收入之和，下同）总额的比例不低于2%，同时企业应持续加强研发活动，不断提高研发能力；其中，企业在中国境内发生的研究开发费用金额占研究开发费用总额的比例不低于60%；

（4）汇算清缴年度集成电路制造销售（营业）收入占企业收入总额的比例不低于60%；

（5）具有保证产品生产的手段和能力，并获得有关资质认证（包括ISO质量体系认证）；

（6）汇算清缴年度未发生重大安全、重大质量事故或严重环境违法行为。

（7）对于集成电路生产企业或项目能够对该项目单独进行会计核算、计算所得，并合理分摊期间费用。

3. 管理要求

对于集成电路生产企业或项目享受税收优惠的要求，《财政部 国家税务总局 发展改革委 工业和信息化部关于软件和集成电路产业企业所得税优惠政策有关问题的通知》（财税〔2016〕49号）、《财政部 税务总局 国家发展改革委 工业和信息化部关于集成电路生产企业有关企业所得税政策问题的通知》（财税〔2018〕27号）、《国家税务总局关于执行软件企业所得税优惠政策有关问题的公告》（国家税务总局公告2013年第43号）和《国家税务总局关于发布修订后的<企业所得税优惠政策事项办理办法>的公告》（国家税务总局公告2018年第23号）等文件有明确的规定，要求有关企业在汇算清缴期结束前向税务机关提交以下资料：

（1）在发展改革或工业和信息化部门立项的备案文件（应注明总投资额、工艺线宽标准）复印件以及企业取得的其他相关资质证书复印件等；

（2）企业职工人数、学历结构、研究开发人员情况及其占企业职工总数的比例说明，以及汇算清缴年度最后一个月社会保险缴纳证明等相关证明材料；

（3）加工集成电路产品主要列表及国家知识产权局（或国外知识产权相关主管

机构）出具的企业自主开发或拥有的一至两份代表性知识产权（如专利、布图设计登记、软件著作权等）的证明材料；

（4）经具有资质的中介机构鉴证的企业财务会计报告（包括会计报表、会计报表附注和财务情况说明书）以及集成电路制造销售（营业）收入、研究开发费用、境内研究开发费用等情况说明；

（5）与主要客户签订的一至两份代表性销售合同复印件；

（6）保证产品质量的相关证明材料（如质量管理认证证书复印件等）。

另外，还需要提醒纳税人注意的是，一是新办企业认定标准按照《财政部国家税务总局关于享受企业所得税优惠政策的新办企业认定标准的通知》（财税〔2006〕1号）规定执行；二是集成电路企业规定条件中所称研究开发费用政策口径，2016年及以后年度按照《财政部 国家税务总局 科技部关于完善研究开发费用税前加计扣除政策的通知》（财税〔2015〕119号）的规定执行；三是集成电路生产企业、集成电路设计企业等可以享受的企业所得税优惠政策与企业所得税其他相同方式优惠政策存在交叉的，由企业选择一项最优惠政策执行，不叠加享受。

4. 专家点评

经济活动中往往可以看到一个现象，一个经济事项存在许多政策条款和规范，而部分企业人士却忽视了这个问题，往往仅仅局限在一个文件上动脑筋。如果是在这种思维方式支配下进行涉税事项的处理和策划，发生涉税风险则是必然的事情。

在现实生活中，诸如上述策划失败的案例很多，因符合条件的新办企业有许多税收优惠（包括增值税和企业所得税等），许多纳税策划方案就针对这一点做方案。许多享受完新办企业优惠后的老企业就重新注销后再次成立新的企业骗取税收优惠，钻税法的空子。国家税务总局、财税部两部委在2006年先后下发了两个文件《关于享受企业所得税优惠政策的新办企业认定标准的通知》（财税〔2006〕1号）和《关于缴纳企业所得税的新办企业认定标准执行口径等问题的补充通知》（国税发〔2006〕103号），从几个方面强化了新办企业的认定标准，有效地堵住了新办企业的税法漏洞。

另外，国家税务总局在《关于发布修订后的<企业所得税优惠政策事项办理办法>的公告》（国家税务总局公告2018年第23号）第四条中明确，企业享受优惠事项采取“自行判别、申报享受、相关资料留存备查”的办理方式。这样在客观上减少了纳税人到税务机关申请的麻烦，但是，却增加了涉税风险。

四、新办企业项目认定错误致涉税风险

在投资环节（也就是在企业新办环节）可能发生涉税风险的地方还有很多，有些根本不是技术上的困难，而是意识上的问题（想不到），就轻易丢失了很多经济利

益。比如，企业的产品属于综合资源利用、节能环保，或者是高新技术产品，如果收集了“相关资料留存备查”即可以享受税收优惠，但是，有关企业想不到“收集相关资料”或者当时有资料的，但是没有“留存备查”，结果多缴税；有些在排污上出了问题被当地环保部门处罚等。投资人和其他企业的生产经营管理者应当通过上述案例举一反三，尽可能地做好涉税风险防范。

除此之外，在企业开办之初，还有一个系统性风险需要投资人注意防范，那就是纳税人应当以哪种税率计算缴纳增值税问题。

【例】

CY科技发展有限公司是一家新兴技术服务企业，2018年5月8日注册成立，主要从事智能管理系统和智能安全系统的产品安装和销售活动。在一家中介机构的操作下，该公司在当地国税和地税机关进行了税务登记，并按主营业务建筑安装业在地方税务机关领取了发票。同时，聘请一家代理记账公司为其做账。2018年5月至12月发生建筑安装服务业务878万元。

风险识别：

由于“金三”系统反映该企业的采购数据与销售数据不匹配，于是，在“金三”系统里留下了大量的风险提示信息，当地主管税务机关将其纳入专业风险应对的对象。

为了对该企业的涉税风险进行识别，专业风险应对人员先进行了大量的案头分析工作，见下表：

诊断项目及内容

诊断项目	诊断内容	诊断指标（问题点）
1. 税务登记证（营业执照）	登记经营范围及主营项目	确认登记时间，了解经营具体事项
	身份及资格认定	用票情况及计税方法
2. 企业投资情况	对外投资情况	相关子公司、分公司及办事处
	关联企业情况	利用关联企业经营情况
3. 企业经营架构	内部机构组合情况	综合经营、分类经营、连锁经营等情况
4. 企业经营情况	自产、委外加工	生产流程、工艺流程以及资金流转情况
	其他情况	其他服务方式以及资金结算情况
5. 用票情况	领用票种类	了解适用不同税率的业务类型
	领用数量	判断经营业务量
6. 采购情况	取得的发票	确认生产项目的原料构成
7. 开票情况	开票的内容和数量	确认销售项目及构成
8. 申报情况	增值税申报情况分析	确认相关业务的合理性

风险应对：

2019年3月12日至3月28日，当地的国家税务局稽查局将该单位列为纳税评估单位，对该单位的增值税情况进行了评估。在评估分析过程中，税务人员发现该企业所发生的业务不能按建筑安装税目计算缴纳增值税，而是应当按货物销售计算缴纳增值税。

因为通过对该企业的生产和经营情况进行综合分析，发现该企业的业务操作流程是：

第一步，根据客户的要求设计出智能系统；

第二步，采购货物（零部件，且每个系统零件金额超过总销售额的50%以上）；

第三步，到客户现场进行安装和调试；

第四步，按系统全价结算收取费用（发票收费名称为×智能系统）。

在对企业的经营情况调查过程中，税务人员还了解到，由于行业竞争比较激烈，企业只能采取低价竞争，优质服务的策略，起初的设计几乎是不收费的，公司的收入主要是安全智能设备和安装调试服务两项。

政策分析：

根据《中华人民共和国增值税暂行条例实施细则》第五条规定，一项销售行为如果既涉及货物又涉及非增值税应税劳务，为混合销售行为。除细则第六条的规定外，从事货物的生产、批发或者零售的企业、企业性单位和个体工商户的混合销售行为，视为销售货物，应当缴纳增值税；其他单位和个人的混合销售行为，视为销售非增值税应税劳务，不缴纳增值税。这里所称非增值税应税劳务，是指属于应缴营业税的交通运输业、建筑业、金融保险业、邮电通信业、文化体育业、娱乐业、服务业税目征收范围的劳务。这里所称从事货物的生产、批发或者零售的企业、企业性单位和个体工商户，包括以从事货物的生产、批发或者零售为主，并兼营非增值税应税劳务的单位和个体工商户在内。

《财政部 国家税务总局关于全面推开营业税改征增值税试点的通知》（财税〔2016〕36号）附件《营业税改征增值税试点实施办法》第四十条规定：一项销售行为如果既涉及服务又涉及货物，为混合销售。从事货物的生产、批发或者零售的单位和个体工商户的混合销售行为，按照销售货物缴纳增值税；其他单位和个体工商户的混合销售行为，按照销售服务缴纳增值税。

本条所称从事货物的生产、批发或者零售的单位和个体工商户，包括以从事货物的生产、批发或者零售为主，并兼营销售服务的单位和个体工商户在内。

通过以上分析，我们可以发现该企业属于以货物销售为主的混合销售业务，应当按照货物销售适用的税率缴纳增值税。由于该单位主要从事是产品销售、系统设计和安装劳务，且年销售额已经超过500万元，应当申请认定为一般纳税人，并按16%的适用税率计算缴纳增值税。

分析这个案例，由于该企业事先没有按照增值税一般纳税人的有关规定进行增值税进项税专用发票的申报、比对和认证，其进项税额不能扣除，所以，该企业的涉税损失可想而知。

当然，企业在新办环节还有许多问题需要考虑和策划，本书仅列举了部分案例，以期起到抛砖引玉的效果，投资人应当在企业兴办之前多分析涉税风险，否则，多缴了税自己还不知道是怎么一回事儿。

第四节　企业的涉税协调风险

笔者在本章利用三节的篇幅重点介绍了企业筹备期间的部分事项可能遇到的涉税风险，其实，企业的涉税风险不仅表现在自身的投资活动、生产和经营活动的内在操作上，而且还表现在与有关部门的协调上。与有关部门的协调的涉税风险又有多种多样的表现，这里我们引用案例来进行说明。

一、与当地政府的涉税协调

税收是国家财政收入的主要方面，当然也是各级地方政府财政收入的主要来源。所以无论哪级政府都十分关心税收问题。但是，由于政府所担任的角色比较复杂，所以在日常工作中他们对税收的态度也是复杂的：一方面当地有一定地位的大型企业在涉及税收问题的时候，他们会站在企业的角度要求税务机关进行税收扶持；另一方面，当进行财政年度预算的时候，他们又会要求税务机关加强税务管理，做到应收尽收。

【例】

2005年3月16日至24日，财政监察专员对G股份有限公司的财务问题展开调查。发现企业通过违规汇总纳税，仅2002年至2003年两年期间，G公司偷逃税款达9 921.83万元。其中，2002年度为3 996.35万元；2003年度为5 925.48万元。而根据G公司4月12日的公告称，其2004年度“需要补提”所得税5 433.6万元，按此计算，2002年至2004年三年期间，G公司偷逃企业所得税款达到了1.5亿元。

据介绍，在财政专员调查之前，G公司的这种违规做法就引起了当地有关部门的注意。2004年当地有关部门曾向G公司下达了相关整改通知书。随后，其销售公司先行申报预缴了1 000万元的企业所得税。而在财政专员检查之前，该公司又补缴了400多万元的企业所得税。尽管如此，G公司补缴的所得税与其偷漏税款总额比较起来，还是微乎其微。

这次财政专员的调查重点是G公司与其销售公司违法合并缴纳企业所得税的严重问题。多年来，G公司一直采用与销售公司合并缴纳所得税的方法，而且这种纳税方法并没有经过国家税务总局的审核批准。

G公司偷逃税款的消息在业界传开，众多同行均表示不解。行业内鼎鼎大名的G公司的销售业绩一直不错，为何要处心积虑地偷税漏税呢？“G公司是大型国有企业，一向都较遵纪守法，现纳税占当地财政收入的55%以上，此次的合并纳税也是征得当地政府同意后才实行的。”在其销售公司看来，此次被财政部突查，是如何协调地方政策与国家法规相冲突的问题，而作为夹在中间的企业，“G公司其实挺冤的”。

据了解，国家税务总局颁布的《关于汇总合并纳税企业实行统一计算、分级管理、就地预交、集中清算所得税问题的补充通知》中有关规定，不允许母公司与子公司合并纳税。但G公司所在的地方政府财力不足，无法正常返回企业交税后的返点（此前，国家允许地方财政对上市公司企业所得税实行先征后返政策，即先按33%税率缴纳企业所得税，然后地方政府再返还给纳税企业18%，剩下15%进入地方财政）。因此，为了解决该问题，使企业得以继续发展，同时保证当地的税收来源，当地税务机关在未经国家税务总局同意的情况下，采取了折中办法，默许G公司与其销售公司合并纳税。

G公司的这种纳税方法并没有经过国家税务总局的审核批准，按照法律，地方财税部门无权决定此事，更何况如此大额度的偷税问题当地政府只是“默许”，所以按正规处理，企业负责人和相关人员应当承担一定的法律责任。

这个案例给那些在当地属于“台柱子”的企业敲响了警钟。因为这些企业往往与当地政府的关系很密切，部分税收事项也往往通过政府出面“干预”，但是，最终的结果如何呢？

“G公司偷税漏税案”揭示的问题非常具有警示作用，现今社会上，仍有一些企业热衷于此。事实上，我们应当看到，人治的时代已经离我们越来越远，而法治的力度则越来越强。

二、与税务人员关系处理的涉税风险

在日常生产和经营活动中，部分企业，特别是那些中小投资企业，在税务管理问题上，往往不是在强化企业内部的税务管理能力上花功夫，而是将时间和精力放在与当地主管税务机关的部分税务人员身上，经常请客送礼。这些企业家认为，平时多做一些感情投资，一旦发生涉税问题，他们就可以侥幸逃脱惩罚。（郑重提示：请立即打断这个念头）。

【例】

一家房地产开发企业，成立于2012年初，先后开发了四个项目。自项目开发起，该企业负责人魏某就十分重视与当地主管税务稽查部门“搞好关系”，每年的协调费用30多万元。魏某认为，这是花点儿小钱，平时对公司“关照”一点就在里面了。

他说得一点儿也不假，国家税务总局已经将房地产开发企业列为重点检查对象10多年了，但是魏某的企业一直没有被税务机关检查过。

但是，后来发生的情况让魏某措手不及。

2019年1月，当地税务机关实行人员换岗，该企业的主管稽查部门的领导成员大换班。2月份，新上任的稽查局领导就决定对魏某的企业进行纳税检查，结果是该企业需要补缴企业所得税、印花税等合计2 600多万元，处以0.5倍的罚款，两项支出合计近4 000万元。

这时的魏某追悔莫及。因为他在税务稽查和处理期间请税务专家对有关业务进行了分析，发现都是一些简单的、重复发生的问题。如果平时聘请一个税务顾问，就不会出现如此灾难性的后果。

事实上，目前税务机关的管理都比较规范，无论是纳税管理，还是税务稽查，都有一套工作流程。涉税事项一旦进入业务流程，是无法人为改变的。即使少数人想“关照”一些企业，充其量只是暂时不去检查。而那些被“关照”的企业问题将会越来越严重，这种偷机取巧的作法，日后一旦被查处，其后果不堪设想。

要化解税收风险，有效的途径是从源头入手，从业务的操作上解决问题。

目前企业存在的税收风险主要由以下三大环节产生：

一是老板决策产生的税收风险，这是涉税风险产生的主要环节；

二是业务部门（包括采购、生产、销售以及人力资源管理等企业有关职能机构）做业务产生的税收风险，这里是涉税风险产生的重要环节；

三是财务核算与缴税产生的税收风险，这是涉税风险的体现环节。

第四章
企业管理机制涉税风险分析

从企业理财管理的角度讲，许多涉税风险管理问题正困扰当今许多企业的老板。不管是企业还是税务服务中介机构，应该认识到企业财税管理更深的内涵是涉税风险管理，即控制企业涉税风险，减少多缴税或少缴税的可能性，降低企业的涉税风险。那么，这些风险从企业运营的角度又是如何形成的呢？笔者通过长期的财税咨询实践体会到，企业的涉税风险与其内部控制机制的完善程度存在正相关的关系。为了帮助企业家解剖和分析形成的深层次的原因，这里我们利用相关资料对企业经营机制和经营流程作一个简要分析。

第一节　企业内部控制简述

《公司法》对现代企业的内部控制架构进行了安排，《中华人民共和国会计法》（以下简称《会计法》）也明确提出各单位应当建立、健全本单位的内部会计监督制度的要求，并提出会计工作中职务分离、重大事项决策与执行程序、财产清查和定期内部审计等规定，这些要求和规定从其实质内容来讲，就是要加强各单位的内部控制。内部控制制度是社会经济发展到一定阶段的产物，是现代企业管理的重要手段。在信息产业发达的当今社会，不断完善企业内部控制制度，对于防范舞弊，减少损失，提高资本的再生能力具有积极的意义。

一、现代企业内部控制的主要内容

建立内部控制制度，其目的在于建立和完善符合现代管理要求的内部组织结构，形成科学的决策机制、执行机制和监督机制，确保单位经营管理目标的实现；建立行之有效的风险控制系统，强化风险管理，确保单位各项业务活动的健康运行，堵塞漏洞、消除隐患，防止并及时发现和纠正各种欺诈、舞弊行为，保护单位财产的安全完整；规范单位会计行为，保证会计资料真实、完整，提高会计信息质量，确保国家有关法律法规和单位内部规章制度的贯彻执行。所以，规避有关企业的涉税风险当然也在内部控制的范围之内。目前现代企业内部控制主要有如下内容：

1. 控制环境

控制环境由反映最高管理当局、董事和企业所有者对控制以及控制对企业重要性的全面态度的各种行为、政策和程序组成。内部控制结构是人制定的，也是由人完成的。因此，人的素质、道德价值以及对涉税风险的认识如何，对内部风险控制的效果有重要影响。

2. 管理当局的风险评价

涉税事项处理的风险评价是管理当局对与涉税事项按照现行税收政策处理有关的风险的识别和分析。管理当局的风险评价是作为设计和运行内部控制结构的一部分，以使错误和不合法行为的发生降低到最低水平。管理当局能够有效地评价和面对风险就十分有利于企业内部税务管理人员对涉税事项进行风险控制。

3. 税收信息与交流系统

企业税收信息系统的目的是鉴别、综合、分类、分析、记录和报告企业的交易，并为有关资产保持受托责任。一个有效的税收信息系统必须满足与税收筹划目标有关的所有几项内部控制目标。这些目标是：已发生的交易确实纳入企业的管理流程；所有已发生的业务、交易均已进行了涉税核算；所有已记录的交易、业务均准确无误；所有交易、业务的分类标准合适恰当。

4. 控制活动

控制活动是指管理当局为满足企业税务管理的目标而建立的各种管理规范和操作程序。任何企业都可能有许多这类的管理规范和操作程序，但一般都可归纳为以下几种：职务的恰当分离；恰当的信息交流；充分的凭证和纪录；资产和记录的实物控制；业绩的独立检查。

5. 监督

监督活动是有管理当局对内部控制结构的设计和运行效果进行经常或定期的评价，以确定内部控制结构是否按照既定的目的运行，以及对特定情况下发生的变化进行适当的修正。对内部控制结构的评价和修正所需的信息，来自于已存在的内部控制结构、内部税务管理人员的报告、有关管理机构提交的报告、经营人员的反馈信息以及顾客对开票事项的意见等各个方面。而从税收的角度讲，其监督机构除了内部各职能部门可以操作以外，还包括主管税务机关的检查和管理监督等。内部控制制度的标准：

其一，全面控制。涉税风险蕴含在企业的业务流程各环节，因此，控制的触角需要摄入企业经营的各个环节和各个方面，不留下控制死角，也就是说企业的各项经营管理活动均应纳入内部控制范围；

其二，控制具体，操作性强。税收政策落实到企业的生产和经营环节是十分具体的，因此，与风险控制有关的事权划分要明确具体，具有很强的操作性。也就是说涉税风险的内部控制制度作为一种制度要能真正成为企业管理者的行为规范，操作方便；

其三，具有科学的控制方法，强化过程的连续性。控制程序规范，过程控制受到特别重视，同时兼顾到政策变化发生时的操作弹性。也就是说内部控制要形成科学的机制，尤其是把对经营管理过程的控制放在突出的地位，通过控制，能防患于未然；

其四，具有良好的控制效果。涉税风险内部控制的功能得到有效发挥，又不影响员工的主动性和创造性的发挥。

二、关于内部控制的目的

规避涉税风险需要企业管理层面上的全员参与，而全员参与就需要通过内部控制机制进行操作。内部控制的目的是指涉税风险内部控制想要达到的目标，大致有下列目的：

（1）保护企业资产的安全、完整及对其的有效使用，同时保证税款的适时实现和缴纳。

（2）保证会计信息及其他各种管理信息的存在、可靠和及时提供，便于企业管理当局和税务机关使用。

（3）在不违背国家涉税政策的前提下，保证企业制定的各项管理方针、制度和措施的贯彻执行。

（4）尽量压缩、控制成本、费用，减少不必要的成本、费用，以求企业更大地达到盈利的目标。

（5）预防和控制且尽早尽快查明各种舞弊行为，防止税款计算差错，以及及时、准确地制定和采取纠正措施。

（6）保证企业各项生产和经营活动有秩序、有效率地进行。

（7）保证利益分配到位。在分配过程中存在纳税人与国家利益分配的问题，即应纳税款及时上缴入库。

为了达到涉税风险内部控制的目的，应预先确立衡量实际绩效的标准；正确记录经济业务执行情况，并将工作实绩与标准目标进行比较，借以发现差异分析造成差异的原因以及各种因素对差异的影响程度；针对偏离目标和标准的现象，提出纠正的措施予以补救。还应注意一些特定控制程序的执行，如核对会计记录数字的准确性，保持调节表、日常编报资料、统制账户和试算表的准确性，核准与控制各种凭证，纳税申报表与税务机关的确认情况等。

三、企业财务内部控制的基本方法

就目前我国企业的现状而言，涉税风险的控制一般是由财务部门负责的，只有部分大型企业或者企业集团才设置专门的企业税务管理部门和机构，所以，这里我们重点分析企业财务内部控制问题。

涉税内部控制是企业内部控制体系的一个方面，企业内部会计控制制度是以确保会计资料真实性、可靠性与保护财产物资为目的，用与会计业务和与之相关的其他业务管理方面的方法、措施和程序，并予以规范化、系统化，使之组成一个有效的控制机制。企业只有设立了严密的内部会计控制制度并付诸实施，才能保证企业会计数据真实可靠、财产不会流失，为规避涉税风险奠定基础。

（一）授权与批准控制

就是通过授权通知书来明确授权事项和使用资金的限额。其原则是对在授权范围内的行为给予充分的信任，但对授权之外的行为不予认可。授权通知书除授权人持有外，还下达给企业相关的部门，这些部门一律按授权范围严格执行。有效的内部财务控制要求每项经济业务活动都须经过适当的授权批准。以防止内部员工随意处理、盗窃财产物资或歪曲记录。比如业务合同的签署，需要经过财务总监或者设立专职税务管理的部门负责人进行涉税风险论证和审核之后才能执行。

（二）风险控制

风险控制是企业一项基础性和经常性的工作。企业必要时可设置风险评估岗位，专门负责有关风险的识别、规避和控制，建立有效的风险管理系统，防范各种风险，特别是来自外部的涉税风险防范和应对。通过风险预警、风险识别、评估、分析、风险报告等措施对财务风险和经营风险进行全面防范和控制。对于一些特别重大的项目事先要经过“沙盘”演练和分析，从中找出可能出现涉税风险的环节，并采取必要的措施。

（三）责任报告控制

业绩报告又称为责任报告，它是企业内部报告的一种。是企业管理层掌握信息，加强对经济的控制、改善经营管理，提高经济效益的重要工具。常用的内部财务报告有资产分析报告、经营分析报告、费用分析报告、投资分析报告、财务分析报告、涉税风险分析报告等。企业应要求相关人员定期编制各种财务报告，反映和监督经济活动，进而有效地控制经济活动。

（四）财务预算控制

预算管理在西方是流行的财务管理方式。这种全方位、全过程、全员的预算管理的实施，强化了预算的财务功能，使企业的财务目标和决策得以细化落实。预算是以金额、数量及其他价值形式或几种价值形式的综合方式反映企业未来业务的详细计划。实际上，预算是在年度经济业务开始之前根据预期的结果对全年经济业务的授权批准控制。企业的预算属理财范畴，应以量入为出为原则，它是由多个相互联系的预算组合而成的严密的体系。从预算管理的角度讲规避涉税风险，就是在每个纳税环节事先预留足够的资金缴税，以便防止“欠税”发生。

（五）财产保全控制

财产保全控制法是指为实物资产的安全完整而进行的控制，这是一种附加的实物保护制度，包括以下内容。

1. 限制接近

严格控制对实物资产的接触。只有经过授权批准的人才能接触资产。虽然不同企业因其不同的生产经营特点而对限制接近有不同的要求，但现金、存货等变现能力强的资产是需要加以限制的资产。

2. 盘点

定期盘点和比较，以确保账证、账账、账实相符

3. 保险

通过对资产投保火灾险、盗窃险及其他途径来减少企业受损的程度和机会。从而保护企业的实物安全。

4. 税收

包括税款的缴纳和税收优惠政策的获取所形成的利益控制等。

（六）核对和分析控制

核对和分析控制就是通过对有关记录跟事项的核对来控制企业的经济活动，分析相关事项处理的合理性和合法性。核对一般可分为账实核对和账务核对；分析包括对物流、资金流和信息流相互关系的合理性分析。企业应建立健全内部核对和分析制度，通过核对做到证、账、表三相符，通过分析确认物流、资金流和信息流相互关系合理，从而为应对纳税检查奠定基础。

（七）科技手段控制

计算机的应用，使会计人员从繁重的手工会计中解脱出来，极大提高了会计信息处理速度。也减少了差错和舞弊的发生。但是，如果没有健全的控制措施，计算机也可能发生差错或被操纵，而且发生差错和舞弊对企业的损失可能比手工会计下更为严重。因此，加强电算化的控制势在必行，特别应加强职责划分，将不同功能工作分由几个不同的部门和人员来完成，以防止一个部门和人员可以操纵整个财务处理过程。应建立严格的系统开发与维护、设定数据输入与输出权限、批准、复核、文件备份、储存与保管、网络安全（防病毒、黑客）等方面的控制。

（八）内部审计控制

对会计资料进行内部审计，既是内部财务控制的一个组成部分，又是内部财务控

制的一种常见形式。内部审计是通过对企业内部各种经营活动与控制系的监督审查，以确定既定政策的程序是否贯彻，建立的标准是否遵循资源的利用、是否合理有效以及单位的目标是否达到的过程。内部审计对会计资料的监督、审查，不仅是内部财务控制的有效手段，也是保证会计资料真实、完整的重要措施。

（九）外部咨询控制

利用外部咨询控制的必要性主要是因为自己对自身进行控制存在一定的难度。主要体现三个方面：一是自身的风险自己难以发现；二是部分风险程度在企业经营决策过程中不容易控制；三是长期的控制容易产生“控制疲劳”。

由于组织和机构长期运营容易同化人们的行为，从而形成“自己人”，近期越来越多的“窝案”和“共同犯罪”案件被揭露出来，就说明一个机构的健康运行需要来自外部的监督和服务。外部咨询审计和服务，既是规模经营企业财务控制的一个组成部分，又是内部财务控制的一种特殊形式。外部咨询审计和服务是通过聘请外部从事独立经营的服务性专业机构和专家对企业内部各种经营活动与控制系统的独立评价，以确定既定政策的程序是否贯彻，建立的标准是否遵循资源的利用、是否合理有效以及单位的目标是否达到的一种形式。内部审计和外部咨询结合起来，可以有效地构建企业控制和监督体系。

此外，有些企业的负责人为了偷窃国家的税款，还会引发其他经济犯罪的后果。请看下例。

【例】

2018年12月中旬，某税务局稽查局根据风险应对部门转来的资料，到生产饮料的甲公司检查该企业2017年度企业所得税情况。风险应对部门反映，该企业的税收负担明显偏低，但是，该企业的负责人也无法解释清楚，而且他自己也为此事而苦恼。

这究竟是怎么回事呢？

稽查过程：

进入甲公司后，检查组将甲公司主要设备的生产能力与账面反映的主要产品的产量进行比对，再检查了各项成本的结转和费用列支情况，均未见异常。检查组初步判断甲公司不存在问题。

但就在检查组准备结束检查的当天，甲公司财务部经理请检查人员吃晚饭，当遭到检查人员谢绝后，他一再说明，他晚上正好值班，并不影响他休息。

检查组的组长随口问起经理为什么要值班。经理解释说，目前业务多，每天晚上要有公司中层正职以上两位领导值班，负责加班期间的生产安全和销售业务。

经理“有口无心”的解释触动了检查组组长的神经。

此前他们仅计算了甲公司每天工作8小时情况下的生产能力，且已考虑到淡季产量下降的因素。但是如果要加班，就应该加上加班的时间重新计算产量。于是，他决定对该企业重新检查。

第二天，通过仔细询问甲公司两个主要生产车间的负责人，检查组了解到甲公司进入和退出旺季的情况，每年夏季三个月最高峰时“三班倒”，前后两月需“两班倒”。如此计算，甲公司的产量起码应该翻一番。

为了查证实际产量，检查组针对两个主要生产车间夏季三个月工资和加班费的列支情况进行检查，倒推出这三个月的产量已接近原先测算的年度产量，说明此前测算的产量严重偏低。

掌握了上述情况后，检查组再次要求该企业负责人对有关疑问做出说明。在有理有据的分析面前，该企业的负责人最终承认了本公司存在部分销售收入未入账的问题。

发现问题：

原来，甲公司为了降低税负，对一部分现金销售的产品不开销售发票，仅开具公司统一印制的收款收据，顾客凭收款收据提货联就可以到仓库提货，再凭出门联离开公司。

甲公司拿出相关收款收据（包括已开的存根）及记载未入账收入的小金库账簿，经复核确认，账簿清楚记载了每天没有入账的销售数量和金额，月计和累计总数都很清楚。总数虽与此前推算的产值相差80多万元，但差异不到20%。

深入检查：

检查到这里，检查组的有些成员认为可以据此确认未入账的销售额，并就此结束检查。但是，对企业内部控制制度比较熟悉的组长意识到，既然凭发票提货联和收据提货联都可以提货，那仓库应该有这两种提货联的记录。

检查组来到仓库，请仓库负责人拿出收据发货联的记录及汇总表。尽管汇总表上的总金额与小金库账面上的总金额一致，但仔细查看后发现，甲公司同时使用了3本收款收据，且号码前后混乱，难以判断是否存在收据缺号的问题。这让检查组意识到该公司很可能存在收据没有全部计入小金库账的问题。

果然，在对仓库保管员的办公资料进行全面检查后，发现了两张未计入小金库账内的收据提货联，收款收据的开票人是公司销售部经理。

检查组就此询问销售部经理，销售部经理承认，他从公司为偷税而开收款收据不入账的问题中，看出有空子可钻，便与仓库保管员及财务部会计合谋，凡销售部经理值班开具收款收据时，故意打乱收据使用序号以便浑水摸鱼，同时选择一张金额较大的收据不计入小金库的收入账，而对其他的小金库账簿，仓库保管员不计相应的发出数和完工入库数，成品会计则扣减相同数量的产品入账数，使得小金库账面上的产品实物数量和财务小金库账面上产品的数量一致。

检查结论：

经检查，在近两年的时间里，3人共合谋贪污了120多万元。最终，甲公司因隐瞒近500万元收入的偷税问题（已加上贪污数）接受了补税罚款的处理，同时品尝了内部出现蛀虫的苦果。

分析点评：

根据企业内部控制配套指引的规定，企业应当明确存货发出和领用的审批权限，大批存货、贵重商品或危险品的发出应当实行特别授权。仓储部门应当根据经审批的销售（出库）通知单发出货物。企业仓储部门应当详细记录存货入库、出库及库存情况，做到存货记录与实际库存相符，并定期与财务部门、存货管理部门进行核对。

上述案例中，正因为企业内部控制的疏漏，给内部人员贪污创造了条件。如果甲公司不为了偷税而开收款收据不入账，销售部经理就不会发现内部控制缺陷，也就不可能借此贪污。这恰好印证了一句俗语：苍蝇不叮无缝的蛋。

实际上，任何一家企业为了偷税，必定会采取一些有违常规的业务流程或办法，从而违反企业内部控制制度的规定。尽管企业会因少纳税得到一时便宜，但最终会破坏企业的内部控制制度，使内部控制出现漏洞，并很容易培养企业内部蛀虫，使其有机可乘。

第二节　内部控制的固有局限

企业的内部控制是社会化分工的产物。内部控制是指经济单位和各个组织在经济活动中建立的一种相互制约的业务组织形式和职责分工制度。内部控制的目的在于改善经营管理、提高经济效益。而对于一个企业而言，税收却是外来的因素，所以，在日常生产和经营过程中，内部控制往往会出现其固有的局限性。

一、内部控制机制本身的不完善

所谓内部控制，是指一个单位为了实现其经营目标，保护资产的安全完整，保证会计信息资料的正确可靠，确保经营方针的贯彻执行，保证经营活动的经济性、效率性和效果性而在单位内部采取的自我调整、约束、规划、评价和控制的一系列方法、手续与措施的总称。

由此可见，最早的控制主要着眼于保护财产的安全完整，会计信息资料的正确可靠，侧重于从钱物分管、严格手续、加强复核方面进行控制。随着商品经济的发展和生产规模的扩大，经济活动日趋复杂，逐步发展成近代的内部控制系统。内部控制的目标往往是理想化的，一般的情况下往往难以实现。

1. 控制风险意识淡薄

内部控制是法治社会的产物，也是社会法律制度的基础。但是，就目前我国企业发展现状而言，存在企业管理人员风险意识淡薄，经营管理中缺乏有效的风险评估机制和科学合理的风险预警机制，对风险投资缺乏严格有效的投资决策审批机制等现象。至于涉税风险的防范，则随着税收意识的淡薄而往往被许多企业管理者所忽视。

从企业内部管理体制角度分析，企业所面临的风险大小取决于经营决策者个人的风险偏好。特别是国有企业，所有者与经营者分离，而代表所有者的国有财产管理部门为保全国有资产而设立管理制度和措施，但是，却没有将依法纳税列入考核的内容；而从具体的经济组织——企业的情况而言，由于内部投资决策及授权制度的缺陷以及公司治理结构的不完善，企业的重大投资决策往往为少数人操控，而企业经营决策者个人几乎不用为企业"投资失误"承担任何成本，导致企业投资失控、风险加剧。

2. 内部控制机制不完善

内部控制只能为管理人员达到其目的所提供机制上的保证，因为内部控制有其固有的局限性，即管理当局在制定其制度时，许多无法预料的因素及对于内部控制本身的缺陷和不足就无法控制。

这里以涉税风险为例：从业务分工的角度讲，目前，多数企业是将税务管理工作放在财务部门的，但是，一些企业的财务内部控制还很不到位，如：财务内部控制尚未形成覆盖各个部门和环节的系统，还有薄弱点和空白点；财务规章、制度和操作规程的贯彻落实不到位，各部门互相衔接也不够严密；管理力度层层递减，管理效应层层弱化；等等。在这样的情况下，各部门相对简单的考核和目标管理机制往往使拥有企业税务管理职能的财务部对其他部门无法产生实质性影响。这仅仅是从静态的角度来分析的，如果从动态的角度分析，经济活动不断变化，这就要求企业有很强的适应性。如果再加上税法的不断调整，就给这些企业进一步增加了难度，体现原则性的内部控制在灵活性要求面前就显得很被动。

换一句话说，内部控制只适于正常且经常反复出现的业务事项，而不能对例外事项进行控制。如对于政策变化引起的涉税风险属于输入式风险，仅靠企业内部机制很难规避。

二、实施主体的问题无法解决

从某种意义上讲，内部控制就是人为地在企业内部各部门之间设障碍，在内控管理实践过程中，人们往往会遇到以下情形：当财务部门审批销售部门的差旅费或交际应酬费时，总听到销售人员在抱怨："审得也太严了吧，我们在前面冲锋陷阵，你们反而在后边拉我们后腿！”

在对供应商进行招投标的过程中，采购部门认为处处按照采购部门的规章制度办事，怎么到了法务部或管理部，选中的供应商就迟迟批不下来呢？在实务操作过程中往往存在两种不同的心态：公司管理层天天说风险，而他们的员工则不以为然。为什么员工对风险没什么概念？是领导在危言耸听，还是风险管理和控制就是领导的事儿？

制度整合了，流程也更新了，但在执行的过程中，反而觉得比以前更麻烦了，花的时间更多了……类似的困惑和问题还有不少，它们都和企业的内部控制与风险管理体系息息相关。

也正因为如此，在一个部门推行内部控制机制，往往十分艰难。

当然也有相反的情况发生。由于内部控制往往是“点对点”的制约和监督，是一种横向的操作机制，经常性的内部控制具有流程性，但是，当两个本应互相制约的工作人员合伙舞弊，或者本应属于矛盾的交易双方串通共谋时也无法控制。此外，当管理人员滥用职权或不能正确使用权力时也是无法控制的。

此外，内部控制制度对于工作人员因侥幸心理、精力不集中、身体欠佳、判断失误或误解涉税政策而造成的这种人为错误无能为力。

三、内部控制机构的适应性

尽管管理当局力争取得有效的控制效果，但由于限制因素的存在，内部控制不可能完美无缺。因为通过内部控制，再加上各部门的考核目标不同，各部门画地为牢，“各人自扫门前雪”的现象自然就会出现。如果因政策发生变化，原来制定的业务流程过时、失去效果时，也无法控制其错误或弊端的发生。

四、价值取向不到位

内部控制由于受到控制成本的限制，往往拒绝外部的帮助。特别是民营企业主，如果不是受到税务机关的严厉检查而遇到重大问题，他们是不可能花钱聘请外部专家的。而事实上，由于内部当事人往往不能纵观全局，无法发现和解决系统性和全局性的重要问题。

五、当前企业内部会计控制存在的问题

内部控制的根本目的在于加强企业管理，提高经济效益；其基础是企业内部分

工；其核心是一系列具有控制职能的方式、措施及程序。它是现代企事业单位在对经济活动进行管理时所普遍采用的一种控制机制。但是，由于《企业内部控制基本规范》中对内部会计控制体系没有明确说明，尤其没有提及内部会计控制环境这一基础要素，或多或少影响了企业在实施内部会计控制时全面、系统的考虑。从当前实际看，许多企业的会计内部控制问题非常突出，进而影响了企业的经济效益，阻碍了有关企业的发展。

1. 内部会计控制体系不完整

企业决策层重经营、轻管理，而管理层则重开发、轻内部管理，甚至把财务内部控制和涉税风险规避看成仅仅是财务管理部门的事，而没有把财务内部控制放在整个企业经营管理的策略高度来考虑。

一是企业在制定内部会计控制时注重内部会计控制的设计与执行，忽略控制环境因素的影响，企业内部会计控制很少通盘考虑、全面控制，经常是控制政策和程序一经制定，就很少再对其实施的保证、评价的方法、改进的措施进行系统配置，使得企业内部会计控制形同虚设。

二是企业在进行内部会计控制时对风险评估，特别是涉税风险的评估考虑不足。风险评估是进行内部会计控制的前提，即对影响企业目标实现的各种风险进行分析和辨认。由于管理者自身素质的原因，这一内容在企业很少实施。更有甚者，有些财务主管自认为读了一两本税收筹划方面的书籍，或者听了几次讲座，就悄悄地做起了“税收筹划”，最终筹划成“大败局”。

三是企业内部会计控制制度执行力不强。企业内部会计控制制度的执行主要包括财务信息的处理、各控制环节的落实以及对内部会计控制的监督三个方面。在财务信息处理方面：会计机构与会计人员的设置不符合会计规范，建账不规范，会计核算常有违规操作，有些会计和出纳根本不懂核算；在控制环节的落实方面，企业事先制定的内部会计控制制度常常成为一纸空文。企业领导越权管理、随意调整业务流程等现象时有发生；企业员工不按规定操作或错误执行现象严重，在对内部会计控制制度的监督方面更是形同虚设。企业的人事安排使得经营者难以监督或疏于监督，即使有监督也会由于奖惩不及时等原因使得监督成果付诸东流。

2. 企业内部会计控制措施不协调

每一个企业都有其自身的特点，在资金、组织、管理、员工、规模、会计等各方面都与其他企业有着明显区别，因此，其内部会计控制也就应该与其自身特点相一致。有些企业在制定和实施内部会计控制时较少考虑自身实际因素，过多参考其他企业内部会计控制制度以及实施办法，不能达到内部会计控制应有的目的。

有的企业虽有为数不少的财会规章制度，但仅是纸上谈兵，流于形式，而未得到切实的贯彻执行。而财务部门又往往重视凭证的汇集、报表的编制等工作，对税务管理只是停留在开票、抄税和申报等应付税务机关的强制管理的要求上。

3. 会计监督力度不够

单位内部会计管理制度是一项行之有效的内部监督管理制度，也是企业内部会计控制的重要组成部分。当前我国会计工作中存在的假账泛滥、信息失真、秩序混乱等问题，有的企业没有严格的复核审批制度；有的单位账证、账账、账表、账实不符；有的单位现金管理不符合规定，各职能部门私设“小金库”，现金坐支现象比较普遍，资金管理严重失控；有些单位会计人员无视财经纪律，账外设账、篡改账目、编造虚假会计报表，导致财务报告严重失真，会计信息严重失实；有的单位负责人私自对外投资，收益不入账，中饱私囊；有的企业甚至发生负责人携巨额公款外逃的现象；有的企业没有财会部门的稽核，有的内部稽核不规范，未形成制度。有的内部审查只是为了防止“家贼”，至于偷税和多缴税的问题则少有人问津。

4. 不善于利用社会资源

在日常涉税风险控制方面，立足于关门自己解决问题，而忽视外聘专家服务，导致一些业务流程之外的问题不得解决，使一些事故隐患长期得不到发现。

六、内部控制与税收的关系分析

由于企业经营规模的扩大，需要不断增加人员。为了保证企业生产经营活动的正常开展，就需要对相关人员进行适当的分工。从内部控制机制设立的角度讲，应当根据企业的规模、企业生产经营的产品和项目来确定管理的幅度和深度。这是因为企业生产经营实际情况跟企业内部控制是存在一定关系的，如果将内部控制的具体要求与会计核算的具体情况联系起来分析，就可以验证以会计核算为基础的纳税情况的正确性。但是，从现实情况来看，从企业税务管理的角度来分析，部分企业内部控制机制设立的效果并不理想。

【例】

税务稽查组前往生产电子产品的A公司进行企业所得税汇算清缴检查。A公司生产的是民用小电子产品，各生产和管理部门对产品的质量和数量都有严格的控制，且围绕产品的组装完工、入库、保管、仓库之间的流动、发出销售及售后服务等方面的内部控制非常严格，以确保资产在整个生产和保管过程中安全完整。了解上述情况后，稽查组认为只要抓住其中几个关键控制点，如产品质量检验记录、入库单、盘点表、出库单和出门证等，就可以验证会计账面记录的数据是否与实际情况一致，进而判断A公司纳税是否正确。于是，稽查组从产品内控情况入手进行检查。

果不其然，稽查组通过检查质量检验记录发现了破绽。A公司对产品质量的内部控制制度明确规定，所有完工的产品，必须经过两道质检程序，一道是产品功能检验，一道是产品外观、附件及包装检验，且两道检验必须由检验人员记录所检产品的品名、规格、型号、数量、生产批号等并签字确认。

A公司在实际生产过程中，确实按照上述规定执行，并形成了两套检验记录。但是稽查组发现，尽管两套检验记录的内容一致，但记录记载的情况与会计账面的内容不符。最为明显的是，连续几个月检验记录上记载的检验产品的数量、规格与产成品明细账同期记载的不一致。仔细检查发现，大多数产成品明细账上登记的入库数总是比同期质检记录登载的合格产品数偏少，甚至出现有产品质检合格的记录，同期产成品明细账没有记录的情况。

在事实面前，A公司财务负责人只得承认了存在的问题。

原来，A公司在生产过程中对产品质量的检验，均按照内部控制制度进行，产品检验记录上记载的规格、型号及数量等内容与实际生产完工的情况一致。但是，为了少纳税，A公司又规定，对不需要开具销售发票的产品，不作入库处理，仅按照等于或略高于需要开票的销售数量作入库数，然后按照测算好的料、工、费比例，倒推出相应的材料领用和费用数，造成会计账面的产品入库数与生产完工后反映在产品质量检验记录上的实际数据不一致。

随着企业对内部控制的不断完善和规范实施，内部控制实施的结果不仅是对企业实际生产经营全过程所做的规范要求，也是企业对实际生产经营全过程所做的另一种记录和反映。内部控制的实施结果往往会反映到会计记录中，同时会在很大程度上印证会计记录的完整性、及时性和正确性。抓住企业对内部控制的实际实施情况，并与相应的会计核算情况进行比较分析，同样可以印证会计核算的完整性、及时性和正确性，并由此对企业纳税的及时性和合法性做出分析和判断。

上述案例中，稽查组正是通过对A公司内部控制进行必要的了解，并比较会计核算情况，从而发现了疑点，揭示出会计核算和纳税方面存在的问题。

然而，一些企业特别是中小企业的内部控制不够健全，甚至没有书面的内控制度。咨询专家认为，不管有无书面内部控制制度，任何企业都实际存在着各种控制活动，以保证企业正常、有序地开展生产经营，因此，稽查人员需要了解企业实际执行的各种规范，特别是可能影响企业会计核算或与会计核算有密切关系的内部控制活动，将企业实际执行的控制活动的情况（结果）与相关会计核算情况进行对比分析，如果存在差异，则说明企业的会计核算可能存在问题。由此可见，从税务机关的角度讲，了解并检查企业的内部控制情况，是印证企业是否存在涉税风险的另一突破口。而纳税人也应当从中有所启发。

【例】

某大型上市公司自1994年至2010年期间，为了激励企业高管，定期给予高管期权激励，在激励之初给予高管的期权价格与市场价格基本持平，鼓励高管将业绩做起来，促使股价上升而获得收益，该激励措施很奏效，15年间使公司的业绩翻了三番，高管们也因此获得了丰厚的收益。由于该公司是在香港上市，高管们行权后将港币通过各种渠道汇到国内的个人账户，“逃”掉了个人所得税。2013年，通过集团的例行内审，偶然间发现了这一事件，内审部一方面向该板块的负责人报告了这件事，并希望所有获得期权激励的高管补交个人所得税，同时向集团领导做了报告，发表了审计意见，集团领导责令板块负责人依法处理该等税务风险。

鉴于需要补税数额较大，有些高管已经将获得的期权收益购买了资产，一时难以拿出大额现金补交税金。此时恰好是年终，要发放年终奖。通过与高管沟通，用年终奖补交了期权收益的个人所得税，避免了企业的税务风险。

从此例不难看出，企业需要建立内部控制制度管理流程。虽然内部控制机制有一定的局限性，但是有效的内部控制机制可以使企业避免税务风险。

第三节　国有企业的涉税风险

国有企业，曾经几乎就是计划经济的代名词。即使是现在，我国产业政策的体现，多数也是通过国有企业来实现。所以，国有企业的工作人员有一个特点，税收意识相对比较薄弱，再加上机制的特点，在税收问题处理方面的表现，就形成国有企业的涉税风险。

一、管理人员的“官”意识

中国的“皇权政治”根深蒂固，“人治”现象普遍存在，这与法治经济是完全不同的两个概念。而目前我们正在建设的市场经济时间不长，多数法律法规还是处于试行的“暂行条例”阶段，“以法治国”“依法治税”的意识在国民意识中还没有完全形成。而植根于计划经济的国有企业，曾经是国家计划体现的主要力量；部分国有企业，目前也在很大程度上承担着国家“计划调节”的任务。在这些企业的部分管理者中，他们的“官”意识强烈，而法治意识则相对比较薄弱。

由出资者和经营管理者们各自的定位，就决定了他们在涉税事务中考虑问题的出发点和落脚点。从出资者——国家的角度讲，不管你是用缴税的方式，还是用上缴利润的方式，都是上缴给国家这个“大家庭”。而从宏观的角度讲，国有企业的管理部门往往关心所属企业的社会影响，所以，他们更关心国有企业的发展速度和规模。落实到具体的管理思路上，则需要考核投资规模、年底销售规模，等等。显然，这是一种粗放式经营思路和管理思路，强调的是外延式发展，他们不太关心企业的内在建设，很少将规避涉税风险作为其考核的目标。

再从企业的角度来分析，作为国有企业的经营者和管理者，他们更关心代表“出资者”的管理机构对他们的感觉，更关心能否坐稳自己的位置。在此管理模式“指引”下，他们会看着“考核目标”行事儿，更关注能否完成上级部门下达的投资目标和销售额，有的甚至于不惜弄虚作假。这类企业很少有将税收问题作为考核目标的，这对于一个国有企业的管理者来说，几乎是一个很正常的思维方式。

“以法治税”需要以法治企业为基础，需要将有关法律法规与有关经济业务有机地结合起来贯彻和执行。而部分国有企业则不然，具有明显的官场特征的官僚体制以及官僚作风盛行：管理层次太多，形式主义，推诿扯皮，效率低下，等等。这些问题几乎成了少数国有企业的顽症。

而这种种官僚作风，成为企业内部沟通信息、互相配合和协作的严重障碍。与看似健全的机构和完善的内部控制和制约机制相对应的是管理松弛、操作违规、权力失控、缺乏监督、暗箱操作、制度不落实，等等。这似乎已成为一大“通病”，成为企业内部腐败滋生的“温床”。往往，涉税风险就潜藏其中。

【例】

某企业的财务经理利用职务之便牟取私利。当有报销费用过来后，他就将一单业务中有多份发票的凭证留下来，抽取其中数额比较大的发票，然后编造一个事由做成报销流程单再报销一次。比如，2019年3月16日公司对大桥的桥面进行了一次修理，共发生费用50万元。在本次业务的报销清单中，有发票6张，其中金额较大的有钢材14万元、沥青15万元、劳务费用12万元、其他各种物资9万元。

当这笔业务经过审核批准并报销完毕后，有关凭证就会集中在会计部门入账、装订、存档。在这个环节，那位财务经理就将这笔业务中两份数额较大的钢材和沥青的发票抽取出来，过一段时间后再做一个流程单报销一次。

如此这般操作了三次之后，他嫌公司的报销审批流程太麻烦，于是他模仿审批人的签字。就这样，在不到一年的时间里，他通过虚报冒领的手段贪污现金274万元。

企业里，有少数管理者打着为企业谋利益的旗号，明目张胆地做账外账，然后放入企业的“小金库”或“自留田”。他们的理由可能是“有些业务往来无法在税前列支的”，或者是“有些公关费用可能连白条都没有一张的”。于是，不得不通过“小金库”处理。而最近几年上级公司对“小金库”的审计严格了许多，他们便转移战场。于是，办公用品、会务费、广告和业务宣传费用便多了起来。冠冕堂皇的理由背后，一笔笔巧立名目的开支纷纷在税前列支，一笔笔资产就这样流失掉了。但涉税风险却永久地埋在这个企业。

在税收筹划的需要与企业的习惯性管理方法发生冲突的时候，经营管理者们（特别是非财会管理部门的管理者）往往会认为企业不是自己的，税收和税后利润反正都是给国家的，省下的钱到不了自己的腰包，只不过是给国家的方式不同而已。税务机关也是国家机构，想必不会这么“较真”吧？有了这样的指导思想，就必然导致企业轻视税收风险的防范和研究。随着时间的推移，涉税风险日积月累的沉淀，就给企业埋下一颗重磅的定时炸弹。

二、机构臃肿、业务流程环节多

机构臃肿是部分国有企业的通病，重复设置机构和部门，职能交叉，人员泛滥。随着社会分工和业务量的增加，投资和经营活动需要由若干个部门来协同完成的经营机制，已经成为目前经济活动的普遍现象。然而实际中，采购人员不懂生产、生产人员不懂销售、销售人员不懂理财、财务人员不懂税收的现象在企业中屡见不鲜。许多企业的涉税机构往往不参与企业的经营决策。在整个生产经营活动中，有不低于80%的涉税事项不是财务人员处理的，也就是说，有80%以上的纳税义务的产生不在财务人员手上！

【例】

一家从事系统集成业务的国有企业，年销售在10亿元左右，却没有缴过一分钱的增值税。公司财务总监对公司科学的管理工作和完善的业务流程十分自信，认为公司不存在涉税问题。然而，事实上，公司业务流程复杂，财务人员未必了解每项业务的具体操作情况。一次检查，暴露了公司存在混合销售业务，根据现行税法的规定，该公司的增值税是不能不缴的。

上例是很多国有企业的一个缩影。由于国有企业分工较细，在此环境里工作时间长了，其中的多数人可能成为“专家”，但是，他们往往过于专业。上例财务总监在该企业工作了30多年，是从成本会计一级一级提拔上来的，是一个专家级的财务总监。可惜的是，作为企业的高级管理人员，一味地“专”是不够的，往往需要的是“通才”。规避涉税风险、进行税收筹划就更需要“通才”。而在当今的国有企业里，真正的“通才”是很难找到的。

三、管理机制死板

俗话说：一个和尚挑水喝，二个和尚抬水喝，三个和尚没水喝。组织机构的臃肿势必造成一件事情谁都可以去管，但谁都可以不去管的局面。在这样的机制下，财务人员和其他非财务领域的各部门人员针对涉税事务都有自己看似合情合理的理由，大家都可以不关心、不负责。所以，我们经常会在部分国有企业和刚改制不久的国有企业中看到这样的现象：某些问题暴露出来后，董事长或总经理召集各部门领导和主要骨干人员开会研究，结果是谁都认为自己是按规章制度和以往的惯例来处理的，其工作无可厚非！

企业的涉税事务，由于贯穿于企业整个生产和经营的所有环节，牵涉到较多的部门和人员，这就需要跨部门的团队协作和配合。但是，事实并非如此。采购人员认为：我们负责采购工作，涉税事务与我们无关；销售部门则认为，完成销售任务是自己的本分，税收事务应该由财务部负责……专业人士都知道，企业的会计和财务部门的涉税管理往往是进行事后控制，而涉税事项的纳税义务产生多数在其他部门，只有在事先进行筹划，方能产生积极的避险和节税效应。离开了非财务领域各部门的积极支持和配合，要想实现真正意义上的涉税风险防范是不可能的。更可悲的是：企业高层管理者也不加分析地认为，涉税风险的防范主要是通过会计和财务人员做账和调账来控制，这就加大了企业涉税风险防范工作的难度。

拥有这些特点的企业，如果由自己内部的力量来进行税收筹划是很困难的。

【例】

2007年4月3日，国家税务局稽查局向S公司下达《税务处理决定书》，显示S公司自2002年1月至2004年12月从25家企业共取得虚开的增值税专用发票2 231份，价税合计246 003 561.58元，税金35 744 107.18元。同时，在2002年4月至2004年11月期间，S公司在没有货物交易的情况下，向3家企业开出49份增值税专用发票，金额为35 879 157.37元，税金为6 099 456.77元。国家税务局稽查局随即在决定书中对其做出了处理及处罚决定，即S公司补缴增值税35 744 107.18元，并对前述补征税款加收滞纳金12 975 984.93元。同时，拟对S公司因非法取得虚开增值税专用发票进行抵扣而造成的少缴增值税税款处0.5倍罚款，计17 872 053.59元，并对公司因虚开增值税发票处0.5倍罚款，计3 049 728.39元。

S公司表示，2002年1月至2005年10月期间，公司及东方商城在接受H公司委托从事服装进口业务的过程中，被H公司利用，被动接受了其幕后控制非法公司所虚开的增值税发票，并因业务流程被H公司所控制，所以虚开了部分增值税专用发票，导致公司及东方商城被卷入该增值税案中。公司已于2004年12月主动调整了进出口业务的分管领导，并中断了与H公司的合作，停止了该项业务；东方商城也于2005年10月调整了主要负责人，并中断了与H公司的合作，全面停止了该项业务。

S公司税案一经公布，该公司的股票一下子被牢牢地封死在跌停板上。作为S公司本是一家规模企业，为什么却连续三年从事着如此严重的犯罪活动？究其原因，在于其死板的管理机制。

涉税事务在企业实践中有一个特点：产生纳税义务的“环节”分布在企业经济活动的各部门和各岗位，而涉税风险防范也就需要各部门信息沟通，大家齐心协力，确保内部物流、资金流和信息流一致的同时，采取有效措施，从而规避涉税风险。而税收筹划，更是一项需要多部门配合的综合性经济活动，有时需要通过企业政策的变通，从而调整企业的业务运作流程，最终实现节税效果。这就是说，进行税收筹划，对企业内部控制的弹性有相当高的要求。

四、控制（控股）业务的影响

控制业务，主要是指母公司与子公司以及在母公司的控制下操作的子公司与子公司之间的业务的涉税影响。在日常涉税核算和管理过程中，如果操作不当，就可能导致税收利益上的损失。比如，某省油气田企业有存续公司和上市公司，有着共同的上级管理机关，属关联企业，存续公司生产暖气，并向上市公司办公区及职工家属区供热。

对于上市公司职工家属区的用暖问题，该公司的财务人员认为，《财政部 国家税务总局关于继续执行供热企业增值税 房产税 城镇土地使用税优惠政策的通知》（财税〔2016〕94号）明确，自2016年1月1日至2018年12月31日，“三北”地区供热企业（包括北京市、天津市、河北省、山西省、内蒙古自治区、辽宁省、大连市、吉林省、黑龙江省、山东省、青岛市、河南省、陕西省、甘肃省、青海省、宁夏回族自治区和新疆维吾尔自治区的供热企业。以下称供热企业）对供热企业向居民个人（以下称居民）供热而取得的采暖费收入继续免征增值税。基于该规定，该公司让存续公司以市场价格开具增值税专用发票给上市公司，存续公司按照销售额缴纳增值税，让上市公司按照取得的专用发票抵扣进项税金，取暖费最终由上市公司从职工的工资中扣缴。

该公司的负责人认为，按照（财税〔2016〕94号）文件的规定，供热企业向居民收取的采暖收入（包括供热企业直接向居民个人收取的和由单位代居民个人缴纳的采暖收入），是免征增值税的。那么对于上市公司职工家属区的用暖，他们存续公司按照销售额缴纳增值税，上市公司按照取得的专用发票抵扣了相应的进项税金，两个关联企业总体上是没有缴纳增值税的，也没有多抵扣进项税金，因此也符合向居民供暖的免税规定。

2018年5月，税务机关通过网上监控，发现该上市公司2017年以来抵扣的进项税金增多了，同时增值税税收负担率有所下降。通过进一步实地检查，发现上市公司购进暖气用于企业职工福利，自2017年1月17日以来，累计多抵扣进项税金4 693 183.05元。面对财务人员以其筹划方案所做的陈述申辩，税务人员指出了企业的错误之处：

（1）存续公司和上市公司作为两个独立的纳税实体，应该按照独立交易的原则，公平买卖，独立核算，各自独立承担相应的纳税义务，而不应该混同为一个纳税实体，统一考虑税收负担。

（2）（财税〔2016〕94号）文件中的“免征增值税”，其免征对象是对取得的收入免征增值税，而不是对购进货物免征增值税，对购进货物这种行为，需要考虑的只是取得的进项税是否允许抵扣。

因此，作为购进暖气的该上市公司，需要考虑的只是取得的进项税是否允许抵扣这个问题，不存在是否免税的问题。而作为销售暖气的存续公司，如果向居民销售暖气，其取得的暖气收入是可以免征增值税的；但是根据《中华人民共和国增值税暂行条例实施细则》第10条的规定，用于免税项目的购进货物或者应税劳务的进项税额不得从销项税额中抵扣。因此，为生产这些暖气而抵扣的进项税，还要做进项税额转出处理。

（3）根据《中华人民共和国增值税暂行条例实施细则》第十条的规定，用于集体福利或者个人消费的购进货物或者应税劳务的进项税额不得从销项税额中抵扣。因此，该上市公司首先从存续公司购进暖气，然后用于职工集体福利，其取得的进项税额不得从销项税额中抵扣。

依据上述事实和依据，税务机关要求该上市公司转出用于职工集体福利购进的暖气而抵扣的进项税金，补缴增值税4 693 183.05元。对此结果，企业财务人员感到十分尴尬。因为作为存续公司，已经按照收入全额计算缴纳了增值税，而这边的上市公司所取得的进项税金又不允许抵扣。可以说，（财税〔2016〕94号）文件规定对供热企业的免税政策，该油气田企业的双方一点也没有享受到，白白多缴纳了税款。

目前，许多集团性企业（包括已经组建企业集团的企业和未组建企业集团却有多家控股公司的企业）往往会通过控股关系，或者业务控制关系来进行价格管理和利润控制。这从市场运行的角度讲也许有其合理的因素，但是从税收的角度讲，这样操作存在很大的涉税风险。尤其是2008年1月1日以后，国家将对关联企业之间的业务进行重点管理，所以，将来规模企业的涉税风险会越来越大。

第四节　民营企业制约机制不完善

随着市场经济的进一步发展，我国民营企业也呈快速增长的态势。在民营企业中，最普遍的一个现象就是家族型企业。在这些家族型企业中，企业的控制者（通常是企业的创始人或户主）具有至高无上的权威，并且在企业的管理中运用权威，使得控制者对于企业的管理如同家长对家庭的管理一样。企业犹如一个大家庭，董事长或总经理就是家长，所有雇员自然也就是其家庭成员。在这种管理环境和氛围下，企业董事长或总经理管理的随意性较大，无人能够约束和制约。所以，我们今天看到规模较小的家族型企业涉税问题处理的现实，其实就是老板个人见解、意志和纳税观念的综合体现。再追溯到这些家长们的发家背景和个人的成长历程，涉税风险的存在是毋庸置疑的。

一、投机心理、侥幸心理影响较大

关于家族型企业的发家史，大家讨论比较热烈的要数“如何看待民企的原罪”问题。在中国社会用二十余年的时间逐步从完全计划经济体制过渡到市场经济不断繁荣昌盛的今天，家族型企业成为民营企业中的主流群体，有很多心照不宣、不宜公开的秘密。企业发展所需要的土地、资金、设备、技术、人才、信息等，无不浸润着从“国有细胞”中渗透的诸多养分，这就是对原罪问题的讨论。所以，目前规模较小的家族型企业，还是比较习惯于以前二十年或者初创阶段的美好时光，那种投机取巧的心态在潜意识中已经根深蒂固。

例如，某些现金往来较多，而客户多为个体、私营或消费者个人的企业，往往有一些很奇怪的现象。企业报税的销售额还不够该企业的广告开支。很显然，明眼人一眼就看出，该企业肯定存在两本账，一本是实际发生的业务往来财务账，一本是报给税务机关的财务账，而且这两本账有天壤之别。年复一年，作为一个经济实体，沉淀了多少涉税风险，只要有点儿理智的人就会感觉到，企业实际上已坐在了火山口上。但是，企业的实际经营者往往都存有侥幸心理，

仍然没有意识到自身潜伏的涉税风险。其实，只要某种客观条件的影响，随时会引发一发不可收拾和不可逆转的局面。

当然，多数民营企业不可能如此，他们更多的则是不断出现小问题。

【例】

F公司是镇政府招商引资的一个重点项目。通过税务机关内部信息系统了解发现，该公司2012年实现销售收入3 207 248.36元，进项税金为465 748.21元，销项税金545 232.23元，应缴增值税为79 483.83元，税负是2.48％，应纳所得税额是0元。2007年实现销售收入为6 814 578.64元，销项税金为1 158 478.37元，进项税金为946 349.09元，应缴增值税212 129.28元，税负3.11％，应纳所得税额48 036.99元。

税务人员将以上资料进行了系统的分析，发现该企业的增值税纳税情况还算正常，但是，企业所得税可能存在问题。做出如此推测的依据是：其一，该企业是从邻市搬迁过来的，企业处于开办期间，而目前部分乡镇在土地征用等方面操作往往不规范，从企业的账面表现则是有关费用入账不规范；其二，该企业账面表现是正好持平或者处于微利状态。

于是检查人员进入企业现场进行实地核查。

经检查，发现该企业2012年度发票抬头不符列支成本2 732元，个人费用在企业列支成本59 148元，接受虚假运输发票91 030元。2013年度抬头不符列支成本1 921元。个人费用列支成本61 800元，接受虚假运输发票121 850元。

在日常业务中，企业会发生很多费用，有些费用是企业没有取得合法的票据入

账，有的是不可能取得合法的票据。如果无法取得票据就无法入账，对于业务人员来说，就无法报销，对于企业来说，就需要多缴税。于是，有些不法分子就看到了这一点，干起了虚开、代开票据的勾当。而虚开运输发票就是目前部分不法分子的重要手段之一。

此外，一些形成规模的民营企业，他们对纳税筹划的兴趣是：不仅要求税收筹划专家能让他避免多缴税，还要求能少缴税，最好是在避税上下功夫，而忽视税收政策的遵从和完善纳税核算工作。一些民营企业聘请税收筹划专家或者有关法律顾问，其目的就是希望专家将他们业已存在的问题进行包装起来，不被税务机关查获！其结果往往是税款没有节省多少，而每年都有因为纳税违规问题不断补税、加收滞纳金和罚款。

二、约束机制不完善

民营企业，一般是指投资者为自然人或者自然人投资人企业，且资产规模不大、人员不多、管理幅度相对较小的企业。我国民营企业在数量上占有很大比例。对于业务活动简单、稳定的小企业，一般采用直线制结构进行垂直管理，不设专门的职能结构，是一种最简单的集权式管理。民营企业一般以直线制为基础，在厂长（经理）领导下设置相应的职能部门，实行厂长（经理）统一指挥与职能部门参谋、指导相结合，做到管理工作专门化。这样，既保证统一领导，又可以发挥职能部门的参谋指导作用，弥补了领导人员在专业管理知识和能力方面的不足，协助领导做出决策。然而，这样的企业亦存在隐患，其内部控制是不健全的。

1. 内部控制制度不健全

目前，多数民营企业的内部控制制度不全面，没有渗透到企业各个业务领域和各个操作环节，会计工作秩序混乱、核算不实，从而造成会计信息失真现象极为严重。如不少企业常规票据分管制度、重要空白凭证保管使用制度、会计人员分工中的“内部牵制”原则均没有建立，甚至还有一些民营业没有正规的财会部门，会计、出纳、审核等事项由一个人包办。原始凭证的取得或填制本身就不合法，以此为依据编制的记账凭证、登记的账簿、出具的会计报表及一系列的会计分析等也就毫无意义。有些企业人为捏造会计数据，设置“小金库”，乱摊成本，隐瞒收入，虚报利润，恶意逃避税收等。所有这些，都与企业内部控制制度不健全密切相关。

2. 缺乏有效的监督机制

为了加强监督，我国已形成了包括政府监督和社会监督在内的企业外部监督体系。但如此庞大的监督体系对民营企业的监督效果却不尽如人意。在民营企业里，多数没有内部审计机构，有的企业虽然有内部审计，却不能充分发挥其职能。一些企业的业务经办人员、财会人员甚至领导干部利用监督不力的漏洞，大量收受贿赂，大肆侵吞公款，利用虚假发票非法占有企业资金等。

3. 内部审计职能弱化

内部审计是企业内部控制制度的一个重要组成部分。据调查，虽然具有内审机构的企业，其职能也已严重弱化，不能正确评价财务会计信息及各级管理部门的绩效。于是，各级管理部门更加有恃无恐，趁机钻了内部控制的空子。另外，内部审计机构职能的发挥从很大程度上取决于企业最高层的主观意愿。

4. 内控制度行为主体素质较低

近年来，民营企业财会人员的思想教育、业务培训跟不上，一些根本不具备从业资格的人员混进财会队伍，思想素质差，业务一知半解，连正常的会计业务都处理不好，更谈不上内部控制制度的运用。一些企业领导对会计制度、会计准则一窍不通，却目无法规，独断专行，势必给企业造成不可挽回的损失，使本就资金紧张的企业举步维艰。

内部控制制度是企业各个业务部门或人员，在业务运作过程中形成的相互影响、相互制约的一种动态机制，是具有控制功能的各种方式、措施及程序的总称，它绝不等同于规章制度，也不等同于内部管理，更不是组织计划。内部控制要以有效为前提，其关键是作为内控制度主体的经理和员工。由于一些民营企业的经理和员工在认识上对内控制度存在偏差，而且在民营企业中，往往又是家族型企业占多数，这些企业的特点就是将企业当作家庭。既然企业就是家，从仓库、营销、采购到会计等重要岗位几乎全部都是“皇亲国戚”。在这些企业，虽然各种机构也可能“五脏俱全”，但却不是因事设岗，因岗选人；而更多的则是因人设岗或因岗设事。

【例】

晨光化学有限公司是2002年10月兴办的外商投资企业，主要从事化工产品的生产和销售。由于该企业经营有方，市场开拓不断取得新成就，企业的经营业绩每年都以成倍的速度递增；同时，该企业还注意不断进行技术创新，不断开发新产品，其产品的技术含金量比较高。经企业申请，于2005年5月被国家科委认定为“高新技术企业”，公司出现了前所未有的快速发展态势。

该企业享受的外商投资企业“两免三减半”所得税优惠政策于2007年11月底到期，而企业的生产形势却越来越好，预计2007年有计税利润2 000多万，如果要全额缴纳企业所得税，当年就有660多万元！

2007年8月底，经咨询顾问提醒，该公司可申报先进技术企业所得税减免。税收上对技术先进企业在享受了“两免三减半”优惠之后，有延长3年减半征收企业所得税的优惠规定。

但是，在承办过程中，该企业的财务经理才知道，享受3年减半征收企业所得税的税收优惠政策必须以拥有“先进技术企业”证书为前提，而“先进技术企业”是由国家经贸委负责考核和认定的。在主管税务机关的提醒下，该企业立即向当地主管经贸委提出“先进技术企业”认定申请。然而，认定“先进技术企业”需要一定的申报流程和审批程序。当该企业取得“先进技术企业”资格时，已经是2007年12月10日。彼时，再向主管税务机关申请办理企业所得税优惠手续时，被告知该企业依法不能享受延长3年减半征收企业所得税的待遇！

为什么会出现这样的局面呢？其实问题就出在一念之差！

财务经理误将“高新技术企业”混同于“先进技术企业”！他误以为“高新技术企业”就是“先进技术企业”，企业可在享受生产性外商投资企业所得税“两免三减半”优惠政策之后，再享受“先进技术企业”减半征收企业所得税3年的优惠政策！但事实上，“高新技术企业”与“先进技术企业”是两个不同的政策概念，有不同的认定程序，适用不同的企业，其享受的税收待遇也不尽相同。

李经理的一念之差，导致公司失去享受3年减半征收企业所得税优惠的机会，公司损失超过1 000万元，其教训是十分深刻的！

但是，从该企业的业务分工和企业部门的职能分工的角度来分析，又可以归集到职能分工带来的教训。因为该外商投资企业的中方主体实际上是一个家族型民营企业，在合资过程中，外方仅是投资入股，并不参与经营和管理。事实上，该外商投资企业还是采用原来的民营企业的管理思路和方法。该企业将公司的运行、执照年检、资格认定和各种政策优惠的承办工作都放在办公室处理。而办公室主任是董事长的小姨子，虽然这个办公室主任的工作能力很强，却有些霸道，对其他科室的负责人并不友好，所以其他科室的人员仅按照公司的业务分工做自己的事儿。该公司的高新技术企业资格的认定当时就是由办公室负责操作的，因此，财务经理自然不会去思考这些事情。

涉税事项的政策性很强，技术操作的要求也很高。从表面上看，高新技术似乎就应当是先进技术，但若想当然地把高新技术企业和先进技术企业画上等号，就会铸成大错。该公司就是因为没有正确理清这二者的概念，与税收优惠失之交臂。

该外商投资企业为生产性企业，且被认定为高新技术企业。在企业所得税“两免三减半”优惠到期后，要求享受延长3年减半征收企业所得税的优惠政策，却被税务机关告知因没有相关的先进技术企业认定证书，不具备享受优惠的条件。该企业不解：高新技术企业难道还不是先进技术企业吗？经过一番政策咨询，才知此中大有差别。但是有一点是相同的，那就是不管高新技术企业还是先进技术企业，都要及时取得相关证明。如果获得有关证书太迟，即使再获得先进技术企业证书，也因缺乏时间上的连续性，结果于事无补。

目前，绝大多数企业分管财税业务的管理人员在涉税事务上往往处于一知半解的状态，更不用说那些没有财税知识基础的人员了。那些不懂业务的人员却在负责相应的工作，就不可能不出问题。客观上这些“近臣”和“重臣”们即使有一些工作上的重大失误，也不用担心对自己在企业的生存和地位会有什么影响和威胁。因为规模较小的家族型企业，通常没有完整的绩效评估和绩效考核体系，主要以家长的个人好恶和感觉为标准，考核和薪金分配完全以搞好家族内的政治平衡为主。包括企业主在内的所有人都认为，税收问题是财务人员的事情。这种情况下，涉税风险的存在也不会引起任何企业人员的警觉。

在家族型企业的董事长和总经理们的潜意识中，始终认为企业是自己创下的基业，就是自己的家业，我的企业是我家业的一部分。所以，把企业的财产当作自家的仓库，把企业的财务部当作自家的保险柜。以董事长为首的庞大的家族群体，真正做到了“以厂为家”。很多日常家庭和自己的应酬开支也“明的暗的”想方设法进入了企业的税前列支。这实际上也是以“家长”为首的家族企业成员的一个共同的目标。在这些企业里，即使是负责涉税事项的财务人员的配备是健全的，但是他们实际上只起到记账、出报表的作用。

还有些民营企业，内部控制制度不完善、不健全，管理者税法意识淡薄、管理随意性强、心存侥幸心理，企业的税务风险如同定时炸弹，随时将会爆炸。

【例】

2015年3月，税务机关稽查局在对某化工企业（有限责任公司）2014年度的纳税情况进行全面检查过程中发现，该企业的其他应收款中，有笔股东借款74万元一直挂账，到2015年3月仍然未归还。经调查核实，该笔其他应收款为股东借款用于支付子女出国学费。最终，稽查部门认定该笔借款支出是对股东“利息、股息、红利所得”代扣代缴个人所得税14.8万元，对企业处以未履行代扣代缴税款的义务，按50%罚款7.4万元。

《财政部、国家税务总局关于规范个人投资者个人所得税征收管理的通知》（财税〔2003〕158号）第二条就个人投资者从其投资的企业（个人独资企业、合伙企业除外）借款长期不还的处理问题明确，纳税年度内个人投资者从其投资企业（个人独资企业、合伙企业除外）借款，在该纳税年度终了后既不归还，又未用于企业生产经营的，其未归还的借款可视为企业对个人投资者的红利分配，依照“利息、股息、红利所得”项目计征个人所得税。

目前，我国家族型企业几乎已经成了涉税风险的代名词。在纳税检查实践中发现，中小型家族企业或多或少存在偷税问题。由此可见，家族型企业潜伏的涉税风险不言而喻。

第五节　管理制度弹性控制分析

企业的内部管理不规范，是导致部分企业多缴税的一个重要因素。企业需要管理，需要建立内部控制制度和控制体系，但是企业的内部控制体系应当如何建立和完善？完善到什么程度才符合要求？这是一个相当复杂的问题。根据现行税收政策规定，企业的管理制度的完善程度和制度弹性直接影响企业的税收负担。如果具体地说，要根据企业自身的具体情况去考虑，有些企业需要将规范操作到较高的水平，而对另外一些企业来说，在某一阶段可能还需要“不到位”。

目前的国有企业和股份制企业，为了保证投资人的权益，都在努力建立现代企业制度。在具体操作方面，普遍采用目标管理办法，对有关企业的经营者制定一系列考核制度和管理目标。为了保证投资人的资产保值增值，这些管理制度和措施往往制定得比较细致。企业为了实现这个管理目标，往往也会对这个目标分解到企业的各管理职能部门。在具体的操作环节，这些管理制度和措施是非常细致的，几乎没有什么弹性。

一、管理制度完善是取得有关资质的前提

对于增值税纳税人而言，如果你需要增值税专用发票作为经营手段，就应当按税法的要求规范管理；对于企业所得税纳税人来说，如果你的产品属于微利或者亏损姿态，就需要在规范管理上下功夫。企业取得有关经营资质，需要纳税人的管理制度与其相配合，如一般纳税人身份的取得、高新技术企业和先进技术企业等，企业能够按照税法的要求建立管理制度，并按照有关规定进行操作，才可能取得有关资质，才能享受有关税收优惠。

【例】

某私营企业老板李某从事服装生产，2018年实现销售405万元。李某认为反正企业是自己的，会计核算马虎一点无所谓。由于服装生产系微利行业，企业实际处于亏损状态，大约亏损10万元。但是由于该企业未按税务机关的有关规定进行会计核算，费用核算不准确，当地地方税务局在对其进行所得税汇缴时按规定进行核定征收，则该企业应纳税所得额为 405 × 10%=40.5（万元），应该缴纳企业所得税：40.5 × 20%=8.1（万元）。此外，国家税务局主管税务机关对该增值税一般纳税人进行年度检查，发现该企业未按税务机关的有关规定进行会计核算，费用核算不准确，于是做出限期整改三个月的处理，导致当期53 679元增值税进项税额不能抵扣。至此，李某追悔莫及。

按税法的规定，企业所得税的征收管理方式有两种，即查账征收和核定征收。查

账征收适用于财务管理比较规范，能够建账建制，成本费用核算准确，能向税务机关提供准确、完整的纳税资料的企业。

有关企业如果实行查账征收，所得税税率一般为25%。如果发生年度亏损，不但当年可以不缴纳企业所得税，而且企业的亏损还可以在以后五年内弥补。此外，新企业所得税法对小型企业给予20%的低税率照顾，《财政部 税务总局关于进一步扩大小型微利企业所得税优惠政策范围的通知》（财税〔2018〕77号）规定，自2018年1月1日至2020年12月31日，将小型微利企业的年应纳税所得额上限由50万元提高至100万元，对年应纳税所得额低于100万元（含100万元）的小型微利企业，其所得减按50%计入应纳税所得额，按20%的税率缴纳企业所得税。

核定征收方式按《核定征收企业所得税暂行办法》的规定，适用于存在不设置账簿、不能准确核算收入或成本费用、不能提供准确、完整的纳税资料等情况的企业。核定征收方式有个“特点”：无论盈亏，都得缴纳企业所得税。

对于应纳税所得额的确认，税务机关有最后话语权，如果有关企业的内部管理制度不规范，那么就可能存在从高征收企业所得税的风险。

而增值税有关法规则规定，纳税人年应征增值税销售额在规定标准以上，会计核算健全，能按规定报送有关税务资料的才可以认定为增值税一般纳税人。

李某未按税法规定进行会计核算，当年虽然亏损，但仍要缴纳所得税。此外，又丢失了一大笔增值税进项抵扣税额，可谓损失较大。其实，企业完善会计核算，其好处不仅在于可能会节约一些税收支出，更重要的是其符合企业发展的内在要求。

二、完善的管理制度是享受税收优惠的前提

纳税人如果没有按照税务机关的要求建账建制，不能够按照税务机关的要求提供纳税资料等，而没有实行查账征收方式的，就不能够享受新办企业的税收减免等；如果纳税人既生产应税产品，又生产免税产品，但企业没有进行分别核算的，则有关产品就不能享受免税等税收优惠。类似的税收政策在多种税收优惠政策规定中都存在。比如税务机关在审批光明公司（民政福利企业）的企业所得税免税资格时，认为该公司在会计核算中存在“白条”入账的现象，成本费用支出难以查实，将该公司由查账征收改为核定征收，取消了减免税优惠待遇。对于税务机关的决定，该公司的投资人李东明很不理解。

根据国家税务总局《关于印发〈核定征收企业所得税暂行办法〉的通知》（国税发〔2008〕30号）中有关规定，纳税人具有下列6种情形之一的，应采取核定征收方式征收企业所得税：

一是依照法律、行政法规的规定可以不设置账簿的；

二是依照法律、行政法规的规定应当设置但未设置账簿的；

三是擅自销毁账簿或者拒不提供纳税资料的；

四是虽设置账簿，但账目混乱或者成本资料、收入凭证、费用凭证残缺不全，难以查账的；

五是发生纳税义务，未按照规定的期限办理纳税申报，经税务机关责令限期申报，逾期仍不申报的；

六是申报的计税依据明显偏低，又无正当理由的。

光明公司使用不符合规定的凭证，即所谓的“白条”入账，导致成本费用支出核算不清，符合上述规定的第二种情形，税务机关应按规定采用核定征收方式对该公司征收企业所得税。

根据《核定征收企业所得税暂行办法》第十六条规定，纳税人实行核定征收方式的，不得享受企业所得税各项优惠政策。纳税人按规定在享受企业所得税优惠政策期间或优惠政策到期后3年内，如出现第二条规定情形之一的，一经查实，应追回因享受优惠政策而减免的税款。其中，按规定执行优惠政策尚未到期的，还应按核定征收的方式恢复征税。因此，光明公司改为核定征收方式后，就不能再享受民政福利企业的税收优惠政策。

三、完善的制度下不能核定征收

事实上税收政策方面也存在某些令人尴尬的地方，如对于那些小规模的且产品技术含量比较高企业而言，如果这些产品是直接面对消费者的，或者是不需要增值税专用发票的，他们往往会从另一方面来考虑问题，即如果其按正常的要求来建账建制，相应的税收负担就可能比较高，而不按有关规定操作，被税务机关确定为小规模纳税人和核定征收，其增值税和企业所得税的税收负担就会相对较低。

【例】

王某是一家从事技术服务的私营企业董事长，2018年企业实现销售收入600万元。王某认为自己是一个技术专家，管理上从开始就要抓得很紧，会计核算也比较清楚。由于技术服务利润较高，企业一开始就获得很好的经营效益，大约取得400万元。该企业按照税务机关的有关规定进行会计核算，地方税务局在对其进行所得税汇缴时按规定进行查账征收，则该企业当年的应纳税所得额为400 × 25%=100（万元）。

按税法的规定，企业所得税的征收管理方式有两种，即查账征收和核定征收。查账征收适用于财务管理比较规范，能够建账建制，成本费用核算准确，能向税务机关提供准确、完整的纳税资料的企业。实行查账征收的企业，所得税税率一般为25%。而新的核定征收方式则按《企业所得税核定征收办法》（国税发〔2008〕30号）的规定，适用于存在不设置账簿、不能准确核算收入或成本费用、不能提供准确、完整的纳税资料等情况的企业。核定征收方式有个“特点”：无论盈亏，都得缴纳企业所得税。

如果王某的企业当年采用一定的策略让税务机关认定为核定征收方式，当地对该行业按5%的利润率核定其计税所得额。则王某的企业应当缴纳企业所得税额为：

600×5%×50%×20%=3（万元）。

由此可见，如果王某采用“韬光养晦”的策略，暂时不按税法规定进行会计核算，则可以获得一笔较大的税收利益。当然，这样操作不符合企业发展的长远战略，但是，如果作为战术安排，在企业的原始积累阶段，也不失为一个比较好的做法。

这里需要注意的是，为规范企业所得税核定征收工作，国家税务总局《关于企业所得税核定征收若干问题的通知》（国税函〔2009〕第377号）第一条明确，（国税发〔2008〕30号）文件第三条第二款所称“特定纳税人”包括以下类型的企业：一是享受《中华人民共和国企业所得税法》及其实施条例和国务院规定的一项或几项企业所得税优惠政策的企业（不包括仅享受《中华人民共和国企业所得税法》第二十六条规定免税收入优惠政策的企业）；二是汇总纳税企业；三是上市公司；四是银行、信用社、小额贷款公司、保险公司、证券公司、期货公司、信托投资公司、金融资产管理公司、融资租赁公司、担保公司、财务公司、典当公司等金融企业；五是会计、审计、资产评估、税务、房地产估价、土地估价、工程造价、律师、价格鉴证、公证机构、基层法律服务机构、专利代理、商标代理以及其他经济鉴证类社会中介机构；六是国家税务总局规定的其他企业。

对上述规定之外的企业，主管税务机关要严格按照规定的范围和标准确定企业所得税的征收方式，不得违规扩大核定征收企业所得税范围；对其中达不到查账征收条件的企业核定征收企业所得税，并促使其完善会计核算和财务管理，达到查账征收条件后要及时转为查账征收。

此外，财政部、国家税务总局《关于执行企业所得税优惠政策若干问题的通知》（财税〔2009〕第069号）第八条则明确，企业所得税法第二十八条规定的小型微利企业待遇，应适用于具备建账核算自身应纳税所得额条件的企业，按照《企业所得税核定征收办法》（国税发〔2008〕30号）缴纳企业所得税的企业，在不具备准确核算应纳税所得额条件前，暂不适用小型微利企业适用税率。

四、完善的制度下不能调节费用

制度的特点是比较原则，比较“死板”。有些事情需要灵活处理的，但是，在制度面前就无能为力了。如果企业存在比较严格的产品合格考核机制，一旦企业出现数量较大的报废产品，就可能会被认定为“非正常损失”，其产品所包含的增值税进项税额就应当作转出处理。也有一些企业由于内部控制制度比较严格，有些可以在税前列支的费用，因不能相互“调剂”操作而失去在税前列支的机会，有些企业因为控制较严，使得一些数据达不到要求，从而无法利用税收的一些照顾性政策等。

某大型零售超市2018年的销售额为240 000万元。但是，该企业在这一年中，有10个月的商品损耗都有100万元，只有7月和8月的商品损耗为80万元。

对于这里的商品损耗应当如何处理？通过对具体情况进行分析，该企业发生的“商品损耗”实际上是平时被顾客“悄悄带走”的。按照该企业的内部管理制度，这属于管理不严造成的损失，属于非正常损失。既然属于“非正常损失”，涉及增值税的相关政策，其增值税进项税额应当转出处理。由此，该企业应当转出增值税进项税额197.2万元。

其实，如果该企业的内部管理制度在商品损耗的考核方面做一些文章，这个197.2万元“损失上的损失”就可以避免。因为该企业全年的销售额很大，而“商品损耗”在销售额中所占的比重相对较小，只有0.48%。

第五章
管理创新涉税风险分析

为适应知识经济发展的要求，无论是企业还是管理部门都在探索新的管理思路和方式（模式）。从税收的角度讲，也在不断创新管理模式，目前比较突出的问题主要是纳税信用管理、金税工程等。而这些方面恰恰也是纳税人容易忽视的地方，从而给企业带来涉税风险。因此，本章重点围绕税务管理创新对企业的涉税风险的影响做一些分析。

第一节　纳税信用管理对企业人的影响

为适应市场经济建设，强化纳税人的法制意识，自2003年开始，我国就开始推行纳税信用管理。后来几经完善，于2014年10月1日出台《纳税信用管理办法（试行）》（以下简称《办法》）。2018年的《关于纳税信用评价有关事项的公告》（国家税务总局公告2018年第8号）又进一步完善。

《办法》的适用范围，即纳入纳税信用管理的范围是：已办理税务登记（含临时登记），从事生产、经营并适用查账征收的独立核算企业、个人独资企业和个人合伙企业。查账征收是指企业所得税征收方式为查账征收，个人独资企业和个人合伙企业的个人所得税征收方式为查账征收。扣缴义务人、自然人纳税信用管理办法由国家税务总局另行规定。2018年4月1日起新增下列企业参与纳税信用评价：一是从首次在税务机关办理涉税事宜之日起时间不满一个评价年度的企业（以下简称“新设立企业”）。评价年度是指公历年度，即1月1日至12月31日。二是评价年度内无生产经营业务收入的企业。三是适用企业所得税核定征收办法的企业。

一、信用评价指标

1．税务登记情况

（1）开业登记；

（2）扣缴税款登记；

（3）税务变更登记；

（4）登记证件使用；

（5）年检和换证；

（6）银行账号报告；

（7）纳税认定情况（包括一般纳税人认定等）。

2．纳税申报情况

（1）按期纳税申报率；

（2）按期纳税申报准确率；

（3）代扣代缴按期申报率；

（4）代扣代缴按期申报准确率；

（5）报送财务会计报表和其他纳税资料。

3．账簿、凭证管理情况

（1）报送财务会计制度或者财务会计处理办法和会计核算软件；

（2）按照规定设置、保管账簿、凭证，根据合法、有效凭证记账，进行核算；

（3）发票的保管、开具、使用、取得；

（4）税控装置及防伪税控系统的安装、保管、使用。

4．税款缴纳情况

（1）应纳税款按期入库率；

（2）欠缴税款情况；

（3）代扣代缴税款按期入库率。

5．违反税收法律、行政法规行为处理情况

（1）涉税违法犯罪记录；

（2）税务行政处罚记录；

（3）其他税收违法行为记录。

二、信用级别分类

纳税信用级别设A、B、C、D四级。A级纳税信用为年度评价指标得分90分以上的；B级纳税信用为年度评价指标得分70分以上不满90分的；C级纳税信用为年度评价指标得分40分以上不满70分的； D级纳税信用为年度评价指标得分不满40分或者直接判级确定的。2018年4月1日起增设M级纳税信用级别，纳税信用级别由A、B、C、D四级变更为A、B、M、C、D五级。

1. A级信用

考评分在90分以上的，为A级。但有下列情况之一的，不得认定为A级：

（1）实际生产经营期不满3年的；

（2）上一评价年度纳税信用评价结果为D级的；

（3）非正常原因一个评价年度内增值税或营业税连续3个月或者累计6个月零申报、负申报的；

（4）不能按照国家统一的会计制度规定设置账簿，并根据合法、有效凭证核算，向税务机关提供准确税务资料的。

2. B级信用

B级纳税信用为年度评价指标得分70分以上不满90分的。

3. M级信用

未发生《办法》第二十条所列失信行为的下列企业适用M级纳税信用：

（1）新设立企业。

（2）评价年度内无生产经营业务收入且年度评价指标得分70分以上的企业。

4. C级信用

C级纳税信用为年度评价指标得分40分以上不满70分的。

5. D级信用

考评分在40分以下的或者直接判级确定的，为D级。

若有下列情形之一的，不进行计分考评，一律定为D级：

（1）存在逃避缴纳税款、逃避追缴欠税、骗取出口退税、虚开增值税专用发票等行为，经判决构成涉税犯罪的；

（2）存在前项所列行为，未构成犯罪，但偷税（逃避缴纳税款）金额10万元以上且占各税种应纳税总额10%以上，或者存在逃避追缴欠税、骗取出口退税、虚开增值税专用发票等税收违法行为，已缴纳税款、滞纳金、罚款的；

（3）在规定期限内未按税务机关处理结论缴纳或者足额缴纳税款、滞纳金和罚款的；

（4）以暴力、威胁方法拒不缴纳税款或者拒绝、阻挠税务机关依法实施税务稽查执法行为的；

（5）存在违反增值税发票管理规定或者违反其他发票管理规定的行为，导致其他单位或者个人未缴、少缴或者骗取税款的；

（6）提供虚假申报材料享受税收优惠政策的；

（7）骗取国家出口退税款，被停止出口退（免）税资格未到期的；

（8）有非正常户记录或者由非正常户直接责任人员注册登记或者负责经营的；

（9）由D级纳税人的直接责任人员注册登记或者负责经营的；

（10）存在税务机关依法认定的其他严重失信情形的。

三、纳税信用评价

纳税信用级别一个纳税年度评价一次。纳税人有下列情形的，不影响其纳税信用评价：一是由于税务机关原因或者不可抗力，造成纳税人未能及时履行纳税义务的；二是非主观故意的计算公式运用错误以及明显的笔误造成未缴或者少缴税款的；三是国家税务总局认定的其他不影响纳税信用评价的情形。

1．评价结果

纳税信用评价结果的确定和发布遵循谁评价、谁确定、谁发布的原则。税务机关每年4月确定上一年度纳税信用评价结果，并为纳税人提供自我查询服务。纳税人对纳税信用评价结果有异议的，可以书面向做出评价的税务机关申请复评。做出评价的税务机关应按《办法》第三章规定进行复核。

税务机关对纳税人的纳税信用级别实行动态调整。因税务检查等发现纳税人以前评价年度需扣减信用评价指标得分或者直接判级的，税务机关应按《办法》第三章规定调整其以前年度纳税信用评价结果和记录。

纳税人因《办法》第十七条第三、四、五项所列情形解除而向税务机关申请补充纳税信用评价的，税务机关应按《办法》第三章规定处理。

纳税人信用评价状态变化时，税务机关可采取适当方式通知、提醒纳税人。

税务机关对纳税信用评价结果，按分级分类原则，依法有序开放：

一是主动公开A级纳税人名单及相关信息；

二是根据社会信用体系建设需要，以及与相关部门信用信息共建共享合作备忘录、协议等规定，逐步开放B、C、D级纳税人名单及相关信息；

三是定期或者不定期公布重大税收违法案件信息。具体办法由国家税务总局另行规定。

2．容易丢分的环节

企业有哪些常见的纳税信用等级失分项呢？

（1）对于涉税申报行为常见的扣分项目：

一是未按规定期限纳税申报的，每税种每次扣5分。

二是未按规定期限代扣代缴的，每税种每次扣5分。

三是未在规定期限内办理出口退（免）税资格认定的，每次扣3分。

四是未按规定设置、使用和保管有关出口货物退（免）税账簿、凭证、资料的，未按规定装订、存放和保管备案单证的，每次扣3分。

五是未按规定报送出口退税申报资料的，每次扣3分。

六是出口企业提供虚假备案单证的，扣11分。

（2）对于税（费）款缴纳的扣分项目：

一是未按规定期限缴纳已申报或批准延期申报的应纳税（费）款的，每次扣5分。

二是已代扣代收税款，未按规定解缴的，每次扣11分。

（3）关于发票与税控器具信息的扣分项目：

一是应当开具而未开具发票，使用电子器具开具发票，未按照规定保存、报送开具发票数据的，每次扣5分。

二是未按规定开具发票，纸质发票未加盖发票专用章，未按规定保管纸质发票并造成发票损毁、遗失的，未按照规定缴销发票，未按规定向税务机关报告发票使用情况的违规跨境或跨使用区域携带、邮寄、运输或者存放纸质空白发票的，每次扣3分。

三是擅自损毁发票的，每次扣11分。

四是虚开增值税专用发票或非善意接收虚开增值税专用发票的；非法代开发票的；私自印制、伪造、变造发票，非法制造发票防伪专用品，伪造发票监制章的；转借、转让、介绍他人转让发票、发票监制章和发票防伪专用品的；知道或者应当知道是私自印制、伪造、变造、非法取得或者废止的发票而受让、开具、存放、携带、邮寄、运输的；违反增值税专用发票管理规定或者违反发票管理规定，导致其他单位或者个人未缴、少缴或者骗取税款的；以上直接判定为D级。

（4）关于登记与账簿信息的扣分项目：

一是未按规定期限办理税务登记或扣缴税款登记或变更税务登记的，未按规定开具或核销外出经营管理证明的，每次扣5分；

二是应设置未设置或未按照规定设置账簿、记账凭证以及其他纳税资料的，未按照规定保管账簿、记账凭证以及其他纳税资料的，账目混乱、残缺不全难以查账或原始凭证不合法、不真实的，扣5分。

3. 维护信用等级的操作要点

企业在日常工作中如何避免失分，成为纳税信用A级企业呢？

企业可以通过以下措施进行财务管理工作，规避纳税信用等级失分。

（1）在日常工作中将纳税申报及时性、准确性纳入公司财务人员绩效考核的重要指标，激发财务人员的工作积极性，保障纳税的准确性与积极性；

（2）财务人员应每月对新的税收法规知识进行整理，避免对税收法规不熟悉或理解不当造成纳税有误；

（3）提前做好纳税申报工作，在纳税截止日2~3天就进行申报纳税，避免在最后一天因意外而无法按时申报；

（4）充分利用互联网+税务，借助各类网络办税平台，无纸化办税等渠道简化办税手续，更加快捷的进行纳税申报缴费等。

四、激励措施

税务机关按照守信激励，失信惩戒的原则，对不同信用级别的纳税人实施分类服务和管理。

1. A级

对纳税信用评价为A级的纳税人，税务机关予以下列激励措施：

（1）主动向社会公告年度A级纳税人名单；

（2）一般纳税人可单次领取3个月的增值税发票用量，需要调整增值税发票用量时即时办理；

（3）普通发票按需领用；

（4）连续3年被评为A级信用级别（简称3连A）的纳税人，除享受以上措施外，还可以由税务机关提供绿色通道或专门人员帮助办理涉税事项；

（5）税务机关与相关部门实施的联合激励措施，以及结合当地实际情况采取的其他激励措施。

2. B级

对纳税信用评价为B级的纳税人，税务机关实施正常管理，适时进行税收政策和管理规定的辅导，并视信用评价状态变化趋势选择性地提供《办法》第二十九条的激励措施。

3. M级

（1）取消增值税专用发票认证。

（2）税务机关适时进行税收政策和管理规定的辅导。

4. C级

对纳税信用评价为C级的纳税人，税务机关应依法从严管理，并视信用评价状态变化趋势选择性地采取《办法》第三十二条的管理措施。

5. D级

对纳税信用评价为D级的纳税人，税务机关应采取以下措施：

（1）按照《办法》第二十七条的规定，公开D级纳税人及其直接责任人员名单，对直接责任人员注册登记或者负责经营的其他纳税人纳税信用直接判为D级；

（2）增值税专用发票领用按辅导期一般纳税人政策办理，普通发票的领用实行交（验）旧供新、严格限量供应；

（3）加强出口退税审核；

（4）加强纳税评估，严格审核其报送的各种资料；

（5）列入重点监控对象，提高监督检查频次，发现税收违法违规行为的，不得适用规定处罚幅度内的最低标准；

（6）将纳税信用评价结果通报相关部门，建议在经营、投融资、取得政府供应土地、进出口、出入境、注册新公司、工程招投标、政府采购、获得荣誉、安全许可、生产许可、从业任职资格、资质审核等方面予以限制或禁止；

（7）D级评价保留2年，第三年纳税信用不得评价为A级；

（8）税务机关与相关部门实施的联合惩戒措施，以及结合实际情况依法采取的其他严格管理措施。

【例】

厦门Y服装有限公司是私营企业，经营范围为市场、加工、销售服装鞋帽和服装饰品等。厦门国税局稽查局接到该企业涉嫌销售收入偷税的举报，对该企业实施调查，从第三方取得该企业电商平台的销售数据以及用于结算的银行账户资金流水单，结合企业办公电脑提取的经营数据确认该企业与300多家个体加盟商的产品销售收入，以及电商平台销售货物收入未开具发票并申报纳税。2012年到2014年期间未申报销售额达4 000多万元，厦门稽查局依法对该企业做出补交税款720万元、罚款360万元的处理决定。

2016年8月厦门稽查局下达了出发决定书，要求企业于8月23日前将所欠税款及罚金入库，并告知企业若不执行税务机关的处理决定，将被列入税收违法“黑名单”。迫于压力，Y服装公司变卖了其位于厦门市区的一套商品房，向税务机关缴纳了所欠税款720万元及罚款40万元，但是还欠320万元。

2017年1月厦门税务机关依法将该案件列入重大违反税收案件系统，并将该企业列入税收违法“黑名单”，在外部网站上向社会公布，企业的纳税等级降为D级。企业在得知被列入黑名单后表示，尽快筹借资金补交罚款。

第二节　税务大数据利用情况简介

目前在管理领域，常常会看到“大数据”这个概念。研究机构对“大数据”做出如下定义，指无法在一定时间范围内用常规软件工具进行捕捉、管理和处理的数据集合，是需要新处理模式才能具有更强的决策力、洞察发现力和流程优化能力的海量、高增长率和多样化的信息资产。那么，税务大数据就是税务局以新处理模式才能具有更强的决策力、洞察发现力和流程优化能力来适应海量、高增长率和多样化的信息资产。利用“大数据”和“大数据系统”管理税收是税务机关的一个创新。

一、税务信息化建设的成果

以云计算、大数据、移动互联网为代表的新一代信息技术，提供了全新的技术、渠道和方法，通过与传统业务的融合创新，正在给世界带来颠覆性的变化，国家先后出台了大量政策文件，积极利用云计算、大数据、移动互联等新技术推动传统产业的转型升级。税务机关是我国信息化建设起步较早的领域，特别是随着以“金税工程”为代表的信息系统的实施，各省税务机关基本上都实现了业务信息化的全覆盖，积累了庞大的数据资源。

二、税务大数据分析平台技术架构

大数据、云计算、移动互联等新技术为优化税务业务带来了新的发展机遇，国家税务总局先后发布了《互联网+税务行动计划》《运用大数据开展大企业税收服务与监管试点工作》等指导文件，推动新一代信息技术在税务机关的落地实施。

1. 税务大数据分析平台的建设和完善

传统的信息技术主要是辅助业务，而大数据已经远远超出了技术领域，其力量体现在与业务相结合，优化现有的业务，甚至进行颠覆性的创新，这样的案例每天都在各个领域发生。税务机关同样可以利用大数据预知未来的发展趋势，推动业务的转型升级，优化管理和服务模式。

为了实现大数据与业务的融合，持续地开展大数据分析工作，税务机关建立了大数据分析平台，统一采集和管理来自各个业务系统的数据，并提供从数据处理到应用展现的一系列功能，支撑基于大数据的业务应用。大数据平台的总体框架分为：数据源层、数据处理层、应用支撑层、业务应用层。

数据源层：大数据分析不仅有税务机关内部的业务系统数据，而且有丰富多彩的外部机构数据，这些数据有助于解决更为广泛的业务问题。

数据处理层：税务机关内部的数据通过数据同步/抽取工具汇集到数据中心；外部机构的数据通过对应的采集工具，交换到税务机关内部的数据中心。为了应对呈指数增长的非结构化数据，在云平台上搭建NoSQL数据库，用于存储和处理庞大的数据。

应用支撑层：按照业务分析的要求，建立相应的数据模型，在平台中封装了各种分析算法组件和展示模板；为支撑不同的业务应用场景，提供基础的分析工具（如数据挖掘、网络分析、可视化等），提供统一的管理工具（如基础数据管理、数学模型管理、标签管理、运行维护等）。

业务应用层：针对具体的业务场景，建立众多基于大数据平台的“小应用”，解决具体的业务问题；各个“小应用”具有各自的分析功能和展示界面，甚至与社会服务渠道相融合，针对不同的用户对象提供相应的功能。

2. 数据源和数据采集

经过20多年的信息化建设，各地已经建立了一个相对完整的大数据处理系统。以某省税务局为例，目前该省正在使用的应用系统超过100个，主要的系统有金三系统、社保系统、发票在线、自助终端、12366服务热线等，基本覆盖了税务管理各方面的工作内容。其中，金三系统、社保系统等每天都会产生数百万笔业务数据。另外，税务业务还涉及工商、质监、交易中心等政府部门的共享数据以及来自移动互联网、网络社交媒体等方面的外部数据。数据格式覆盖了文件、地理信息、日志、图片、流媒体等多种形态。丰富的数据源，为开展大数据分析奠定了坚实的基础。

信息化建设较为发达的省级税务局一般都建立了数据中心，实时将业务系统的数据（大部分是结构化数据）同步到数据中心，局外的数据通过数据交换接口传输到内网，集中存储到数据中心。

3．数据处理

具体业务的分析应用，通过数据接口将涉及的数据从省级数据中心抽取出来，对这些海量的原始数据进行清洗、转换、对碰等预处理，将数据存储到大数据库，形成针对不同业务分析的数据集。例如：办税事项的预测场景中，需要将办税业务划分为12个大类、180多个事项，通过与金税三期核心系统的数据对碰，还原每个办税事项的过程信息。

（1）数据汇集流程。

受制于业务分隔的问题，每个税务业务系统只是服务于某个领域的具体业务，当各个业务系统的数据汇集到数据中心的时候，通过将不同来源的数据整合在一起，形成对业务的全盘认识，进而从全局的层面找到更好的方法优化业务，这就是数据汇集的价值所在。

例如，进行纳税服务过程的相关分析时，金三系统中记录的是纳税结果数据。有了这些细分的数据，就为业务变化预测、服务流程优化等分析工作提供了坚实的基础。

（2）应用支撑。

本着“大平台、小应用”的设想，大数据平台针对业务应用，提供了开发工具、分析工具和管理工具，为基于大数据的创新应用提供技术支撑。开发工具包括工作流、模型引擎、可视化、视频等应用组件，分析工具包括数据挖掘、机器学习、网络分析、可视化展现等，管理工具包括基础数据管理、数学模型管理、标签管理、运行维护等。这些平台上的支撑工具，使得各个业务部门可以按照业务需求，自行搭建应用系统，更加自主、快速、灵活。大数据要解决的问题开始时往往都只有大致的方向，需要收集信息和数据逐步明确问题，分析过程中通常也不是依靠逻辑关系建立数学模型，而是通过训练数据发现数据之间的关联关系，建立相应的数据模型，甚至直接通过数据得出结论。

（3）业务应用。

大数据与税务业务相融合，应用的范围和发挥的作用都远超以往信息化建设的成果，成为带动税务深化改革的利器。例如：纳税人涉税风险评估、税收政策效果测度、面向纳税人的精准服务、办税流程优化等。

我国的税务改革呈现小步快跑的方式，在未来几年将发生一系列改变。如何保证政策的科学性、合理性，将变化控制在预期的范围中？以前很多情况都是凭借经验做出决策，而采用大数据技术和方法，就可以根据积累的数据，分析得出采取某项措施后可能带来的影响。在某省税务局的大数据分析项目中，利用大数据技术和方法，在采集整合各业务系统、各办税服务渠道和外部机构数据的基础上，构建能够实时、全程、多元反映纳税服务运行状态的业务模型，完成了政策影响分析、办税事项业务量预测、面向纳税人的精准服务等应用场景，取得了非常好的效果。

三、基于税务大数据平台的业务应用

税务机关拥有海量的数据资源，也有丰富的应用场景，推动业务与新一代信息技术（如云计算、大数据、物联网、移动互联）相融合，可以突破以往信息系统的辅助作用，以技术推动税务业务的创新发展。

传统的数据建模方法是建立模型，通过历史数据计算参数，形成业务模型；而在大数据时代，机器学习、数据挖掘以及人工智能等算法提供了更为丰富的建模手段。例如，业务量预测模型就是利用机器学习的方法，具体过程如下。

一是基于不同服务厅、不同办税事项的历史数据建立各自的训练集，筛选影响业务量变化的因子。

二是使用关键影响因子（如日期、税期、节假日等）拟合训练集数据，选择合适的数学模型，利用训练集数据不断优化计算模型中的各项参数，例如：先后尝试了一元一次线性回归、多元线性回归、多元二次线性回归等方法，不断逼近回归模型中的系数和指数等参数的最优解。

三是将建立的预测模型应用于验证集数据，检验模型的预测效果能否达到预期目标，如果不理想，增加数据来源，尝试不同的数据变换，进一步选择拟合度高和泛化能力强的数学模型，优化业务量预测模型预测结果和计算速率。

四是如此反复多次，最终确定每个服务厅的每个办税事项的数学模型。

【例】

在项目执行期间，恰逢2016年5月1日开始推行营业税改增值税（以下简称“营改增”），系统在4月份预测了“营改增”后办税业务的变化形态，并以可视化的方式展现出来。预测结果与实际情况对照，全省每天的预测结果与实际值差距在7%以内，各市每天的预测结果基本在15%以内。规模较大的服务厅，每天的预测结果基本在21%以内（规模较小的服务厅，由于业务的随机性较大，预测的价值不大），预测准确度属于比较高的水平。而且，预测结果比业务人员凭经验估算的结果更接近真实情况。此外，系统计算速度完全满足业务要求，能够将业务量预测结果及时有效地反馈给相关部门。

基于预测结果，可以有针对性地调整服务厅的资源配置（如人员、窗口、时间等），系统最终呈现出来的业务量与服务能力匹配情况。

在项目实施过程中，还开展了其他的业务应用，具体如下。

其一，面向纳税人的微信推荐。以纳税人为中心，从内、外多个数据源采集纳税人的信息，通过采用主成分分析、独立成分分析和聚类算法等数据分析方法，为每个纳税人绘制“画像”，建立特征标签；根据纳税人的特征，在开展活动时，选择符合条件的纳税人群，发送特定的信息。

其二，服务厅分级管理。采用大数据的方法，对候选的15个评价指标，通过降维、主成分分析、特征矩阵分裂等机器学习方法，选取相关度最大的7类指标项；从业务数据中计算出自适应的权重系数，采用关键绩效指标算法计算服务厅的标准得分，采用聚类算法划分出服务厅的类别。

其三，服务人员画像。采集业务系统中与服务人员相关的数据和外部信息，从属性、效能、满意度、负荷、独立性5个维度进行画像描述，展现服务人员的总体特征和详细特征，为办税流程的优化、资源配置的优化和服务能力指数的建立提供基础信息。

针对不同的应用场景，采用不同的分析方法，建立不同的模型，运用不同的处理手段，从中可以看到：大数据推动了税务业务与更广泛的外部资源相结合，远远超出以往信息化建设的范围，能够在更多的领域，采用更多的手段解决业务问题。

而且，大数据将带给税务信息化三大转变：从关注结果向关注过程的服务视角转变；从分散系统向协同运作的应用模式转变；从经验管理向精准管理的力度转变，因而其发展潜力极其巨大。

四、大数据在税务管理进程中展望

总之，通过二十多年的努力，大数据管理系统在税务机关的运用已经得到各方面人士的认可。大数据内容丰富，涵盖广博，可以说是在较长时间内解决所有已知和未知税收问题的最好技术手段。其在税收中的应用前景主要体现在：

一是大数据正在推动着税收管理模式的创新。面对量大且种类繁多的涉税数据，强大的分析软件、高带宽的网络和第三方数据通过网络共享等支持，将大大节省人工成本，使税收工作的模式发生重大转变，更多人力将从日常征管转入稽查，更多资源投入税收薄弱环节，更多时间用于思考和工作方式的改善。

二是大数据技术在税务管事过程中的运用将使税收更趋公平。在大数据的支持下，我们可以从企业周边的污染指数、交通工具进出的频繁度、企业用水用电等数据出发，识别企业涉税数据的真伪，提高造假成本，保证税收更趋公平。

三是大数据为税制改革提供更可靠的依据。大数据技术突破传统计量经济学的样本预测的局限性，以整个群体作为研究对象进行预测分析，确保预测结果更为准确、更为贴近实际、更具参考价值。

当然，大数据涵盖国家政治、经济、文化等方方面面，从技术角度看是一个巨大的系统工程。各部门在这里攫取相关数据，同时又贡献自己的数据。完善和充分运用大数据需要各个方面的共同努力。

其一，政府部门间的数据共享还未完全实现。现代化税收工作需要获取来自工商、财政、教育、司法、执法等其他部门的相关信息。为实现政府各部门间的信息渠道畅通，我国开展了金税、金关、金财等政府部门的信息系统工程，目的是通过统一平台进行数据间数据共享和交换，但这些工程还处于建设中，尚需完善。此外，共享数据的范围边界和使用规则还在筹划中。

其二，涉税数据的获取渠道尚待建设。掌握在银行、证券公司、保险公司等金融部门的第三方数据，在税收大数据建设中占据重要位置。但由于金融机构的保密性要求，提高了税务部门查阅数据的门槛，现行只能通过个案处理方式，经过与相关单位充分协商后方可实施。

其三，税收数据的安全问题应引起重视。一方面，大数据的推进使得税收数据库的体量越来越庞大，税务部门管理各类数据就需要司法、执法和其他相关部门配合以保证数据的安全。另一方面，大数据的超大规模使其安全保障十分困难。如何应对互联网黑客袭击，尤其是境外敌对势力有组织的恶意攻击，是确保信息安全需要面临的课题。

第三节　大数据对企业涉税风险的影响

大数据在税务管理上的运用主要体现在“金税工程”上，金税工程目前已经发展到第三期。人们所说的“金三”就是金税三期，金税三期系统是我国税收管理信息系统工程的总称。围绕着“一个平台、两级处理、三个覆盖、四个系统”的总体目标而建立。一个平台，指包含网络硬件和基础软件的统一的技术基础平台；两级处理，指依托统一的技术基础平台，逐步实现数据信息在总局和省局集中处理；

三个覆盖，指应用内容逐步覆盖所有税种，覆盖所有工作环节，覆盖国税局并与相关部门如工商、海关联网；四个系统，指通过业务重组、优化和规范，逐步形成一个以征管业务系统为主，包括行政管理、外部信息和决策支持在内的四大应用系统软件。

一、“金三”系统的作用

金税工程通过20多年的努力，其功能已经得到很大的提升，在日常税务管理中正在起着十分重要的作用。主要体现在以下几个方面：

1. 纳税人足不出户可以办税

可以有效优化纳税服务，通过信息网络为纳税人提供优质、便捷、全方位的税收服务；逐步实现纳税人可以足不出户轻松办税，从而大大减轻纳税人办税负担。

2. 税务相关数据全集中

有效统一各地核心征管应用系统版本，实现业务操作和执法标准统一规范，促进税务部门管理职能变革；实现全国数据大集中，利用及时全面准确的数据信息，提高决策的科学化水平和税收征管水平，有效降低税收成本。

3. 增加了智能分析功能

“金三”系统增加了纳税评估系统，对诚信纳税提出了更高的要求。系统会定期或不定期对纳税人的纳税情况进行分析，一方面对因客观原因造成的少缴或补缴的税款给予及时提醒，另一方面对故意少缴或者不缴税款的事实进行处罚，并纳入纳税人的诚信系统。

4. 电子政务办事快捷

“金三”系统有力地推动国家电子政务建设，促进政府部门间信息共享和协作，为提高国家宏观经济管理能力和决策水平提供全方位支持，从而对社会的经济建设和社会发展产生积极而重要的作用。

5. 实现税收环境更加公平

税收信息也更加公开透明，税收分析比对更加高效便捷，将进一步促进税务机关规范税收执法和管理行为，最大限度地减少“人情税”“关系税”，减少税收执法的随意性，这样就为纳税人创造一个更加公平的税收环境。

6. 有利于加强内部管理

金税三期上线后，应用网络发票系统可以杜绝虚开、代开、开具“大头小尾”发票的违法行为，帮助企业规避不法分子利用假票骗税所带来的财务风险，保护企业的合法经济利益。

7. 执法标准统一规范

金税三期上线后，将统一国、地税核心征管应用系统，实现业务操作和执法标准统一规范;实现全国数据大集中，及时利用全面准确的数据信息，将使税务机关的管理工作更加高效，为纳税人的服务更加准确、到位。

二、“金税三期”对企业的影响

“金三”系统规范国家税务总局、省局的纳税服务渠道、功能，形成涵盖办税服务厅、税务网站、纳税服务热线、自助终端、短信系统和企业端的一体化纳税服务平台，为纳税人和社会公众提供统一、规范的信息服务、办税服务、征纳互动服务，对企业影响深远。

1. 提高纳税遵从度

引入先进管理理念，将提高纳税遵从度作为税收管理的战略目标。一是构建分类分级管理和技术框架，对纳税人实行分类、分级管理。二是建立可持续改进的遵从风险管理平台。按风险分析、排序、应对、评价的流程建立国、地税一体化遵从风险管理平台。

（1）促进库存账实一致。

目前企业开具发票需要通过“金三”系统，而“金三”系统的开票软件已经增加了商品编码，明确货物或者服务标准（无非是重量以克、千克计量；长度以米、千米计量等）。在这样的情况下，大数据的准确性超出想象，税务机关会比纳税人自己更了解库存状况，库存账实还敢不一致吗?

（2）促使纳税人不再接受虚开发票。

由于发票的开具需要通过系统，几乎所有的货物信息都在“金三”系统里，一旦税务机关想了解相关信息，就十分容易掌握有关业务的进项发票与销项发票的行业相关性、同一法人相关性、同一地址相关性、数量相关性、比率相关性等。那么，增值税发票还敢虚开吗?

（3）促使纳税正确核算增值税和企业所得税。

商品品目由商品编码控制、商品数量由单位编码控制，单价、金额本身就是数字，大数据计算你的商品增值额，库存存量额（以及增值税的留抵），增值税还能逃吗？同样的道理，大数据下企业发生了多少固定资产支出（买过多少房，买过几辆车）；多少费用支出（多少是加油的、多少是办公的、多少是差旅的，多少是请客的），通过同行业比对知道应该产生多少利润，基本模型税务机关可以搭建得差不多……

2. 加强管理决策

根据业务特点和实际需要，税务机关通过金税工程管理系统实现税收数据的查询、监控以及深层次、多方位的分析和挖掘，督促、检查、监控税务人员服务、管理和执法全过程，这是纳税人应当了解的。此外，税务机关是如何通过大数据判断企业税款有无异常？主要有以下5点：一是关注企业收入，通过企业成本和费用来比对企业利润有无异常；二是关注企业成本费用，通过核对企业每一笔支出、产品及对应发票，来判定有无异常；三是关注企业库存，作为一个有相对稳定的周期性波动数据，可以通过比对供应链上下游企业的数据，来检查有无异常；四是关注企业银行账户，通过对比应收账款的金额来判定有无异常；五是关注企业纳税额，若企业增值税额与企业毛利不匹配、企业期末存货与留底税金不匹配；企业缴纳的地税附加税费，与国税增值税比对不一致等，都能通过大数据被识别出异常。

3. 强化申报质量管理

纳税人在税务机关面前变得更加透明了。纳税人几乎所有的经营行为都被纳入税务机关的监控范围，因而涉税风险会大大提高。从纳税申报的角度讲，税务机关专门设置一个“申报异常处理岗位”，专岗专人专门负责增值税纳税申报比对异常的处理。每月初各地税务机关都会通过金税三期系统和网上纳税申报系统对各企业的申报数据进行比对。如果比对不符，该企业的税控设备就会被锁，导致无法对外开发票，这会严重影响企业的经营。

此外，税务机关对纳税人申报的数据还会不断进行审核和分析。通过发票、纳税申报表和纳税人交的税款进行票表税比对。一是比对纳税人填列的纳税申报表及其附列资料；二是比对纳税人对外开具的增值税发票；三是比对纳税人取得的进项抵扣凭证；四是比对纳税人的税款入库信息；五是比对纳税人满足增值税优惠的相关信息。

4. 支持个人税收管理

在新的管理机制下，纳税人五证合，税务、工商、社保统一接口，纳税人通过虚列工资的方式偷税已经没有余地了，社保纳入税务机关管理，大数据建立承担纳税（费）义务的自然人信息库，覆盖个人所得税及社保费的核心业务，涵盖基础信息、收入信息等，实现全员建档、数据全国集中和信息共享。

第四节　减政放权给纳税人带来的涉税风险

在最近的十年里，我国政府一直在推行“减政放权”。显然，“减政放权”带来的直接效果就是办事效率的提高，这是一个深得民心的好事儿。但是，如果从税收的角度来说，情况可能就复杂起来。笔者认为，“减政放权”会给投资人和企业管理者带来涉税风险，其中，尤其是税收优惠利用可能产生的涉税风险，建议大家积极应对。下面我们结合有关文件和资料对税收优惠的管理及要求做一个简要梳理和归纳。

一、税收优惠管理办法

为落实国务院简政放权、放管结合、优化服务要求，规范企业所得税优惠政策事项（以下简称“优惠事项”）办理，根据《中华人民共和国企业所得税法》（以下简称“企业所得税法”）及其实施条例、《中华人民共和国税收征收管理法》（以下简称“税收征管法”）及其实施细则，制定《企业所得税优惠政策事项办理办法》（国家税务总局公告2018年第23号）。

国家税务总局2018年第23号公告所称优惠事项是指企业所得税法规定的优惠事项，以及国务院和民族自治地方根据企业所得税法授权制定的企业所得税优惠事项。包括免税收入、减计收入、加计扣除、加速折旧、所得减免、抵扣应纳税所得额、减低税率、税额抵免等。

优惠事项的名称、政策概述、主要政策依据、主要留存备查资料、享受优惠时间、后续管理要求等，见本公告附件《企业所得税优惠事项管理目录（2017年版）》（以下简称《目录》）。

企业享受优惠事项采取“自行判别、申报享受、相关资料留存备查”的办理方式。企业应当根据经营情况以及相关税收规定自行判断是否符合优惠事项规定的条件，符合条件的可以按照《目录》列示的时间自行计算减免税额，并通过填报企业所得税纳税申报表以享受税收优惠。同时，按照本办法的规定归集和留存相关资料备查。

国家税务总局2018年第23号公告所称留存备查资料是指与企业享受优惠事项有关的合同、协议、凭证、证书、文件、账册、说明等资料。留存备查资料分为主要留存备查资料和其他留存备查资料两类。主要留存备查资料由企业按照《目录》列示的资料清单准备，其他留存备查资料由企业根据享受优惠事项情况自行补充准备。

企业享受优惠事项的，应当在完成年度汇算清缴后，将留存备查资料归集齐全并整理完成，以备税务机关核查。

企业同时享受多项优惠事项或者享受的优惠事项按照规定分项目进行核算的，应当按照优惠事项或者项目分别归集留存备查资料。

设有非法人分支机构的居民企业以及实行汇总纳税的非居民企业机构、场所享受优惠事项的，由居民企业的总机构以及汇总纳税的主要机构、场所负责统一归集并留存备查资料。分支机构以及被汇总纳税的非居民企业机构、场所按照规定可独立享受优惠事项的，由分支机构以及被汇总纳税的非居民企业机构、场所负责归集并留存备查资料，同时分支机构以及被汇总纳税的非居民企业机构、场所应在当完成年度汇算清缴后将留存的备查资料清单送总机构以及汇总纳税的主要机构、场所汇总。

企业对优惠事项留存备查资料的真实性、合法性承担法律责任。

企业留存备查资料应从企业享受优惠事项当年的企业所得税汇算清缴期结束次日起保留10年。

二、政策分析

为贯彻落实税务系统“放管服”改革，优化税收环境，有效落实企业所得税各项优惠政策，税务总局于近期修订并重新发布了《企业所得税优惠政策事项办理办法》（以下简称《办法》）。

1. 修订背景

2015年，税务总局根据“放管服”改革要求，发布了《企业所得税优惠政策事项办理办法》（国家税务总局公告2015年第76号发布），全面取消对企业所得税优惠事项的审批管理，一律实行备案管理。该办法通过简化办税流程、精简涉税资料、统一管理要求，为企业能够及时、精准享受到所得税优惠政策创造了条件、提供了便利。为了深入贯彻落实党中央、国务院关于优化营商环境和推进“放管服”改革的系列部署，进一步优化税收环境，税务总局对该办法进行了修订，并重新发布。

2. 主要变化

（1）简化优惠事项办理方式。

根据《办法》规定，企业所得税优惠事项全部采用“自行判别、申报享受、相关资料留存备查”的办理方式。企业在年度纳税申报及享受优惠事项前无须再履行备案手续、报送《企业所得税优惠事项备案表》《汇总纳税企业分支机构已备案优惠事项清单》和享受优惠所需要的相关资料，原备案资料全部作为留存备查资料，保留在企业，以备税务机关后续核查时根据需要提供。

（2）更新《企业所得税优惠事项管理目录》内容。

根据企业所得税优惠政策调整情况，对《企业所得税优惠事项备案管理目录（2015年版）》进行了修订，编制了《企业所得税优惠事项管理目录（2017年版）》（以下简称《目录》）。一是统一了优惠事项的项目名称，实现了优惠事项名称在《目录》《减免税政策代码目录》《中华人民共和国企业所得税年度纳税申报表（A类，2017年版）》等不同文件中的统一，方便企业查询和使用。二是对优惠事项进行了调整和补充，同时对政策概述、主要政策依据等内容进行了完善，对主要留存备查资料进行了细化。三是增加了“后续管理要求”项目，明确了优惠事项后续管理的有关要求。

（3）强化留存备查资料管理。

留存备查资料是指与企业享受优惠事项有关的合同、协议、凭证、证书、文件、账册、说明等资料，用于证实企业是否符合相关优惠事项规定的条件。由于企业情况不同，留存备查资料难以全部列示，因此《办法》将留存备查资料分为主要留存备查资料和其他留存备查资料。企业应当按照《目录》列示的清单归集和整理主要留存备查资料，其他留存备查资料则由企业根据享受优惠事项的情况自行归集，以助于税务机关在后续管理时能够做出准确判断。

由于我国企业所得税实行法人所得税制，因此跨地区经营汇总纳税企业享受优惠事项的，应当由总机构负责统一归集并留存相关备查资料，但是分支机构按照规定可以独立享受优惠事项的，则由分支机构负责归集并留存相关备查资料。如：设在西部地区的鼓励类产业企业减按15%的税率征收企业所得税优惠事项，当设在西部地区的分支机构符合规定条件而享受优惠事项的，由该分支机构负责归集并留存相关备查资料，并同时将其留存备查资料的清单提供总机构汇总。

留存备查资料是企业自行判断是否符合相关优惠事项规定条件的直接依据，企业应当在年度纳税申报前全面归集、整理并认真研判。在本企业完成汇算清缴后，留存备查资料应当归集和整理完毕，以备税务机关核查。如：企业享受《目录》第1项优惠事项，并在2018年4月30日完成2017年度企业所得税纳税申报和缴纳税款，其应在4月30日同步将第1项优惠事项的留存备查资料归集和整理完毕。分支机构以及被汇总纳税的非居民企业机构、场所按照规定可独立享受优惠事项的，完成汇算清缴后，除需要将留存备查资料应当归集和整理完毕外，还需将留存的备查资料清单报送总机构汇总。如：企业设在西部地区的分支机构享受《目录》第63项优惠事项，该分支机构在2018年4月30日完成2017年度企业所得税纳税申报和缴纳税款，其应在4月30日同步将第63项优惠事项的留存备查资料归集和整理完毕，并将备查资料清单报送总机构汇总。

（4）重申企业的权利义务和法律责任。

企业依法享有享受税收优惠的权利，也有依法按时如实申报、接受监督和检查的义务。《办法》所称企业包括居民企业和在中国境内设立机构、场所的非居民企业。

《办法》实施后，企业可以根据经营情况自行判断是否符合相关优惠事项规定的条件，在符合条件的情况下，企业可以自行按照《目录》中列示的“享受优惠时间”自预缴申报时开始享受或者在年度纳税申报时享受优惠事项。

在享受优惠事项后，企业有义务提供留存备查资料，并对留存备查资料的真实性与合法性负责。如果企业未能按照税务机关的要求提供留存备查资料，或者提供的留存备查资料与实际生产经营情况、财务核算情况、相关技术领域、产业、目录、资格证书等不符不能证实其符合优惠事项规定的条件的，或者存在弄虚作假情况的，税务机关将依法追缴其已享受的企业所得税优惠。

（5）对后续管理提出要求。

为加强管理，《办法》规定税务机关将对企业享受优惠事项开展后续管理，企业应当予以配合并按照税务机关规定的期限和方式提供留存备查资料。其中，按照《财政部 国家税务总局 发展改革委 工业和信息化部关于软件和集成电路产业企业所得税优惠政策有关问题的通知》（财税〔2016〕49号）的有关规定，享受《目录》第30至31项、第45至53项、第56至57项软件和集成电路产业优惠事项的，企业应当在汇算清缴后按照《目录》“后续管理要求”项目中列示的资料清单向税务部门提交资料，提交资料时间不得超过本年度汇算清缴期。如：企业享受《目录》第45项优惠事项，在2018年4月30日完成2017年度企业所得税纳税申报和缴纳税款，其应在4月30日同步将留存备查资料归集和整理完毕，并在2018年5月31日前按照第45项优惠事项“后续管理要求”项目中列示的资料清单向税务机关提交相关资料。

其他优惠事项的核查，由各省税务机关（含计划单列市税务机关）按照统一安排，开展后续管理等。

第六章
涉税风险规避的策略

涉税风险渗透在投资人的各种经济活动的具体操作事项的各个方面和各个环节。但是，究竟应当如何规避涉税风险呢？目前人们还是仁者见仁，智者见智，所以老板常常因为税收问题而烦恼。因为税收问题导致公司关门，工厂倒闭的事例已经不是什么稀奇的故事。为了帮助投资人规避涉税风险，笔者在这里作一个初步探讨。

第一节　建立正确的税收意识

企业涉税管理是企业以国家税法为依据，根据自身所从事的涉税活动，对纳税活动的全过程进行管理，以依法履行法定纳税义务，不违法地减轻自身税收负担和税收缴纳费用，以充分保护作为企业的合法权益的一种管理活动。但是，目前还有部分企业管理者对税收问题并没有一个正确的认识。

一、税收意识淡薄仍是当前的社会性问题

自2016年3月开始，云集众多我国税务检查和税收筹划实务操作专家的上海普誉财务咨询有限公司和中国纳税方案设计网利用两个多月的时间对各类企业的董事长（总经理）、供销部经理（销售总监）、技术开发部经理（技术总监）、人力资源部经理（总监）和财务部经理（总监）等合计一万名各类管理人员就下面两个问题进行了随机抽样问卷调查。

您与您公司的税收风险有关系吗？您应当对公司的涉税风险负责吗？

董事长：回函1 992份，认为与自己无关的有1 203份，占60.4%；认为与自己有关的有232份，占11.6%；不清楚的有557份，占28%。

供销部经理（销售总监）：回函1 989份，认为与自己无关的有1 724份，占86.67%；认为与自己有关的有21份，占1.06%；不清楚的有244份，占12.27%。

技术开发部经理（技术总监）：回函1 999份，认为与自己无关的有1 921份，占

96.1%；认为与自己有关的有8份，占0.4%；不清楚的有70份，占3.5%。

人力资源部经理（总监）回函1 896份，认为与自己无关的有1 728份，占91.1%；认为与自己有关的0份，占0.%；不清楚的有168份，占8.66%。

财务部经理（总监）：回函1 995份，认为与自己有关的有1 995份，占100%，认为完全应当由自己负责的1 885份，占94.69%。

通过调查，我们可以发现，人们的税收意识的建立还相当不到位。也正因为如此，目前社会中各种偷税案件时有发生，造成了极大的社会负面影响。

在2018年的税案中，影响最大的莫过于范冰冰税案了。曾有一段时间，范冰冰税案结案信息持续不断以史无前例的速度刷爆朋友圈。就连国庆期间滞留在热门景区的海量“吃瓜”群众，也甘愿冒着酷暑，自带小板凳，聚拢在官媒体、自媒体平台前，争相一看究竟。全民关注税法之盛，为1992年4月份首个每年一度的“税法宣传月”启动以来之所罕见。

据媒体报道：10月3日，新华社就范冰冰“阴阳合同”涉税一事公开发声，称案件事实已经查清。范冰冰在电影《大轰炸》一片中实际取得片酬3 000万元，偷逃个人所得税618万元，少缴营业税及附加112万元，合计730万元。此外，还查出范冰冰及其担任法定代表人的企业少缴税款2.48亿元，其中偷逃税款1.34亿元。对于上述违法行为，有关部门对范冰冰和其工作室处以滞纳金罚款共计约8.83亿元人民币。

对于这个事件，某市国税稽查局副局长熊勇认为：税案信息的公布，是税务机关结束为期四个月的稽查静默期后，巧妙利用国庆“黄金周”的发布时机，借助主流媒体主动回应社会关切的睿智之举；而总计8.84246亿元的查补税款、滞纳金及罚金款总额的背后，是执法团队的较真，是前所未有的力度，直击业内人士和“吃瓜”群众的小心脏——原来，范冰冰的税务问题竟如此严重！原来，税法竟然有这么大的现实威力，可以在一夜之间使公众人物的财富帆船、人生转盘发生翻转，丝毫不带一点虚与，丝毫不讲一点人情。

根据公开报道，范冰冰税案事实已经查清；“（2018年）9月26日，江苏省税务局依法先向范冰冰下达《税务行政处罚事项告知书》，对此范冰冰未提出听证申请。9月30日，江苏省税务局依法已向范冰冰正式下达《税务处理决定书》和《税务行政处罚决定书》，要求其将追缴的税款、滞纳金、罚款在收到上述处理处罚决定后在规定期限内缴清”，具体内容参见新华社记者10月3日的报道：《税务部门依法查处范冰冰“阴阳合同”等偷逃税问题》（以下简称“通稿”）。

某市国税稽查局副局长熊勇认为：通稿字数不多，仅1 300余字，但蕴含的信息量很大，且所披露的税务处理、处罚事项，涉及十分专业的税收政策适用问题，有必要基于专业审阅视角，给以多维度梳理与解析，以便社会公众更好、更深入的了解、理解事件的法律意涵，也使用处于税收自查风暴中的影视界人士，能够从专业的视角，比照本案查处查结情况，更准确的自查、评估自身应税经济活动的合规状况及违规风险。

通过对范冰冰偷税案件的审视，我们可以从中得到很深的启发。建立正确的税收意识还是一个相当繁重的任务，这需要政府和社会共同努力才能实现。

1. 从政府涉税管理机构的角度讲

首先，应当完善税收法制建设，为纳税人提供一个良好的税收法律环境。目前我国的法制建设正在进行过程中，税收法律建设不完善仍是一个突出的问题。我国的市场经济是在计划经济的基础上建立和发展起来的，法制建设起步较晚，许多法律目前尚处于探索阶段。所以我国的纳税人目前还缺乏一个良好的税收法律环境。况且，制度具有滞后性的缺陷，任何法律无法预见到现实中可能出现的所有情况，不可能预先在有限的规则条文中一次性罗列所有需要遵循的条款。而且事实上，再完美的制度也只不过是一堵透风的墙，可以挡住门外汉，但是防不了有心人。市场经济中的效仿功能极强，如果某些纳税人因偷税获得税收利益而没有得到法律的规范和惩处，对其他纳税人会产生极其恶劣的引导作用。所以一方面要修改和完善有关法律法规，提升有关税收法律档次，使其适应社会主义市场经济发展的需要。另一方面在健全税制的同时，加强与公检法等部门的联动，对偷税者该重罚的重罚，该判刑的判刑，严厉打击，决不姑息，使偷税者无利可图，无藏身之地。

其次，应当进一步完善管理手段，提高税务执法水平和力度。国家税务总局成功推出“金税工程”之后，近几年来，税务机关加强了增值税专用发票的管理，严厉打击了虚开代开增值税专用发票案件。从一些偷税案例所提示的问题来看，造成企业大额偷税的原因很多，如经营管理方面的漏洞，经营管理者利用业务模式或者流程的空间，税务机关的技术手段是无法防范的。但是，细节决定成败，企业偷税的手段无非是收入不入账，私设“小金库”，少报销售收入，虚增成本、多报费用、减少利润以及关联关系等。因此，在税务机关落实科学化、精细化管理显得尤为重要。

第三，提高税务行政处罚的力度。目前税务机关对偷税的打击力度不够。对偷税的打击力度不够主要有两方面的原因：一是缺乏必要的法律授权，如税务警察、税务法庭的建立等；二是“收入型”稽查的存在也制约着对偷税的打击力度。如果把偷税者获得的税收利益作为收入，把其受到的惩处作为支出，打击力度不够会使偷税者收入大于支出，有利可图，使偷税更加猖獗。目前行政处罚的自由裁量的范围是0.5倍至5倍，显然弹性较大，不利于加大打击力度。三是缺乏打击偷税的技术力量。历史的经验告诉我们，偷税者犹如狡兔，税务检查人员就应该是猎手。税务检查人员必须深谙其道，才能有效地发现、打击偷税者。而目前税务机关的现状是高素质、业务技能强的税务人才太少。解决办法是在引进人才的同时加强培训，努力提高业务技能。

第四，处理好以法治税与服务地方经济的关系。其中特别是要在税收宣传方面多下功夫，从而为纳税人和社会公众提高正确的税收意识提供客观条件。

2. 从纳税人的角度讲

在投资、生产和经营活动中，税收问题是人们必须引起注意的大问题，涉税风险给人们带来的灾难也可能是巨大的，规避涉税风险，是投资人和生产经营者的重要问题。

首先，应该进一步强化法治观念，守法经营，通过正常的手段和渠道谋取经济利益。从社会现实来看，经济利益的驱动诱导一些不法分子在税收上动脑筋，因为税收作为一项成本支出，直接影响着经营者利润目标的实现，可以这样说，经济利益的驱动是偷税屡禁不止的根本原因，偷税已成为一些人暴富的目的和手段。但是，我们也要看到，通过偷税暴富的成本和风险实在太大。市场经济是法治经济，在市场经济条件下从事生产经营活动，不按照有关规律法规进行操作，经营得再好，聚集了再多的财富，其结果必然是“竹篮打水一场空”！

其次，大力倡导和强化诚信纳税意识。纳税人也应当明白：税收是一项不可逃避的成本支出，从事生产经营的纳税人应该强化法治意识和诚信意识，做到守法经营，诚实纳税。当然，纳税人进行税收筹划是可以的，但是必须在合法的前提下进行。况且，纳税人的涉税事项中的风险普遍存在的。一般企业，并无针对涉税风险防范的专门制度，即使有，也只体现于财务制度中的某些条款。但仅有这些条款是不够的，因为因涉税引发的风险并非完全是财务部门的责任，企业有些经济活动并不完全能在财会记录中予以反映，如担保事项的发生、项目前期的洽谈等，而在这些经济活动中则暗藏着涉税风险，一旦形成事实，则难以回避。

再次，建立和健全企业的内部控制制度。纳税人应当重视实物到账簿记录所形成的“三流”控制：即实物的流转会形成物流，记录经济活动的账簿会形成数据流，资金的运动会形成现金流。因此，企业应当加强对“三流”的管理，并使其系统化，从而形成一整套完整的纳税管理制度体系。企业财务人员和相关的企业管理人员需要认真审查“数据流”，重视账簿异常记录，关注“物流（服务）信息”，避免“重账轻物（服务）”，实施企业的纳税审计不可忽视对“现金流”的审查。必要的时候可以聘请税务专家为其做专门的服务，从而使企业的涉税风险降低的可以控制的范围内。

最后，依法进行税收筹划，正确维护纳税人的正当权益。由于经济生活的复杂性，税法对各种经济活动的涉税行为作了原则规定。但是，实务过程中还有业务模式和业务流程的完善和配合，这是税收筹划人需要注意的。

二、老板决策不能忽略税收风险

公司怎样发展？业务怎样做？都受老板决策的影响。但是，目前很多企业老板在决策时，很少考虑税收问题，导致了大量的税收风险。

许多投资人对市场机会的捕捉可谓是有“远见卓识”，看准机会就下手，往往不会失手。但是，在具体的操作过程中，由于建厂办企业是一个复杂的系统工程，涉及许多部门的许多法律规范问题。比如，投资人很有眼光地投资了某个项目，却不知所经营的项目属于什么税种，自然应当缴纳什么税，更不必说缴纳多少税。

【例】

2013年12月18日，某市地税局稽查局查结一起涉税举报案。案件检查的结果让稽查人员感到很诧异：偷税人正是举报者！

2013年12月的一天，某市地税局税务违法案件举报中心接到某房地产开发公司的实名举报，称与其合作的某市某投资公司私自对外预售房屋，取得预售款2 000余万元，大量偷逃国家税款。某市地税局稽查局于是对某市某投资公司进行检查。

经查，开元房地产开发公司（以下简称开元公司，举报人）与某村委会于2010年合作进行城中村改造。由于这家房地产开发公司资金紧张，合作项目一直没有正式开发。

2011年初，该市某投资公司（该公司没有房地产开发资格）了解到这个情况之后，发现这是一个有前景的项目。于是，就与开元公司协商合作开发事项。双方于2011年8月签订合作协议。协议明确：开元公司在该项目中负责拆迁、协调工作，并办理各种证件；投资公司负责项目开发投资，并在开元公司的配合下销售成品房；房屋销售结束以后，其利润分成的比例为开元公司为60%，投资公司为40%。

协议签订后，两家公司以开元公司出面按项目成立一个分公司——光明分公司，作为具体承办和建设管理单位，开始进行房地产开发。

2012年10月，开元公司的董事长王某发现光明分公司已经对外预售多套房屋。但由于光明分公司的财务负责人是投资公司委派的人员，且光明分公司总经理也被投资公司收买，预售房款全部被投资公司收取，王某对光明分公司销售房产的行为已无法控制。

随后，王某多次派人与投资公司进行协商，投资公司假意同意先停止预售，但私下里却以更加隐秘的方式加紧推销。2013年10月5日，在多次协商无果的情况下，开元公司以“公函”的形式通知投资公司停止销售行为，并解除双方合作协议。投资公司没有理会开元公司的“公函”，继续加大房屋促销力度，并收取售房款。

2013年10月18日，开元公司采取行动，派人从光明分公司的财务室里抢出销售资料，并委托当地会计师事务所进行财务审计。在会计师事务所出具的《司法鉴定书证审查意见书》中，载明该项目已收取销售款8 500多万元，但是，没有发现纳税资料。

王某认为投资公司的这种行为属于偷税，为了打击对方，于是向税务机关实名举报投资公司的偷税行为；而投资公司则将开元公司强抢销售资料的情况向公安机关报案，公安机关随即拘留了开元公司相关负责人。

经主管地税局稽查局检查，光明分公司系开元公司的下属分公司，其出售的房产取得预售收入8 500余万元（其中2013年10月30日以前的销售额为8 000万元），也是以开元公司下属分公司的名义进行的，所有收入开具的收据上所加盖的印章均是该公司的印章。

开元公司（举报人）举报投资公司偷税，肯定认为本公司不是本案的纳税主体，而投资公司才是本案的纳税主体。

那么，纳税主体到底是谁？

根据《公司法》《企业所得税法暂行条例》的相关的规定，该房地产开发项目是开元公司（举报人）的开发项目，各种开发手续也由开元公司以自己的名义报建，售房合同也是以开元公司的名义签署，虽然售房收入实际上是由投资公司控制，但从收据印章上看都是由开元公司取得。也就是说，楼盘开发的主体是开元公司，取得的收入是该公司。因此，本案中的纳税主体就是举报人——开元公司。至于收取的房款流向了哪家公司，则属于两家公司内部协调事情，并不影响纳税义务的具体确认。

根据以上分析，主管地税局稽查局做出了以下处理决定：开元公司（举报人）就是本案中的纳税主体，由该公司补缴营业税、土地增值税、企业所得税等税款及滞纳金800余万元，同时处偷逃税款1倍罚款的处罚。

看到这样的事，读者可能觉得很是可笑，但现实中，类似的事情比比皆是。比如，某家私营企业为了解决办公问题，管理者决定购买写字楼。由于企业资金紧张，管理者就以个人名义用按揭的方式购买1 000万元的写字楼。写字楼由公司使用，管理者让财务将写字楼记入公司的固定资产，每月计提折旧，还款全部由企业资金支付。

该地税务局稽查后认定：该房产是管理者个人资产，不属于企业固定资产，因此不能计提折旧，已计提的折旧要调整所得额，补缴企业所得税；企业所还的银行按揭由于不是企业所贷的款项，属于替管理者个人还款，房产由公司所用，应视同为管理者取得的“租赁收入”，缴纳营业税、房产税和个人所得税。使企业和管理者个人都承受了本来可以避免的沉重税收负担。

【例】

医药企业向医疗机构免费提供样品药很常见。这些免费赠送的药品，在税务处理上需要视同销售处理。然而，一些医药企业采用错误的方法核定视同销售收入，导致视同销售的计税价格明显低于正常售价，从而带来税务风险。

在检查A企业过程中，检查人员发现该企业在申报表中存在视同销售业务，便随机抽查了几种样品药的计税价格，了解到财务人员在确定样品药视同销售价格时，基本采用的是成本加成法，加成率为10%。

增值税暂行条例实施细则第十六条规定，纳税人有条例第七条所称价格明显偏低并无正当理由，或者有本细则第四条所列视同销售货物行为而无销售额者，按下列顺序确定销售额：（一）按纳税人当月同类货物的平均销售价格确定；（二）按纳税人最近时期同类货物的平均销售价格确定；（三）按组成计税价格确定，组成计税价格的公式为：组成计税价格=成本×（1+成本利润率）。

根据上述规定，成本加成是核定视同销售收入额可以采用的最后一种方法。这意味着，在使用前两种方法仍无法获得同期同类价格时才能采用。检查人员进一步调取了A企业近1年同类药品的出厂价格，发现企业在处理样品药视同销售时未参考同期同类价格，进而导致视同销售的计税价格明显低于正常售价。

对此，A企业财务人员解释称，样品药不允许上市流通，因此按照企业正常销售的药品，无法找到同类药品，自然无法找到相同的价格。检查人员认为，视同销售价格指的是货物价格，不应受规格和包装等因素影响。更重要的是，增值税暂行条例实施细则相关规定的关键词，是“同类”而不是“相同”，因此对企业的解释无法认同。

税务机关认为，考虑到样品药的特殊性，无论企业基于何种考虑，凡是向医疗机构提供样品药，一来须遵守药监局等相关管理机构的规定，二来需要尽可能节约资金。如此一来，样品药的包装规格往往不同于正常流通的药品。

比如，正常销售的阿司匹林是一盒20片装，每片0.5克。考虑到使用对象的不同，还存在10片装，每片0.25克的包装规格。实践中，企业提供的样品药可能是2片装或4片装，包装也会相应简化。如果以包装规格不同来推断，样品药自然不同于正常销售的药品。但是，无论样品药采用何种包装规格，每片剂量无非是0.5克或0.25克，否则由于剂量差别会导致样品药失去样品功能。基于此，无论是增值税暂行条例还是企业所得税法，对视同销售价格的规定针对的都是货物，而不是包装。因此，样品药的视同销售价格是可以找到的，企业核定视同销售收入的方法使用错误。

药企发生对外提供样品药、赠送和投资等视同销售业务。

一要把握增值税法规定的三种方法的处理次序，不要动辄采用成本加成方法。

二要把握“同期同类”的含义，不要仅限于“相同”。比如，企业正常销售某种测量仪器时会将其与试剂或试纸合并包装出售，但提供样品时只有测量仪器，这种情况下就不能简单地说无法找到同期同类价格。

三是要正确理解视同销售，视同销售指的是货物，该货物应是能够带来经济利益的主要载体。显然，不同的包装或不同的销售策略无法改变货物的实质。

通过以上案例可以看到，管理者的决策实际就是决策业务过程，也是产生税的过程。因此，管理者也需要加强税收风险意识，不仅要重视经营过程，还要重视税收问题。

目前，仍有很多企业没有聘请高水平的税务顾问，企业无法取得权威性的咨询服务，从而导致涉税风险。

三、建立全员管理税收意识

企业面临的主要涉税风险有税收法律适用风险、企业内部涉税管理风险和纳税信用风险等几种。以上这些都是税收筹划过程中客观存在的风险，我们在这里主要分析与税收有关的具体业务处理和涉税纠纷两个环节的风险规避问题。防范税收筹划的风险主要从4个方面去努力。

1. 建立涉税管理系统，强化全员管税意识

企业追求税后利益最大化的内在动力与税收的强制性、无偿性之间天然存在矛盾，公司在法律许可的范围内，通过对经营、投资、理财活动的事先筹划、事中管理、事后控制，规避涉税风险、避免税务处罚，并在不违反国家税法的前提下尽可能降低税收负担，即“税务风险控制”已越来越得到企业决策管理层的重视。而税收的固定性也让税务风险控制成为可能。但是需要建立涉税管理系统，强化全员管税意识。

企业内部要通过对税法的宣传和学习，树立依法纳税观念。企业管理者和员工都应当明白，偷税、逃税、骗税这些行为对企业及个人的经济利益和社会效益都存在巨大的影响，因此，在企业内部建立起主动抵制违反税法行为的良好氛围。同时，由于税收形成于企业经营过程的各个业务环节，各个环节的工作岗位对企业税收的最终形成都会产生影响，所以，纳税管理会受到企业内部多种因素的影响和制约，需要方方面面的协调配合。要做好纳税管理，控制风险、提高效益，绝对不能仅仅把纳税管理看作财务部门的工作，而要树立全员参与纳税管理的观念和意识。

2. 建立涉税事项的风险意识，立足于事先防范

目前税务稽查的力度越来越大，而很多经营者仍固守的“灵丹妙药”——以账务处理和与当地税务部门“融通关系”为主要手段，以达到少纳税的指导思想，将逐渐失去其存在的空间，企业所面临的税务风险将危及企业的生存和发展。企业能够顺利发展的前提是守法经营。企业的管理人员应当知道，应该缴的税还是要缴的，税收筹划只能在一定的政策条件下，并且在一定的范围内发生作用，不能对其要求过高。

在企业纳税管理的过程中，加强与税务部门的沟通和协调，并致力建立一种协调融洽、诚信互动的税企关系是十分重要的关键环节。对于内部纳税管理过程，凭借与税务部门建立的良好的沟通机制，一方面可以从政策咨询的角度，从税务管理部门了解到最新的优惠政策或最佳的处理方式，并加以分析应用，在化解风险的同时，增加企业经济效益；对于外部税务检查，发现税务问题，预警信号启动，企业应凭借与税务部门建立的良好的关系为依托，及时掌握检查情况，在某些模糊或新生问题的处理上，就可以根据企业的实际情况，提出观点和意见，以事实和充足的依据来改变检查人员的看法，争取能够取得税务部门的认可和支持，使企业损失降到最低。

3．及时地、系统地学习税收政策，准确理解和把握税收政策的内涵

要控制纳税管理风险，就要求企业办税人员对税收法律、法规比较熟悉，有较深入的理解。需要加强对税法和税收政策的学习，做到熟悉政策，充分理解，合理使用与准确计算，在税务规划安排和实际操作工作中做到有依有据，科学合理，减少人为失误，尽可能地用好、用足各项税收优惠政策。在学习中要准确把握合法与非法的临界点，总体上确保企业经营活动和有关行为的合法性。同时，合理运用税法赋予企业的权利，包括免征、减征、缓缴、延期缴纳、合法解决税收纠纷和争议，等等。

一方面，利用税收政策与经济实际适应程度的不断变化，寻找纳税人在税收上的利益增长点，从而取得利益最大化。目前，我国的税收政策正处于不断变化的过程中，投资人应当注意政策的变化，并利用政策的变化为自己服务。

另一方面，注意全面把握税收政策的规定性，切勿抓住一点，不及其余，否则也会功亏一篑。

在日常涉税事项的处理过程中，往往会遇到这样的情况：某个经济事项在不同的时期有不同的税收政策对其做出规范，而且处理该事项的会计法则和税收原则还存在差异。在这样的情况下，如果操作者仅注意当地的政策规定，或者仅考虑本专业和政策，其处理的结果一定是存在错误的。有时候，即使对有关政策理解得十分正确，但是，在落实政策的过程中，其业务操作的流程发生的错误，也会导致有关筹划失败。

【例】

华天公司主要生产家用电器系列产品，通过全国两百多个特约经销商组成销售网络向外销售。考虑到企业处于高税区，所以华天公司与经销商的操作思路是：公司以较低的价格将产品销售给各地的特约经销商，然后以组织各种活动的形式，再从经销商那里返还一定的利润，其中定期召开座谈会、信息发布会和市场调查会是活动的主要形式。

2013年3月18日，当地主管税务机关对华天公司2012年度的增值税纳税情况进行了检查，发现该公司2012年中的会务费开支有1 600万元，其中向客户收取会务费1 500万元，企业支付100万元。公司就会务问题做了如下财务处理：在列支会务费费用时记入管理费用科目，借记“管理费用——会务费”1 600万元；收到客户缴纳的会务费时冲减管理费用科目，贷记“管理费用——会务费”1 500万元。公司账面上发生的会务费在管理费用中的反映为100万元，这是华天公司支付给会议中介机构的会议服务费用。

就会务费的处理，税务机关认为很不正常，因为这笔收入与产品销售存在客观上的联系。于是要求华天公司把向客户收取的会务费1 500万元作为价外费用处理，补缴增值税255万元，补缴城市维护建设税及教育费附加25.5万元（华天公司所在地城市维护建设税的适用税率为7%，教育费附加征收率为3%）。

对于税务机关的处理，企业领导感到不可理解。为了避免会务费被认定为价外费用，在2012年初，华天公司专门向当地的税务师事务所进行了专题请教。事务所的专家建议他们：召集客户召开销售座谈会、信息发布会和市场调查会，可以委托一家会议公司出面组织，以会议公司的名义对外宣传活动的主题和具体的要求并负责具体组织，由华天公司向参加会议的客户或代理商收取会务费，该公司支付会议组织机构服务费用。这样，在华天公司的财务账面上就不反映会议的收入，而是作为代收代付的形式核算1 500万元会务费业务，该公司账面所体现的费用是支付给中介机构会议组织服务费100万元。代理专家认为，经过以上处理，就属于代理业务，而公司不用缴纳相关税收了。

可是现在看来，华天公司的操作与税法规定产生了偏差。但是，该公司的运作过程又的的确确是经过专家论证的。因此该公司的负责人想请教，该公司的操作方式究竟错在哪里？如果要从税收筹划的角度进行完善，华天公司应该怎么做才符合税法的规定呢？

根据《增值税暂行条例》的规定，销售额为纳税人销售货物或者应税劳务向购买方收取的全部价款和价外费用。华天公司以较低的价格将产品销售给各地的特约经销商，然后以组织各种活动的形式，再从经销商那里返还一定的利润的做法属于偷税行为。事实上，从经销商处返还的利润属于公司销售货物价款的一部分。而根据《增值税暂行条例实施细则》第十二条的规定，价外费用包括价外向购买方收取的手续费、补贴、基金、集资费、返还利润、奖励费、违约金（延期付款利息）、包装费、包装物租金、储备费、优质费、运输装卸费、代收款项、代垫款项以及其他各种性质的价外收费。凡是价外费用，无论其企业会计如何进行核算，均应并入销售额计算应纳税额。因此，税务机关将该公司从特约经销商处收取的“会务费”，以价外费用的名义作补税处理是有法律依据的。

我国税法不允许纳税人通过任何形式进行避税。如果纳税人存在避税行为，根据《税收征管法实施细则》第五十四条规定，纳税人与其关联企业之间的业务往来过程中，购销业务未按照独立企业之间的业务往来作价或者提供劳务，未按照独立企业之间业务往来收取或者支付劳务费用以及转让财产、提供财产使用权等业务往来，未按照独立企业之间业务往来作价或者收取、支付费用等现象的，税务机关可以调整其应纳税额。

从企业生产经营活动的角度而言，华天公司适当地进行商务活动和其他各种宣传活动是很正常的。在此期间发生一定的费用，如召开座谈会、信息发布会和市场调查会和其他宣传活动，向参会人员收取或者支付一定数量费用，是可以进行税收筹划的。但是，这里有一个前提，就是要合法操作。从华天公司2012年度合计收取的1 500

万元会务费的上述筹划过程来分析，显然是不完善的。从具体的业务流程的角度分析，这种做法不符合代理业务的形式要件：华天公司虽然委托会议公司出面组织，以该公司的名义对外宣传活动的主题和具体的要求并负责具体组织，但是该公司向参加会议的客户或代理商收取了会务费。从而使筹划活动陷入偷税的误区。

如果要从税收筹划的角度进行完善，华天公司应该怎么做才符合税法的规定呢？作为企业而言，扩大市场占有率的一个重要手段，就是进行企业的产品宣传。如果企业能够同时兼顾税收筹划，则企业既进行了宣传，又减少费用支出，还达到了税收筹划目的。因此，我们认为正确的操作方式是：如果召集客户举办销售信息发布会或者市场调查会，公司可以委托一家会议中介机构进行代理，以华天公司的名义对外宣传活动的主题和具体的要求并负责具体组织，由中介机构向参加会议的客户或代理商收取会务费，华天公司不收取任何费用，只向会议中介机构支付会计组织服务费用。这样，在华天公司的财务账面上就不再出现收取1 500万元会务费的经济业务，仅仅体现支付给中介机构会议组织服务费100万元的事项。通过以上会务费处理程序，华天公司可以少缴纳增值税255万元，少缴纳城建税及教育费附加25.5万元。

通过以上案例我们可以发现，华天公司对有关政策的理解并不存在多大的差错，但是其操作过程发生了错误，从而导致整个方案失败。

有失败的例子，当然也有因事前咨询而处理得当的成功案例。

【例】

某商业批发企业2019年5月要召集全国的客户召开销售座谈会，预计会议费开支总额为1 000万元，会议可以向客户收取会议费800万元，企业支付实际200万元会议费。企业在实施之前聘请税务顾问做税收筹划。

税务顾问建议：企业通过招投标的方式委托专业的代理公司组织此次座谈会，只要总价格不超过1 060万元就可以中标，要求代理公司分别给企业和经销商开具增值税专用发票。公司支付现金212万元，可以抵扣进项税12万元，实际计入成本费用的仍然是200万元，如此操作降低了企业税务风险，也减少了企业损失。

如果不是事前筹划，该企业可能会面临以下损失：

根据《增值税暂行条例》第六条第一款《增值税暂行条例实施细则》第十二条的规定，销售额为纳税人销售货物或者应税劳务向购买方收取的全部价款和价外费用。收取经销商的会务费用视同价外费用，需要按照13%税率缴纳增值税，增值税130万元，税金及附加130×（7%+3%）=13万元，还有可能造成罚款（0.5–5倍），滞纳金（按每天万分之五计算）。

因为企业明智地选择了事前筹划，成功地避免了会议费被认定为价外费用。

4. 加强与当地税务机关的联系，充分了解当地税务征管的特点和具体要求

目前，有些企业家十分重视与税务机关的联系沟通，目的是在企业出现涉税问题时寻求对方帮助。这种想法是十分错误的！企业如果出现涉税问题，特别是偷税问题，任谁也无能为力。企业家与其将时间和精力花在不切实际的投机取巧上，倒不如正正当当从完善企业涉税管理的角度考虑应当如何加强与当地税务机关的联系。

其一，目前的税收政策存在较大的不确定性，税务机关具有对相关法律的解释权、处置权和自由裁量权。

【例】

2017年5月12日，某地国税局稽查局到宏远服装实业公司，对该公司2016年度的增值税纳税情况进行检查。在检查过程中发现该公司2016年10月12日的一张凭证作了如下记录：借记“管理费用——劳动保护费”250万元，贷记“原材料”250万元。

通过对该笔业务的其他资料进一步检查才知道，该企业为全厂5 000多名员工制作了两套工作服，价值为250万元。再进一步了解，得知该公司为员工制作的是西服式厂服。

于是，稽查局认定该公司应将制作西服所用面料的增值税作“进项税额转出”处理，即补税36.32万元，同时根据《税收征管法》第六十三条规定，对企业的行为认定为偷税，处以0.5倍的罚款。该案通过协作系统转交当地的地方税务局稽查继续检查和处理，地方税务局的稽查认定该公司制作厂服并直接在企业所得税前列支的行为是偷税，应补缴企业所得税82.5万元，同时处以0.5倍的罚款。此外，对职工领取的西服式厂服，还要求折价缴纳个人所得税。

但是，企业却有不同的意见：公司规模不断扩大，为了树立企业良好的形象，将公司员工的工作服制成西服式厂服，是生产经营的需要，可以起到提升公司品牌的效果，但是，它主要还起着劳动保护的作用，应当按工作服处理。况且，为了将工作服制作成西服，企业还增加了50万元开支！

税务稽查人员告诉企业：

将工作服制成西服式厂服，税收上应视作职工集体福利性支出，根据《增值税暂行条例》第十条规定：用于集体福利或者个人消费的购进货物的进项税额，不得从销项税额中抵扣。所以，企业制作西服而购进250万元服装面料的增值税进项支出36.32万元（250 ÷ 1.17 × 17%）不得抵扣。

同时，250万元服装费用应在企业职工福利费中支出，也不得在企业所得税税前扣除。这样，企业实际增加所得税75万元（250 × 25%）。如果算上50万元的追加支出，企业实际间接多支出168.82万元。

另外，按照《关于生活补助费范围确定问题的通知》（国税发〔1998〕155号）规定，从福利费和工会经费中支付给单位职工的人人有份的补贴、补助，应当并入纳税人的工资、薪金收入计征个人所得税。

如果制作工作服，税收上才允许视作职工劳动保护用品支出。增值税法规方面没有规定职工劳动保护用品支出的进项税额不得抵扣的规定，所以200万元工作服支出中的进项税额29.06万元（200 ÷ 1.17 × 17%），可以从企业的销项税额中抵扣。根据税法规定，纳税人实际发生的合理的劳动保护支出，可以扣除。这里的劳动保护支出是指确因工作需要为雇员配备或提供工作服、手套、安全保护用品、防暑降温用品等所发生的支出。

如果50万元作为业务宣传费用也符合规定标准范围内（销售收入的千分之五），则企业的工作服和宣传费250万元支出可以抵减所得税75万元。按照个人所得税法规定，符合规定的职工劳动保护用品支出，也不会作为职工的工薪所得征收个人所得税。

这则案例告诉我们，对于日常涉税问题，如果存在不明确的地方，应当及时与税务机关进行交流，在取得十分的把握之后再进行操作，就可以降低涉税风险。

其二，社会变革，科技发展，都在对税务管理产生影响。税务管理模式、管理方法和管理要求都在不断变化。在这样的情况下，投资人和企业的生产经营管理者就需要不断与税务机关进行交流，从而规避涉税风险。比如对于增值税一般纳税人企业，如果采购货物并取得增值税专用发票，就需要在一定的期限之内到主管税务机关进行比对论证，否则就会丢失申报抵扣增值税进项税额的权利。而出口退税企业也需要根据税务机关的要求在一定的期限以内收齐有关单证并进行申报，否则也可能失去有关权利等。

第二节　建立企业内部避险机制

不少企业家总抱怨：“我们从来不想偷税，可为什么税务局一查我们就要受罚？经营风险我们都能控制住，为什么税收风险总规避不了？”

税收风险为什么总困扰着企业？企业为什么总摆脱不了偷税的阴影？

如果我们对目前企业的税务管理情况进行一个分析，就不难发现：其原因在于很多企业在纳税过程中陷入了一个很大的误区——纳税仅是财务上的事。很多企业管理者认为：业务可以随意做，合同可以随意签，税收上出现问题那是财务的事！

正是这种观念影响到企业处理纳税问题，给企业带来了巨大的税收风险。实际上，财务和会计所做的一切工作，是在业务部门的工作基础上进行的。交税不能仅看账本怎么做，更要看业务怎么做！

一、决策环节考虑税收

前面我们已经讲过，企业的决策环节对税收负担的影响最大。这里我们再以公司激励员工的决策问题来说明企业决策对税收的影响。近年来，公务用车制度的改革使企业用车呈现多样化：企业出资为员工个人购车、企业租赁员工车辆用于公务、企业为员工报销或补贴个人车辆相关费用等。这些经济行为在一定程度上为企业和员工个人带来了经济效益，但同时也带来了一系列的税收问题与税收风险。那么，企业通过为员工提供公务用车的决策应当如何考虑税收问题呢？

我们认为：从税收筹划的角度考虑，私车公用增加了企业和个人的税收负担，建议企业采取以公司的名义购车给个人使用（当然主要用于公司的生产和经营），这样既可以将车辆计入固定资产计提折旧，也可以在企业所得税前列支因使用汽车而发生的耗油费、过路费、停车费、洗车费、修理费、保险费等相关费用，企业可因此减少应纳企业所得税额，同时个人也无须为此缴纳个人所得税。此外，企业还可与员工约定，如果员工为企业服务年限达到一定标准后，可将该车按折旧后余值出售给个人，这样既达到了激励员工的目的，又节省了企业与个人的税收支出。

（一）做法一：企业出资以个人名义购车

企业为奖励股东与员工，为股东及有贡献的雇员购买汽车，产权直接落到个人名下，而使用则以公务为主。这种做法从激励角度来讲，会收到一定的效果，但却暗藏着税收风险。

1. 企业出资以股东个人名义购车

企业为股东购车，个人是否需要缴纳个人所得税？车辆的折旧与用车所发生的相关费用是否允许在企业所得税前扣除？实务中还需视企业的经济类型分别进行处理：

（1）个人独资企业、合伙企业为个人投资者购买汽车应按“个体工商户的生产经营所得”项目计征个人所得税。

依据财政部、国家税务总局《关于规范个人投资者个人所得税征收管理的通知》（财税〔2003〕158号）规定，个人独资企业、合伙企业的个人投资者以企业资金为本人、家庭成员及其相关人员支付与企业生产经营无关的消费性支出及购买汽车、住房等财产性支出，视为企业对个人投资者的利润分配，并入投资者个人的生产经营所得，依照“个体工商户的生产经营所得”项目计征个人所得税。

（2）个人独资、合伙企业以外的其他企业为个人投资者购车

①个人所得税，依据（财税〔2003〕158号）文件规定，对投资者取得的所得视为企业对个人投资者的红利分配，按照“利息、股息、红利所得”计征个人所得税，并允许合理减除部分所得（减除的具体数额由主管税务机关根据车辆的实际使用情况合理确定）。

②企业所得税，依据国家税务总局《关于企业为股东个人购买汽车征收个人所得税的批复》（国税函〔2005〕364号）文件规定，企业为股东个人购买的车辆，不属于企业资产，折旧费用不允许在企业所得税前扣除。

2.企业为非股东雇员购车

（1）企业为非股东雇员购车，员工应将取得的所得计入个人的"工资薪金所得"征收个人所得税。

对此种情况，虽然国家税务总局没有统一规定，但因为个人所得税法对此项所得处理未区分内资企业与外资企业，故内外资企业均可参照国家税务总局《关于外商投资企业和外国企业以实物向雇员提供福利如何计证个人所得税问题的通知》（国税发〔1995〕115号）文件进行处理，企业为符合一定条件的雇员购买车辆，车辆发票均填写雇员姓名，并商定该雇员在企业工作达到一定年限，该汽车的所有权完全归雇员个人所有。个人取得实物所得应在取得实物的当月，按照有关凭证上注明的价格并入其工资、薪金所得征税，可按企业法规取得该财产所有权需达到的工作年限内（高于五年的按五年计算）平均分月计入工资、薪金所得计征个人所得税。

（2）企业为非股东雇员购车，因汽车所有权不属于公司，同样不得在企业所得税前扣除折旧。

（二）做法二：企业租用个人车辆

该种行为主要是指企业因工作需要租用个人车辆并支付给员工租金等费用的用车方式。这种行为属于租赁，企业发生的租赁费用可凭有效凭证在企业所得税前扣除，而在租赁期间所发生的用车相关费用及由此而产生的个人所得税则需分别情况处理：

（1）企业与个人未签订租赁合同而支付给员工的所得，企业租金费用不允许在企业所得税前列支，员工所得须按"工资薪金所得"计算缴纳个人所得税。

（2）企业与个人签订了租赁合同，企业与个人应进行如下处理：

① 依据《营业税税目注释（试行稿）》及《中华人民共和国个人所得税法》中有关规定，员工应就其取得的租赁收入分别按"服务业——租赁"缴纳营业税和"财产租赁所得"缴纳个人所得税。

② 企业租赁个人汽车所发生的费用是否允许企业所得税扣除？企业如果租赁个人汽车，须与个人签订租赁合同，折旧费用均不允许企业所得税前扣除，车辆发生费用需取得真实、合法、有效的凭证方允许企业所得税前扣除。对此，企业可参照上述三条原则进行把握，但具体实务处理还须与所在地税务机关进行沟通后方可减少税收风险。

（三）做法三：企业为员工发放补贴或报销费用

一些企业在经营中无法提供公务交通，员工利用个人车辆为公司服务，公司则以发放现金或者凭发票报销的方式支付个人负担其公务相关的费用，这种情况在国家企事业单位用车制度改革后尤其普遍。对这种情况，企业应将发放或报销的费用并入计税工资总额，不超过标准的允许在企业所得税前扣除；个人应就其取得部分并入当月工资、薪金计征个人所得税。

根据国家税务总局《关于企业工资薪金及职工福利费扣除问题的通知》（国税函〔2009〕第003号）第三条的规定，《实施条例》第四十条规定的企业职工福利费，包括以下内容：（一）尚未实行分离办社会职能的企业，其内设福利部门所发生的设备、设施和人员费用，包括职工食堂、职工浴室、理发室、医务所、托儿所、疗养院等集体福利部门的设备、设施及维修保养费用和福利部门工作人员的工资薪金、社会保险费、住房公积金、劳务费等。（二）为职工卫生保健、生活、住房、交通等所发放的各项补贴和非货币性福利，包括企业向职工发放的因公外地就医费用、未实行医疗统筹企业职工医疗费用、职工供养直系亲属医疗补贴、供暖费补贴、职工防暑降温费、职工困难补贴、救济费、职工食堂经费补贴、职工交通补贴等。（三）按照其他规定发生的其他职工福利费，包括丧葬补助费、抚恤费、安家费、探亲假路费等。

个人所得税，因公务用车制度改革而以现金、报销等形式向职工个人支付的收入，均应视为个人取得公务用车补贴收入，应按“工资、薪金所得”项目计征个人所得税。个人因公务用车和通信制度改革而取得的公务用车、通信补贴收入，扣一定标准的公务费用后，按照“工资、薪金”所得项目计征个人所得税。按月发放的，并入当月“工资、薪金”所得计征个人所得税；不按月发放的，分解所属月份并与该月份“工资、薪金”所得合并后计征个人所得税。

（四）做法四：以企业的名义购买办公车辆

以企业的名义购买办公车辆，该等车辆主要提供股东办公使用，购买的车辆不仅可按照增值税专用发票表明的税额抵扣增值税，车辆还可以按照会计准则计提折旧并税前列支，该等车辆的维修费用、车辆保险费用、过路费用和邮费均可以税前列支。

通过以上分析我们可以发现，上述前三种做法都存在不同的缺陷，这些缺陷表现在增加了企业的支出，而个人收益并不明显。如果是以公司的名义购车，企业增加了税前列支，实际上减少了支出，而个人虽然减少了名义收入，但是却增加了实惠。如果企业的决策者对有关政策不能全面理解，其决策风险是可想而知的。

二、完善内部控制机制

企业内部控制机制不完善，特别是中小型企业内部控制机制还没有建立起来，这就缺乏规避涉税风险的制度基础。所以，在解决企业领导层的意识问题之后，随之需要解决的就是制度问题。

我国中小企业数量众多，规模大小不一，业务性质特点各自不同，建立一套完整、科学并行之有效的内部控制制度是必不可少的。企业可以根据实际情况，结合自身的组织结构，形成纵横联系的分工、协调、制约和监督机制。这样必然会堵塞漏洞，强化管理，减少违法违纪现象，防止贪污盗窃行为和各种舞弊行为的发生，必然会使企业走上持续、高效的发展之路。从规避涉税风险的角度讲，主要从货物流、现金流和信息流三方面去考虑。

1. 企业负责人以身作则

一套严密的内部控制制度的顺利实施，企业负责人起着十分重要的作用。离开企业领导的高度重视，再好的控制体系也显得软弱无力而流于形式。许多企业领导不重视内控制度，其根本原因在于严密的内控制度不仅控制一般的员工，而且控制企业领导。一些企业领导习惯于一人说了算，而不习惯受到限制，尤其是资金方面的限制，这就为内控制度的执行设置了障碍。企业领导必须自觉接受内控制度的制约，力求使内控制度在企业内部随时发挥作用。

新修订的《会计法》明确规定，单位负责人必须对本单位的会计工作和会计资料的真实性、完整性负责；必须在对外提出的财务会计报告中签名并盖章，承担相应法律责任；必须保证会计机构、会计人员依法履行职责；单位会计中的违法行为，除追究有关人员的法律责任外，还要追究单位负责人的责任。《会计法》的这些规定，客观上对单位负责人形成了制约。而纳税申报机制也是如此，我国《刑法》明确规定逃避纳税要追究企业负责人的法律责任。有鉴于此，首先，单位负责人有责任和义务保证内部会计监督制度的建立健全并发挥作用；其次，企业负责人在重视内部会计监督制度的同时，应当支持、保证会计机构、会计人员依法履行职责，为会计人员撑腰，帮助他们解决履行职责中遇到的各种困难和问题，在单位内部为会计人员实行有效监督创造一个良好的环境；再次，单位负责人要以身作则，带头执行制度，不得干预、阻挠会计机构、会计人员依法履行职责，更不能授意、指使、强令会计机构及其人员违法办理会计事项。

2. 坚持内控制度的设计原则

（1）政策性原则。中小企业内控制度的设计必须符合并严格执行国家有关法律、法规和国家统一的会计制度，结合企业自身特点和财务管理的要求进行设计。

（2）有效性原则。设计内控制度的目的就是规范管理行为，保证企业目标的实现。内控制度的设计必须以“有效”为前提，尽量做到内控环节不宜过长而又环环相扣，使人操作起来切实有效；必须有利于控制和检查，具有了解控制制度执行情况的手段和途径，同时要根据执行情况和管理需要不断完善，以保证内控制度更加适应管理需要，提高工作质量和工作效果。

（3）账、钱、物分管原则。

从目前企业内部控制的主要问题来看，严格贯彻账、钱、物分管原则是内控制度设计的重中之重。任何一项经济业务都要按照既定的程序和手续办理，多人经手，共同负责，努力克服货币资金、财产物资及有关账簿的管理混乱现象，防止企业资产的流失。特别是企业的现金和银行存款业务，每日终了，应及时计算当日收入、支出合计数和结存数，逐日逐笔进行日记账登记；月份终了，日记账余额必须与有关总账余额核对相符，做到日清月结。同时，对财产物资进行定期或不定期清查，随时反映账面数与实存数，保证账实相符。这样能够防止贪污盗窃行为的发生，保障企业财产的安全。

3. 建立健全内控体系

（1）建立组织规划控制机制。某些相互关联的职务不能集中于一个人身上，各组织机构的职责权限必须得到授权，并保证在授权范围内的职权不受外界干预，每类经济业务在运行中必须经过不同的部门并保证在有关部门间进行相互检查，其中，将涉税风险作为检查过程中的一个重要内容。在对每项经济业务的检查中，检查者不应从属于被检查者，以保证被检查出的问题得以迅速解决。

（2）建立授权批准制度。对企业内部部门或职员处理经济业务的权限加以控制，单位内部某个职员在处理经济业务时，必须经过授权批准，否则就不能进行。特别是业务合同签署过程中，应当将涉税风险作为一个专门事项进行把关。

（3）实行预算控制。企业编制的预算必须体现其经营管理目标，并明确责权。预算在执行中应当允许经过授权批准对预算进行调整，以使预算更加切合实际，应当及时或定期反馈预算执行情况。

（4）实行实物控制。一是应严格控制对实物资产的接触，如限制接近现金、存货等，以减少资产的损失；二是定期进行财产清查，做到账实相符。重点关注销售环节、资产转让环节的涉税风险问题。

中小企业可以安排专门的部门和人员来实施内控监督和评价，提出建议，督促各个内控环节不断改进控制，增强规范内控制度与有效执行制度的自觉性，使企业干部职工积极参与到内部控制的体系中去。

4. 责权利结合，实行责任追究制度

企业各级管理部门和人员必须明确各自的职能和责任，建立责任追究制度。可以把财务指标落实到单位和个人（采取直线制组织结构的指标可直接落实到个人），并赋予财务管理责任人相应的管理权限，根据履行职责的情况在年末进行考评，依据考评结果，分别给予物质、精神奖励或处罚。对于履行职责差的人员，一定要有追究责任的过程。

5. 加强内部审计控制

内部审计机构应直接对企业最高领导层负责，保持相对独立性。企业通过内部审计制度对各级管理层的财务活动和管理活动进行评价，包括企业经营方针的贯彻执行情况、企业财务会计信息的真实性和可靠性、各级管理人员的绩效、内控环节的协调情况等。内部审计机构的组成人员应该由企业最高层直接聘任，让业务能力强、思想素质高、敢说真话、敢于坚持正义的员工从事内部审计工作。

【例】

某公司为B市一家装饰材料销售公司，2019年5月向极拓公司（装修公司）供应一批价值100万元的材料，运输费2万元（不含税），货物由装饰材料销售公司负责委托第三方顺达公司送货到极拓装修公司指定的地点。装饰材料销售公司按照13%税率全额开具增值税专用发票给极拓装修公司，运输交给顺达公司（运输公司）。

一票制：给公司带来了不必要的损失，2万元的运费本来是可以按照9%的税率缴纳增值税，一票制使企业多交了4%的增值税，20 000 × 4%=800（元）。

那么，两票制开具发票的税务风险应如何规避？如图6-1所示，虽然两票制降低了税务成本，但是给企业埋下了税务风险。按照《中华人民共和国增值税暂行条例》第六条规定：销售额为纳税人销售货物或者应税劳务向购买方收取的全部价款和价外费用，但是不包括收取的销项税。

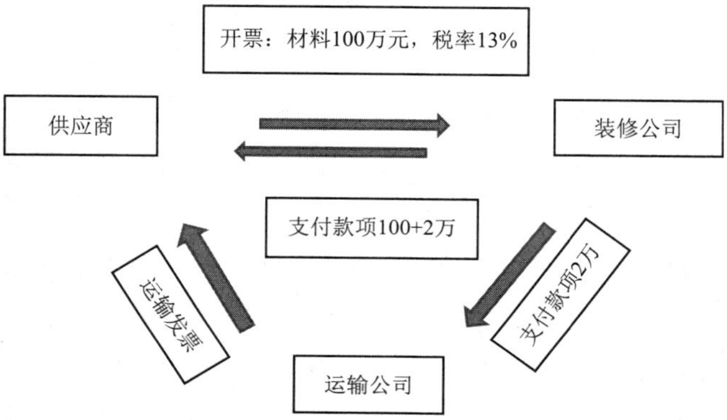

图6-1　两票制开票流程

那么，如何才能实现两票制，降低税务成本的同时还满足税法要求呢？一定要在签订合同时明确下列内容：

① 企业保证开具的发票与签订的合同一致；

② 装饰材料公司与极拓装修公司以及运输公司签订三方协议，明确收取极拓材料款的同时，代收运输费用，材料款按照13%的税率开局增值税专用发票；

③ 销售公司将收取极拓公司的2.18万元（运输费2万元，增值税0.18万元）转给运输商；

④ 运输公司按照9%的税率开局增值税专用发票给销售公司，由销售公司代转给极拓装修公司。

税法依据：《增值税暂行条例实施细则》第十二条，条例第六条所称价外费用，是指价外向购买方收取的手续费、补贴、基金、集资费、返还利润、奖励费、违约金（延期付款利息）、包装费、包装租金、储备费、优质费、运输装卸费、代收款项、代垫款项以及其他各种性质的价外收费。但以下项目不包括在内：

- 向购买方收取的销项税；
- 委托加工应征消费税的消费品所代收代缴的消费税；
- 同时符合以下条件的代垫运费；

  承运部门的运费发票开具给购买方的；

  纳税人将该项发票转交给购买方的。

合同中如果没有上述附加的约定性条款，那么，销售公司收取极拓公司的2万元运输费，运输公司发票却直接开给极拓公司，属于虚开增值税发票的行为，需要承担法律责任。

三、业务部门的涉税风险

税收是业务部门产生的，财务只是个核算和缴税的环节。如果其他专业部门不按照税法的规定去做业务、签合同、做筹划，待出现了问题或产生了税收结果之后，才让财务去解决、去处理，是不可能规避涉税风险的！

会计核算只是事后的过程，如果让财务和会计通过做账来掩盖前面的业务过程，从而达到少缴税的目的，这就叫偷税，这就是产生税收风险的根源。也正因为如此，在我们的身边产生了许许多多的“冤案”。

【例】

甲企业是一家股份制五金制造和加工企业，2016年度实现销售5 600多万元，其中铸件占较大的比重。企业的职能部门有采购、技术开发、生产、销售和财务部门。其业务操作的具体流程是，董事会年初确定销售目标和利润目标，然后办公室根据董事会的目标和以往年度的业绩情况进行职能分解，并且将各职能部门的工作目标和成本费用捆绑在一起进行考核。其中，单位节能、节费率与具体当事的利益挂钩，所以，该企业的内部管理在当地一直处于领先水平。

仅以采购部门的考核目标为例。该公司明确采购部门按公司的要求完成采购任务，同时将采购成本下降率作为该部门的考核指标，明确当年采购费用下降额的50%作为该部门有关人员的奖金。

但是，2017年1月6日，某市国家税务局稽查部门对甲企业2016年度的纳税情况进行纳税检查时，发现该企业存在违规金额580万元，结果被补缴增值税40.6万元，补缴企业所得税178.002万元，加收滞纳金3.352万元，罚款218.602万元。

这是怎么一回事儿呢？

该公司的采购人员为了降低运输成本，大家想方设法节约运输费用。该公司是一家国有企业改制而来的企业，原来公司的有关业务一般都与大型企业合作，运输业务也是如此。这样操作流程比较正规，但是运输成本较大。后来就改成与中小型运输企业和个体运输专业户合作，从而有效地降低了运输成本。

最近，采购人员又发现如果利用那些回程运输车辆来承运材料，可以更进一步降低运输费用，于是，就与当地的物流配载中心合作，从而大大降低运输成本。

在具体操作环节，由于物流配载中心本身没有车辆，只是提供信息服务，所以，他们无法提供公司所需要的运输发票。为了解决这个问题，配载中心就通过其他渠道购买运输发票。

对于配载中心提供的运输发票，甲公司的采购人员也没有发现有什么不妥。因为，从发票本身来看，抬头、金额、运输地点等相关内容都与实际情况一致。他们将有关货物送企业仓库验收入库后，将签字后的货物发票与运输发票交给财务部门，财务人员也没有认为这些发票存在问题。

财务人员的操作流程是，凭签字同意报销的票据即可入账，况且，他们将运输发票申报抵扣增值税进项税额时，税务机关也没有提出不同意见。

而这笔业务给甲企业所带来的损失，完全是在采购环节开始的并形成的。谈业务、签合同是企业日常生产和经营活动中经常需要处理的问题。人们提到规避税收风险，自然就会想到会计核算和财务运作，很少会想到其他业务部门的问题。其实，对于一个企业来说，税收生产于业务部门，多数情况下，反映在业务合同上。合同决定业务过程，业务过程产生税，只有加强业务过程的税收管理，才能真正规避税收风险。合同是业务部门签订的，因此，业务部门是产生税的根源。目前很多企业根本没有重视业务部门产生的税收问题，认为业务部门就是搞好经营，为公司创收。但恰恰是不妥当的业务处理给公司带来巨大的税收风险。事实上，很多税收筹划活动恰恰是从业务合同开始的，有时，签署业务合同还是税收筹划的关键环节。

【例】

上海一化工厂业务人员从成都购进600万元化工原料，并取得增值税专用发票。但是，购买这批原料的目的并不是公司生产自用，而是想转手卖掉。业务部门在与客户谈价格时说："要发票650万元，不要发票620万元"。后来客户同意不要发票，按照620万元成交，货款通过私人账户结算。业务员认为这笔业务多赚了20万元，很高兴。但财务做账却犯难了：没有销售发票，怎么做账呢？财务只能不做收入。可是收入不做账，进的原料能入账吗？也不做账，增值税发票也不敢到税务局申报抵扣了。如此"体外"循环，还为公司少缴了30 000多元的增值税。

有一天税务局人员到公司查账，在账上没有发现什么问题，当检查销售合同时却发现了问题：发现一份620万元的化工原料销售合同没有收入账，最后被认定为隐瞒收入偷税，于是对该企业进行补税、处罚。按照销售收入620万元计算，销项税90万元。由于当初进项税没有抵扣，所以造成没有进项税，只有销项税。补交增值税90万元，罚款45万元，合计135万元。为了3万元，损失135万元，给企业造成巨大的损失。

这种风险哪儿来的？都属于业务过程不规范造成的。不开发票不仅给公司带来巨大的税收风险，由于没给客户开发票，客户的账也没法处理，造成买卖双方都需要在账上造假。如果当初业务部门给客户开发票，自己的公司交纳3万元的增值税后，变成了依法纳税。客户取得发票，也可以抵扣进项成本，双方都规避了风险。

企业要规避税收风险，必须首先规范业务过程，按税法规定签合同、做业务。

四、规范财务核算与缴税

目前，企业纳税主要是由财务部门负责的，但是企业内部缺乏机构监督财务核算与计算税款的活动。因此，使财务在做账、缴税上也会产生大量的税收风险。这里我们以招待费用的处理为例来进行分析和说明。

餐饮支出涉及业务招待费的税务处理，一些纳税人对业务招待费的范围、核算、税前扣除等规定不太熟悉，有的甚至把礼品、礼金、回扣、个人消费等违规支出列入其中，这不仅导致企业所得税计算出现误差，还易产生涉税风险。

1．招待费列支的范围

业务招待费作为企业生产、经营业务的合理费用，会计制度规定可以据实列支，税法规定按照一定的比例限额扣除。实践中，业务招待费的支付范围通常界定为餐饮、香烟、水、食品、正常的娱乐活动等产生的费用支出。具体范围如下：因生产经营需要而宴请或工作餐的开支、赠送纪念品的开支、发生的景点参观费及其他费用的开支、发生的业务关系人员的差旅费开支。一般来讲，外购礼品用于赠送的，应作为业务招待费。

2．一般情形的扣除计算

税法规定，企业发生的与生产经营有关的业务招待费支出，按照发生额的60%扣除，但最高不得超过当年销售（营业）收入的5‰。纳税人根据国家统一会计制度确认的主营业务收入、其他业务收入，以及根据税收规定确认的视同销售收入作为计算业务招待费扣除限额的计算基数，营业外收入不包括在内。例如，某企业2018年度实现销售收入20 000万元，发生的与企业生产经营活动有关的业务招待费200万元，其中以企业自制商品（大额礼品）作为礼品馈赠客户，商品成本80万元，同类商品售价100万元。在计算业务招待费税前扣除数额时，当地省级税务机关规定企业以自制商品作为礼品馈赠客户属于大额的礼品赠送，不能作为企业的业务招待费支出，企业应对业务招待费进行纳税调整。调整后的业务招待费金额=200−80=120（万元），调整后的计算基数=20 000+100=20 100（万元），按销售收入5‰计算，业务招待费税前扣除额=20 100×5‰=100.5（万元），按业务招待费60%扣除限额计算，扣除额=120×60%=72（万元）。

3.招待费处理的具体规定

（1）开办（筹建）期间业务招待费的处理。《国家税务总局关于企业所得税应纳税所得额若干税务处理的公告》（国家税务总局公告2012年第15号）规定，企业在筹建期间，发生的与筹办活动有关的业务招待费支出，可按实际发生额的60%计入企业筹办费，并按有关规定在税前扣除。

（2）股权投资企业计算业务招待费的基数。《国家税务总局关于贯彻落实企业所得税法若干税收问题的通知》（国税函〔2010〕79号）第八条规定，对从事股权投资业务的企业（包括集团公司总部、创业投资企业等），其从被投资企业所分配的股息、红利以及股权转让收入，可以按规定的比例计算业务招待费扣除限额。计算基数仅包括从被投资企业所分配的股息、红利以及股权转让收入三项收入，不包括权益法核算的账面投资收益，以及按公允价值计量金额资产的公允价值变动。

（3）查补收入可以作为计提业务招待费的基数。《国家税务总局关于查增应纳税所得额弥补以前年度亏损处理问题的公告》（国家税务总局公告2010年第20号）第一条规定，查补收入可以弥补以前年度亏损。《国家税务总局关于企业所得税年度纳税申报口径问题的公告》（国家税务总局2011年第29号）进一步对查增应纳税所得额的填报予以明确。根据公告规定，查补的收入属于“主营业务收入、其他业务收入，视同销售收入”中的一种，在补充申报的时候必然会填到“销售（营业）收入合计”里，自然地作为计提业务招待费的基数。既然税收上已经确认收入了，那么就应该可以作为扣除基数进行税收处理。

（4）外地客商到本厂采购时参观本地景区的旅游费用可以扣除。企业招待外地客商的旅游费用，属于与生产经营活动有关的费用，可作为业务招待费在税前扣除，但企业应准备有效的材料来证明与生产经营有关，并保证业务招待费用的真实性。

一是业务招待费要与会议费区分。纳税人发生的与其经营活动有关的会议费，税务机关要求提供证明资料的，应能够提供证明其真实性的合法凭证，否则不得在税前扣除。

二是业务招待费要与业务宣传费区别。外购礼品用于赠送的应作为业务招待费，但如果礼品和赠品是纳税人自行生产或经过委托加工，对企业的形象、产品有标记及宣传作用的，也可作为业务宣传费。同时，要严格区分给客户的回扣、贿赂等非法支出，以及与企业生产经营活动无关的职工福利、职工奖励、企业销售产品而产生的佣金和支付给个人的劳务支出，这些费用均不能作为业务招待费支出。

三是业务招待费要与误餐费区别。误餐费是企业职工因工作无法回企业食堂或者家中进餐而得到补偿；而招待费是对外接待业务企业和个人而发生的吃、喝、用、玩费用，它的消费人主体是企业以外的个人，而不是本企业的员工。

四是企业购买高尔夫球会员卡自用与招待客户使用区分。企业支付的高尔夫球会员费，如果是满足公司管理人员日常休闲娱乐，属于与生产经营无关的支出，应由职工个人负担，不得在企业所得税税前扣除；如果确属于用来联系业务招待客户使用的，可作为业务招待费处理，并按照税收规定扣除。

通过以上对招待费用的处理分析我们可以发现，企业如果对有关政策了解不全面，就可能带来涉税风险。有的人认为，进行税收筹划就是打税收政策的擦边球。持这种观点的人于是就将有关企业的会计核算有意做得似是而非，让人无法看清就里。其实，税收的筹划和运作离不开真实可靠的会计信息，而且有些税收优惠政策的享受还是建立在准确完善的会计核算的基础上的，因此，会计核算是税收筹划的基础。

五、设立专职机构防范涉税风险

通过前述分析，我们对企业的内部控制机制有所了解。如果对内部控制机制有建立的初衷作一个研究，我们就可以发现，建立内部控制制度，其目的在于通过建立和完善符合现代管理要求的内部组织结构，从而形成科学的决策机制、执行机制和监督机制，确保单位经营管理目标的实现。这是企业建立内部控制机制的基本出发点。其基本作用配合公司经营目标的实现。其辅助目标一是解决执行者能力不足而出现的风险，建立行之有效的风险控制系统，强化风险管理，确保单位各项业务活动的健康运行；二是“防小人”，堵塞漏洞、消除隐患，防止并及时发现和纠正各种欺诈、舞弊行为，保护单位财产的安全完整；三是在技术上规范单位会计行为，保证会计资料真实、完整，提高会计信息质量。所以，规避有关企业的涉税风险应当也在内部控制的范围之内。

但是，事实上企业的内部控制机制是对内设制的，而涉税风险多数是来自于外部。所以，如果仅仅靠企业的内部控制机制来防止涉税风险是难以做到的。让企业的财务部门来兼职是否可行呢？实践证明是行不通的。因为目前企业的财务和会计机构只是事后监控，关起门来算账和做账。对他们的要求也仅是负责财务资料的归集、分类，有关数据的采集和分析，进行筹资、融资等企业资金的管理等事项，这是会计和财务工作的职能所决定的，所以，不能让财务部门或会计部门来兼职。

因为涉税事项分布在投资、采购、生产和销售等各环节，相关的风险产生又是与国家的税收政策、企业的财务政策、企业的会计核算方法和企业各个环节的业务操作流程和生产的安排有十分紧密的联系，对规避税风险的政策要求和技术要求都十分高，所以，如果没有相关的专业训练、没有系统的操作技术和统观全局的管理思想是难的做到的。因此，对于规模企业而言，应当设立专职的税务管理机构，对投资活动和本企业的整个过程的涉税事项进行全程控制。

企业的专职税务管理机构对外应加强与财政、税务、银行、物价及上级业务主管部门的联系，以便得到他们的指导和支持。对内应协调与生产部门、营销部门、公关部门、人力资源管理部门的关系，以便得到他们的理解和配合。企业的专职税务管理机构作为企业最为重要的部门之一，必须参与到企业的各种决策活动中，从涉税角度对各种决策方案进行分析、研究和评价，为最高决策层最终做出决策提供依据、当好参谋。

当然，对于多数中小型企业来说，设立专职机构一般是不可能，但是，可以利用外部专家的工作来提升公司的效益。

【例】

2007年，受市场大环境影响，泰山机械制造公司经营效益不是很理想，经会计结算，全年实现利润2.12万元。同时，因企业进行了技术改造，该公司于2007年12月收到该县财政部门无偿拨给的技术改造资金10万元。

在如何办理2007年度企业所得税申报问题上，公司总经理提出，新《中华人民共和国企业所得税法》于2008年1月1日开始实施，如果适当进行一下筹划，将此笔补贴收入转入2008年企业所得税应纳税所得额，不是可以一举两得吗？

按这样的处理，该公司2007年企业所得税应纳税所得额就低于3万元，企业所得税可按老税法规定享受18%的低税率；2008年度又可享受新《企业所得税法》规定的25%或20%税率。两项相加，这样就可少缴1万多元的税款。于是，会计按照总经理的要求，将此笔补贴借记“银行存款”，贷记“资本公积——其他资本公积”科目。

因为该公司业务量较小，账务处理相对简单，会计在2008年1月初便完成了会计结算，调整了企业所得税应纳税所得额，经调整后该公司企业所得税应纳税所得额为2.53万元。她同时到办税服务厅办理了企业所得税年度申报手续，按18%税率申报缴纳了企业所得税0.455 4万元。

2008年4月18日，主管税务机关对该公司企业所得税年度申报资料进行了日常审核评估，发现其资本公积项目增加异常。于是评估人员就约谈了该公司会计，经约谈证实，该公司2007年收到县财政部门下拨的技术改造资金计入了“资本公积”项目，因此增加了该项目金额。

根据《财政部 国家税务总局关于企业补贴收入征税等问题的通知》（财税字〔1995〕81号）第一条规定，企业取得国家财政性补贴和其他补贴收入，除国务院、财政部和国家税务总局规定不计入损益外，应一律并入实际收到该补贴收入年度的应纳税所得额。在本案例中，该公司进行的税收筹划有两点失误：一是补贴收入不符合法定免税条件，该公司取得的技术改造资金补贴，属县政府规定发放，不属国务院、财政部和国家税务总局规定不计入损益的收入，所以按规定计入应纳税所得额；二是收入确认上不符合新税法法定时间，此笔收入公司已于2007年12月份实际收到而不是2008年，应并入实际收到补贴收入年度，即2007年的企业所得税应纳税所得额，而不能随意计入2008年的企业所得税应纳税所得额，以适用新税法。

因为2007年度的企业所得税汇算清缴期未过，根据税法规定，主管税务机关最后做出评估决定，责令该公司调增2007年度企业所得税应纳税所得额10万元，按12.53万元适用33%的税率，补缴企业所得税3.679 5万元（4.134 9-0.455 4）。

其实，现今社会中，像上例总经理那样，不懂税收和会计法规，却常常以主观意愿“指导”会计工作的企业家，不在少数，最终产生许多涉税风险。事实上，“外面的和尚好念经”，倒不如请一个外部专家来帮助规避涉税风险。

【例】

甲公司的主要业务是为关联方生产包装箱，2008年度实现销售收入500万元（假设无其他销售收入），实际发生原材料成本400万元，销售毛利为100万元（500-400），相关的期间费用实际发生额为20万元。

如果该企业实行查账征收，那么该企业应当缴纳企业所得税为：

（500-400-20）×25%=20（万元）。

但是，甲公司2008年度被主管税务机关鉴定为能够准确核算收入总额，不能准确核算成本费用支出，因此实行核定应税所得率方式征收企业所得税（当地规定的应税所得率为5%，假设企业所得税适用税率均为25%，不考虑增值税及其他税费，下同）。

《国家税务总局关于印发<企业所得税核定征收办法>的通知》（国税发〔2008〕30号）规定，实行核定应税所得率征收办法的，应纳所得税额的计算公式如下：应纳所得税额=应纳税所得额×适用税率；应纳税所得额=收入总额×应税所得率，或：应纳税所得额=成本费用支出额÷（1-应税所得率）×应税所得率。

由此可算出，甲公司2008年度应缴企业所得税：

500×5%×25%=6.25（万元）。

事情发生以后，公司决策人发现其中的问题比较复杂，于是请来税收筹划专家，请其“顾问”一下。税务专家到企业了解情况以后，发现还有操作的空间，于是他提出如下操作方案。

建议甲公司将生产包装箱业务，改为加工包装箱，这样就可以大幅度降低企业的总收入和总成本。

因为从（国税发〔2008〕30号）件可以看出，实行核定应税所得率征收企业所得税的企业，其应缴企业所得税由企业的收入总额或者成本费用支出总额决定。企业如果能够降低收入总额或者成本费用支出总额，就可以达到减轻企业所得税收负担的目的。

假设甲公司要求关联方购买生产包装箱所需要的400万元原材料，然后交给甲公司加工，甲公司向关联方收取加工费100万元，那么甲公司2008年的收入总额就变为100

万元，其应缴企业所得税为：

$$100 \times 5\% \times 25\% = 1.25（万元）。$$

按此方案实施，甲公司可少缴企业所得税5万元（6.25-1.25），而关联方购进包装箱的成本和甲公司的毛收益都没有发生变化。

需要注意的是，税法规定，加工业务是指由委托方提供原料和主要材料，受托方只收取加工费和代垫部分辅助材料的加工业务。对于由受托方提供原材料生产的产品，或者受托方先将原材料卖给委托方，然后再接受加工，以及由受托方以委托方名义购进原材料生产产品，不论纳税人在财务上是否作销售处理，都不得作为委托加工业务，而应当按照销售自产产品进行处理。甲公司在实施筹划方案时应当注意上述限制性规定。

这个案例的成功操作发人深思：由于企业的内部控制制度不够完善，引起税务机关的干预，使有关企业降低了税收负担。后来聘请税收筹划专家进一步筹划，又使该企业的税收负担进一步下降。这里并不是说企业不需要内部控制制度和控制机制，而是强调内部控制机制需要有一定的弹性，需要根据企业的具体情况确定内部控制机制的弹性。企业所得税实行核定征收，有时候会增加企业所得税收负担，但是如果企业应对得当，也可以减少企业所得税收负担。

第三节　完善外部保障机制

投资人应当建立如下意识：涉税风险管理不能仅仅局限于企业会计和财务环节，应当向前转移到企业的整个业务过程中；涉税风险的防范不能仅仅依靠企业内部人员，还需要外部专业机构的帮助。只有这样才能使我们的纳税行为得以规范，真正做到依法纳税、诚信纳税，促使企业更好地发展。

是否善于利用外部资源，已经是将来投资人是否能够立于不败之地的重要因素了。目前的社会结构越来越复杂，投资人和相应的企业完全独立地处理这些复杂的事项已经是非常困难的事情，而这些事项如果处理不好，就可能带来相应的风险。在这样的情况下，比较明智的做法就是利用外部资源。应对涉税事项所产生的风险也是如此。

一、应当敢于承认自己的不足

涉税风险不仅表现为业务操作不当引来税务检查，从而导致补税、罚款的问题，许多情况下，还表现为多缴税的问题。目前，由于税务稽查的力度越来越大，许多企业（尤其是被税务机关查处过的企业）对应缴未缴税款的问题已经有了深切的感受。

但是，对多缴税的问题还知之甚少。

【例】

某企业集团下属有20家子公司。其中的A公司准备一个项目，通过银行融资以后，还有缺口1亿元。该公司通过其他渠道了解到D公司有资金富余。但是，D公司对A公司缺乏信任，不想借给该企业。A公司的有关人员了解到，C公司与D公司的关系比较好，由C公司向其借款是没有问题的。而C表示，如果是B公司出面，则可以为其出力。B公司正好是A公司的协作单位。

于是，四家企业达成如下协议：B、C企业出面搭桥借款，A公司通过B和C公司递进借贷的形式向D公司借到了这笔钱（借贷时间为一年，约定年利息为10%，城建税适用税率为7%，教育费附加征收率为3%）。

这笔业务是否存在涉税问题？企业集团的下属子公司在筹资过程中存在什么问题？

显然，子公司B、C出面搭桥借款，表面上看一进一出不产生费用，D应当取得的利息由A企业支付。但是，实际上这给子公司B、C带来一笔数量很大的税款。而这个税款却是属于多缴的税款。

现实中，企业多缴税的情况很多。比如可以享受税收优惠的，由于企业没有按规定申请取得享受税收优惠的资格而失去享受税收优惠的权利；可以抵扣增值税进项税金或者可以在企业所得税前扣除的费用没有按规定扣除；可以按规定享受低税率的，由于企业处理方法不当，从而适用了较高的税率等。尤其是在企业扩张、资源整合、资产重组、债务重组过程中，由于企业在业务流程或者适用政策操作不当造成多缴税的现象屡见不鲜。而这些往往是我们自身的能力不足造成的，既然如此，如果我们敢于承认自己的不足，利用他人的智慧，这样的损失是可以避免的，

二、应当定期请外部专家机构做体检

对于一个企业来说，也和人一样，有一个出生（注册成立）、成长、壮大到衰弱、死亡（倒闭）的过程，当然也就存在与人成长一样的机理过程。人有了健康的身体，其他财富才有意义！

企业的成长和发展也是如此。要将一个企业做成百年老店，其中极其重要的一环，就是让它健康成长——合法经营！但是，由于我们的生活环境十分复杂，作为生物体的人必然与周围其他事物发生接触和交流，而且身边的相关因素不断变化，我们的生理机制有时可能不适应这个变化，从而导致身体不适——生病。企业是经济社会的一个细胞，企业生存需要有市场，必然发生采购和销售等业务，而市场开发过程中，既涉及民事责任的有关事项，同时也涉及税收问题。这些问题的处理的正确性得

不到保证，就给企业埋下了政策风险隐患，从而增加涉税成本。

比如企业的采购人员在千里之外发生采购业务，采购员考虑的是如何以较低的价格采购到规格和质量符合生产要求的原料，然后再将货物运回公司。回公司以后凭发票报销。这也是公司对他的考核。至于在采购和运输过程中的涉税问题则与他无关。而财务会计部门在接到采购人员经签字的发票以后，所能够做的事情就是凭票记账，然后到税务机关去比对论证、申报扣税。至于这张发票所体现的业务流程是否规范，取得的发票来源是否合法，都不在其工作职责要求之内，所以财务人员也不会去考虑。等到一年半载以后，税务检查部门的人员到企业，下达罚款决定时，企业才意识到问题的严重性，痛心疾首地后悔没有事先请专家审查！

企业要发展，需要建立一整套制度和业务操作流程，同时出现了专业分工。对于一家企业而言，制度、业务流程和专业分工是相对稳定的，但是，与该企业相对应的有关税收政策却是变化的、复杂的和综合的。企业的有关业务无法做到专业人员与专业事项一一对应。比如，企业的销售人员在千里之外发生销售业务，他们所考虑的是如何以较高的价格将公司的产品销售出去，然后再将销售款回笼。为了扩大销售额，他们会以各种手段进行促销。对有信用的老客户（用户）进行赊销是常用的手段之一，1月份签单发货，12月份付款。发货与收款的时间距离较长，但是，在销售合司中往往并不进行规范操作，结果将本来属于赊销的业务当作直接销售业务处理，本来应当在年底才需要缴的税，在年初就缴了，企业早早地垫付了一大笔资金！不仅如此，多数企业由于业务流程运作不当，导致多缴税的案例有很多！

在企业死亡（倒闭）环节不会处理有关事项导致多缴税的事例就更多了。目前企业的平均寿命为2.5年，由于种种原因，企业在经营了一般时间之后需要关门歇业。在这样的情况下，许多投资人往往非常草率地处理企业的资产（存货）。你关门了，你将库存的产品都处理完了，税务人员也找上门了。你可能会说：企业已经关门了，我都亏成这样了，你们还要缴税？但是税务检查人员会告诉你，企业亏不亏我们不管，但是你将存货销出去了就要缴税！税务机关会要求你就账面存货的销售情况缴纳相关的税收。这时的你再后悔也来不及了。

既然在生产和经营过程中的涉税问题的处理不可避免，企业就需要开明一些，定期聘请专业人员到企业进行诊断，通过专家排除“地雷”，强化企业的健康，有利于企业的发展。即使由于投资人的战略需要，对某个项目进行歇业（战略收缩），当税务机关进行清算检查的过程中，或在税务人员来之前找税务专家咨询一下，同样也会帮助企业减少一笔税收支出。

【例】

2013年12月13日，某涉税咨询机构应太湖塑料制品有限公司的委托，对该企业的涉税风险情况进行评估。

太湖塑料制品有限公司属私营企业，专门生产塑料制品并进行产品批发。2013年12月12日，该企业接到当地主管税务稽查部门的通知，半个月以后税务稽查部门将对该企业进行纳税检查。要求该企业做好准备工作。该企业的负责人认为，当地主管税务机关已经多次提醒该企业存在税收负担偏低的问题，可能存在涉税风险，于是，在税务稽查部门进驻检查之前，请税务专家帮助诊断一下。

税务专家认真检查了该公司账目，其中一笔业务的凭证摘要栏引起了他们的注意，内容是：偿还某销售公司短期借款64.2万元。账务处理为：借记“预收账款”64.2万元，贷记“银行存款”64.2万元。

税务专家认为这笔业务的账务处理有悖于常理，短期借款为什么会在“预收账款”科目中核算？根据以往的经验，有销货后未走销售账进而偷税的嫌疑。经查“预收账款”明细账，税务师发现确有此笔销货业务，遂向会计询问，会计不能自圆其说。

于是，税务师来到与这笔业务对应的某塑料销售公司核实该笔短期借款情况。这家销售公司的会计很快就找出2013年6月的凭证，账务处理为：借记“银行存款”64.2万元，贷记“预收账款”64.2万元。账面记载的内容和太湖塑料制品有限公司一致。

税务专家当场对两家企业记账出现同样的错误提出了质疑，销售公司会计解释已经对此进行了调整，并从档案柜里找出了2013年7月的记账凭证。调整的账务处理为：借记“预收账款”64.2万元，贷记“其他应收款——借款”64.2万元。同时在备注栏里附注：不开发票。销售公司会计对此解释：这只是一个不用发票的解释而已，怕以后记不起来，所以才加了说明。

税务专家层层调查，不断质疑，终于使销售公司会计承认：2013年春，太湖塑料制品有限公司向塑料销售公司借了64.2万元现金。眼看7月份还款期限已到，他们拿不出这么一大笔款项，两家便商量在6月份以货抵债。太湖塑料制品有限公司是小规模纳税人，担心开发票要缴增值税，所以未给销售公司开具购货发票。于是，这家销售公司便在备注栏里作了“不开发票”的说明。

经过中介机构一番审计，终于真相大白。太湖塑料制品有限公司利用以货物抵债方式还款，同时对抵债货物不如实进行纳税申报，以此达到偷税目的。审计结果表明：太湖塑料制品有限公司用以货抵债方式少申报销售收入（含税）64.2万元，少缴增值税9.3万元。

税务专家将审计结果交给太湖塑料制品有限公司的负责人以后，负责人表示企业处于初创阶段，他不懂税法企业存在很大的涉税风险。所以企业应当经常看“医生”，否则，一旦被税务机关查获，其损失就大了。

三、应当聘请外部税务专家做顾问

许多企业的负责人认为，与税收有关的一切事项都应当由财务人员来负责。所以，绝大多数企业都将税收问题的解决寄托在本企业的会计和财务人员身上。久而久之，财务人员也认为，一切涉税事项应当由自己来负责，许多财务人员也将有关税收问题全部承担下来。这是一个需要解决的认识误区。

在实践过程中，财务人员在处理涉税事项的过程中也感觉到无奈，许多涉税事项他们想负责，但是无力负责；他们想处理，但是没有资格来处理；他们想控制，但是没有权力来控制！为什么会出现如此尴尬的状态呢？其实原因很简单，按照会计的工作职能，目前企业财务人员所从事的工作，都是一些事后反映（核算）的经济事项。而与该经济事项有关的纳税义务在到财务人员手中之前就已经产生了。所以，如果财务想处理与税收有关的经济事项，唯一的工作就是按规定计算应纳税款。如果想少缴税，会计人员能够做的往往也只有一个手段——偷税。有没有在合法的前提下操作的环节呢？当然是有的，但不在企业的财务环节，而是在业务操作环节，比如采购环节，生产环节和销售环节，等等。

如果将投资和生产经营的全过程展开分析，人们就不难发现，纳税义务的发生和实现，80%以上不在会计和财务环节！举一个例子来说明吧：企业用现金购买原材料，按照职能分工是由企业的采购人员来完成的。当货物入库以后，采购人员将签字后的购货发票交会计人员记账。会计对签字后的发票和货物入库单审核无误后入账，申报抵扣购进原材料的增值税。但是五个月以后，税务机关查实该笔采购业务所取得的发票不符合税法规定，属于偷税行为。企业补缴税款后还受到税务机关的处罚。对于这笔业务来说，问题在哪里？责任应当由谁来承担？在现实生活中，多数企业往往责怪会计的工作没有做到位，没有为他解决税收问题，但是，事实上问题出在采购人员那里！如果要帮助纳税人筹划材料采购的涉税问题，当然应当从采购环节开始！

通过以上分析，我们可以得出这样的结论：税收筹划的重点应当在投资、生产和经营等业务流程方面。通过实践我们也可以发现，有些涉税事项通过会计人员来处理，属于偷税；而通过前面生产或者经营环节来处理，则属于税收筹划。因此，我们不能认为企业会计和财务人员能够解决所有的税收问题。

目前的企业必须聘请外部专业人士提供税收咨询服务。原因如下：

一是目前多数企业讲究经济效益，人手不足，分管和负责会计和财务活动的人员往往不多，甚至不能满足日常工作的基本要求。平时，他们仅仅为应付做账、制凭证、出报表以及买发票、协调日常涉税事务就已经感觉力不从心，不可能有时间和精力去研究税收政策，更不必说税收政策对本企业有关业务的影响。

二是目前的税收政策变化较快，而且同一个经济事项可能存在很多税收政策对其进行规范，企业人员无法、也不可能对有关政策有一个全面而系统地把握和理解。

三是受经验的影响，不容易发现和适应变化的新情况。

四是作为自然人的先天不足：旁观者清，当局者迷。

【例】

金松公司是一家生产服装的规模企业，2010年12月底，该公司考察了当地服装生产资源，在中国工商联有关领导的支持下，准备建设一座服装城。通过与当地政府协调，金松公司以处于某市中心地带的10亩地交换，要在该市郊区取得一块面积为30亩的土地建服装城，专门从事服装交易。具体的操作过程如下:

金松公司先将土地交市政府土地储备中心，然后再在郊区征地。

2011年3月18日，金松公司将土地交给政府土地储备中心。由于金松公司交出的土地的地理位置比较好，许多房地产开发企业都想开发，所以，土地储备中心很快就将该土地通过拍卖的方式，高价转让。

但是，金松公司的服装城建设计划却因故迟迟没有上马，也没有与市政府交涉征地事项（包括土地移交手续等都没有办理）。考虑到结算问题，2011年12月18日，市政府通过土地储备中心向金松公司支付了一笔土地补偿款1 000万元。2012年10月18日，市政府再次通过土地储备中心向金松公司支付了一笔土地补偿款1 000万元。

2013年5月8日，当地国税局和地方税务局对该企业进行联合检查，发现金松公司对以上2 000万元并未作为收入入账，也没有申报纳税。于是做出如下决定，对该企业转让土地未作销售、未申报纳税问题认定为偷税，责令其补缴所得税，同时处以0.5倍的罚款。

笔者曾在讲座中提到过，就目前的情况而言，被税务机关查处的案件，有50%以上依据往往不足。如果通过技术服务，是可以推翻处罚意见的。上述案例就是如此。

金松公司的董事长认为，本公司转让土地未作销售收入，未申报缴纳相关税收是事出有因的，因为承建服装城是政府规划项目，政府没有及时审批，从而造成项目不能及时运行。于是，要求政府领导出面协调。当地政府有关部门考虑到该企业的具体情况，于是派政府办公室主任和分管副市长出面。

税务机关对案件进行了认真审理，认为本案事项清楚，证据确凿。政府办公室主任和分管副市长的协调没有效果。于是，该企业再次请书记出面。书记便委托当地的著名律师参与案件分析工作。通过以上努力，这块土地的转让涉税事项的处理仍没有出现松动。

该公司的负责人见在多方面的努力下没有效果，只好准备妥协，积极筹备资金准备缴税和罚款。

这时有人向该负责人推荐一位税收筹划专家，负责人将信将疑地聘请专家。

当时经过多方操作，已经有多方智力参与，税务机关往往会比较慎重，所以，在一般情况下不会再有多少机会。再说，事情已经搞得很僵，如果找不到有说服力的事实依据，怕是没有回天之力。

但是，税收筹划专家最终还是找到了解决问题的办法。在金松公司的负责人和该事项的参与者全面介绍了土地转让的过程后，专家建议该企业向稽查部门就“企业没有与市政府交涉征地事项（包括土地移交手续等都没有办理）”进行情况陈述。

税务机关接到金松公司的陈述以后，情况立即发生变化。对原事项，企业做销售申报处理，税务机关不再追究处罚问题。筹划专家一个“指点”，就为该企业减少300多万元的罚款损失！

涉税事项都是企业人员在操作，其中的一些重大事项可能还是企业负责人自己亲自主持或者经手操作的。但是，由于其“只缘身在庐山中”，从而导致自己“不识庐山真面貌”，这是其一；其二，企业管理过程中，或者一些重大的涉税经济事项，往往涉及多方面、多学科，需要接受众多法律部门的管理和控制。企业人员在具体承办过程中往往只知其然，而不知其所以然（或者只知其一，不知其二）。一旦遇到问题，一般的专家是无法解决问题的，只有那些综合性专家才能做出系统性的分析和诊断。

第四节　掌握规避涉税风险的方法和技巧

规避企业的涉税风险，既要有机制上的前提，更要有技术上的保证。因为无论如何工作都需要人去做的，而做相关工作的人，需要拥有从事这项工作的技术。对于纳税人规避涉税风险，除了要求相关人员充分掌握相关的会计、财务和税收法律法规以外，还需要掌握规避涉税风险的技术和技巧。规避涉税风险的技术和技巧很多，笔者在这里仅对部分重点问题作一些提示。

一、掌握应对纳税评估技术

目前基层税务机关注意纳税服务，重点强调帮助纳税人进行风险应对，其中进行纳税评估是一个重要环节。所谓纳税评估，指税务机关运用数据信息对比分析的方法，对纳税人和扣缴义务人（以下简称纳税人）纳税申报（包括减免缓抵退税申请，下同）情况的真实性和准确性做出定性和定量的判断，并采取进一步征管措施的管理行为。

通俗地说，纳税评估就是主管税务机关在日常税收征管过程中强化管理的手段之一，视纳税人实际情况而渐进的过程，即如果主管税务机关不接受纳税人对纳税质询的解释或发现新的疑点，就会采取约谈乃至调查核实、处理处罚甚至移交稽查部门查处的步骤。因此，这里就需要纳税人运用应对纳税评估技术化解相关风险，这里主要指纳税人做好纳税评估每一步的解释说明工作，而且工作越前移，效果就越好。

【例】

太湖软件开发有限公司是一家外商投资企业，成立于2006年，经营外包软件开发服务，业务订单基本来源于外方投资者，至2012年公司连续亏损。2013年上半年，主管税务机关对公司进行了纳税评估，要求太湖软件开发有限公司回复是否存在销售未计收入、多列成本费用、扩大税前扣除范围的情况，并说明连续亏损多年的原因。

就上述案例而言，问题的实质是由于公司多年连续亏损，主管税务机关就产生了公司可能存在销售未计收入、多列成本费用、扩大税前扣除的疑点。因此，企业进行风险应对的关键就是让主管税务机关相信公司连续多年亏损是客观原因所致，属于正常现象。因此，咨询专家认为应分成两个步骤分析说明问题：第一步，从“利润=收入-成本”的公式所涉及的因素结合公司情况逐步寻找导致亏损的理由；第二步，从公司的会计资料（包括凭证、账本、报表及其他会计资料）中寻找能够支持理由的证据。收入又有量和单价两个因素的影响，由于上述案例中软件开发服务收入不存在单价问题，我们可以用毛利率来分析，而成本的影响则应从成本的项目分析。

太湖软件开发有限公司2006年成立，从机构搭建到队伍建设、建章立制等工作都需要一个实施与磨合过程，经营业绩不可能一下子就能够达到期望的理想状态。2008年，公司业务刚有所进步时，遭遇席卷全球的金融海啸，完全依赖国际市场的太湖软件开发有限公司，不仅承接外包软件开发的订单陡然下降，而且原来的盈利计划也化为泡影。太湖软件开发有限公司的财务报表反映，2008年～2011年，公司每年营业收入的增幅都不大，一方面是因为创业初期业务开展有难度，另一方面，受金融海啸冲击，2010年和2011年的实际业务的确有所下降。

承接软件外包服务类似于“三来一补”行业。这种贸易形式下，企业一无品牌二无市场，通俗来讲就是“打洋工”，其最大特点是毛利率低以及在市场竞争中没有主动权，完全受制于人。

相对于一般的“三来一补”，软件外包行业的毛利率稍微高一些，但与行业的普遍水平相比还是相差很大，一般也就是维持在微利或小有盈利的水平，在开业初期出现亏损甚至是连续多年亏损都是正常的。如果价格不具备相当优势，就更难取得令人满意的盈利水平。这一点，在企业的财务报表上也得到了印证：公司这几年的平均毛利率只有26%，情况最好的2012年也只是35%，但同时期具有自主知识产权和自我市场开发能力的软件开发服务行业的平均毛利率则高达50%，两者相差一倍。

另外，软件行业还有一个特别明显的特点，就是人工成本很高，而且相对比较固定，不可能随业务增减而同步增减。软件开发人员特别是从事核心软件开发的人员薪酬要求较高。相对于其他行业，软件开发更需要一个稳定的员工队伍，因此，从事软件开发的公司即便在业务量不大的时候也要保持一个适当的人才队伍，他们的薪酬、福利等开支就成为公司固定的成本，而且是成本构成中的主要部分。而从公司的报表也可以看出，2008年～2011年，人力成本都占90%左右。

根据以上分析，通过讲理由、摆事实，主管税务机关最终接受了太湖软件开发有限公司的解释，没有再提出新的疑点，纳税质询得以消除。从上述案例的应对过程可以看出，纳税评估是税务机关质询在前，纳税人解释说明在后，属于征管环节的管理措施，其性质与税务检查有着本质区别。但是，纳税人应对评估事项还是需要一定技术的。

当然，相关应对技术是建立在税收筹划的基础上的，读者可以参阅《投融资业务财税筹划演练》《经营管理财税筹划演练》《房地产企业财税筹划演练全集》和《纳税筹划实例全集》等，结合具体案例演练和掌握涉税筹划的原理。

二、注意入账凭证的合法有效性

税法规定企业实际发生的与取得收入有关的、合理的支出，包括成本、费用、税金、损失和其他支出，准予在计算应纳税所得额时扣除。单位、个人在购销商品、提供或者接受经营服务以及从事其他经营活动中，应当按照规定开具、使用、取得发票。不符合规定的发票，不得作为财务报销凭证，任何单位和个人有权拒收。因此，即使是企业实际发生的支出，未按规定取得合法有效凭据，也不得在计算应纳税所得额前扣除。

落实到具体操作环节，税收法规没有对合法有效凭证作过具体界定，在税收征管工作中，不少税务人员、财务人员，都对税法上的合法有效凭证难以准确把握。而规避涉税恰恰需要纳税人正确掌握“合法有效”。所以，我们在这里对相关资料进行归集，以便帮助读者找到这个答案。

1．合法有效凭证的含义

税法上所说的合法有效凭证，最初出现在税收征管法第十九条的规定中。纳税人、扣缴义务人按照有关法律、行政法规和国务院财政、税务主管部门的规定设置账簿，根据合法、有效凭证记账，进行核算。会计凭证是登记账簿、进行会计核算的依据，也是税收管理的基础。合法有效凭证要从广义、狭义两方面来理解。广义的指会计制度上所定义的，指能够用来证明经济业务事项发生、明确经济责任并据以登记账簿、具有法律效力的书面证明。狭义的指税法上所理解的，即税法所统称的合法有效凭证。

从营业税暂行条例实施细则第十九条规定看，合法有效凭证指符合法律、行政法规或者国务院税务主管部门有关规定的凭证，必须同时满足合法性、有效性两个特征要求。

（1）合法性指符合国家税收政策的规定，税收政策没有规定的，必须符合国家相关法律、法规。税收征管法第三条规定，税收的开征、停征以及减税、免税、退税、补税，依照法律的规定执行；法律授权国务院规定的，依照国务院制定的行政法规的规定执行。

（2）有效性主要包含两方面：其一，真实性，指纳税人有关收入、支出已经实际发生。税收征管法第二十四条第二款规定，账簿、记账凭证、完税凭证及其他有关资料不得伪造、变造或者擅自损毁。其二，合理性，指符合生产经营活动常规。企业所得税法实施条例第二十七条第二款规定，企业所得税法第八条所称合理的支出，指符合生产经营活动常规，应当计入当期损益或者有关资产成本的必要和正常的支出。

2．判定合法有效凭证的标准

在税收征管中，判定凭证是否合法、有效，是从税收政策上来理解和认定的，必须同时符合三条标准：

（1）真实性：凭证所记录或反映的经济业务事项，是纳税人实际发生的，不是伪造、虚假的经济业务。

（2）合理性：凭证所记录或反映的经济业务事项，符合纳税人的生产经营活动常规。

（3）合法性：凭证所记录或反映的经济业务事项，以及凭证的要式都要符合税收政策。企业所得税法第二十一条规定，在计算应纳税所得额时，企业财务、会计处理办法与税收法律、行政法规的规定不一致的，应当依照税收法律、行政法规的规定计算。因此，税务机关判定凭证合法性时遵循如下原则：①税收法律、法规、税务主管部门政策有规定的，要符合税收政策的统一规定；②税收政策没有规定或者规定不明确的，财务会计制度有规定的，要符合财务会计制度的统一规定；③税收政策、财务会计制度都没有规定的，要符合国家其他法律、法规。

3．“合法有效”凭证的类别

发票管理办法第三条规定，本办法所称发票，指在购销商品、提供或者接受服务以及从事其他经营活动中，开具、收取的收付款凭证。当前除发票外，税收政策尚未统一规定其他凭证的种类和格式，主要是遵循财务会计制度。在财务会计制度中，凭证表现形式有多种多样，按来源不同分为两类。

（1）自制凭证，是纳税人内部自制的凭证，如记账凭证，收料单、领料单、入库单、出库单、提货单、员工借款单、工资发放明细表、折旧计算表等原始凭证。这类凭证形式多样，税收政策、财务会计制度都没有统一规定，由纳税人根据自身经济业务、内部经营管理的实际需要制定。只要凭证所记录或反映的业务事项符合真实、合理性的标准，也不存在违法违纪情形，就属于合法、有效性。

（2）外来凭证，是来源于纳税人外部的凭证。例如营业税暂行条例实施细则第十九条将其分为4种：一是支付给境内单位或者个人的款项，且该单位或者个人发生的行为属于营业税或者增值税征收范围的，以该单位或者个人开具的发票为合法有效凭证；二是支付的行政事业性收费或者政府性基金，以开具的财政票据为合法有效凭证；三是支付给境外单位或者个人的款项，以该单位或者个人的签收单据为合法有效凭证，税务机关对签收单据有疑义的，可以要求其提供境外公证机构的确认证明；四是国家税务总局规定的其他合法有效凭证。

这4种凭证中，前3种凭证属于有所记录或反映的业务内容真实、合理的条件。《企业所得税法》第二十条规定，只有符合财政、税务主管部门政策的规定，就属于合法、有效。第4种凭证指纳税人发生的上述3种经济业务事项以外的行为，经纳税人签收或填写的单据或书面材料。此类凭证种类繁多、五花八门，只要凭证所记录或反映的业务内容真实、合理，也不存在违法违纪的情况，税务机关有异议时，能够提供出第三方所出具的证明材料。涉及国家管理行为的，提供相应公文批件；涉及民事行为的，提供相应的合同协议；涉及其他行为的，提供第三方证明材料。如果还有异议的，要求纳税人提供公证机构确认的或者中介机构鉴证的书面材料。

三、正确处理相关费用的涉税问题

在日常生产和经营活动过程中，常常会遇到一些模糊不清的问题，而处理这些问题既体现出当事人对政策理解的能力，同时，也关系到企业涉税风险的把控问题，比如，根据《财政部关于在全国开展交通运输业和部分现代服务业营业税改征增值税试点税收政策的通知》（财税〔2013〕37号）规定，从2013年8月1日起，增值税一般纳税人购入自用的应征消费税的小汽车，其进项税额可抵扣，但专用于简易计税方法计税项目、非增值税应税项目、免征增值税项目、集体福利或者个人消费的除外。现实中，小汽车发生的汽油费都取得了增值税专用发票，该进项税额应如何处理？

1．一种观点认为，进项税额可以抵扣

《增值税暂行条例》第十条规定了5种情况下不得抵扣进项税额。对纳税人来说，可以理解为“法无禁止即自由”。只要纳税人小汽车的耗油不属于《增值税暂行条例》第十条列举的5个不准抵扣进项税额外，都可以进行抵扣。

另外，纳税人发生的汽油费，取得增值税专用发票并无不妥，因为纳税人销售货物，除向消费者个人销售货物和销售货物适用免税规定不得开具增值税专用发票情形，应当向索取增值税专用发票的购买方开具增值税专用发票。

可见，纳税人按规定取得的增值税专用发票，如果不在税法明确规定不能抵扣范围之内的，应允许抵扣。

必须注意的是，增值税是对消费征税的，纳税人的小汽车既用于生产经营，又用于集体福利或者个人消费，则用于集体福利或者个人消费发生的汽油费，其进项税额是不能抵扣的。

2. 另一种观点认为，进项税额不可以抵扣

理由是：财政部和国家税务总局在修订增值税暂行条例时，借鉴国际惯例，与企业技术更新无关且容易混为个人消费的自用消费品小汽车所含的进项税额，不得予以抵扣。根据（财税〔2013〕37号）文件规定，从8月1日起，专用于不得抵扣项目的小汽车，其进项税额仍然不得抵扣。相应的，其耗油也不得计算进项税额予以抵扣。也就是说，小汽车耗油进项税额是否能抵扣，以小汽车进项税额是否能抵扣为前提条件。

笔者赞同第一种观点。即使小汽车的耗油在多数情况下是消费用途，而且从操作上难以界定哪些属于生产用，哪些属于消费用，但在国家税务总局未明确不得抵扣进项税额之前，应准予其抵扣。建议考虑纳税人生产经营的实际情况及纳税人小汽车耗油难以准确区分用途的特征，为了避免可能产生的税收漏洞，可参照企业所得税法业务招待费税前扣除的做法，统一按从销售方取得的增值税专用发票上注明的增值税额的60%抵扣进项税额。这样，可以增加政策的可操作性，减轻纳税人的税负，营造公平、公正、和谐的税收环境。

四、及时处理涉税事项

在日常涉税管理过程中，往往存在这样的情况：一些事项已经完成了，比如采购原材料已经入库了，或者销售已经实现了，但是，还有一些收尾事项没有完成，从而直接影响到后续工作的进行，带来涉税风险。

【例】

某市地税局根据企业所得税预警信息，在对上年度汇算清缴后企业所得税低于最低贡献率的某矿业企业进行评估时，通过省局大集中系统采集该企业上年度资产负债表数据，发现该企业“存货”科目金额出现红字，并且数额较大，这引起了评估人员的注意。

企业期末存货出现红字的形式、产生的原因及造成的后果主要有以下三种情况:

（1）多转成本，减少利润，造成少缴企业所得税。

（2）数量为红字，金额为正数。原因是计入成本的金额的低于账面成本价，造成后果是少转成本，虚增利润。

（3）数量和金额都为红字。原因有二，一是在单价正常的情况下，存货发票未到，存货已入库，未做估价入账就领用发出；二是在存货核算规范的前提下，极可能是虚转成本，少缴所得税。

通过进一步分析该公司实际生产经营状况，发现该公司为资源型企业，产品供不应求，利润较高，没有必要人为调增利润。出现红字的情况，极有可能是第1种或第3种情况。

评估人员在对该企业存货数量、金额红字的形式、产生的原因及造成的后果进行详细的案头分析后，对该公司财务负责人进行了约谈。经核实，该企业购进原材料金额24 685 541元，没有从卖方取得发票，同时也未做暂估金额入库的账务处理，而是直接转入生产环节，结转产成品，且产成品已销售，年末无余额。

根据税收征管法、发票管理办法、企业所得税法及《国家税务总局关于企业所得税若干问题的公告》（国家税务总局2011年第34号）等规定，该企业超过汇缴期仍未取得发票，应调增应纳税所得额，缴纳企业所得税。经评估约谈，企业自查补税6 171 385元。

通过该评估案例的分析，咨询专家在这里提醒纳税人，购进货物必须取得发票并及时入账。纳税人已经验收入库但发票账单尚未到达的各种存货，应按计划成本、合同价格或其他合理价格暂估入账；企业在汇算清缴期内仍然没有取得合法购货凭证的，应将存货按暂估价格计入当期应纳税所得额，缴纳企业所得税。

第七章
企业财务报告分析

企业财务会计报告，是指企业对外提供的真实地反映企业某一特定日期财务状况和某一会计期间经营成果、现金流量的文件。它由会计报表、会计报表附注、财务情况说明书三部分组成。按照报送的时间不同，财务会计报告可分为：年度、半年度、季度和月度报告。

会计报表是企业财务会计报告的主体，是会计人员根据日常核算资料加工、整理定期编制的，用以反映企业某一特定日期财务状况和某一会计期间经营成果和现金流量的表格式文件。会计报表一般包括资产负债表、利润表、现金流量表；年度会计报表还应当包括资产减值准备明细表、股东权益增减变动表、应交增值税明细表、利润分配表等附表组成。

对会计报表进行检查，主要是检查各种会计报表内项目内容是否真实、准确、合法，是否能如实地反映企业的财务状况和经营成果；在采用逆查法进行纳税检查时，通过对会计报表的检查和分析，可以确定检查重点，使检查工作有针对性地进行。与之相适应，进行会计报表检查的应对，就是要让会计报表相关数据客观、合理，有关栏目符合逻辑。

第一节　财务报表分析基础

会计报表综合反映有关企业一定时间内的经营成果、资产负债的实际情况和现金流动情况。通过对会计报表的分析，对各种报表之间数据钩稽关系的核对，能够发现有关企业的业务内容和经营情况存在的问题的初步线索。所以，分析企业的会计报表，是税务检查人员比较关心的内容之一。这里我们结合有关资料对税务检查人员分析财务报表的一般思路作一个简要介绍。

一、企业财务会计报表简介

会计报表的编制是一个比较复杂的过程，其中需要经过五道编制环节：一是发生有关经济业务，取得有关商事凭证（原始凭证）；二是审核有关经济业务，确认有关凭证的合法性，对有关经济业务本质进行确认和归类，制作会计凭证（记账凭证）；三是对有关记账凭证进行分析和汇总，并进行记账（包括总账和分类账）；四是根据一定的规则和要求，将通过账册所反映的经济业务信息编制会计报表；五是对于集团企业而言，按照一定的规则对有关子公司和分公司的报表进行合并，制作出总公司需要的合并报表（从税务检查的角度，仅关心纳税主体的业务，所以，合并会计报表一般不是税务检查人员关心的重点）。

由于上述各环节的经济业务处理过程比较复杂，其中许多方面经过了人为的修饰，也就是说有关经济事项的处理经过了主观的判断，所以，从税务检查的角度来说，企业的会计报表往往是不可信的。

但是，借贷记账方法的科学性已经经过了几百年的证实，其复式记账本身存在内在的制约关系，能够将企业的经济运行轨迹留下痕迹。即任何经济事项只要入账，就会留有痕迹。从这一点出发，会计报表能够反映其入账的经济事实，即便部分企业规避一些规则，如窜用账户，不按规定编制报表等，也会使一些问题的苗头暴露出来。

综上分析，作为税务检查人员一般会以怀疑的眼光看待企业编制的会计报表，合理的利用已有的会计报表事项，作为税务稽查的工具，科学分析，合理判断，从而找出检查突破口。

二、分析企业会计报表的假设基础

1．企业都是趋利的

就一般情况而言，投资人注册成立一家企业，都是为了追求投资回报。因此，我们可以做出如下假设：任何经济组织其生存都是趋利的，即收入超过投入。任何从事生产和经营活动的企业的存在必然有其支撑点，无非通过自身经营获得利益，或者是通过关联方操作实现整体获利。

2．企业有天然的避税取向

由于税收是国家强制参与经济分配的行为，任何税收支出都构成企业的资金占用，从而形成生产和经营的成本项目，所以，从利益分配的原动力出发，企业可能通过合法的和非法的手段对应当由自己承担的税收进行规避，实现其自身利益的最大化，这是经济社会中普遍存在的问题。

3. 企业避税的偏好不一致。

企业主要区分为公众公司（即上市公司）与私有化公司，由于公众公司追寻股票价值最大化，其主要的避税偏好是通过政策规定的差异性来进行；私有化公司追求利润最大化，其主要的避税偏好除了利用各项政策外，还包括直接偷税，少申报收入，多列支出。

三、会计报表税收分析的基础

基于以上认识，税务检查人员对会计报表的税收分析一般是建立在经济活动的合理性基础之上的。经济活动的合理性，即与从事活动的出发点的统一，以及与经济活动规律相适应，包括以下4个内容。

1. 法律规章的合规性

税收法律与其他法律规定的政策导向一致，企业的某些经济活动除了受到税法制约之外，同其他经济法律也相关，通常会涉及审批、审核、备案事项，相关的经济法对其经济行为进行规范，而税法对其经营成果进行分配，一般税法的规定处于后置。比如高新技术企业享受税收优惠，相关企业必须取得高新技术企业资质证书等。

2. 经济活动的规律性

有关企业会按照通常的经济活动规律来进行生产和经营活动，如在市场价格看跌的情况下企业一般不会屯货居奇，对于非标件（非通用件）的生产一般都有明确客户才会开始生产等。

3. 经营目标的一致性

投资人的长远目标是取得良好的投资回报，这就决定了相关企业追求经济利益的最大化，其经营的出发点是谋求利益，也就是经济学中经济人的概念。

4. 商业活动的操作习惯

企业在经济活动中的消费金额一般是有整有零，企业在同一天开具发票，如果发票限额足够，没有特殊的情况不会分几张发票开具，如果限额不够，一般会先顶额开具，其余再另行开具。

四、税收分析对会计报表的关注

税收是参与企业经济活动并对其经营利益再分配的行为，所以，企业会计报表的数据必然与税收存在某种联系，如销售收入（营业收入）乘以适用税率就是流转税的应纳税额，而利润乘以适用税率即为所得税的应纳税额。通过对损益表的分析，税务检查人员可以了解企业的经营规模和经营效益，通过与同行业的流转税的税收负担率比较，可以分析出相关企业对税法的遵从度。

但是，在纳税检查过程中，税务检查人员关注企业的主观税收违法行为，其重点还是在少做收入、多列成本等方面。损益表中反映企业当期的经营情况，如果少做收入，在利润表中一般不会反映出来，多列成本费用无法针对性地判断，所以会计报表的税收分析关注的重点不在损益表中，而主要是在资产负债表中。因为借贷记账法科目中，对应的科目不是损益类科目就是资产负债表类科目，通过对有关科目的逻辑性分析，可以发现问题的苗头。

现金流量表是反映一定时期的现金流动情况，与税收无直接对应关系，但是可以反映企业在一定时期的经营情况，所以一般作为辅助报表进行分析。在具体分析过程中，不同的税种，其分析的重点有所不同。

对于增值税纳税检查的报表分析而言，税务检查人员一般会抓住以下几个重点环节进行分析：

一是分析企业的现金流，将企业当期的现金流量与上年同期以及企业的经营情况进行逻辑性比较。如果该企业的现金流量较大，超出该企业当期生产和经营的收入水平，则可能存在发生销售未及时入账或者账外经营等方面的问题。

二是分析企业的资金往来情况，将企业当期的资金往来与上年同期以及企业的经营情况进行逻辑比较，进行动态的和静态的分析。如果企业的资金往来超出常态，就是需要进行重点检查的疑点方面。在具体的检查过程中，就要结合察看有关账户的资金核算情况，从而确认有关问题。

三是对预收账款进行重点分析，将企业当期的预收账款与上年同期以及企业的经营情况进行逻辑比较，同时了解企业目前的生产和经营情况，参照行业的景气度进行分析。如果出现行业景气度不好，而企业的预收账款数量增加的情况，则可能是企业发生销售收入挂在预收账款中而申报销售的问题。

四是分析企业当期的存货情况，结合企业当期存货与上年同期以及企业的经营情况进行逻辑比较，同时了解企业的税收负担的变化情况。如果企业当期税收负担明显下降，存货数量不断减少，一般可以判断为异常。则需要参照企业的行业景气度，分析其产品销售价格是否正常，从而进一步确认该企业的纳税申报是否合理。

五、几个常用的分析模式

对企业的财务报表分析，是从企业生产和经营架构和宏观经济指标的总体分析企业的基本情况。在日常涉税检查和分析的过程中，税务检查人员有几种分析思路。

（一）整体分析

1. 边际避税情况分析

在一般情况下，企业的生产和经营效益越好，其税收负担也会越大，税收负担作为投资人收益的减项，是与投资收益成反比的。边际避税是指企业少报收入，虚列成本实际避税的效果，一般税收负担率越高，其边际避税效果越高。

结合损益表，税务检查人员可以得出企业增值税的税收负担情况，税收负担越高，企业主观避税和逃税的愿望就越强，所以对税收负担偏高的企业更应该充分关注。

【例】

B市HD区税务局2018年通过审查某IT公司的利润表发现，该公司的利润率明显偏低于同行业。于是对该公司进行税务评估，评估时发现，该公司财务处理核算简单、清晰，会计还主动提供了每月保存完整且很少有未达账项的银行对账单和银行存款余额调节表等与检查有关的资料。

检查员通过全面检查发现该公司被检查年度的业务收入及盈利较前两年均有下降，但与收入挂钩的业务招待费及员工工资却均比上年度增加了约20%，这种异常现象让人怀疑该公司隐瞒了收入。

检查员根据自己的经验检查了“主营业务收入”“应收账款”“其他应付款”及“银行存款”等科目，均未见异常。在和员工闲聊时，检查员获取了一条重要信息：关于公司中层领导年薪有两种矛盾的说法，一说是25万元，还有一说是7万元~8万元。为了揭开谜底，检查员查明该公司账面发放的中层领导工资额约为7.6万元。但检查员认为，如果25万元确有其事，则一定有其他资金来源。

同时，检查员在浏览该公司年终总结时又看到了这样一句话：公司3年来的业绩一直稳步上升，已经为快速发展打下了坚实的基础。这条信息也似乎暗示着公司极有可能隐瞒了收入，于是检查员把检查的重点锁定在收入的入账环节——银行存款。

检查员首先将公司仅有的3个银行存款账户与银行对账单进行了简单核对，发现很少有未达账项的调整，即使有，金额也很小，并且余额调节表也已作调整。

从账务处理上看，该公司以银行转账形式收到的营业款均计入主营业务收入，似乎没有问题。冷静思考后，检查员意识到在此前的检查过程中，完全相信了公司提供的银行存款余额调节表，而且也没有对银行对账单进行详细的检查。

于是，检查员调转头来仔细检查了银行对账单及银行存款余额调节表，果然发现了银行对账单上经常出现大数额资金一收一付的异常情况。通过与账面核算情况核对，发现该公司对这些一收一付的资金进出根本没有作任何账务处理（余额调节表没有也无须调节）。

经全面检查后发现，全年共有9个月的银行对账单上出现了18次大数额收支，总金额达到897万元。对付出资金跟踪后发现，该公司在收到每一笔资金后立即又全额转入另一家以公司食堂名义开立的银行账户。

2. 股东盈利能力分析

股东投资成立企业，其目的是为了获取经济利益，所以，企业理财的基本原则和工作目标是实现股东经济利益最大化。如果企业持续亏损，股东从自身利益的角度考虑，应该会果断终止企业的经营，以达到减少损失的效果。但是如果现实中出现企业长期亏损，股东还不断进行输血，还在扩大规模，股东在损失自己利益的同时其所追求的价值得关注。

【例】

葛兰素史克2009年至2012年财务报表数据显示，公司主营业务收入依次约为39.78亿元、48.62亿元、55.29亿元、69.75亿元；而同期的营业利润仅为1.09亿元、-0.47亿元、0.6亿元、-1.88亿元。属于微亏或者微利企业，并且长亏不倒。虽然，葛兰素史克"翻车"并非财务报表导致，但是当公安检查人员对其实施调查时发现上述数据，自然会"请"来税务进行调查。税务检查发现葛兰素史克主营业务成本，与主营业务收入一样，也呈逐年猛增之势。2009年至2012年，公司主营业务成本（进货成本）分别约为30.39亿元、37.13亿元、43.16亿元和50.3亿元，这其中就包含通过转移定价预留在境外的利润。

以贺普丁为例，2012年，贺普丁真实成本为15.7元，转移定价后到中国葛兰素史克工厂的口岸价是73元，葛兰素史克出厂价（不含税）为142元，经物价部门核准的最高零售价为207元。

除了通过"转移定价"把利润留在国外之外，葛兰素史克还在国内进行了另一次"价格转移"。其报关进口虚高价格的药品后，通过其设在中国的工厂加工包装后再出售给葛兰素史克。在这部分"价格转移"中，不仅实现了其中国工厂的利润，也通过葛兰素史克药品出厂价与葛兰素史克在中国工厂出厂价中间的差价，预提了在中国的销售费用和目标利润。由此可见，把虚高价格的药品卖出去是葛兰素史克的最大目标，表面上看葛兰素史克微利或亏损，实际上卖得越多赚得越多。

无独有偶。2019年5月，某市税务稽查局接举报对本市一家标准件厂与其总厂发生的销售等关联交易事项进行调查，调查发现该企业常亏不倒。在被检查年度内，与其总厂接连发生了几起关联交易，总金额高达19 826万元。但该企业并没有向税务机关报备同期的交易资料和预约定价。按照《特别纳税调整管理办法》规定，稽查人员对该企业的收入额进行了分析，再用成本加成法进行了计算，最终确定，按照独立交易原则，该企业应确认的销售收入金额是20 625万元，两者相差799万元。据此，稽查人员认为，在被检查年度，该企业与其总厂的销售收入未按照独立交易原则执行，企业也未进行纳税调整，因此企业应补缴企业所得税199万元。

对于在资产负债表中，企业未分配利润数为负数、所有者权益小于注册资本、资产总额却在扩大、其他应付款数在不断增加、无应付票据或者短期长期借款，税务检查人员一般推定为企业有账外收入，采用虚列成本，套取资金的回流。其反映的是企业总体的纳税情况，需要结合特定的分析进行推定。从而找到疑点，再到企业的现场检查企业的账册和有关凭证，通过有关证据确认问题。

（二）特定经营活动模式分析

1. “囤货居奇”经营分析

囤货居奇，即指经营者看中货物的稀缺性，通过人为或者环境的因素造成货物的稀缺性，导致货物价格上扬，获取利益。对于资金相对宽裕的企业，如果发现某种商品未来涨价的可能性较大，一般采取“囤货居奇”的方式购入大量存货。但是，在现在的商品社会里，由于信息沟通的渠道通畅，大部分商品的价格看跌，同时企业追求资金的快速运转，以求利益的最大化。所以对于一个企业来说，长期囤货的可能性并不大。所以资产负债表日存货金额较大且大于实收资本，一般是不可能的，可以采取盘点的方式结合其他账户的检查可以检查企业存货的真实性，查看是否企业有账外收入不入账。或者货物实际上已经销售出去，但是，未作账务处理、未申报纳税等情况。

【例】

宝应县国税局稽查局于2008年7月3日开始对宝应县某塑料有限公司两年来的税收缴纳情况实施专项检查，检查的具体情况如下。

一、企业的基本情况

该塑料有限公司是该局第六分局管辖的增值税一般纳税人。主要从事工程塑料、传动轮等产品的生产和销售业务。2006年度共申报应税收入4 537 870.04元，销项税金771 438.11元，进项税金664 717.25元，上年留抵6 965.66元，应纳税金101 353.09元，已纳税金101 353.09元，本年留抵1 597.89元，2006年度申报应纳税所得额137 539.95元，应缴所得税45 388.18元，已缴所得税45 388.18元；2007年度共申报应税收入11 306 118.01元，销项税金1 922 040.48元，进项税金1 649 729.94元，上年留抵1 597.89元，应纳税金297 738.30元，已纳税金297 738.30元，2007年度申报应纳税所得额77 252.59元，应缴所得税20 858.20元，已缴所得税20 858.20元。这次专项检查的目的就是对低税负企业进行分析解剖。该企业2006年税负率为2.2%、2007年税负率为2.6%，从两年的税负率来看，虽然不达标，但也不能确定该企业就是存在偷税行为。

二、检查过程及发现的问题

为了全面了解企业生产经营情况，稽查人员对案情进行剖析后，着重从三个方面进行突破:

（1）从账户间的对应关系进行分析，利用账户间的对应关系来确定数字记录的正确性，从中发现矛盾，找出线索，有目的地查核有关序时账、明细分类账或记账凭证，有无可疑点。

（2）由于企业产品单一，审查存货的品种、数量、单价、金额，查核销售收入、销售成本明细账，看收入和发出是否吻合，有无可疑点。

（3）从增值税专用发票的接受和使用入手，全面审查发票的接受和使用情况，有无可疑点。

通过上述办法的检查，发现一些情况:

（1）2006年原材料（轴）账面余额为负数。2006年购进原材料（轴），无法取得发票，已结转材料成本149 941.20元（生产成本、产成品年末均无余额），违反了《企业所得税税前扣除办法》（国税发〔2000〕84号）第三条和《中华人民共和国发票管理办法》第二十二条的规定，应调增企业所得税计税所得额14 9941.20元，调整后企业应纳税所得额计为287 481.15元(137 539.95+14 9941.20)，应补缴企业所得税49 480.60元（287 481.15 × 33%−45 388.18=49 480.60）。

（2）2007年购进货物两份专用票多抵扣。2007年3月购进电子天平一台，价值4 957.26元，取得增值税专用发票1份，号码为00322177#，已申报抵扣税款842.74元。2007年4月购进2x−8真空泵一台，价值2 521.37元，取得增值税专用发票1份，号码为21334635#，已申报抵扣税款428.63元。该企业上述行为属购进固定资产，违反了《中华人民共和国增值税暂行条例》第十条第一款的规定，购进固定资产的进项税额不得抵扣。以上应补增值税合计为1 271.37元。

（3）2007年购置固定资产用废票入账。2007年9月购进熔化炉、离心浇铸机9套，金额计707 060元，取得不符合规定的普通发票（旧版过期作废发票）1份，号码为0142614#。2007年10月至12月在制造费用中计提折旧费16 792.68元，造成多转成本16 733.91元，违反了（苏国税函〔2004〕23号）第七条的规定，应调增企业所得税计税所得额16 733.91元。2007年3月购进电子天平一台，价值4 957.26元，在制造费用中列支，造成多转成本4 113.44元，违反了《中华人民共和国企业所得税暂行条例》第七条、《中华人民共和国企业所得税暂行条例实施细则》第二十九条及（国税发〔2000〕84号）《企业所得税税前扣除办法》第二十五条的规定，应调增企业所得税计税所得额4 113.44元。2007年4月购进2x−8真空泵一台，价值2 521.37元，记入低值易耗品，最终在制造费用中摊销，造成多转成本2 138.87元，违反了《中华人民共和国企业所得税暂行条例》第七条、《中华人民共和国企业所得税暂行条例实施细则》第二十九条及（国税发〔2000〕84号）《企业所得税税前扣除办法》第二十五条的规定，应调增企业所得税计税所得额2 138.87元。以上合计调增企业应纳税所得额为22 986.22元，调整后2007年度企业应纳税所得额计为100 238.81元(77 252.59+22 986.22)，应补缴企业所得税12 220.61元（100 238.81 × 33%−20 858.20）。

三、处理结果

根据《中华人民共和国税收征收管理法》第六十三条和第三十二条的规定，该企业上述行为已构成偷税，建议依法追缴增值税1 271.37元，企业所得税61 701.21元，按规定加收滞纳金，并处以所偷税款1倍的罚款（62 972.58元）；鉴于该企业2006年度偷税金额已超过1万元且占当年应纳税金的比例超过10%，根据《中华人民共和国税收征收管理法》第七十七条的规定，建议移送公安机关作进一步处理。

2. 赊购经营分析

赊购经营即利用对供货商资金的占用，以赊购存货扩大经营规模的经营方式。存在赊购经营的企业一般商业信用比较好。但是企业当期购买的存货不可能是全部赊购，一般的情况下是部分以现金购买，部分赊购。如果在企业本身资信程度不高的情况下，供货商为避免商业风险，一般会采取先付款后提货的模式销售商品，企业能够赊购存货的可能性更小。

对赊购经营的分析体现在资产负债表上，期末存货与应付账款的关系，如果期末存货略大于或者等于应付账款期末余额，一般是比较少见的。

在通常的情况下，如果企业采用赊购方式采购原材料可能存在如下情况：

（1）暂估成本，发票到了二次进成本，达到多列成本的目的；

（2）暂估成本，未能取得真实合法的票据；

（3）存在账外收入，支付供货商货款未通过账面处理，未冲减应付账款；

（4）虚列成本，购买发票，款项无法支付；

（5）将货款挂在应付账款科目，不做或者延迟做收入；

对于采用赊购方式得出的结果，税务检查人员一般会充分结合应付账款的账龄分析，对应付账款明细账分析进行实地检查。

【例】

2014年5月，上海市国税局第五稽查局通过案源管理系统选案，对辖区J公司2012年~2013年税收缴纳情况实施专项检查。J公司成立于2003年，注册资本100万元，从事国外某系列医疗产品在中国的代理销售业务，检查人员发现J公司营业额较高，但是盈利微薄。2012年和2013年营业收入分别达到8 500万元和9 700万元，销售利润率仅为0.27%和0.56%，与企业经营规模不匹配，于是检查人员将该公司的成本费用核算列入检查重点。

检查人员发现该公司结转成本与营业收入很接近，毛利率仅有3%左右，库存商品明细账记载“简单而有规律”，基本在每月初或者月中集中记载一到两次库存商品购进业务，在摘要栏目详细记载了每批次进货的具体日期和金额，记账凭证后附有报关单和发票等原始凭证。每月库存商品明细账均有一笔摘要为“暂估”的借方金额记载，贷方会记载“冲暂估”，但是，“冲暂估”的金额远远小于“暂估”的金额。摘要为“暂估”和“冲暂估”的业务，其记账凭证后均附有相关附件。该公司“暂估”业务异常情况让检查人员心存疑惑，于是向财务人员了解其“暂估”业务的具体情况，询问其成本核算的方式及依据。

检查员发现J公司2012年有发票入账的购进商品金额为7 100万元，实际结转主营业务成本为8 300万元。2013年有发票入账的购进商品金额为8 200万元，实际结转主营业务成本为9 400万元。每年多结转成本千万余元。在事实面前财务人员不得不承认公司虚增成本的事实。

2012年和2013年分别利用“暂估”多列支成本1 200万元。检查人员实施追溯检查，经查J公司于2009年~2013年期间共采用“暂估”形式虚增成本3 200余万元。

2014年底税务机关根据相关税法规定，对J公司做出追缴各类税款1 300万元的处理决定，并全部解缴入库。

3．定制定购经营方式分析

定制定购经营方式是指企业的经营活动依照购货商的指定要求进行筹备存货的，在经济活动中体现为商业企业有下家才去进货，工业企业有订单才组织生产，其有一定的普遍性。定制定购一般有合同约束其经营行为，交易行为变更性较小，其交易履行有法律保证。

定制定购行为体现在资产负债表预付账款、预收账款，如果企业采用“定制定购”组织生产，而资产负债表上相关科目余额为零或者金额较小，一般属于企业未按照会计报表编制要求进行分类核算，其报表的诚信度较低，需要结合往来款进行检查。

由于定制定购为商业的惯例，对预付账款、预收账款应该进行必要的账龄分析，税务检查人员一般会重点查看企业是否未按规定及时做收入，或者为延迟做收入故意不取得发票等问题。

六、财务报表分析的作用

税务检查人员一般都十分重视对财务报表的分析，但是，我们也应当看到企业报表所提供的的信息的局限性。财务报表分析的作用在很大程度上取决于两个方面：一是财务报表提供会计信息的目标及其所提供的会计信息的质量；二是人们对财务报表分析结果的看法和预期。

现在，在对财务报表的分析过程中，税务检查人员一般都进行十一个财务指标的分析，如应纳增值税分析、进项税额分析、应收账款变动率分析，等等。这种分析主要是基于对纳税人所提供的财务会计报表与申报表之间的数据进行逻辑分析，进而做出纳税人是否存在偷、漏税嫌疑。这就是我们所说的财务报表的另一个重要作用。

其实财务会计报表还有很多作用，在涉税分析过程中并未得到重视。如：钩稽关系的审核：

（1）看利润表中的“主营业务收入”及“其他业务收入”与企业申报是否相符。

（2）分析现金流量表中“销售商品、提供劳务收到的现金”与资产负债表中“货币资金”“应收账款”“应收票据”“预收账款”以及利润表中“主营业务收入”“其他业务收入”之间的对应关系，看是否存在销售不入账、销售不提销项税金而直接将成本计入“其他应收款”“银行存款”或“预收账款”等情况。

（3）通过对企业本期购进材料成本、期初存货成本、本期结转材料成本，与利润表的“主营业务成本”进行比较，来看资产负债表的存货期末数是否符合逻辑（期末存货=期初存货+本期购进材料成本-本期结转材料成本）。

七、财务报表分析对增值税测评的影响

在日常税务审计过程中，人们往往比较关心增值税税收负担率。所谓税收负担率，就是应纳税额与课税对象的比率，它比较直观地体现了一个企业实现税收的能力和负担水平。通过税收负担评价，可以从整体上判断税收负担情况，对比同行业的税收负担，可以从市场角度判断企业的经营情况和税收负担情况。实践工作中，税收负担评价主要集中在增值税的税收负担评价过程中，增值税税收负担率与收入、企业毛利率有直接关系，而所得税是根据调整后的所得计算的，与企业的收入或者利润没有直接的关系。

但是，事实上，一个企业增值税的税收负担水平高低，并不能说明企业在增值税管理方面存在问题。如果要对企业做出全面的评价，就需要分析一系列指标体系。而这个分析就要依靠企业的财务报表分析。

1. 财务报表分析对增值税测算的作用

（1）它提供的会计信息有助于了解企业财务状况、经营成果和现金流量，并据以做出经济决策，进行宏观经济管理；

（2）它提供的会计信息有助于考核企业领导人经济责任的履行情况；

（3）它提供的会计信息有助于企业内部加强经营管理，提高经济效益。

它所提供的会计信息是税务机关进行税务管理的可靠依据。

2. 财务报表分析对增值税测算的局限性

实际上由于诸多因素的影响，财务报表分析存在着诸多局限性，应引起税务检查人员的注意。只有全面评价或认识到财务报表分析的作用和局限性，才能充分而有效地利用财务分析，提炼并获得所需的会计信息。

这种局限性主要是由三个方面的原因所引起的：

（1）财务报表所反映的数据是企业日常核算数据高度浓缩整理后编制的，它不可能全面、综合地反映一个企业生产经营的全貌，正是由于财务报表自身的局限性导致了财务分析的局限性；

（2）在进行财务分析前，税务检查人员通常都假定企业所提供的财务报表是真实、可靠、正确的，然后才对财务报表进行分析，而忽视了财务报表所提供的会计信息真实性，正是由于这种财务分析的前提条件的存在或者偏差导致了财务报表分析的另一个局限性；

（3）财务报表分析方法自身不足引起的局限性。

第二节　企业财务报告分析思路

由于财务报表分析通常采用一定的指标，从定量上进行分析。这种分析，一方面导致了分析的不全面性，仅靠几个指标是肯定不能完全真实地反映出企业的全部财力状况、偿债能力的；另一方面，定量分析固然重要，但有时经验分析或定性分析也不可忽视。因此，在进行财务报表分析时，还应注意定量分析与定性分析的结合使用。

另外，财务报表分析还要求报表税务检查人员要熟悉财务会计，了解财务报表的生成过程及财务报表所提供的信息的特点，并掌握一定的分析方法。这就要求税务检查人员应具备较强的政治素质和工作责任心，具备较高的税收政策业务水平和丰富的税收工作实践经验，熟悉财务会计知识，具有综合分析问题和解决问题的能力。

税务分析人员对会计报表进行分析，主要是分析各种会计报表内项目内容是否真实、准确、合法，是否能如实地反映企业的财务状况和经营成果；在采用逆查法进行纳税分析时，通过对会计报表的分析，可以确定分析重点，使分析工作有针对性地进行。税务分析人员对财务报表的分析主要包括以下几个方面。

一、资产负债表及有关附表的分析

（一）对会计报表填列内容的分析

资产负债表是总括反映纳税人在某一特定日期财务状况的报表，又称静态报表。资产负债表有报告式资产负债表和账户式资产负债表两种格式，我国《企业会计制度》规定采用账户式格式。它的基本结构分为左右两方，左边反映资产，右边反映负债和所有者权益。资产和负债均按照流动性的大小排列。

在对资产负债表进行分析时，分析人员一般会按规定的填列方法对该表的填列内容进行分析，通过对报表合法性、合理性的分析，判断纳税人的依法纳税程度。

1. 分析所填列的项目

资产负债表各栏目是否规定填列，有关数据是否完整，是否真实地反映企业当期的生产和经营情况。主表与有关附表的逻辑关系是否正确等。

2. 在分析中应注意的问题

（1）资产价值是否按实际成本反映。在会计核算中，企业可以根据具体情况，对一些资产，主要是流动资产，采用计划成本进行日常核算，但在填列资产负债表时，应调整成实际成本加以反映。

（2）计提了减值准备的各项资产价值，如短期投资、应收账款、存货、长期股权（债权）投资、固定资金、在建工程、无形资产，是否扣除了减值准备后的余额填写。

（二）资产负债表附表的分析

资产负债表附表是指资产减值准备明细表、股东权益（或所有者权益）明细表、应交增值税明细表。

1. 资产减值准备明细表的分析

资产减值准备明细表分析的目的在于确定可以在税前扣除的资产减值准备金额。按照国家税务总局的规定，目前报批后允许在税前扣除的资产减值准备只有坏账准备金，且只能按“应收账款”年末余额一定比例计提。因此在分析时必须首先分析计提坏账准备金的纳税人的报批手续是否完备；其次核实纳税人所计提坏账准备金的金额是否正确，有无超过年末余额的限额；然后分析计提坏账准备金时是否包含“其他应收款”的年末余额的一定比例，如果包括，应分析其有无将该部分数据进行纳税调整；最后分析纳税人所计提的其余7项不得在税前扣除的资产减值准备金，有无进行所得税纳税调整，调整的数额是否相符。

2. 股东权益（或所有者权益）明细表的分析

股东权益（或所有者权益）明细表是反映纳税人在某一时点上所有者（或股东）权益增减变动情况的报表，是资产负债表的附表。它按照“实收资本”“资本公积”“盈余公积”“利润分配”的“本年数”“上年数”，按顺序依次填列。

股东权益（或所有者权益）明细表分析的作用在于：

（1）分析所有者（或股东）权益增减变动情况；

（2）判断纳税人资本（或股本）保值、增值的状况和投资者对纳税人的投资信心；

（3）解读纳税人获利能力、利润分配能力和资本增值能力及持久性的信息。

纳税人在本环节应对检查，规避涉税风险应当注意如下问题：

一是正确区分注册资本和投资总额的概念，防止投资项目混淆而带来的涉税风险。投资环节的资金运用可能会出现资本弱化的问题。从2008年开始，税务机关将对关联企业的相关业务进行重点控制。

二是注意投资方向的涉税处理。因为目前我国税法在境内投资和境外投资的规定存在待遇上的差别，税务检查人员会对相关事项进行跟踪分析和检查。

3. 应交增值税明细表的分析

应交增值税明细表是反映某一会计期间纳税人计算缴纳、抵免增值税情况的报表。包含销项税额“出口退税”“进项税额转出”“转出多交增值税”“进项税额”“已交税金”“减免税款”“出口抵减内销产品应纳税额”“转出未交税金”“未交增值税”等内容。

该表主要应分析销项税额的数额和进项税额的来源是否准确；已交税金及期末未交数等项目的填列是否正确；实行“免、抵、退”办法的纳税人，其出口退税和出口抵减内销产品应纳税额有无相关手续、数据计算是准确；当购进货物、在产品、产成品发生非常损失或所购进物资改变用途时，是否通过“进项税额转出”账户进行核算，税额计算是否正确。

对增值税的审核，税务检查人员一般会结合企业的增值税纳税申报表和企业在一定期限内的税收负担情况进行综合分析。

【例】

春风汽车销售服务有限公司是某汽车集团在华东地区最大的一级代理商，注册资金200万元。该公司成立于2014年6月，经过三年多在上海的发展，已初步呈现规模。2017年10月因其销售业务量较大，且单台车辆销售额超过10万元，而经当地主管税务机关批准使用十万元版防伪税控增值税发票，根据总局的工作要求，主管税务机关将其纳入商贸企业按月评估的范围。由于该公司2018年1-3月连续三个月出现“负申报”，且销售收入变动与应纳税额变动长期出现负增长。为此纳税检查人员对春风汽车销售服务有限公司的会计报表及有关纳税资料进行了评估分析，并就评析的疑点与企业财务负责人进行了约谈。通过评估和检查，发现其当期存在未按规定取得增值税专用发票以增加进项税金的情况，促使其自觉补报增值税74.62万元，揭开了该企业连续三个月负申报的面纱。

1. 销售收入变动与税收负担率变动的对比分析

春风汽车销售服务有限公司，2018年1-3月累计销售额2 474.84万元，比上年同期增长了3%；1~3月实际入库增值税为0万元，税收负担率为0，且期末尚有留抵28.06万元。上年同期实际缴纳税款2.65万元，税收负担率0.11%。同期相比应纳税额下降了100%。此变动情况充分反映了其销售收入变动与税收负担率变动为负增长，纳税情况出现异常，必须对其异常情况做进一步的评税分析。

2. 商业企业毛利率分析法

一般说来，商业企业在其进项税额取得正常、销项税额计算正确的情况下（不考虑上期留抵、购进存货大于销售货物和非增值税发票抵扣因素），正常的应纳税额应为毛利率的17%；而春风汽车销售服务有限公司2018年1–3月毛利率达到3.03%，毛利额为74.96万元，无上期留抵，正常的应纳税额应为12.74万元，而该企业1–3月连续负申报，税收负担率为0，则可能存在购进存货大于销售货物或有滞后申报销售收入的情况。

3. 从企业存货增减变动与进项税额变动对比分析

企业存货的增减变动是影响当期应纳税金的一个重要因素，通过对企业会计报表资料的审阅，春风汽车销售服务有限公司2017年期初存货为657.96万元，而至3月末，存货已达到917.89万元，存货净增加数为259.92万元，合理增加进项税金44.18万元。因此可排除滞后销售收入的可能，但必须对进项税额的抵扣时限和合法性进行审阅。

4. 商业企业应付账款与进项税额变动分析

通过以上几方面的评估分析，纳税评估人员判定当期进项税金大于销项税金是该企业1~3月负申报的主要原因，纳税评估人员对其期初应付账款和期末应付账款变动情况进行了分析。该企业年初应付账款余额为0元，2017年3月末应付账款余额为435.40万元。由此反映出该企业期末应付账款余额之大，必然存在购进的存货未付款而实施抵扣进项税款的情况。

5. 通过约谈锁定违规事实

根据以上评估分析，评析疑点逐渐明朗，纳税评估人员按程序向该企业发出了约谈通知。通过与该企业财务负责人的约谈，但是，在约谈过程中并没有了解到有关问题的实质，也就是说，税务人员的疑点没有消除，于是主管税务机关决定将该案转交税务稽查部门处理。

也就是说转入纳税检查环节。当地主管税务机关的稽查部门按照一定的程序对该企业的增值税纳税情况进行了检查。纳税检查人员到企业现场，通过对有关账册凭证的检查和询问相关人员了解到，该公司从深圳某大型商场购进一批货物，增值税专用发票已经开具给春风汽车销售服务公司，而所购货物近期并未入库，其发票于当期实施抵扣进项税金74万元，从而使得该企业2018年1~3月进项税额大于销项税额，造成连续三个月负申报的情况。

购进了什么货物？为什么不及时入库？经过反复质询，该企业负责人承认虽然与对方签订了业务合同，并预付的购货订金，对方也将销售发票开出，但是由于种种原因，公司不再准备继续履行合同。由此可见，春风汽车销售服务公司2018年1~3月违反了增值税管理规定，有偷税之嫌。经过检查人员对企业政策宣传，该企业承认了自己在进项税金抵扣上的违规行为，主动提出予以纠正，自行补报增值税74.62万元。

（三）资产负债表与相关附表之间的稽核

资产负债表与相关附表之间的数据存在一定的钩稽关系。分析人员可以利用它们之间的这种关系，分析报表填列的正确性，找出报表的数据错误，进而发现涉税问题。

资产负债表及其与有关报表之间具有以下钩稽关系：

（1）账户式资产负债表中，“资产总计”应等于“负债及所有者权益”总计，即表中最末一行数字的左右两方应相等。

（2）资产减值准备明细表中的各项减值准备与资产负债表中相关资产科目，应当与各项资产总账科目的同期余额相符。

（2）股东权益（或所有者权益）明细表的相关分项目的“年初数”“期末数”应当与资产负债表相关科目的“年初数”“期末数”相等。

（3）应交增值税明细表中的“年初数”与“期末数”各项目的合计，应分别与资产负债表中“应交税费——应交增值税”项目的“年初数”和“期末数”相等。

二、利润表和利润分配表的分析

（一）利润表的分析

利润表是反映纳税人在一定会计期间经营成果报表，又称动态报表、损益表或收益报表。利润表一般有两种格式：单步式利润表和多步式利润表。我国采用多步式利润表格式。所谓多步式利润表是对当期的收入、费用、支出项目按性质加以归类，按利润形成的主要环节列示一些中间性指标，如主营业务利润、营业利润、利润总额、净利润，分步计算当期净损益的一种方法。

利润表的分析的一般方法：

（1）分析表中各收入和支出项目内容的真实性、企业财务成果形成的正确性。

（2）根据各项目的填列办法，将表中各项目与有关总分类账和明细分类账的发生额或余额进行核对。

（二）利润分配表的分析

利润分配表是专门反映纳税人对其在一定会计期间实现的净利润及以前年度的未分配利润进行分配或亏损弥补的报表。

1. 利润分配的程序

根据现行《企业所得税法》的规定，企业缴纳了所得税后的利润应当按照下列顺序进行分配：

（1）提取法定盈余公积金；

（2）提取法定公益金；

（3）对于外商投资企业应当按照法律、行政法规的规定按净利润提取储备基金、企业发展基金、职工奖励及福利基金等分配股利。

因此，利润分配表的主要内容应包括：“净利润”“可供分配的利润”“可供投资者分配的利润”和“未分配利润”四部分。

2. 利润分配表的分析要点

（1）分析企业对时间性差异、永久性差异调整方法选择的科学性、准确性；将利润总额调整成应纳税所得额和所得税费用计算的正确性。

（2）分析各种基金计算是否正确。

（3）将表中各项目数据与有关会计科目数额进行核对，分析其是否正确。

在日常生产和经营活动中，人们往往会自觉不自觉在通过各种手段来调节利润，从而达到调节有关税收的目的，而税务检查人员也会考虑到部分纳税人的思路，从而有针对性地进行纳税检查。

存货是部分纳税人（财务人员）调节企业利润和税款的一个重要环节，这里我们引用一个案例。税务人员对淮河纺织有限公司检查所属于期限内存货项目中“材料——配件”账户的分析，从而确定是领用或是销售还是盘损的问题。

【例】

2019年5月，某市国税局第六税务分局对淮河纺织有限公司2018年的纳税情况实施了日常检查。在分局下达日常检查通知后，税务人员在下户检查前对该企业的纳税申报资料进行了调阅，淮河纺织有限公司是一家从事腈纶线生产的企业，增值税一般纳税人，2018年度实现应税销售收入124万元，应纳增值税21万元，税收负担率16.9%。经审核该企业2018年度的纳税申报表，税收负担率高的原因是基本上没有进项抵扣；审核资产负债表发现，该企业的存货由年初的140万元下降到年末的30多万元，未计提折旧；审核其损益表发现，该企业2018年未有工人工资发生，也未发生水电费。初步判断，该企业2018年税收负担率偏高的原因是销售存货所致。从税收责任区管理员处得知，该企业一年多以来未购进货物也未进行生产，具体情况待下户检查确定。

在检查该企业材料明细账时，发现其2018年12月份生产耗用“材料——配件”一批，金额192 195.54元，经调阅12月8号相应的记账凭证和原始凭证，记账凭证记载如下：

借：生产成本　　192 195.54

　贷：材料——配件　　192 195.54

记账凭证摘要栏空白，未有任何文字记录，附件为淮河纺织有限公司配件耗用汇总表，无材料领用人员签字。通过向该企业法定代表人询问了解，该企业2018年以来一直未进行生产，只是销售原有的库存，使得其税收负担率偏高，这与资料审核和税收管理员的日常巡查情况基本一致。但该企业2018年未进行生产，为何还要领用如此大额的配件呢？此配件的用途是什么，用在了什么地方？

在检查人员的一再追问下，该企业负责人不能自圆其说，只得道出其中原委：该企业由于不准备继续经营，所以一年多来没有生产，只是销售原有的库存产品。因存货余额较大，在2018年12月底进行了盘点，发现“材料——配件”少了192 195.54元。而当时会计做账，是作为生产领用材料处理的。检查人员对企业负责人所说的情况向该企业的存货保管人员进行了核查，保管人员向检查人员提供了2018年12月底的存货盘点表，其上所记载的配件盘损金额与会计记账的金额完全一致。至此断定“材料——配件”不是领用或销售，而是盘损。

针对企业的如此处理，检查人员向其法定代表人和财务负责人指出，将材料盘损变作生产领用的账务处理是错误的。《中华人民共和国增值税暂行条例》第十条第五款第六款规定，下列项目的进项税额不得从销项税额中抵扣：非正常损失的购进货物；非正常损失的在产品、产成品所耗用的购进货物或者应税劳务。《中华人民共和国增值税暂行条例实施细则》第二十一条规定，条例第十条所称非正常损失，是指生产经营过程中正常损耗外的损失，包括：（一）自然灾害损失；（二）因管理不善造成货物被盗窃、发生霉烂变质等损失；（三）其他非正常损失。“材料——配件”盘损192 195.54元，不属于该企业生产经营过程中的正常损耗，是非正常损失。根据《中华人民共和国增值税暂行条例》第十条第五款之规定，不得从销项税额中抵扣，应作进项税额转出，缴纳增值税。《中华人民共和国税收征收管理法》第六十三条规定，纳税人伪造、变造、隐匿、擅自销毁账簿、记账凭证，或者在账簿上多列支出或者不列、少列收入，或者经税务机关通知申报而拒不申报或者进行虚假的纳税申报，不缴或者少缴应纳税款的，是偷税。对纳税人偷税的，由税务机关追缴其不缴或者少缴的税款、滞纳金，并处不缴或者少缴的税款百分之五十以上五倍以下的罚款；构成犯罪的，依法追究刑事责任。

该企业法定代表人和财务负责人意识到问题的严重性，承认材料盘损做生产领用账务处理的错误，表示愿意接受税务机关的处理，并保证下次不发生类似的税收违法行为。当地主管税务分局在证据确凿和充分的基础上对该企业做出补缴增值税32 673.24元的处理决定，并按规定处以罚款和加收滞纳金。

本例通过对有关报表的数据变化分析发现问题，再通过现场核查确定问题。但是，本例与上例的不同之处在于：上例是通过产品的结构分析发现问题，而本例是通过报表数据的逻辑性分析发现问题的。

三、现金流量表的分析

（一）现金流量表的概念

现金流量表是反映纳税人一定会计期间内现金和现金等价物流入或流出信息的会计报表。这里所说的现金是指纳税人的库存现金和可以随时用于支付的存款，包括现金、银行结算户存款、其他货币资金。现金等价物是指纳税人所持有的期限短、流动性强、易于转换成已知金额现金、价值变动风险很小的投资。

现金流量表由正表和补充资料两个部分组成。正表主要包括：经营活动产生的现金流量、投资活动产生的现金流量、筹资活动产生的现金流量三类，且每个方面又都分为现金流入、现金流出两个方面。

（二）分析现金流量表的作用

1. 有助于评价纳税人支付税款的能力

现金流量表所反映的各类现金流入量、流出量、净流量指标，将给税务机关揭示纳税人变现能力的强弱，揭示了纳税人的货币支付能力和履行纳税义务的能力。

2. 有助于了解纳税人各项应税收入的分布

这对分析人员确定纳税人各项业务的规模，有无漏报、瞒报业务收入，有无转移一些不常见的现金收入私设“小金库”等问题无疑是很有帮助的。

3. 有助于了解投资者分配股利的情况

只有通过现金流量表中支付股利所流出的现金栏，才能解读到实际支付股利的情况，以便于在分析个人所得税时，与计税依据进行核对，以确定交纳个人所得税的正确性。

4. 有利于税源管理，制定适当的税收政策

通过对不同行业的现金流量表汇总，税务机关可以了解国民经济中不同层次的社会需求，分析符合消费者需要和产业需要的行业、产品，制定相应的税收政策，培植税源，发掘税收增长点，满足国家经济建设的发展要求。

5. 有助于对未来的税收发展计划进行预测

通过“金税工程”，税务机关汇集了纳税人大量的现金流量数据，一旦需要，税务机关可以运用计算机数据库系统或者传统的手工操作方法，按照科学的算法，配备相应的参数，就可以对税收的发展计划进行科学的预测。

（三）现金流量表分析的方法

审查现金流量表的方法不同于一般报表，着重采用审阅法、核对法、分析法，具体做法如下。

1. 审核现金流量表

核对现金流量表项目中数据的计算是否正确，可以配合查看其编制的工作底稿或T型账户的资料进行。

2. 分析报表的勾稽关系是否正确

现金流量表正表中的数字是流入与流出单价差额，而补充资料中的数字是期末数与期初数的差额。两表虽然计算依据不同，但计算结果应当一致，其中存在一定的钩稽关系。如：正表第一项经营活动产生的现金流量净额应与补充资料第一项经营活动产生的现金流量净额相符；正表第五项与补充资料第三项现金与现金等价物净增加额在金额上应当相等。

3. 分析计算指标

对纳税人的纳税能力、持续发展的能力进行分析判断。这种方法是对分析现金流量表最有价值的方法。

（1）常用的分析指标。

分析计算常用的指标有：税费流出增长率、税费占现金流出量的比重、税费占经营活动现金流入量的比重等。各指标的计算公式如下：

税费流出增长率=（本年度支付的各项税费-上年度支付的各项税费）÷上年度支付的各项税费

税费占现金流出量的比重=本年度支付的各项税费÷本年度经营产生的现金流出总量

税费占经营活动现金流入量的比重=本年度支付的各项税费÷本年度经营产生的现金流入量总额

（2）分析的方法。

分析现金流量表指标的方法通常采用：对比分析法、结构分析法、趋势分析法。

采用对比分析法的做法是：将该纳税人某项指标的本年实绩与上年水平进行比较或者将该纳税人的指标与该纳税人所在的行业或地区的平均水平进行比较，以确定其地位。

所谓结构分析法就是将该纳税人某项指标的实绩与辖区内该指标的总水平进行比较，以确定纳税人在本辖区纳税人中所处的位置和重要性水平。

趋势分析法与其他两种方法不同，前两种方法讨论的都是静态指标，而趋势分析法则讨论的是纳税人某指标的动态趋势，用以预测纳税人未来若干会计期间（通常按年计算）的指标水平或本辖区若干年税收收入的发展趋势。其研究的难度相对要大一些。一般要求采用：时间趋势预测法、最小乘方法。

四、运用企业会计报表数据综合分析

这里明确企业提供的企业会计报表数据是税务机关对纳税人的纳税情况进行分析的主要依据及数据来源。在此就从企业会计报表数据如何运用于涉税风险分析进行简要阐述。

（一）资金来源与涉税风险分析

1. 资金来源

包括“银行存款”“现金”“短期借款”等反映的资金。

2. 企业会计报表资金来源余额变动分析

企业进货和库存资金占用较大，但资金来源反而少，并在往来“应付账款”等账户中数额也不大，资金需求与物流量有明显较大的悬殊，在资产负债表即可发现其不匹配的现象，就此情况，究其根源；从而分析企业（投资者）是否有不愿把自有资金或各种借款放在账上反映，达到销售不入账、账外经营等违法目的。

3. 货币资金的流量变动分析

（1）货币资金的流量反映了企业经营活动的规模，可通过货币资金的收支渠道分析结合现金流量表来了解企业的业务开展情况，并进而分析其对纳税的影响；

（2）货币资金的本期增减绝对额与历史数据相比较，结合各期纳税情况进行分析，也能够发现企业的涉税风险。

（二）往来账款与涉税风险分析

1. 往来账款

包括应收账款、预付账款、应付账款、预收账款四类。

2. 企业会计报表往来账款余额变动分析

（1）分析商品已经发出，应作销售仍挂于预收账款中。

（2）分析商品已经发出，货款已经收讫，应作销售而未申报，记应收账款贷方。

（3）分析商品已经发出，故意混淆应收账款、预付账款、应付账款、预收账款四类科目正确运用，反记应付账款借方、预付账款贷方，达到不申报纳税目的；特别是分析企业月末、年末往来账款余额变动金额幅度大，且同时在二个往来账款余额发生相应数据变动现象。

注：上述可要求企业提供购销合同进行对比分析。

（4）分析应收款项科目年初余额，企业是否存在年初更换新账时有作假现象。虚列或虚增部分应收款项，则就能将部分不开票的现金销售收入或其他收入通过该部分虚增的应收款项收回来入账，偷逃流转税和企业所得税。分析对照往来账款年初科目余额与上年末科目余额是否一致，是否存在年初更换新账时在往来账款之间相互调整余额的作假现象。

（5）分析企业应收、预付账款发生的坏账损失税前扣除是否符合条件。

（三）存货与涉税风险分析

1. 存货

存货是指材料、商品、在产品、半成品、产成品等。即企业在生产经营过程中为销售或耗用而储存的各种有形资产。

2. 企业会计报表存货余额变动分析

存货余额变动是测算增值税税收负担率的主要依据。

（1）工业企业增值税税收负担率的测算：

①材料余额影响增值税=（期末余额-期初余额）×增值税税率

②估价入账材料影响增值税=（期初余额-期末余额）×增值税税率

③在产品、半成品、产成品余额影响增值税=（期末余额-期初余额）×（材料、燃料动力占生产总成本比例）×增值税税率

注：不考虑材料成本的组成因素；不考虑购进材料是否取得增值税专用发票的因素；不考虑在产品、半成品余额是否含工费的因素。

增值税税收负担率=（已纳增值税+期初留抵税额-期末留抵税额+A+B+C）/销售收入

（2）商业流通企业增值税税收负担率的测算：

①库存商品余额影响增值税=（期末余额-期初余额）×增值税税率

②估价入账库存商品影响增值税=（期初余额-期末余额）×增值税税率

增值税税收负担率=（已纳增值税+期初留抵税额-期末留抵税额+A+B）/销售收入

注：本方法适用于采用进价核算库存商品的企业。

（四）存货、应付账款、进项税额与涉税风险分析

1．进项税额控制数变动分析

（1）生产企业本期进项税额控制数=（本期耗用材料+期末库存-期初库存）×增值税适用税率+动力×增值税适用税率+运费×7%；

（2）商品流通企业本期进项税额控制数=[期末存货较期初增加数（减少用负数）+本期销售成本+期末应付账款较期初减少数（增加数用负数）]×主要外购货物的增值税适用税率+运费×11%；

注：不考虑期间费用中除运费外的可抵扣增值税部分。

（3）进项税额控制数-申报表进项税额≥0

如进项税额控制数-申报表进项税额<0，评估虚抵进项和商业企业未付款抵扣进项和工业企业未入库抵扣进项的问题；

2．销项税额控制数指标变动分析

申报销项税额-分析销项税额≥0，分析销项税额数为企业开具的专用发票和普通发票所列税额合计。可结合损益表主营业务收入、纳税申报表销售额与发票开具额分析。

如申报销项税额-分析销项税额＜0，则可能漏申报销项税额。

3．进项税额与销售额增长率配比分析

进项税额增长率/销售额增长率＞1，分析是否存在虚假抵扣或隐瞒收入的问题。

（五）固定资产、无形资产与涉税风险分析

1．固定资产

企业开展生产经营活动的重要物质基础，是分析企业生产经营能力的重要依据。

2. 无形资产

没有实物形态的非货币性长期资产。

3. 企业会计报表固定资产、无形资产余额变动分析

（1）固定资产与生产经营情况（生产经营收入、商品附加值）、产能之间是否配比；

（2）固定资产余额减少，评估固定资产清理回收的残料是否入账、出售的固定资产是否按照税法规定计算交纳了增值税；

（3）固定资产余额变动与累计折旧是否吻合，分析企业是否正确计提折旧，是否有故意调节成本、利润的嫌疑；

（4）固定资产、在建工程与累计折旧之间数据是否吻合，分析企业是否有未完工在建工程而预提折旧的情况；

（5）无形资产是否符合确认条件，分析资产产生的经济利益是否可能流入企业、资产的成本能够可靠地计量；

（6）无形资产是否按相关合同规定的受益年限或法律规定的有效年限内摊销。

（六）短期投资、长期股权投资与涉税风险分析

1. 短期投资

短期投资是指能够随时变现并且持有时间不超过一年（含一年）的投资。

2. 长期股权投资

长期股权投资是指企业购入1年内（不含1年）不能变现或不准备随时变现的债券投资。

3. 企业会计报表短期投资、长期股权投资余额变动分析

① 针对短期投资、长期股权投资数据发生额，分析企业的投资方式，如以非现金资产对外投资，检查是否按规定交纳了流转税、企业所得税；

② 短期投资跌价准备和长期投资减值准备税法不允许扣除；

③ “损益表”中的投资收益与“资产负债表”中的长期投资账面价值之比，如投资报酬率较低，需进一步分析企业“投资收益”的真实可靠性。

（七）所有者权益与涉税风险分析

1. 所有者权益

包括实收资本、资本公积、留存收益。

2. 企业会计报表所有者权益余额变动分析

（1）对实收资本进行评估分析，可以了解企业的经营规模，投资与产能是否匹配，了解企业的投资各方，从而掌握其关联企业情况，为关联交易的分析奠定基础；

（2）资本公积主要分析会计与税法的差异。如接受捐赠资产、股权投资差额、债务重组收益、无法支付的应付款项等会计上都计入了资本公积，而在税法中规定应调

整应纳税所得额；

（3）盈余公积主要分析计提是否符合规定，有无将收入隐匿计入该账户等情况，分析其使用是否符合规定。

（八）主营业务收入、主营业务成本与涉税风险分析

1. 工业企业产品销售成本与增值税税收负担率的分析

增值税税收负担率=[（产品销售收入-产品销售成本×材料动力占生产总成本比例）×增值税税率-期间费用中可抵扣增值税]/产品销售收入

注：不考虑材料成本的组成因素。

2. 商品流通企业毛利率与增值税税收负担率的分析

毛利率=（商品销售收入-商品销售成本）/商品销售收入

增值税税收负担率=（毛利率×增值税税率×商品销售收入-期间费用中可抵扣增值税）/商品销售收入

注：该种增值税税收负担率的测算值应与存货变动增值税税收负担率的测算值基本相符。若分析当期销售毛益率较以前各期或上年同期有较大幅度波动，则可能存在购进货物入账，销售货物结转销售成本而不计或少计销售额问题。

3. 成本分配方法与涉税风险分析

（1）分析企业是否擅自改变分配方法，调节当年盈亏。企业计入各种产品成本的目标在产品费用和本月发出的生产费用，应在各种产品的完工产品和月末在产品之间进行合理的分配，企业应当根据产品生产的特点选择适合本企业的分配方法，但有的企业为了调节本期盈亏，往往改变已经选用的分配方法，并且在会计当期不作披露。

（2）结合材料（商品）、产成品明细表余额、材料（商品）盘存表，评估分析企业是否有多结转成本现象。

① 有数量，无金额；

② 有数量，但金额为红字；

③ 没数量、没金额，又无具体原因。

（九）预提费用、待摊费用与涉税风险分析

1. 预提费用

成本费用中预先提取但尚未支付的费用。

2. 待摊费用

是因权责发生制而产生，指已经支出，由本期和以后各期分摊费用。

3. 企业会计报表预提费用、待摊费用余额变动分析

（1）预提费用年终是否有余额，是否有故意调节当期成本、损益的嫌疑；

（2）待摊费用、预提费用中是否有擅自将期间费用或不应计入成本费用的其他支出转入此科目处理，从而达到调节产品成本和当年损益；

（3）待摊费用与开办费，评估分析开办费是否按期推销，着重针对新开办企业而言。

（十）损益表与涉税风险分析

1. 销售成本变动率与销售额变动率配比分析

销售成本变动率=（本期累计销售成本-上年同期累计销售成本）/上年同期销售成本

销售额变动率=（本期累计销售额-去年同期累计销售额）/上年同期销售额

$$销售成本变动率/销售额变动率\approx 1$$

正常情况下二者应基本同步增长。

（1）当比值大于1，二者都为正时，可能存在企业将自产产品或外购商品用于非应税项目，未计提销项或未做进项税额转出等异常问题；

（2）比值小于1，二者都为正时，正常；

（3）比值小于1，二者都为负时，可能存在上述异常问题；

（4）当比值为负数，前者为正后者为负时，可能存在上述异常问题；后者为正前者为负时，则正常。

2. 销售毛利率变动幅度分析

销售毛利率=（本年累计销售收入-本年累计销售成本）/本年累计销售收入

销售毛利率变动率=（本期毛利率-上年同期毛利率）/上年同期毛利率

正常下降幅度商业在-35%，工业在-20%以内，如低于该幅度，可能存在不计或少计销售、销售价格偏低或将货物用于非应税项目等。

3. 销售利润率分析

$$销售利润率=本年累计利润总额/本年累计销售收入$$

$$本期销售利润率-上年同期销售利润率\leqslant 0$$

将销售利润率和以前年度（特别是享受税收优惠期间）进行纵向比较，若小于0，则可能存在隐瞒收入、不按规定结转成本、人为调节成本和利润、违规享受优惠政策等问题。

将利润表中的当期销售成本加上按成本毛利率计算出的毛益额后，与利润表、申报表中的本期销售额进行对比，若表中数额较小，且相差较大，则有可能存在销售额不入账、挂账或瞒报销售等问题。

4. 销售额变动率分析

按月或按季计算分析纳税人销售额变动率和税收负担率，计算公式如下：

销售额变动率=（本年累计应税销售额-上年同期应税销售额）/上年同期应税销售额×100％

$$税收负担率=本年累计应纳税额/本年累计应税销售额\times 100\%$$

将销售额变动率和税收负担率与相应的正常峰值进行比较，对销售额变动率和税收负担率变动异常的，应重点审核企业的进项税额和销项税额。超出同行业变动率正常峰值的（低于下限或高于上限），可认定为异常，从而初步判定企业隐瞒收入或虚开增值税专用发票等问题。

所谓正常峰值，是指纳税人在一定时期内实现的销售额和税收负担正常变化的上限或下限。即：销售变动率正常峰值，为纳税人在正常履行纳税义务的前提下，由于受市场、季节等因素的影响而使税收负担率变化所能达到的最小或最大值。

5．应税销售额变动率与应纳税额变动率分析

应纳税额变动率=（本期累计应纳税额-去年同期累计应纳税额）/去年同期应纳税额

应税销售额变动率/应纳税额变动率≈1

二者基本应同步增长。

（1）当比值大于1，二者都为正时，可能存在企业收入未计提销项税额或扩大抵扣范围，即多抵进项税额等异常问题；

（2）比值大于1，二者都为负时，则正常；

（3）比值小于1，二者都为负时，可能存在上述异常问题；二者都为正时，则正常；

（4）当比值为负数，前者为正后者为负时，可能存在上述异常问题；后者为正前者为负时，则正常。

总的来说，通过财务报表分析，能够从财务报表中提炼并取得有利于评估的有效、有用的会计信息。

第三节　财务报表分析实务

根据纳税检查的基本原理和一般检查方法，目前税务机关和其他审计部门对有关企业进行纳税检查时，一般采用倒查法进行检查，即从对有关企业的财务报表和其他纳税申报资料的分析开始，通过对有关报表和其他附报资料的分析，初步找到有关企业的涉税疑点。然后再对相应的企业进行重点检查。由此可见，在日常检查过程中对财务报表的分析是一个很好的切入点。

一、会计报表信息是可以利用的

正如前述分析，企业的会计报表综合反映一段时间内的企业经营行为、资产负债情况以及现金流动情况。一般情况下，通过会计报表项目内容的分析以及各表之间和本表的数据钩稽关系的核对，能够反映企业的业务内容和经营情况。由于会计报表的编制经过了五道编制过程，即从经济业务本质到原始凭证，原始凭证到会计凭证，会计凭证到账目，账目到会计报表，从报表到合并报表，上述环节经过了人为的修饰，即事项的处理经过主观的判断，所以从纳税检查的角度，企业的会计报表是不可信的。但是借贷记账方法本身有着特殊的作用，即能够为企业的经济运行轨迹留下痕迹。任何经济事项只要入账，就会留有痕迹。从这点出发，会计报表能够反映其入账的经济事实，即便部分企业规避一些规则，如窜用账户，不按规定编制报表等。

因此作为纳税检查人员一般会用怀疑的眼光看待企业编制的会计报表，合理利用已有的会计报表事项作为税务稽查的工具，科学分析，合理判断，找出认识问题的突破口。

【例】

为了进一步强化税务管理，某市税务局稽查分局对太湖机械制造有限公司的增值税纳税情况进行了检查。在进入企业现场检查之前，税务检查人员先通过税务管理网络系统调取该企业的纳税申报资料和其他附报资料进行分析，以便找到检查的切入点。

太湖机械制造有限公司是增值税一般纳税人，主要从事柴油机部件的铸造业务，属于铸造行业。企业的规模不大，其账面固定资产原值为3.02万元。

通过对企业的《增值税纳税申报表》《增值税纳税申报表附列资料》同专用发票存根联、进项税额抵扣凭证、专用发票领用存原始记录等资料的审核，2017年1月至9月申报主营业务收入9 423 896.10元，销项税额1 602 062.37元，本期进项税额1 374 130.64元，应纳增值税227 931.73元，已纳增值税416 173.81元，期末留抵税额188 242.08元，税收负担率2.42％。这个税收负担水平比某省的行业参照税收负担（“普通机械制造业”参照税收负担4.90％）要低50％。什么原因导致该企业的税收负担水平如此低呢？

检查人员从该企业的生产情况来进行具体分析。

企业提供的生产情况有关资料显示：该企业主要生产柴油机配件，如机体、飞轮等产品，主要耗用的原材料是生铁、废铁等金属材料。2017年1－9月底共购进并领用生铁、废铁等金属材料326.874吨，扣除生产销售的机体、飞轮319.21吨，尚有76.64吨没有说明去处。

于是，检查人员到该企业现场，要求财务人员提供有关资料并说明情况。该企业的财务人员则反映，本企业的增值税专用发票已经被收缴，公司已经有两个月没有正常生产和经营了，所以无法提供相应的说明资料。这个信息从该企业的税务管理员那里也得到了证实。

那么，这个企业是否需要进行深入的检查？如果深入检查，怎样才能打开企业的信息缺口，了解企业当前的基本情况呢？检查人员认为，那些有情况的企业，往往存在不正常的问题。于是，他们通过CTAIS系统查询该企业检查期间的财务报表信息，结合企业的材料和产成品账的相关数据进行分析。

该企业检查期间影响增值税的主要因素为：期初存货1 723 847.95元，期末存货4 889 055.62元，增加3 165 207.67元，增长183.61％，累积沉淀了53.8万元税款。这从一定程度上说明企业当期增值税的税收负担低，存在其客观合理性。但是，报表的另一组数据又引起了检查人员的注意：该企业本期的期初预收账款余额为0元，而期末预收账款为2 501 218.27元，增加2 501 218.27元。预收账款为什么会突然增加这么多呢？再看企业“不能正常生产和经营”期间的其他资料，税务检查人员发现，该企业在此期间还增加了增值税进项税额，并且存在留抵税款。这些增加说明什么问题？检查人员将前面所做原材料耗用资料与预收账款资料结合起来分析，归纳出如下疑点：

（1）扣除生产销售的机体，飞轮等产品外，尚有76.64吨生铁、废铁没有注明去向，是否存在销售商品未开具发票并申报销售的问题？

（2）“资产负债表”反映预收账款期末数是2 501 218.27元，是否存在销售收入挂往来的问题？

（3）下脚料收入是否申报纳税？

为了排除疑难，检查人员与企业负责人和财务负责人到生产经营现场进行实地核查，并对有关情况进行了询问。

原来，太湖机械制造有限公司是一家改制企业。原企业是某市太湖铸造厂存在欠税没有结清。主管税务机关对该企业进行税收清理，发现企业经营情况发生变化，于是要求改制后的企业承担原企业的应纳税款。而改制后的企业负责人认为本企业不应承担这个税款，于是双方各执一词，税款清理工作陷入僵局。为了保证税款入库，主管税务机关就采用“以票控税”的办法，收缴了太湖机械制造有限公司的发票。

由于太湖机械制造有限公司的产品是某柴油机有限公司配套的，该柴油机有限公司购进的配件扣低增值税率为17%，而产品是整机，适用税率为13%，属于“高扣低征”企业，累积了大量的增值税进项税金。该柴油机有限公司并不在乎太湖南省机械制造有限公司销售的产品没有增值税专用发票。所以，在太湖机械制造有限公司没有增值税专用发票的情况下，仍能够与该企业发生正常销售。

从太湖机械制造有限公司来说，公司收到了销货款，但是无法开具发票，所以会计人员就将收到的销货款通过预收账款来进行核算。而76.64吨废铁已经在“营业外收入”中反映，并申报缴纳了增值税82 637.25元。

至此，问题已经非常清楚，该公司账面出现的预收账款2 501 218.27元，实际上就是该企业发生的销售额。对此，该企业的负责人和财务人员没有异议。于是确认该企业偷逃增值税363 424.84元。

通过以上案例分析和介绍，我们发现该企业由于操作不当产生了很大的涉税风险。规避涉税风险的办法就是根据本企业的产品特点和生产状况如实地进行涉税业务处理。对于部分“高扣低征”的企业而言，其自身的产品本来就存在税收优惠，企业没有必要通过少报销售等手段进行偷税。而且，对于五金产品制造企业来说，由于其产品的构成具有一定的特点，部分部件和配件与产品之间存在一定的对应关系，税务检查人员如果掌握了这个对应关系，就可能将问题检查出来。

二、生产和经营过程中存在的问题是可能被发现的

通过分析生产和经营的实际情况，我们可以发现部分企业的主观税收违法行为，其实质还是体现在少做收入，多列成本。损益表中反映企业当期的经营情况，如果少做收入，在利润表中肯定不会体现，多列成本费用无法针对性地判断，所以会计报表的税收分析关注的重点不在损益表中，而是更主要的在资产负债表。因为借贷记账方法科目中，对应的科目不是损益类科目就是资产负债表类科目。这对税收违法案件的查处起到了事半功倍的效果。

在涉税风险分析方面，目前税务机关进行的纳税评估工作给我们提供了很好的工作经验，纳税人可以借鉴其做法对自身的涉税风险进行测算和评估。这里我们引用一个税务机关的纳税评估案例《分析报表，运用常规方法破解企业长亏不倒之谜》供读者交流。

【例】

企业基本情况：

江苏省某市江边纺织有限公司，2010年1月注册成立，注册资本金50万元，2010年5月正式投产，主营涤纱的生产销售，一般纳税人，所得税采用查账征收。

评估对象确定汇算清缴受理人员在接受企业报送的2017年度所得税申报表时，发现该公司2017年度实现销售974万元，全年亏损32万元；通过一户式查询，发现该企业自开业以来，企业规模呈跳跃式发展，而企业连年亏损。2015年企业实现销售302万元，亏损18万元；2011年度实现销售收入625万元，亏损16万元，企业2012年增值税税收负担为1.44%与江苏省国税局发布的同行业预警税收负担3.5%，相差2个百分点。综合上述疑点信息，受理人员初步判断该公司存在少做销售、多列成本等涉税问题的嫌疑，预计金额较大，在填列《纳税评估选案建议书》，经部门领导审批后，建议转入评估人员实施评估。

案头评析：

评估分析人员，通过CTAIS2.0和STAIS8.0一户式系统查询企业历年各类报表，进行比对审核分析。

首先审核分析了该公司2017年度《增值税纳税申报表》及附表、《企业所得税纳税申报表》《资产负债表》《损益表》等申报资料，对其中涉及成本、费用、税前列支金额较大的数据分别从常规合理性、数据逻辑性等方面分析，发现该公司上报的财务数据存在以下一些疑点：

1. 不符合常规的疑点

整体经营状况反映不正常。该公司成立3年来累计亏损额66万元。2016年注册资本为50万元，在经营状况极度不佳的情况下，2017年度公司仍大幅度增加注册资本150万元，且2017年度比2016年度销售增长47%，主营业务利润率为负数，其收入、成本核算值得怀疑。

其他业务收支科目异常。该公司为纺织类企业，利润报表显示主营业务销售值近1 000万元，而其他业务收入及其他业务支出均无发生额。根据常规，纺织行业在生产过程中正常都会产生部分废次品、边角料，废次品、边角料率占产值的1%~2.5%左右。

“应付账款”“长期应付款”科目异常。公司连年亏损，自有资金短缺，2016年、2017年度“应付账款”科目均无余额，而2017年度账面“长期应付款”科目突然增加到159万元（2016年度无发生额），往来核算过程可疑。

2. 理论数据计算的逻辑性疑点

财务收支可疑。公司账面反映短期借款2016年期末75万元、2017年期末115万元，2017年末长期应付款159万元，而公司2017年度财务费用总额1.3万元，该部分支出仅相当于年均不到20万元借款应支付的利息。

应付工资余额反映异常。该公司员工65人，2017年末应付工资余额37万元，约相当于全体员工5个月的未发工资额。而2017年末账面货币资金余额为98万元。

收入成本核算可疑。2017年公司累计主营业务收入974万元，主营业务成本却达到981万元，主营业务利润-9万元，主营业务利润率为-0.95%，主营业务成本利润率-0.94%。而纺织行业的行业毛利率在6%~10%左右。

补充采集数据并再评析：

针对上述疑点，分析人员决定从以下几方面补充采集数据，从中寻找问题突破口。

（1）成本核算的准确性。首先，采集主要产品每月的原料投入数量，对应当月的成品入库量，计算出单位产品的吨耗，分析各月的主要原料投入是否有异常，同时与同行业比较，是否存在虚假投料现象。结合应付工资余额较大，核对工资及工资附加费用计提金额的依据。其次，看有无隐瞒入库成品数量，减少入库成品数量，造成账面库存产品单价高于销售价问题。

（2）收入核算的真实性。结合该公司往来科目、货币资金科目、其他业务收支科目目异常的情况，重点查核隐瞒未开票销售收入的情况，是否存在接受外单位购货款，因无须开票，空挂负债类往来户现象。同时考虑账面借款类科目未支付利息的不正常现象，核对借款合同及具体借款人，是否存在向个人出售产品、不提供发票、取得货款空挂借款现象。同时，追查废次品销售收入的去向。

约谈并实地核查:

鉴于该公司报表及采集表存在疑点，评估人员对企业负责人和会计分别进行了约谈，让被约谈人对所列约谈提纲逐条进行了解释说明。

企业负责人和会计解释说，公司购买原料结算货款时，除部分通过银行支付外，其余均以现金形式结算，导致2016年度“应付账款”科目无发生额，在现金日记账账面余额不足支付货款时，先开出借款收据，向个人借款存入现金账，形成了对方科目“长期应付款”2017年度猛增159万元的非正常现象，其中向法定代表人借款123万元，其他人员36万元。

对于账面没有废次品及下脚料销售的现象，被约谈人员无法进行解释。在约谈人员的政策宣传下，企业主动提供了2017年销售回花、回丝、扫地花、废纱的记录。记录中共有5笔销售，总金额203 460元未入账，财务处理中将取得的废次品销售现金收入203 460元记载为向企业法定代表人个人借款。公司2017年总销售收入974万元，而销售成本983万元，属于非正常现象。在约谈过程中，对于其原辅料投入过程核算基本正确的情况下，为什么计算其投入产出率远低于行业正常水平，企业的解释不能完全消除疑点，评估人员随即要求企业作进一步自查，并于2018年4月24日采取以下几种方法，对企业提供的账证资料进行了实地核实。

将收入账与货币资金、应收账款进行总额调节比对；将销售成本明细账的数量与收入明细账核对；核查企业销货退回及折让等特殊业务的处理是否正确；分析了企业各月销售成本与收入比例及趋势是否合理；审核企业存货领用及发出业务是否正确。

经实地核查发现，公司主产品16S涤纱库存实物虽然与财务、保管成品数量记录一致，至2018年3月底结存数量均为36.2吨。在剔除4月份的生产销售因素，实地实施盘点后，其2018年3月底实际16S涤纱库存数量为45.7吨，实存数比账载记录多9.5吨。多出的9.5吨涤纱无入库记录，企业无合理解释。再核对入库单号码时，发现每月入库单的流水号码均有2~3个号码缺失，财务和保管账中无反映。在核查人员一再追问后，会计才将未入账的入库单交出。企业2017年度在成本费用投入真实的情况下累计隐瞒应入库成品涤纱53.46吨，计算不含税销售收入69.6万元，应缴增值税11.8万元。该部分销售对象均为个体经营户，未开票销售，同样未入账的现金销售收入81.46万元也计入注有企业法定代表人名字的“长期应付款”中。这种往来款挂入“长期应付款”后，不需要支付借款利息，同时导致按照借款总额计算的借款利息等财务费用异常。

评估结果：

在上述应补做销售的隐瞒收入69.6万元合并计入调整后，该公司实际主营销售收入1 044万元，主营成本980万元，主营业务税金及附加3万元，主营业务利润61万元，加上出售废次品的利润17.4万元，减去管理和财务费用22.5万元，营业利润56万元，利润总额56万元，应补缴所得税18.5万元，同时应补缴增值税14.8万元。调整后该公司年所得税率1.75%，增值税税收负担为3.6%，主营业务利润率为5.8%，基本符合公司实际情况。

三、纳税人应当正确认识自己的义务

税收是对发生的经济活动的参与分配，也就是会计报表中反映企业经营情况的损益表。通过损益表，税务检查人员可以分析出企业的经营规模和效益，结合税收，就是流转税与营业收入、所得税和利润的结合。通过与同行业的流转税的税收负担率比较，分析出企业的整体税法的遵从度。随着经济的不断发展，科技的日益进步，纳税人为达到不缴或少缴税的目的，其作案手段将会越来越隐蔽。检查人员不仅要有较强的责任意识，还要善于对所掌握的证据进行细致分析，透过其表象看实质，要不断提高自身的敏锐力和洞察力，更要熟练掌握各项税收政策和法律知识，准确地进行定性，才能有效地打击和制止税收违法行为。

四、纳税人谋求税收利益应当通过合法的渠道进行

对于企业而言，通过偷税的手段来降低税收负担是一种愚蠢的行为。因为，现代管理手段是科学的，如果我们一旦纳入有关事项的管理范畴，有关问题就很难不被发现。所以，从强化企业管理的角度讲，我们只有按照有关法律规范的要求进行操作，才可能降低涉税风险，提升有关企业的生产和经营效益，引导企业健康发展。

第四节　账簿检查的应对

账簿是集中反映纳税人的生产和经营情况的资料，当然是税务检查的重点环节，所以企业应当在每月做账的过程中按照会计制度和税法的相关规定正确处理有关账务，以备税务机关的检查。而税务机关的检查则会从以下几个方面展开。

一、对总分类账的检查

1. 使用余额核对法对总分类账的检查

（1）将总账所有账户的期末借方余额同贷方余额核对，看其是否相符。

（2）在总账与其所属明细账核对时，将总账账户余额同其所统驭的二级账户或明细账户同期余额之和进行核对，看其是否相符。

（3）总分类账户中库存现金、银行存款的期末余额，与库存现金、银行存款日记账的期末余额相核对，看其是否相符。

2. 对总分类账检查注意的问题

（1）检查总分类账是否根据科目汇总表或记账凭证汇总表登记，并根据需要将总分类账与据以登记的科目汇总表或记账凭证汇总表与记账凭证核对，看总账记录是否真实、正确。

（2）检查总分类账中记载的经济业务是否符合税收法律法规和财务会计制度的规定，看其总账摘要栏中说明经济业务是否与该账户的核算内容一致。

（3）检查总分类账，检查人员会注意各项经济业务本期发生额的增减变化，与上期进行比较，观察有无异常现象。特别是与税收有关的经济业务，检查人员会根据总账记录的内容，进一步检查明细账和会计凭证，以便发现问题。

（4）根据复式记账原理，按会计科目设置的各种账户之间都有一定的对应关系。如“库存商品”账户的贷方与“主营业务成本”“分期收款发出商品”的借方发生对应关系。“制造费用”账户的贷方与“生产成本——基本生产成本、辅助生产成本”账户的借方发生对应关系等。检查时，必须有联系地进行，如果对应关系错误，或者出现了不应该出现的红字等情况，都会进一步查证落实。

二、明细分类账的检查

明细分类账户是对总分类账户进一步分类核算的账户。它根据实际需要设置，具体、详细地记录和反映经济业务，是总分类账户的具体化。对明细分类账的检查，必须注意它与分类账的相互关系。

（一）明细账检查的内容

明细账中所记载的经济业务是否真实，单价、数量、金额的计算、填写是否正确，方向是否一致。必要时应与相关原始凭证或原始凭证汇总表核对。

明细账与总分类账的记账方向是否相同，记账数额是否相符，本期发生额和期末余额是否相符。

检查实物明细账（如材料、库存商品等账户）时，检查人员会注意所属各实物明细账的数额相加之和与总分类账余额是否相等，如果不等，可能存在问题，必须深入检查。

（二）侧重检查的账户

由于企业的账簿一般是按五大会计要素——资产、负债、所有者权益、成本、损益进行设置的，各类账户很多，而且每个账户记载有大量的经济业务和增减数字，所以，在进行纳税检查时，税务检查人员会对会计账簿及有关各个账户的检查有所侧重。重点检查与税收有关系的账户。一般来说，检查人员会着重检查成本类、损益类账户，以及与其有关的其他账户。对所检查的账户，检查人员会根据其属性和对税收的影响程度，按照账户的记账结构，侧重检查其“借方”发生额、“贷方”发生额、“余额”或“借、贷、余”并重。这里以工商企业为例，介绍某些与税收有关的账户情况：

1. 侧重检查借方发生额的账户

“生产成本”账户。检查人员会注意其有无违反成本开支范围的支出。例如，将购置和建造固定资产、无形资产和其他资产的资本性支出挤入生产成本；将对外投资的费用列作生产成本；将支付的滞纳金、罚款、违约金以及企业赞助、不符合规定的捐赠支出挤入成本等。

“物资采购”“制造费用”等账户。这两个账户属于“集合分配”性质的账户，这类账户对成本有较大影响，也比较容易发生问题。在检查时，检查人员会注意其借方发生额所记录的内容有无不符合成本开支范围，计算的标准是否准确，有无将非本期应承担的生产性支出、资本性支出等通过这两个账户转入生产成本等问题。

“营业费用”“管理费用”和“财务费用”账户。在检查时，检查人员会注意其借方发生额记录的内容有无不符合开支范围和标准，有无把不属于期间费用的支出通过这三个账户转入“本年利润”账户，人为调节利润以达到调节应纳税所得额的问题。

“待处理财产损溢”“营业外支出”等账户。检查时会注意是否有未按制度规定，未经审批擅自作财产损失处理的情况。如因保管不善而人为损毁、短缺、私占、挪借财产物资，未经认真查处就记入“待处理财产损溢”账户，从而转入“营业外支出”账户，一方面，减少企业所得税的应纳税所得额；另一方面，少计增值税等。

2. 侧重检查贷方发生额的账户

“主营业务收入”明细账户。应将此类账户贷方发生额合计数与企业申报纳税项目的销售计税额进行核对，看数字是否相符，有无少报或瞒报收入而偷逃税的现象。

“商品进销差价”明细账户。检查时，检查人员会注意是否有冲减已实现差价的情况，差价计算是否正确，计算有无错误。

“待摊费用”“坏账准备”等科目。待摊费用的贷方是将应由本期承担的费用摊入当期损益，因此，摊销数额的大小、计算准确与否，直接影响当期利润，检查时，检查人员会注意有无不按规定期限多摊和少摊现象。

3. 侧重检查余额的账户

“预提费用”明细账户。在检查时对预提费用发生额应逐笔进行检查，审查其计提的依据和计提理由是否充分，检查其提取数额是否合理、合法。有无只提不用，或者任意多提、少提，人为调节应纳税所得额等现象。

“原材料”“库存商品”等明细账户。在检查时，检查人员会注意账面结存数量与库存物资盘点表、仓库存货账的数字是否相符。单价是否按规定的方法（如：先进先出法、加权平均法、个别计价法）计算，汇总金额是否正确，账面余额如果出现红字，会进一步查清是属于溢余，还是多转成本所致。

“应付账款”“其他应付款”等明细账户。这类账户很容易掩盖一些久悬账面，如应转未转的“主营业务收入”或“其他业务收入”的货款收入、加工劳务收入等。检查这些账户时，必须根据其余额的大小和时间长短，以及内容摘要，逐笔进行检查。

4. 借、贷方发生额及余额都需要检查的账户

“应交税费——应交增值税”明细账户的检查。该账户的借方发生额反映购进货物或接受应税劳务支付的进项税额和实际已经缴纳的增值税；贷方发生额反映销售货物或提供应税劳务应交纳的销项税额、出口货物退税、转出已支付或应分担的增值税；期末借方余额，反映纳税人多交或尚未抵扣的增值税；期末贷方余额，反映纳税人尚未交纳的增值税。“应交税费——应交增值税”账户是检查明细账户的重点内容。

“生产成本”明细账户的检查。该账户的借方发生额是企业发生的各项直接生产费用，贷方发生额是企业已经生产完工并已验收入库的库存商品以及入库的自制半成品；期末会注意其借方发生额有无不符合成本费用开支范围的支出、非本期应承担的生产性支出、资本性支出等，计入产品生产成本；分配制造费用、辅助生产费用等间接费用的方法是否坚持会计的一贯性原则，计算是否准确；贷方发生额有无应纳而未纳增值税、消费税的加工产品；其余额与实际盘点是否相符，有无多转、少转产品生产成本的情况。

上述账户检查的重点，是从纳税检查的角度提炼出来的。在实际工作中，税务检查人员会根据账务处理和检查工作实践，对具体问题做具体分析。此外，税务检查人员还会注意从账与账、账与凭证之间的有机联系进行检查，以核对和测定计税依据的计算是否正确。

三、纳税检查应对原则

纳税人了解税务检查的重点内容以后，就可以有针对性地开展工作进行应对了。在日常涉税处理活动过程中，对于账簿处理而言，纳税人应当注意以下几点：

其一，按照规则做账。企业会计登记账簿是会计业务流程中的一个重要环节，也是对外发布会计信息的基础。如果企业的账簿登记混乱，就会引起税务检查人员的怀疑，从而进一步深入地检查。如果其他业务资料再不完备，那么本来应当是没有问题的，也会容易被确认为有问题。

其二，不要做假账。有些人带有侥幸心理，做假账，以一些手段偷税，殊不知，现代会计记账方法是一种科学的方法，如果在一个环节存在弄虚作假行为，那么就破坏了其逻辑关系，有关问题迟早会暴露出来。

其三，正确有效地进行税收筹划。日常生产和经营过程中有许多难题需要处理，如货物发出去了，但是，货款收不回来，或者货物发出去后暂时只收回部分货款。于是有些企业就将货款挂在账上不做销售，不申报纳税，从而出现“应收账款”贷方余额等不正常现象，超过一定的期限说会被税务机关确认为偷税。但是，如果事先做好税收筹划，签署好有关合同，类似的问题就会迎刃而解。

第五节　会计凭证检查的应对

在对会计凭证的检查中，原始凭证是检查的重点，而发票是原始凭证的最主要形式。从目前涉税管理实践来看，多数企业对涉税凭证的管理还存在许多问题。这里我们先从一个案例分析开始。

一、实例分析

太湖旅游用品有限公司是当地镇政府招商引资的一个重点项目，税务机关内部信息系统显示如下资料：2017年实现销售收入3 207 248.36元，进项税金465 748.21元，销项税金545 232.23元，应缴增值税79 483.83元，税收负担率2.48%，应纳所得税额是0。

2018年实现销售收入6 814 578.64元，销项税金1 158 478.37元，进项税金为946 349.09元，应缴增值税212 129.28元，税收负担率3.11%，应纳所得税额48 036.99元。

税务人员将以上资料进行了系统的分析，发现该企业的增值税纳税情况还算正常，但是，企业所得税可能存在问题。做出如此推测的依据是：其一，该企业是从某市搬迁过来的，企业处于开办期间，而目前部分乡镇在土地征用等方面操作往往不规范，从企业的账面表现则是有关费用入账不规范；其二，该企业账面表现是正好持平或者处于微利状态。

根据已掌握的资料仍不能明确判断是否有问题，需要通过其他资料进一步核实有关情况。于是检查人员进入企业进行实地检查。

经检查，发现该企业在“管理费用”科目中列支的费用存在如下问题：2017年度发票抬头不符列支成本2 732元，个人费用在企业列支成本9 148元；通过“在建工程”科目的检查发现，该企业接受财政部门内部的结算凭证列支“土地征用费”摊销27 377元。应当调增应纳税所得额39 257元。

2018年度在“管理费用”科目中列支的费用存在如下问题：抬头不符列支成本1 921元。个人费用列支成本1 800元。接受虚假运输发票11 030元。通过检查“在建工程”科目，发现该企业接受财政部门内部的结算凭证列支“土地征用费”摊销136 466.32元，应当调增应纳税所得额150 445.22元。

统一了以上认识以后，对该企业做出如下处理决定：根据《中华人民共和国所得税暂行条例》第八条规定，补缴企业所得税62 601.73元；根据《中华人民共和国税收征收管理法》第三十二条规定，加收滞纳金2 606.16元；根据《中华人民共和国税收征收管理法》第六十三条规定，拟处以0.5倍的罚款，即31 300.87元。

结合对本案例的分析，其很多问题反映出企业管理方面的不足，其中的发票管理应当引起管理层的注意。

对于取得镇政府财政所开具的行政事业单位结算凭证，是否可以列入企业费用问题，曾经是基层税务机关的执法盲点。对于行政部门票据的使用，目前的企业财务人员甚至部分税务管理人员存在一个认识误区，认为只要是带财政监制章或者税务监制章的票据，就与发票一样，都可以在企业所得税前列支。这个模糊认识需要澄清。

单位在日常业务中，除了接收发票外，有时还会收到很多收据。一般而言，企业财务人员都知道发票是合法的凭据，可以入账，而对于收据应当如何处理，却不是很清楚。其实，带有税务或者财政部门监制章的票据与我们日常所说的“发票”不能画等号，收据也是收付款凭证，它有种类之分。至于能否入账，则要看收据的种类及使用范围。

从收据的作用来划分，收据可以划分为结算凭据和收费收据两大类。结算凭据可以分为内部收据和外部收据。外部收据又分为税务部门监制、财政部门监制、部队收据三种。

结算凭据的特点是用于企业内部各部门、企业与内部员工以及企业与其他单位之间的经济往来业务，而不涉及纳税义务。内部收据是单位内部的自制凭据，用于单位内部发生的业务，如材料内部调拨、收取员工押金、退还多余出差价款等；单位之间发生业务往来，收款方在收款以后不需要纳税的，收款方就可以开具税务部门监制的收据，如收到下属单位归还的借款，因为收到借款不存在纳税义务，所以可以向下属单位开具税务局监制的收据。单位与部队之间发生业务往来，按照规定不需纳税的，可以使用部队监制的收据。结算收据的账面表现是通过往来会计科目反映有关经济业务内容。这里需要提醒企业财务人员的是，如果涉及如采购材料、列支费用等需要在企业所得税列支的项目，就不能用结算收据（或者凭证）了。

此外，目前盖有财政部门监制章的票据有两大类，一类是行政事业单位结算凭证，另一类是行政事业性收费收据。行政事业单位结算凭证是用于事业单位结算暂存、暂付款项、分摊代办费、单位内部往来、冲减经费支出等。而行政事业性收费收据则用于行政事业单位非经营性收费，如车辆管理收费、社会劳动保险收费、防疫站收取防疫费、环保局收取环保费等等，都可以使用财政部门监制的收费收据作为合法的费用凭据。

二、税务检查的思路和方法

从税收的角度讲，行政事业单位结算凭证是不能作为企业的正式票据列支有关费用的，而行政事业性收费收据则可以列支有公益或者行政管理职能的费用。当然，其也就可以在企业所得税前扣除。上例房地产开发公司接受的是财政部门内部的结算凭证，所以有关费用不能在该企业的所得税前扣除。对企业涉税凭证的检查是税务检查的一个重要方面，所以，进行纳税检查应对活动也应当从涉税凭证入手。

1. 对发票的检查

发票，是指在购销商品、提供或者接受服务以及从事其他经营活动中，开具、收取的收付款凭证。对发票的检查主要包括以下2个方面。

（1）对发票基本内容的检查；

（2）对发票管理的检查。

2. 对其他会计凭证的检查

（1）检查自制原始凭证；

（2）检查记账凭证。

3. 会计凭证检查应对原则

（1）加强对采购人员的教育，把好入口关，按照有关法律和法规的要求索取会计凭证；

（2）对内部业务流程参与人员进行辅导，做到分类管理会计凭证；

（3）对有审核权的人员进行提醒，把好批准关，减少非法凭证流入企业；

（4）加强工作的责任心，及时做好非法凭证的账务处理，特别是在进行所得税汇算清缴环节，及时将非法列支的凭证所显示的金额进行纳税调整，从而规避涉税风险。

第八章
检查过程中的应对策略

这里所说的检查过程中的应对策略，是指企业在接受税务机关管理、监督和检查过程中的应对策略。在管理环节，税务主管部门也可以对其所管理的企业以检查的方式实施管理，由于这种管理一般情况下是由管理人员操作的，所以称为管理性检查。管理性检查一般是针对企业的某种特定事项而操作的，目的是督促企业规范管理。如果需要，也可以将其转化为纳税检查。

如果税务机关已经将有关企业确定为纳税检查对象，有关企业就应当慎重应对，采取适当的操作策略。在日常生产和经营过程中，税务机关对所属纳税人进行检查是他们的“天职”，而纳税人应当接受税务机关的检查和督促，这是法律所规定的义务。纳税人与主管税务机关在涉税问题的处理方面是天然的一对矛盾体，用通俗的话说是“天敌”。在这对矛盾体之中，双方代表不同的利益主体，所以，各自都在为自己所代表利益主体服务，这也是情理之中的事情，纳税人应对纳税检查当然也在情理之中。但是，双方又是统一的，征纳双方都必须统一在国家有关法律约束的范围之内。我们在这里所说的纳税检查应对，就是站在纳税人的角度，帮助纳税人规范涉税事项的处理，从而确保在纳税检查过程中没有涉税风险被披露出来。

第一节　管理性检查的主要内容及方法

税务机关进行的管理性检查，主要是指税务管理人员对纳税人日常的涉税事项进行管理监督、审核的涉税管理活动，如纳税人开业的现场检查、纳税人申请取得一般纳税人资格的现场检查、纳税人申请享受税收优惠资格检查、一般纳税人复验检查、纳税人注销登记清算检查以及反避税调查等。

一、开业登记的税务检查

在企业设立环节，由于不同性质、不同形式的企业税收负担水平不同，同时也因为新的企业所得税法实施不久，人们对有关政策的理解和操作存在差异，所以在实务操作过程投资人容易出现问题。因此，税务机关一般会加强对企业设立环节的纳税检查和评估。

1. 日常操作的常见问题

由于纳税人对现行政策的规定以及政策变化缺乏正确有理解，在投资主体设立过程中往往出现各种差错，主要的有以下几种情况。

（1）一人公司按无限责任有限公司的税收政策纳税。

一人公司应当根据企业所得税法计算纳税，但是，在实务操作环节，由于税务管理工作不到位，或者由于纳税人自己的原因，按照个体工商业户的纳税方法进行税务管理，从而导致少缴税的现象时有发生。

（2）分公司没有与总公司合并纳税。

由于分公司应当汇总纳税，所以有关分公司所在地的主管税务机关就对分公司放松管理成为企业所得税的纳税盲点。而这样的分公司往往就利用税务管理的弱点偷税。

（3）与境内有实际联系的收入没有申报或者汇总申报纳税。

在境外注册的企业所产生的与境内有实际联系的收入在实务操作过程中往往难以确认，所以，有关企业也不主动申报。

（4）在注册资本上做手脚，虚增注册资金，从而增加折旧的计提，偷逃企业所得税。

对于部分投资人来说，虚增注册资金的主要目的不是要偷税，往往是为了经营上的需要，或者争取某种操作资格等，但是，实际上却同时增加了资本摊销额，扩大了折旧的计提数额，产生偷逃企业所得税的效果。

（5）对税种认定不清，应当缴纳增值税的却按营业税项目申报纳税等。

2. 税务检查方法

对上述问题的确认，税务机关的检查人员一般会围绕以下内容进行重点检查。

（1）通过对营业执照中公司性质的检查，确认其属于子公司还是分公司。属于子公司是的，应当在子公司注册地申报缴纳企业所得税；如果属于分公司，则需要检查其收入和所得是否并入总公司计算缴纳企业所得税，并对其完税情况进行审核和检查。有关具体业务按以下原则处理：

一是总机构设立具有独立生产经营职能部门，且具有独立生产经营职能部门的经营收入、职工工资和资产总额与管理职能部门分开核算的，可将具有独立生产经营职能的部门视同一个分支机构，就地预缴企业所得税。具有独立生产经营职能部门与管理职能部门的经营收入、职工工资和资产总额不能分开核算的，具有独立生产经营职能的部门不得视同一个分支机构，不就地预缴企业所得税。

二是不具有主体生产经营职能，且在当地不缴纳增值税、营业税的产品售后服务、内部研发、仓储等企业内部辅助性的二级及以下分支机构，不就地预缴企业所得税。

三是上年度认定为小型微利企业的，其分支机构不就地预缴企业所得税。

四是新设立的分支机构，设立当年不就地预缴企业所得税。

五是撤销的分支机构，撤销当年剩余期限内应分摊的企业所得税款由总机构缴入中央国库。

六是企业在中国境外设立的不具有法人资格的营业机构，不就地预缴企业所得税。企业计算分期预缴的所得税时，其实际利润额、应纳税额及分摊因素数额，均不包括其在中国境外设立的营业机构。

七是总机构和分支机构处于不同税率地区的，先由总机构统一计算全部应纳税所得额，然后依照本办法第十九条规定的比例和第二十三条规定的三因素及其权重，计算划分不同税率地区机构的应纳税所得额后，再分别按总机构和分支机构所在地的适用税率计算应纳税额。

八是总机构和分支机构2007年及以前年度按独立纳税人计缴所得税尚未弥补完的亏损，允许在法定剩余年限内继续弥补。

（2）检查纳税人在工商行政管理部门进行登记时所确认的经营主体的性质，即检查其营业执照的内容。重点检查股东的构成情况和企业的性质，如果属于有限责任公司就是企业所得税的纳税人，应当督促有关企业申报缴纳企业所得税。具体的操作还可以通过企业的名称上进行分辨，如看企业的名称是否具有“公司”字样，凡有“公司”字样的企业都应当按公司的法律规定进行管理，要求投资人按企业所得税法计算缴纳所得税，对其投资分红则还要计算缴纳个人所得税。

（3）检查境内企业的境外投资、境外投资人在境内设立机构或者视同设立机构的收入和所得的纳税情况。对该事项的检查需要到企业的生产和经营场所的现场进行调查，主要检查有关企业的注册地点、实际生产和经营场所以及管理和控制的场所，察看有关企业的内部控制和管理的业务流程、有关业务合同、账册凭证的记载等情况，从而明确其纳税业务。

（4）检查纳税人在所得税认定和缴纳情况。通过对有关税务认定手续的检查，如软件企业的资质认证手续、高新技术企业的认定、小型企业的所得税预缴手续的检查和确认，从而明确纳税人的纳税义务的履行情况是否正确。

（5）到企业的现场察看企业的生产和经营情况是否与投资规模相适应，了解投入资产的构成和运用情况，以便确认投资人是否利用不相关的资产作虚假的投资注册等等。

二、一般纳税人申请认定及复验检查

为了便于增值税的征收管理并简化计税，我国将增值税纳税人分为一般纳税人和小规模纳税人两类。一般都是根据其经营规模及会计核算是否健全，作为划分标准。我国也不例外，将增值税纳税人划分为一般纳税人和小规模纳税人。

一般纳税人是指年应征增值税销售额超过小规模纳税人规定标准的企业、企业性单位和个体经营者。因为增值税一般纳税人计税方法与小规模纳税人不同，况且可以使用增值税专用发票，所以由于经营或者筹划方面的需要，部分不符合条件的小规模纳税人也在想方设法将自己挤进一般纳税人的队伍。

1. 常见问题

就目前的情况来看，增值税一般纳税人资质方面存在问题的，基本上都是那些小型企业，而主要表现如下几个方面。

（1）新办企业预认定条件不具备。目前对于新办企业的增值税一般纳税人预认定是按照企业的注册资本达到一定的数额和相应的业务合同作为依据的。而业务合同的操作随意性较大，企业实际经营达不到税法规定的要求。

（2）虚开增值税专用发票。部分已经被认定为一般纳税人的企业年销售额达不到标准，为了保证年检过关，就采用虚开增值税专用发票的办法增加销售额。

（3）会计核算不健全。多数规模较小的一般纳税人企业都没有专职会计人员，而请记账公司或者其他专用人员作为兼职会计为其记账，而在兼职记账的企业财务制度不健全、会计记录不完整的问题普遍存在。

2. 税务检查方法

由于小型企业普遍存在内部控制制度不健全、管理水平低下等缺点，所以，基层税务机关一般会将小型企业作为管理的重点。税务管理人员在认定和复验环节一般会重点查验以下几个方面的问题。

（1）严格一般纳税人认定的政策低线。根据现行增值税暂行条例规定，一般纳税人的规定标准是：

①从事货物生产或提供应税劳务的纳税人，以及从事货物生产或提供应税劳务为主、兼营货物批发或零售的纳税人，年应征增值税销售额在50万元以上；

②从事货物批发或零售的纳税人，以及以从事货物批发或零售为主、兼营货物生产或提供应税劳务的纳税人，年应征增值税销售额在80万元以上；

③从事物流服务的纳税人年应税服务年销售额标准为500万元（含本数）。

④年应征增值税销售额超过小规模纳税人标准的其他个人、不经常发生增值税应税行为的企业，视同小规模纳税人。

对从事货物生产或提供应税劳务的纳税人，以及从事货物生产或提供应税劳务为主、兼营货物批发或零售的小规模纳税人，只要其有称职的专职或兼职会计人员，有完整的账册，能够按会计制度和税务机关的要求，准确核算进项税额、销项税额和应纳税额的，经主管税务机关批准，也可以认定为一般纳税人。

（2）注意认定对象的具体范围。根据现行政策规定，下列纳税人一般不办理一般纳税人认定手续：

一是个体经营者以外的其他个人；

二是年应征增值税销售额、会计核算未达到规定标准的纳税人；

三是全部销售免税货物的企业；

四是不经常发生增值税应税行为的企业和非企业性单位。

（3）注意一般纳税人认定资料的审核。根据有关规定，符合一般纳税人标准的纳税人，要向主管税务机关办理认定手续，提出书面报告，并提供营业执照、银行账号证明、有关合同、章程或协议书等资料。经主管税务机关审核后，填写《增值税一般纳税人申请认定表》，再经县以上税务机关批准后，在其《税务登记证》副本首页上方加盖“增值税一般纳税人”确认专章。已开业的小规模企业，当其年应纳增值税销售额超过小规模纳税人标准时，可以在次年一月底以前申请办理一般纳税人认定手续。所以，不同的认定对象在不同的环节有具体的认定要求，有关纳税人应当根据税务机关的要求进行操作。

（4）增值税一般纳税人复验的具体内容和注意事项：

其一，是否按主管税务机关的要求及时进行纳税申报，并报送有关资料；上一年度应税销售额是否达到规定标准；

其二，是否按照国家规定的《企业财务通则》《企业会计准则》《财务会计制度》以及有关行业会计制度的要求设置财务人员、会计账簿。会计核算是否健全，能否准确核算销项税额、进项税额和应纳税额；

其三，有无不按照规定保管增值税专用发票造成严重后果的；

其四，有无已查实的虚开、代开发票等违法行为；

其五，是否按规定要求抄报税和认证专用发票；

其六，是否有固定经营场所；

其七，是否存在其他不符合税务机关要求的问题。

三、享受税收优惠资格认定检查

企业享受税收优惠，一般都需要具备一定的条件，而这些条件往往是税务机关在确认和落实有关政策过程中重点审核的内容。目前我国企业能够享受的税收优惠很多，我们这里列举部分内容作一个简要介绍。

1．软件开发企业享受税收优惠资格的检查

软件开发是我国目前重点扶持的行业，所以，从事软件开发的企业可以享受优厚的税收优惠。但是，这里所说的享受税收优惠的软件开发企业必须同时具备以下条件：

（1）取得省级信息产业主管部门颁发的软件企业认定证书。

（2）以计算机软件开发生产、系统集成、应用服务和其他相应技术服务为主营业务，单纯从事软件贸易的企业不得享受。

（3）具有一种以上由本企业开发或由本企业拥有知识产权的软件产品，或者提供通过资质等级认证的计算机信息系统集成等服务。

（4）具有从事软件开发和相应技术服务等业务所需的技术装备和经营场所。

（5）从事软件产品开发和技术服务的技术人员占企业职工总数的比例不低于50%。

（6）软件技术及产品的研究开发经费占企业软件收入的8%以上。

（7）年软件销售收入占企业年总收入的比例达到35%以上，其中，自产软件收入占软件销售收入的50%以上。

此外还需要注意的是，国家规划布局内的重点软件企业，必须是在国家发改委、商务部、信息产业部、国家税务总局共同确定的重点软件企业名单之内，并取得经中国软件协会认定的国家规划布局内的重点软件企业证书。

2．集成电路设计企业享受税收优惠资格的检查

集成电路设计是我国目前重点扶持的行业，所以，从事集成电路设计的企业可以享受优厚的税收优惠。但是，这里所说的享受税收优惠的集成电路设计企业必须同时具备以下条件：

（1）取得信息产业部委托认定机构认定的证书、证明文件。

（2）以集成电路设计为主营业务。

（3）具有与集成电路设计开发相适应的生产经营场所、软硬件设施和人员等基本条件，其生产过程和集成电路设计的管理规范，具有保证设计产品质量的手段和能力。

（4）自主设计集成电路产品的收入及接受委托设计产品的收入占企业年总收入的比例达到30%以上。

（5）投资额超过80亿元人民币或集成电路线宽小于0.25微米的集成电路生产企业，可以减按15％的税率缴纳企业所得税，其中，经营期在15年以上的，从开始获利的年度起，第一年至第五年免征企业所得税，第六年至第十年减半征收企业所得税。

（6）对生产线宽小于0.8微米（含）集成电路产品的生产企业，经认定后，自获利年度起，第一年和第二年免征企业所得税，第三年至第五年减半征收企业所得税。

3. 高新技术企业享受税收优惠资格的检查

高新技术企业的税收优惠政策变化较大，过去，只要企业生产的产品符合高新技术产品的要求即可，基本不管企业是否拥有生产高新技术产品的自主知识产权。新办法则要求，企业的产品（服务）不仅要属于《国家重点支持的高新技术领域》规定的范围，而且企业对其主要产品（服务）的核心技术拥有自主知识产权，难度大大增加。“认定管理办法”明确高新技术企业认定须同时满足以下条件：

（1）在中国境内（不含港、澳、台地区）注册的企业，近三年内通过自主研发、受让、受赠、并购等方式，或通过5年以上的独占许可方式，对其主要产品（服务）的核心技术拥有自主知识产权；

（2）产品（服务）属于《国家重点支持的高新技术领域》规定的范围；

（3）具有大学专科以上学历的科技人员占企业当年职工总数的30%以上，其中研发人员占企业当年职工总数的10%以上；

（4）企业为获得科学技术（不包括人文、社会科学）新知识，创造性运用科学技术新知识，或实质性改进技术、产品（服务）而持续进行了研究开发活动，且近三个会计年度的研究开发费用总额占销售收入总额的比例符合如下要求：

一是最近一年销售收入小于5 000万元的企业，比例不低于6%；

二是最近一年销售收入在5 000万元至20 000万元的企业，比例不低于4%；

三是最近一年销售收入在20 000万元以上的企业，比例不低于3%。

其中，企业在中国境内发生的研究开发费用总额占全部研究开发费用总额的比例不低于60%。企业注册成立时间不足三年的，按实际经营年限计算；

（5）高新技术产品（服务）收入占企业当年总收入的60%以上；

（6）企业研究开发组织管理水平、科技成果转化能力、自主知识产权数量、销售与总资产成长性等指标符合《高新技术企业认定管理工作指引》（另行制定）的要求。

4. 其他企业享受税收优惠资格的检查

目前我国根据国家经济发展的需要，许多方面制定了相应的税收优惠政策。如节能环保、安全生产、资源综合利用等税收优惠，在此就不一一列举了。要提醒纳税人，享受有关税收优惠政策是一个过程，在一般的情况下，税务机关会进行全程跟踪管理，纳税人规避涉税风险，就需要在整个生产和经营过程中按照税法的要求进行操作。

【例】

福建省漳州市某民政福利企业生产五金配件，前几年生意红红火火，先后安置了残疾职工42名，并按规定为他们办理基本养老保险、基本医疗保险、失业保险和工伤保险等基本社会保险。多年来，该公司一直享受增值税先征后返政策优惠。去年该公司实施计件工资改革，本想通过激励残疾职工多劳多得以提高生产率，不料下半年市场风云突变，政策影响上游企业导致订单锐减，公司连续几个月产量销量均大幅下降，不少残疾职工的薪酬随之下降。

去年12月公司实现销售收入205万元，申报缴纳增值税9.84万元，发放残疾职工计件工资仅3.22万元，其中有25名残疾职工由于当月多次停工停产没有完成工作量，他们的工资低于省政府确定的本地最低工资标准。

按照《财政部、国家税务总局关于促进残疾人就业税收优惠政策的通知》（财税〔2007〕92号）的有关规定，对安置残疾人的企业单位，按实际安置每位残疾人的最低工资标准6倍计算，每年退还其缴纳的增值税或减征的营业税（最高不得超过每人每年3.5万元）。该企业去年12月申报缴纳增值税9.84万元，可在今年1月全额申请退还，但由于该公司残疾人员工工资标准不符合税收政策的有关规定，不能享受这一税收优惠。

按照促进残疾人就业税收优惠政策的有关规定，安置残疾人的企业必须满足5个规定条件才能享受相应的税收优惠。其中一个规定条件就是，企业必须通过银行等金融机构向安置的每位残疾人实际支付了不低于单位所在区县适用的经省级人民政府批准的最低工资标准的工资。如果企业残疾人员工本月工资未达到要求的，暂停企业本月相应的税收优惠；在1个年度内企业残疾人员工工资累计3个月未达到要求的，取消企业次年度享受相应税收优惠政策的资格。杨先生的公司去年12月发放残疾职工计件工资3.22万元，有25名残疾职工的计件工资低于省政府确定的本地最低工资标准，故不能享受增值税先征后返的税收优惠。

其实，新企业所得税法的实施会给类似的企业带来更大的压力。根据新企业所得税法及其实施条例的规定，企业发生的合理的工资薪金支出，以及与生产经营活动密切相关的费用，可以在计算企业所得税之前扣除。但是，如果企业发放给员工的薪水低于省政府确定的最低工资标准而被劳动行政部门责令加付赔偿金或者经济补偿时，赔偿金或者经济补偿金不能在计算企业应纳税所得额时扣除。

四、对注销企业的管理性检查

纳税人按计划的经营期限到期，或者由于企业重组、经营不善中途倒闭、关门等等，就需要对纳税人在经营期间的涉税情况以及纳税申报情况进行检查和清算。根据基层稽查部门反馈，少数增值税一般纳税人（尤其是商贸企业），先抵扣存货的进项税金，等办理注销税务登记后，再将存货出售，以此达到少缴税款的目的。因此，进一步完善注销企业存货的税收管理，堵塞征管漏洞，一般会是税务部门关注的内容之一。

税务机关一般会对申请注销企业的经营期内的纳税情况进行查实，对账面有存货的，税务机关会对存货进行实地盘点。盘点后发现存货账面余额与实地盘点金额（不包括代销等所有权不属于注销企业的存货）不一致情况的，可按以下不同情形处理：

其一，账面余额小于实地盘点金额的，税务机关会查明原因，造成少缴增值税、企业所得税的，应补交税款。

其二，账面余额大于实地盘点金额的，且经查实如差额部分确实属于《中华人民共和国增值税暂行条例》第十条所述情况的，会要求企业做进项税额转出处理；如差额部分符合《中华人民共和国增值税暂行条例实施细则》第四条所述情行，企业售出存货又未申报的，一般按偷税处理，并补交增值税。

其三，对账面余额同盘点金额一致的，且不涉及少计提销项税额，多抵扣进项税额或少计算应纳税所得额情况的，对结余存货不作补税处理。

从现实情况来看，企业注销环节已经成为部分一般纳税企业规避税收的防空洞，有关企业如果适当操作，可以获得相应的税收利益。这是因为：

1. 现行税法没有对申请注销企业的存货征税的规定

纳税义务人向税务机关申请注销过程中，如果没有对其存货进行销售处置，那么即使依据《中华人民共和国增值税暂行条例》第一条规定（在中华人民共和国境内销售货物或者提供加工、修理修配劳务以及进出口货物的单位和个人，为增值税的纳税义务人）和《增值税暂行条例实施细则》第四条一款对视同销售的规定，不能认定该纳税人有增值税纳税义务。另外，如果企业申请注销过程中没有发生《增值税暂行条例》第十条所列的“不得从销项税额中抵扣”的规定六项情况，对其存货一般不能作进项税额转出处理。所以，对申请注销的纳税人的存货进行征税的法律依据不足。

2. 注销的纳税人销售存货存在税率差

《财政部 国家税务总局关于增值税若干政策的通知》（财税〔2005〕165号）第六条规定：“一般纳税人注销或被取消辅导期一般纳税人资格，转为小规模纳税人时，其存货不作进项税额转出处理，其留抵税额也不予以退税。”申请注销的增值税一般纳税人通常在注销前已经将存货按17%、13%、11%（现行税率为13%、9%和6%）的税率作抵扣当期应交增值税税金处理，等办理注销登记后，纳税人再将不含增值税的存货进行销售时按3%的征收率进行征税。由于增值税一般纳税人注销前后，其适用的抵扣率和征收率差距较大，如果企业注销前购进大量存货并抵扣其进项税，还是可以规避部分税收的（一般以注销前最后一期增值税申报的应交税费不大于零为限）。

【例】

甲公司由A和B两自然人于2010年3月投资设立，注册资本为100万元，主要从事汽车灯具的生产与销售。2019年10月股东会依法申请注销，注销时相关实物资产已经变卖处理，并于2019年12月办妥注销手续，注销时可供两股东分配的资产合计150万元。2020年6月，税务机关对乙公司进行税务稽查，发现2018年3月甲公司受乙公司委托加工一批汽车灯具，乙公司现金支付加工费23.4万元（含税），甲公司未开票给乙公司。后经税务机关查证，发现甲公司未将该笔收入入账申报相关税款。税务机关是否可以向A和B两自然人股东追缴税款？在集体审理该案件时，存在两种不同观点。

一方认为，甲公司已经依法注销，法人资格已经终止，财产已经清算分配完毕，已经无法向甲公司追缴税款。A和B两自然人股东并非是该笔税款的纳税人，因此不能向他们追缴相关税款。

另一方认为，甲公司虽然已经注销，公司清算后的财产最终也是由A和B两自然人承继，为维护国家税收权益，税务机关应该向他们进行追缴。

企业的清算终止与自然人的死亡有些类似，股东类似继承人，终止企业类似被继承人。《中华人民共和国继承法》第三十三条规定，继承遗产应当清偿被继承人依法应当缴纳的税款和债务，缴纳税款和清偿债务以他的遗产实际价值为限。企业清算之前发生的收入未入账而应该承担的纳税义务发生在企业终止之前，即税收债务产生于清算前，因此作为继承最终分配财产的股东也应该在其取得清算后分配所得财产的限额范围内承担法律责任。当然，如果被注销企业是个人独资企业或合伙企业，出资者或普通合伙人还要承担无限法律责任。

《最高人民法院关于民事执行中变更、追加当事人若干问题的规定》（法释〔2016〕21号）第二十二条规定，作为被执行人的法人或其他组织，被注销或出现被吊销营业执照、被撤销、被责令关闭、歇业等解散事由后，其股东、出资人或主管部门无偿接受其财产，致使该被执行人无遗留财产或遗留财产不足以清偿债务，申请执行人申请变更、追加该股东、出资人或主管部门为被执行人，在接受的财产范围内承担责任的，人民法院应予支持。

企业被注销后，股东或出资人会无偿取得最终分配的财产，比照以上原理来分析，如果税务机关有确凿证据证明被清算单位存在应该承担的纳税义务，税务机关在履行相应的法律程序后，可以采取民事法律诉讼手段，向法院申请追加取得分配财产的股东、出资人为被执行人，在股东或出资人最终接受分配财产范围内承担纳税义务产生的责任。但（法释〔2016〕21号）文件是根据《中华人民共和国民事诉讼法》等法律规定并结合执行实践所制定的，对于因纳税义务所产生的债务是否适用民事诉讼法存在一定争议。民事法律关系是民法调整的平等主体之间的财产关系和人身关系，税收征收是行政行为，具有强制性、无偿性等特点，税收征纳双方在法律地位上不平等，属于行政诉讼法的调整范围。税收征管法第五十条规定，税务机关可以采取合同法第七十三条和第七十四条行使代位权和撤销权的措施，更是侧面证明了如果没有法律明确授权，税务机关不能仅凭法理随意行使权力。

企业破产法第八十二条第三款规定，下列各类债权的债权人参加讨论重整计划草案的债权人会议，依照下列债权分类，分组对重整计划草案进行表决：（三）债务人所欠税款。这说明企业破产法将纳税人应承担的所欠税款认定为债权范畴，因此税务机关可以根据民事诉讼法等法律规定，向有管辖权的法院提起民事诉讼来保障国家的税收债权，对拒不执行法院判决和裁定的股东或出资人，税务机关可以向人民法院提出强制执行申请，但税务机关并不能自行向股东或出资人实施强制执行措施。

目前，除企业破产法之外，没有其他相关法律直接认定企业所欠税款属于债权的相关条款，因此建议在修订税收征管法及其实施细则时，能吸收法释〔2016〕21号文件第二十二条的法律精神，增加新条款。这样，一方面可以更有力地保障国家税收权益，另一方面可以减少税务人员在企业注销过程中所产生的执法风险。

五、日常管理过程中的检查

基层税务管理部门有时因某种管理方面的需要，也会对所属范围内的企业进行类似于纳税检查性质的管理性检查，这种检查一般是应上级主管部门的要求进行的行业检查、专题检查。如“用废”企业的检查、出口退税检查、外商投资企业的获利年度确认检查等。

第二节　纳税评估简要介绍

为了强化税务管理，最近几年税务系统推出纳税评估。对于税务机关而言，纳税评估是税务机构实施税务管理的一种手段，因此，纳税评估是指税务机关根据纳税人的申报资料及其他征管信息，按照一定的程序，运用一定的手段和方法，进行审核、比对、分析、核查，对纳税人一定时期内申报纳税的真实性、准确性进行综合评估的工作。包括行业评估和个案评估。

一、纳税评估的对象

纳税评估的对象为主管税务机关负责管理的所有纳税人及其应纳所有税种。纳税评估对象确定是指纳税评估业务管理部门，按照一定的方法，对纳税人进行筛选并确定纳税评估对象的过程。

1. 确定纳税评估对象的要求

筛选纳税评估对象，要依据税收宏观分析、行业税收负担监控结果等数据，结合各项评估指标及其预警值和税收管理员掌握的纳税人实际情况，参照纳税人所属行业、经济类型、经营规模、信用等级等因素进行全面、综合的审核对比分析。

综合审核对比分析中有问题或疑点的纳税人要作为重点评估分析对象；重点税源户、特殊行业的重点企业、税收负担异常变化、长时间零税收负担和负税收负担申报、纳税信用等级低下、日常管理和税务检查中发现较多问题的纳税人要列为纳税评估的重点分析对象。

2. 确定纳税评估对象的过程

纳税评估对象的确定，一定时期内可以省辖市国税机关确定为主，并在加强业务培训、指导的基础上，逐步过渡到以区（县）级国税机关确定为主。省局也可以根据不同时期的工作重点确定不同时期的纳税评估重点及评估方法，由省辖市国税机关确定具体评估对象。

县（市、区）税源管理部门可以结合上级下达的评估任务和本地实际情况，除上级下达的必评任务外，在保证税源管理质量的前提下，可结合工作量和实际税情自行调整并确定当前的重点评估对象。

省辖市及县（市、区）国税机关的纳税评估业务管理部门在确定纳税评估对象时，应与本级稽查部门进行信息交换，对已纳入稽查对象或拟列入稽查对象的纳税人不作为纳税评估对象，但必须将有关疑点告知稽查部门。对已确定的纳税评估对象应分税种制作《纳税评估对象清册》和《纳税评估项目建议书》，并下达给具体纳税评估工作单位或部门。

3. 基层管理部门确定评估对象的要求

一是根据市局下达的评估对象分到各评估小组。

二是对认为需要进行评估的纳税户，上报市局作为建议评估对象。

三是评估对象一经确定不得删除或修改，评估原则上应于当季确定当季完成。每户应于15个工作日完成。

二、纳税评估对象确定的方法

纳税评估对象可采用计算机自动筛选、人工分析筛选和重点抽样筛选等方法。在具体操作过程中，纳税评估对象也可以利用资料稽核的结果确定或者根据其他信息来源直接确定。

资料稽核是市、县级国税机关按照设置的参数利用计算机进行分析、筛选，并产生结果的过程。利用资料稽核结果确定对象是指国税机关利用资料稽核结果按异常程度从高到低确定或按特定要求确定评估对象。资料稽核参数的设置由省、市、县国税机关根据规定的权限确定和修改。

直接确定对象是指各级国税机关根据日常管理所掌握的信息、资料，认为需要进行纳税评估而直接确定评估对象的方法。直接确定对象包括上级交办、责任区管理部门和税源监控分析部门等其他职能部门认为需要进行评估的纳税人或项目。

确定纳税评估对象应重点在下列纳税人中产生：

（1）责任区管理中发现存在税收违法嫌疑的纳税人；

（2）增值税连续3个月零负申报，且生产经营正常的纳税人；

（3）增值税（季度）、所得税（年度）税收负担率低于市行业平均税收负担30%以上的纳税人（市行业平均税收负担将按全市企业分企业规模定期公布）；

（4）非增值税专用发票抵扣增值税进项税额占全部季度进项税额50%以上的纳税人；

（5）季度应纳增值税额较上年季度平均应纳增值税额下降30%以上的纳税人；

（6）季度销售额较上年季度平均销售额下降30%以上的纳税人；

（7）季度应纳增值税额与以季度增值额计算的应纳增值税额差异明显的纳税人。计算公式为：季度应纳增值税额<（季度提取折旧+季度工资+季度利润）×销售货物适用税率

（8）单位能耗增值税额明显低于行业平均单位能耗增值税额的纳税人；

（9）省、市级重点所得税纳税人；

（10）连续3年亏损或当年弥补亏损额较大的所得税纳税人。

直接确定对象包括上级交办、责任区管理部门和税源监控分析部门等其他职能部门认为需要进行评估的纳税人或项目。

三、评估分析方法

纳税评估可根据所辖税源和纳税人的不同情况采取灵活多样的评估分析方法，主要有：

（1）对纳税人申报纳税资料进行案头的初步审核比对，以确定进一步评估分析的方向和重点；

（2）通过各项指标与相关数据的测算，设置相应的预警值，将纳税人的申报数据与预警值相比较；

（3）将纳税人申报数据与财务会计报表数据进行比较、与同行业相关数据或类似行业同期相关数据进行横向比较；

（4）将纳税人申报数据与历史同期相关数据进行纵向比较；

（5）根据不同税种之间的关联性和钩稽关系，参照相关预警值进行税种之间的关联性分析，分析纳税人应纳相关税种的异常变化；

（6）应用税收管理员日常管理中所掌握的情况和积累的经验，将纳税人申报情况

与其生产经营实际情况相对照，分析其合理性，以确定纳税人申报纳税中存在的问题及其原因；

（7）通过对纳税人生产经营结构，主要产品能耗、物耗等生产经营要素的当期数据、历史平均数据、同行业平均数据以及其他相关经济指标进行比较，推测纳税人实际纳税能力。

对纳税人申报纳税资料进行审核分析时，一般包括以下重点内容：纳税人是否按照税法规定的程序、手续和时限履行申报纳税义务，各项纳税申报附送的各类抵扣、列支凭证是否合法、真实、完整；

纳税申报主表、附表及项目、数字之间的逻辑关系是否正确，适用的税目、税率及各项数字计算是否准确，申报数据与税务机关所掌握的相关数据是否相符；收入、费用、利润及其他有关项目的调整是否符合税法规定，申请减免缓抵退税，亏损结转、获利年度的确定是否符合税法规定并正确履行相关手续；与上期和同期申报纳税情况有无较大差异；税务机关和税收管理员认为应进行审核分析的其他内容。

【例】

一、企业基本情况

江南某市某贸易公司系2014年8月成立的私营有限责任公司，增值税一般纳税人，注册资本3 100万元，现有职工68人，是一家主要从事生铁、钢材、水泥批发的企业，在当地批发行业中具有一定规模和较强的代表性。2019年该公司增值税税负率偏低，因此，当地税务局将该公司确定为纳税评估的重点对象。

二、疑点采集

评估人员通过“金三”系统调阅了2018年度、2019年度企业所得税年度报表及年度资产负债表、利润表，分析比较了近两年的税收和财务指标，查阅企业发票开具情况和税款抵扣情况。通过初步分析，发现以下疑点。

【疑点1】企业2019年度销售收入313 034 862.5元，2018年应税销售收入167 349 819.15元，2019年与2018年相比销售收入增加145 685 043.35元，销售收入变动率为87%，大大超过±30%的预警值范围。是否存在虚开增值税专用发票行为？

【疑点2】企业2019年增值税应纳税额1 763 393.45元，税负0.56%，比2019年全市同行业平均税负率的1.2%低0.64个百分点，税负差异幅度（与同行业比）为-53%，与企业2018年增值税税负率1.05%相比，2019年增值税税负率下降了0.49个百分点，税负率差异幅度（与上年比）为-46%。上述数值明显超出预警值±30%的范围。是否存在少计销售收入，多列进项抵扣行为？

【疑点3】企业2018年运费抵扣税额272 230.98元，占其总进项税额27 727 821.59元的比例为0.98%；而2019年运费抵扣税额782 975.18元，占其总进项税额50 921 797.78元的比例却达到1.54%，比上年增长57%。是否存在多列运费抵扣的问题？

【疑点4】企业2018年应税销售收入为167 349 819.15元，应纳所得税额为346 781.08元，2018年企业所得税贡献率为0.207%；2019年应税销售收入为313 034 862.50元，应纳所得税额为375 641.84元，2019年企业所得税贡献率为0.12%。

2019年与2018年相比，企业所得税贡献率下降0.087个百分点，企业所得税贡献变动率为43%。是否存在多列成本费用、扩大税前扣除范围问题？

【疑点5】企业2018年营业费用3 959 776元，占销售收入167 349 819.2元的比例为2.37%；2019年营业费用12 951 268.63元，占销售收入313 034 862.5元的比例为4.14%，该比例变动率高达74.68%。是否存在多列费用，少缴企业得税的行为？

【疑点6】企业2019年初存货金额2 104 370.6元，2019年末存货金额8 984 071.07元，年末比年初存货增加6 879 700.47元。该公司是批发企业，但没有大型仓库，年末存货金额变动异常。是否存在存货不实，发出商品不计或少计收入问题？

三、约谈举证及实地调查

针对以上疑点问题，评估人员对该公司展开了约谈。在约谈过程中，被约谈人仅就疑点1做出了合理解释并提供了相应证据，于是疑点1被排除。而由于企业方面无法对其他疑点给出合理解释，评估人员依照程序对企业进行了实地调查核实。

根据企业主动提供的账簿资料，评估人员对公司的增值税税率，按货物品种分类进行了测算。经测算，企业2019年度实现销售收入313 034 862.50元，应纳税额1 763 393.45元，增值税税负率为0.56%。其中，销售生铁收入256 143 123.95元，应纳税额2 312 659.86元，该项目增值税税负0.9%；销售钢材收入48 806 518.55元，应纳税额-634 969.74元，该项目增值税税负-1.3%；销售其他货物收入8 085 220元，应纳税额85 703.33元，该项目增值税税负1.06%。

评估人员通过上述指标测算分析，得出如下判断：与企业2018年增值税税负率1.05%相比，其2019年增值税税负存在异常，特别是钢材项目销售的税负率为-1.3%，很可能存在少计钢材销售收入或发出商品未及时计收入的现象。评估人员决定对其存货进行实地盘点。

评估人员通过对企业钢材仓库的入库单、发货单进行统计，并对钢材仓库进行盘点，发现钢材账实不符，账面比实际库存多2 048吨，钢材账实不符的原因是：企业发出钢材2 048吨给某房地产公司，因未及时与对方结算，故暂未作账务处理。评估人员对实地调查发现的问题做了详细的记录，确定了钢材存货不实，发出商品未及时计入销售收入的问题，并取得相关的材料。通过对企业进行税法宣传，告知企业发出商品并取得索取销货款的凭据后，应及时做销售收入。企业了解了相关政策之后，认可了上述问题，愿意主动自查申报补税。

经查阅账簿资料和运费抵扣凭证，评估人员发现企业部分运费的单价过高，每吨货物1公里的运费单价高达2元，而据调查正常的单价是0.7元左右。针对这一疑点，评估人员要求企业自查申报。但企业认为其运费已实际发生，取得的运输发票也是真实的，并且通过了税务机关认证，因而没有进行自查申报。

评估人员经查阅费用账簿资料后发现，企业经营费用变动率异常，形成原因是该公司2019年度“经营费用——代理费”科目列支750 000元，并于当期所得税前列支。经核实企业2018年度发生的代理费，因无法取得发票，企业采购人员在某地税局取得代理费发票报销。该笔代理费不符合所得税税前列支的条件，应调增应纳税所得额750 000元。但该企业认为费用已实际发生，不愿意自查申报补税。

四、评估处理

经评估分析、约谈和实地调查，该公司对发出商品未及时作收入的问题主动进行自查申报。根据《纳税评估管理办法（试行）》的有关规定，税务机关同意该公司进行自查申报。

自查后，企业向税务机关报送了《纳税评估自查报告》，主动申报2 048吨钢材的销售收入5 848 949.35元，补缴增值税994 321.39元。

鉴于企业仅对发出商品未及时计收入而少缴的增值税进行了自查申报，对发出商品未及时作收入少缴的企业所得税、运输费用多抵增值税进项税金、代理费用所得税税前列支不符合政策等问题未进行自查申报，评估人员认为不能消除该企业的疑点。根据《纳税评估管理办法（试行）》的有关规定，评估人员将该公司移送至稽查部门进行查处。

稽查局对该企业进行了稽查，稽查查处结果如下：

（1）对企业部分运费中包含的不属于抵扣范围的装卸费、押运费等费用，造成多抵扣的进项税额，予以追缴，补征增值税264 621.84元；

（2）对企业存在的发出商品未及时作收入处理少缴的企业所得税、代理费用所得税税前列支不符合政策等问题进行查处，补征企业所得税275 620.49元；

（3）对上述查补税款从滞纳之日起按日加收万分之五的滞纳金；

（4）对上述查补税款按税法有关规定，处以0.5倍罚款计270 121.17元。

第三节　反避税调查简要介绍

避税是指纳税人在关联企业间业务往来过程中，通过一定的手段将税收转移到特定税收管辖区域（或者企业）以外的行为。

为了促使关联企业间业务往来的税务管理工作（以下简称转让定价税收管理工作）走向规范化、程序化，不断提高工作质量和效率，根据《中华人民共和国外商投资企业和外国企业所得税法》（以下简称税法）第十三条及其实施细则（以下简称税法实施细则）第四章第五十二条至五十八条规定、《中华人民共和国税收征收管理法》（以下简称税收征管法）第三十六条及其实施细则（以下简称税收征管法实施细则）第五十一条至五十六条规定、《国家税务局关于关联企业间业务往来税务管理实施办法》（国税发〔1992〕237号，以下简称实施办法）、《国家税务局关于贯彻（关联企业间业务往来税务管理实施办法）几个具体问题的通知》（国税发〔1992〕242号）以及我国政府与有关国家（特别行政区）政府间签订的税收协定（或安排）的有关规定（以下简称税收协定或安排），借鉴国际上通常的做法，结合我国税收征管体制改革的总体要求和实施转让定价税收管理工作的具体实践，制定了《关联企业间业务往来税务管理规程》。

该规程适用于关联企业间业务往来的税务管理。关联企业间业务往来的税务管理是指各级主管税务机关（指设区的市、自治州以上税务局）的专职机构或专职人员对关联企业间在有形财产的购销和使用、无形财产的转让和使用、提供劳务、融通资金等业务往来中，不按独立企业间业务往来收取或支付价款、费用，而减少应税收入或应纳税所得额的，依法进行调查、审计并实施税收调整的工作。

在十届全国人大五次会议通过的《中华人民共和国企业所得税法》中，专门设了“特别纳税调整”一章，对关联交易的税收处理和其他避税措施都做出了规定，在内容上进一步丰富和扩展了《税收征收管理法》的反避税规定，增加了成本分摊、预约定价、提供资料、受控外国公司、资本弱化、一般反避税条款以及反避税罚则，是反避税的全面立法。特别是国家税务总局《关于印发〈特别纳税调整实施办法（试行）〉的通知》（国税发〔2009〕2号）出台以后，反避税的相关政策又得到进一步强化。新企业所得税法中构建的反避税制度，构建了涵盖范围较广的全面的反避税制度，使得反避税规范得以体系化，提高了反避税制度的法律拘束力，增强了反避税制度的权威性，从而有效地强化了反避税措施，有利于税务机关加强国际税收管理，有效开展反避税工作，防范和制止避税行为，促进企业，尤其是跨国企业遵循独立交易原则，维护国家税收利益，保障国家的经济安全。

一、关联企业间关联关系的认定

纳税人需要向税务机关申报其关联系业务的开展情况。凡企业与另一企业构成关联企业的，均应在纳税年度终了后四个月内向主管税务机关报送《中华人民共和国国家税务总局外商投资企业和外国企业与其关联企业业务往来情况年度申报表》（以下简称申报表）。企业在本纳税年度内与两家或两家以上关联企业发生业务往来的，应分别填写申报表。申报表分为A类和B类，A类适用于业务往来类型和内容单一的企业。B类适用于业务往来类型和内容多项的企业。企业如遇特殊情况不能按规定期限报送申报表的，应在规定的报送期限内向主管税务机关提交申请，经批准可以适当延长期限，但最长不得超过30日。

税法实施条例第五十二条所称“在资金、经营、购销等方面，存在直接或者间接的拥有或者控制关系”“直接或者间接地同为第三者所拥有或者控制”“其他在利益上具有相关联的关系”和税收征管法实施细则五十一条所称“在资金、经营、购销等方面，存在直接或者间接的拥有或者控制关系”“直接或者间接地同为第三者所拥有或者控制”“在利益上具有相关联的其他关系”，主要是指企业与另一公司、企业和其他经济组织（以下统称另一企业）有下列关系之一的，即构成关联企业：

（一）相互间直接或间接持有其中一方的股份总和达到25%或以上的；

（二）直接或间接同为第三者所拥有或控制股份达到25%或以上的；

（三）企业与另一企业之间借贷资金占企业自有资金50%或以上，或企业借贷资金总额的10%或以上是由另一企业担保的；

（四）企业的董事或经理等高级管理人员一半以上或有一名以上（含一名）常务董事是由另一企业所委派的；

（五）企业的生产经营活动必须由另一企业提供的特许权利（包括工业产权、专业技术等）才能正常进行的；

（六）企业生产经营购进的原材料、零部件等（包括价格及交易条件等）是由另一企业所供应并控制的；

（七）企业生产的产品或商品的销售（包括价格及交易条件等）是由另一企业所控制的；

（八）对企业生产经营、交易具有实际控制或在利益上具有相关联的其他关系，包括家族、亲属关系等。税务审计人员应按上述标准，逐条依据进行审计和检查，检查结果应填写《关联企业关联关系认定表》，有两个或两个以上关联企业的，应分别检查填写。

第七条 企业未按规定期限向主管税务机关报送其与关联企业间业务往来年度申报表的，由主管税务机关责令限期报送，并可按税收征管法第六十二条的规定处以二千元以下的罚款；情节严重的，可以处二千元以上一万元以下的罚款。

二、关联企业间业务往来交易额的认定

在企业申报的基础上，对照关联企业构成标准填制的《关联企业关联关系认定表》，根据业务往来的类型和性质，对关联企业间业务往来交易额进行认真归类、汇总、分析和认定。关联企业间业务往来的类型及其内容主要包括：

（1）有形财产的购销、转让和使用，包括房屋建筑物、交通工具、机器设备、工具、商品（产品）等有形财产的购销、转让和租赁业务；

（2）无形资产的转让和使用，包括土地使用权、版权（著作权）、商标、牌号、专利和专有技术等特许权、工业品外观设计或实用新型等工业产权的所有权转让和使用权的提供业务；

（3）融通资金，包括各类长短期资金拆借和担保、有价证券的买卖及各类计息预付款和延期付款等业务；

（4）提供劳务，包括市场调查、行销、管理、行政事务、技术服务、维修、设计、咨询、代理、科研、法律、会计事务等服务的提供等。

根据业务往来的性质，发生下列类型的业务往来，其所实际支付和收取的价款、费用金额，即为关联企业交易额。

（1）企业与关联企业之间的产品（商品）购销业务实际支付或收取的价款金额；

（2）企业与关联企业之间融通资金的金额及其应计利息（包括各项有关费用）；

（3）企业与关联企业之间提供劳务所实际支付或收取的劳务费金额；

（4）企业与关联企业之间转让有形财产、提供有形财产使用权等所实际支付或收取的费用金额。

（5）企业与关联企业之间转让无形财产、提供无形财产的使用权等所实际支付或收取的费用和金额。

在目前的反避税案件中，绝大多数都是对“跨境避税”等问题进行纳税调整。部分境外投资者利用外商投资企业“两头在外”的经营特点，通过原料购进和产品出售定价等方法进行避税。但是，某市国家税务局查处的一个案例则相反，外商投资企业向内资企业转移利润，这个“超常规”的避税方式在操作方面具有更大的隐蔽性。这种“逆向转移利润”的操作方式在该市还是第一次发现，也是当前我国反避税问题的一个新动向。

2018年2月28日，稽查局对昌盛化工有限公司2017年度的纳税情况进行检查。该企业系增值税一般纳税人，主要生产治疗冠心病用药物的一种原料。2017年度实现销售收入3 502.3万元，全年增值税的税收负担率为5.6%。对该企业的纳税情况进行动态分析时，发现该企业2015年度的增值税税收负担率为6.4%，2016年度为6.3%。2017年度的增值税税收负担率比往年下降了0.7%。

该企业的增值税税收负担率为什么会突然下降0.7%呢？税务稽查人员从企业的会计报表中找答案。先对企业的运行情况进行整体性检查：昌盛化工有限公司2017年12月31日的损益表显示，该企业2017年度实现销售收入3 502.3万元，当年实现利润总额为603.59万元，其中主营业务收入为3 195.47万元，主营业务利润为734.05万元；在损益表的其他业务收入一栏中，年末数为306.83万元，而其他业务利润却为-130.46万元。

由其他业务收入形成的其他业务利润为什么会出现负数呢？打开企业的账册，检查该笔业务的成本及费用情况，发现该企业在本年度的3月至9月份先后连续八个月为本市的长风制药实业公司加工甲品牌药品，发生工资及相关成本和费用406.62万元，提供其他辅助材料合计30.7万元。2017年12月31日该项加工业务的累计成本为437.29万元，而开票作为该企业的销售收入只有306.83万元，企业在这笔业务上成本支出与销售收入出现了明显的倒挂现象。

对此，企业负责人和财务人员解释说：该笔业务我们以前没有做过，在谈判时不知道产品的实际成本情况，也没有经过详细的论证就签了合同，结果吃了一个大亏。但是，稽查人员仍觉得其中有蹊跷，亏损是正常的，但是幅度不会太大，而这笔业务有点不符合常理。

为了弄清事情的原委，经批准稽查人员对该加工业务的委托方长风制药实业公司与昌盛化工有限公司进行了进一步检查。通过对委托加工材料的发出，委托加工产品收回以及委托加工合同的检查，与之有关的业务会计核算处理正确，有关凭证真实有效。但是在对长风制药实业公司的生产能力以及2017年度的生产经营情况进行评估时发现，该企业的产品单一，未从事其他经销活动。2016年实现产品的生产和销售4 036.38万元，2017年度的产品生产和销售只有3 582.28万元。2017年度的生产能力并没有处于满负荷运行状态。

为什么在生产能力没有得到充分利用的情况下，还要委托其他单位加工产品呢？税务稽查人员对此百思不得其解。为了寻找问题的答案，税务稽查人员对长风制药实业公司进行了进一步检查。在检查过程中他们发现，长风制药实业公司是原集体企业长风制药厂于2016年10月改制而来，在改制前的长风制药厂有三年的累计亏损352.36万元。是不是转移利润？当这个疑问一提出来就受到质疑：在目前的反避税案件中，绝大多数都是“跨境避税”，外商投资企业中的外资控股方利用“两头在外”的特点，通过原料购进和产品出售定价等环节进行避税，而长风制药实业公司却是内资企业呀！

但是，除此之外没有第二个答案，于是稽查人员从两企业关系的角度入手进行核查。从长风制药实业公司在工商行政管理部门注册的企业章程中发现：占该企业61%股份的大股东就是昌盛化工有限公司的中方投资人。根据《税收征管法实施细则》第五十一条规定，具有下列关系之一的公司、企业和其他经济组织是关联企业：（一）在资金、经营、购销等方面，存在直接或者间接的拥有或者控制关系；（二）直接或者间接地同为第三者所拥有或者控制；（三）在利益上具有相关联的其他关系。根据这个规定，昌盛化工有限公司与长风制药实业公司具有关联关系。

在取得具有说服力的证据材料之后，稽查人员再次与企业有关人员见面。在大量的事实面前，企业负责人才道出事情的全过程。原来，昌盛化工有限公司享受的“两免三减半”企业所得税优惠政策已于2016年度结束，但2017年的市场形势非常好，预计盈利水平很高。而长风制药实业公司由于在改制前留下了一大笔亏损需要弥补。董事长接受了企业财务顾问的筹划建议：利用甲品牌药品在当地没有可比性的特点，通过加工业务将昌盛化工有限公司的利润转移到长风制药实业公司去。

根据《税收征管法实施细则》第五十四条规定，纳税人与其关联企业之间的业务往来过程中，购销业务未按照独立企业之间的业务往来作价或者提供劳务，未按照独立企业之间业务往来收取或者支付劳务费用以及转让财产、提供财产使用权等业务往来，未按照独立企业之间业务往来作价或者收取、支付费用等现象的，税务机关可以调整其应纳税额。

根据《税收征管法实施细则》第五十五条规定，纳税人存在关联关系的，税务机关可以按照下列方法调整计税收入额或者所得额：（一）按照独立企业之间进行相同或者类似业务活动的价格；（二）按照再销售给无关联关系的第三者的价格所应取得的收入和利润水平；（三）按照成本加合理的费用和利润；（四）按照其他合理的方法。由于昌盛化工有限公司当期和近期没有同类产品销售业务，经过充分的调查取证之后，根据《税收征管法实施细则》第五十五条的规定和国家税务总局颁发的关联企业业务调整规程，税务机关对该加工业务按照组成计税价格，依法调增应税销售收入174.19万元，查补增值税29.61万元，查补企业所得税47.03万元。

昌盛化工有限公司接到稽查局的《税务处理决定书》以后，没有提出异议，按期补缴了增值税和企业所得税，并依法调整了有关账户。

第四节　“阳光稽查”条件下的应对策略

在正常情况下，多数税务机关进行的常规性检查一般都会提前告知，在些地方提前告知的时间还很长，这就是所谓“阳光稽查”。在这样的情况下，有关企业在接受主管税务机关的检查之前，就有了充分的准备时间。因此，有关企业不能放弃这个有利时机，应当以积极的态度进行适当的准备，这是应对纳税检查的重要环节。

一、正确理解稽查的意图

税务检查是指税务机关以国家税收法律、行政法规为依据，对纳税人、扣缴义务人履行纳税义务和扣缴义务的情况进行的检查和处理工作的总称。税务检查既包括对纳税人、扣缴义务人履行有关税收程序法方面规定的义务情况的检查；同时也包括对纳税人、扣缴义务人履行有关税收实体法方面规定的义务情况的检查。

1. 正确理解税务稽查

税务稽查是税务检查的一种，是指税务稽查机构的专业检查。税务稽查是由税务稽查部门依法组织实施的，对纳税人、扣缴义务人履行纳税义务和扣缴义务的情况进行的全面、综合的检查；税务稽查主要是对涉及偷逃抗骗税的大案、要案的检查；税务稽查有完整、规范的检查程序和分工，专业性强，要求水平高，是高标准的税务检查。

税务稽查的内涵可以从以下几个方面来理解：

（1）税务稽查的主体是税务机关，目前主要有省、地、县级国家税务局和地方税务局设立的执行税务稽查职能的税务机构。进行税务稽查时，税务机关依据国家赋予的职能，从维护国家的整体利益出发，对纳税人履行纳税义务的情况进行监督，体现了税收的强制性特征。

（2）税务稽查的客体是纳税人履行纳税义务的情况和扣缴义务人履行代扣代缴、代收代缴义务的情况。纳税人的应税行为、扣缴义务人的扣缴税款行为往往是和纳税人及扣缴义务人所从事的经济活动紧密联系在一起的。因此，要稽查纳税人、扣缴义务人履行纳税义务和扣缴义务的情况，就要同时对纳税人、扣缴义务人的经济活动的合法性进行稽查监督。

（3）税务稽查的依据是国家的税收法规，以及国家为实现财政分配和财政监督而制定的企业财务通则、企业会计准则和分行业财务会计制度等。其中，税收法律法规应是税务稽查的主要依据，它是税务机关实施稽查、审理定性和做出税务处理和税务行政处罚的重要准绳。

（4）税务稽查的目的是依据国家税收法规，查处税收违法行为，保障税收收入，促进依法纳税，保证税法的有效实施。

税务检查和税务稽查的主要区别如下：

（1）检查主体的区别。税务检查泛指税务机关对纳税人、扣缴义务人进行的检查；税务稽查是由税务稽查部门依法组织实施的，对纳税人、扣缴义务人履行纳税义务和扣缴义务的情况进行的全面、综合的检查。

（2）检查程序的区别。税务检查方式灵活多样，程序不一定严格按照选案、实施、审理、执行四个步骤进行，只要是合法、有效的税收执法就可以；税务稽查要按照严格的稽查程序进行，坚持严格的专业化分工，各环节互相制约。

（3）检查程度的区别。税务检查可以只是针对纳税人、扣缴义务人某一环节、某一方面进行的检查；税务稽查则是对纳税人、扣缴义务人履行纳税义务和扣缴义务的情况进行的全面、综合的检查，要求查深、查透、查全。

随着社会主义市场经济体制的逐步建立，税制改革的进一步深化，我国的税收征管改革也在不断深入。无论是改革之初的“一员到户、各税统管”，还是后来实行的“征、管、查三分离”和“三位一体”模式，以及现在实施的“分片管理，集中征收，一级稽查”的征管模式，税务稽查工作的地位越来越重要，在我国经济活动中所起的作用也越来越大。税务稽查对确保国家财政收入的持续稳定增长、加强国家的宏观调控能力，打击偷税、骗税，为在各经济主体活动间开展公平竞争创造良好的环境起到了积极作用。

2. 税务稽查的特点

税务稽查具有法律性、规范性强的特点，其全部工作过程必须遵循法律、法规、规章，必须按照规范的程序和手续进行。税务机关进行税务稽查，首先在法律上具有独立性，其他任何组织和公民都无权干涉税务机关依法进行的税务稽查活动，否则，就是一种违法行为；其次，在稽查行为上具有强制性，纳税人必须接受税务机关依法进行的税务稽查，否则，也属于违法行为；第三，稽查的权力与责任具有同一性，税务机关要依据法律规定的权力范围和程序进行稽查，以保证国家的利益不受损失，不行使这种权力或行使权力不充分，不适当，就是失职或渎职。同时，要依法维护纳税人的合法权利，超出法律规定的权限范围和不按规定的程序进行稽查，随意行使稽查权，就是对纳税人合法权利的侵犯，就要负法律责任。

3. 税务稽查的作用

税务稽查的基本职能是指在税务稽查这种执法行为所具有的基本功能。主要有监督、处罚、威慑、收入等。这些功能随着税务稽查执法的行动而自然地体现出来。按照税务稽查的基本职能，我们将税务稽查的主要任务确定为：依照国家法律、法规和各级政府依法制定的规定、办法等，对纳税人履行纳税义务的情况进行稽核、检查，惩处税务违法，追缴流失税款，维护税收秩序，保障税法的贯彻执行，完善税收征管。因此，税务稽查的主要作用是惩处税务违法，追缴流失税款，维护税收秩序，保障税法的贯彻执行，强化税收征管。

（1）揭露和制裁税收违法行为，防止税收流失。

税收是国家财政收入的主要来源，是国家各级政府履行其职能的物质基础。纳税人能否依法及时、足额纳税，直接关系到国家预算收支计划的完成，关系到国家职能的顺利实现及经济建设事业的顺利发展。在社会主义市场经济条件下，由于经济利益的作用，还存在整体利益与局部利益、个人利益与国家利益、长远利益与目前利益的矛盾，总有少部分纳税人违反税法规定，逃避履行纳税义务，如任其妄行，会严重影响国家预算收支计划及政府职能的顺利实现。通过税务稽查，对纳税人逃避纳税的行为予以揭露、令其纠正并予以制裁，不仅能挽回国家流失的税款损失，更重要的是对国家的整个税收收入提供了保障作用。

（2）发挥税收的宏观调控作用，促进税收政策的贯彻执行。

在社会主义市场经济条件下，税收是国家对经济进行宏观调控的重要手段。税收的宏观调控功能，主要表现在两个方面：一是对经济进行总量调节，如通过确定税收收入占国民生产总值的比重，促进总供给与总需求的基本平衡，促使经济持续、稳定发展；二是进行结构调节，如通过税率的设计及减免税政策的制定，促进资源的有效配置，促进国民经济高效、协调发展。税收的这些宏观调控功能，只有在税法得到不折不扣的贯彻执行时，才能得以顺利实现。如果纳税人仅从自身利益出发，利用各种手段逃避纳税，必然会导致税收的诸项宏观调控功能失灵，不利于社会主义市场经济的稳定发展。通过对纳税人履行纳税义务的行为进行稽查，纠正其在履行纳税义务中的违法行为，有利于强化税收的宏观调控功能，促进社会主义市场经济健康发展。

（3）加强内部监督，促进税收征管水平的提高。

纳税人在纳税中存在的问题，表现在纳税人身上，但究其原因，除纳税人自身的主观原因外，也有税务机关在征管方面的客观原因。例如，税务机关对税法宣传的不深入、不具体，就会造成纳税人错纳税款；税收征收人员业务素质不高，也会造成错征税款；甚至个别税务人员贪赃枉法，征税不足或为纳税人逃避纳税提供方便，造成国家税款流失等。所以通过对纳税人履行纳税义务的情况进行稽查，同时可以发现税务机关在征收管理方面存在的问题，并提出改进建议，及时反映给领导和征管部门，发挥税务稽查在税务机关内部制约和监督的作用，有利于提高征收管理水平。

（4）发现企业经营管理中的问题，促进企业制度的优化。

税收分配涉及企业的人、财、物各方面及产、供、销各环节，通过对企业履行纳税义务的情况进行稽查，可以发现企业在经营管理方面存在的问题。其中，对发现的在财务会计管理方面存在的问题，应依据《税收征管法》的规定，责令其纠正，并予以处罚；对发现的其他方面的问题，虽然按照税法规定不属于税务机关直接管理的职责范围，但税务机关应当根据发展经济、增加税收的基本原理，积极为企业提出改进建议，帮助企业完善内部经营机制。这有利于促进企业建立健全现代企业制度，促进社会主义市场经济的发展。

4. 税务稽查和征收管理部门的税务检查的区别与联系

在税收征管过程中，各个业务环节都存在着对纳税人纳税事项的核对稽查，如税务登记部门对税务登记情况的检查，发票管理部门对纳税人发票用票的检查等。税务稽查和征收管理部门的税务检查的区别在于：一是案件的来源不同；二是检查的对象、性质、目的不同；三是检查的方式、程序、手段不同；四是检查的时间不同。二者之间的联系在于：一是征收管理部门通过税务检查发现的重大偷税、骗税和其他严重税收违法嫌疑的，通过选案及时传递给稽查部门，形成税务稽查的案源；二是稽查部门通过稽查发现的问题，将有关情况反馈给征收管理部门，据以加强征管工作，并确定征收管理部门的税务检查的重点，提高征管工作的质量。

当然，以上我们是从有关职能部门的工作分工、职能特点的角度去分析和介绍的，目的是帮助纳税人了解不同形式检查和不同性质检查的特点。但是，在实践过程中，有些检查又是可以互相转化的，如纳税评估可以转化为纳税检查，一般性的检查也可以转化为税务稽查，并且管理性检查也可以给予处罚等等。而从纳税人的角度讲，无论什么检查都需要重视，都需要积极应对，只是了解到税务机关的检查形式和特点之后，可以有的放矢地做相应的准备，所以在本书中，我们将各种检查都通称为纳税检查。

二、进行自查

在“阳光稽查”条件下，当地主管税务机关一般会在进驻企业检查之前给有关企业一到两周的自查时间。有些地方的税务机关在检查通知中还提醒纳税人做好自查申报工作。在这个时间里，有关企业应当抓紧进行自查。有关企业一般情况有两种操作方法，一是自己组织有关专家进行有针对性的检查；二是聘请外部专家对有关企业进行涉税风险评估。考虑到各方面的具体情况，笔者建议企业特别是规模企业应当聘请外部专家来进行涉税风险评估。

【例】

2019年5月12日，光明实业发展企业集团下属的一个子公司接到当地税务部门的通知，半个月以后，税务稽查部门将对该公司进行常规性纳税检查。为了应对纳税检查，规避涉税风险，集团公司决定聘请税务专家来公司进行纳税评估，合同约定评估服务费用为50万元。

税务专家于2019年5月15日到该企业进行涉税风险评估。在评估过程中，发现该子公司将位于繁华地段一幢面积为10 000平方米的办公大楼，以账面原价每平方米1 000元的价格转让给另外一个公司，该办公大楼建于2007年12月，2008年1月投入使用，当时办理房产证时按结算价1 000万元的发票金额缴纳3%的契税30万元。该公司购买办公楼的发票和纳税凭证都可以在当时的会计凭证中找到。

2015年12月20日，该企业在转让办公楼的过程中只按规定缴纳了营业税及附加，没有申报缴纳土地增值税。

税务专家发现情况后，立即向该企业的领导做了汇报。税务专家的意见在该企业集团内部引起轩然大波。因为该笔业务就是该企业财务总监的“杰作”，这个业务得到了公司董事会的认可，并且财务总监因此获得10万元奖金的奖励。

财务总监的筹划理由是，该办公楼是在企业集团内部转让的。无论以什么价格转让，对方都会接受，而且，如果按照正常的市场价格交易，公司就需要缴纳一大笔税收。

税务专家向该企业集团的有关人员进行了政策宣传，明确告知该大楼明显低价转让且无正当理由。同时经过详细调查核实，发现该办公大楼旁边同类楼出售价为5 000元/平方米，因此按照同类房地产出售价格作为评估价格。建议该企业按5 000元/平方米作为转让价格。同时向税务机关申报营业税及附加、土地增值税，并对有关业务进行相应的调整。

通过沟通和交流，该企业的领导层意识到该笔转让业务存在很大的涉税风险，同意接受税务专家的意见。有关人员及时对相关业务进行的账务调整，并进行了纳税申报。在后来的纳税检查过程中，税务稽查人员也发现了该问题，由于企业进行了主动纠错，所以也得到税务机关的确认。

企业转让不动产，既要缴纳营业税、城建税及教育费附加和土地增值税，还要缴纳企业所得税。所以，企业在转让不动产的过程中，应当注意操作过程中的合法性，主要应当注意两点，一是应当缴纳税费应当及时缴纳；二是计税的依据必须正确。

1．涉税计算

（1）营业税分析。

根据《中华人民共和国营业税暂行条例》销售不动产应按5%缴纳营业税，该集团公司应补营业税及附加：

$$10\ 000\times（5\ 000-1\ 000）\times 5\%=2\ 000\ 000（元）；$$

（2）城建税及教育费附加。

该企业所在地城建税的适用税率为7%，教育费附加征收率为3%，因此：

应补城市维护建设税：2 000 000×7%=140 000（元）；

应补教育费附加：2 000 000×3%=60 000（元）。

（3）土地增值税分析。

根据《中华人民共和国土地增值税暂行条例》第九条的规定，纳税人有下列情形之一的，按照房地产评估价格征收：（一）隐瞒、虚报房地产成交价格的；（二）提供扣除项目金额不实的；（三）转让房地产的成交价格低于房地产评估价格，又无正当理由的。

根据《财政部国家税务总局关于土地增值税若干问题的通知》（财税〔2006〕21号）第二条关于转让旧房准予扣除项目的计算问题的规定，纳税人转让旧房及建筑物，凡不能取得评估价格，但能提供购房发票的，经当地税务部门确认，《条例》第六条第（一）、（三）项规定的扣除项目的金额，可按发票所载金额并从购买年度起至转让年度止每年加计5%计算。对纳税人购房时缴纳的契税，凡能提供契税完税凭证的，准予作为“与转让房地产有关的税金”予以扣除，但不作为加计5%的基数。对于转让旧房及建筑物，既没有评估价格，又不能提供购房发票的，地方税务机关可以根据《中华人民共和国税收征收管理法》（以下简称《税收征管法》）第35条的规定，实行核定征收。

该企业集团公司转让不动产应当缴纳土地增值税的计算过程如下。

流转环节的税收合计（营业税、城建税及教育费附加）：

2 000 000+140 000+60 000=2 200 000（元）。

该项不动产可以扣除项目计算如下。

购买年度起至转让年度止每年加计5%计算的金额：

1 000 × 5% × 5=250（万元）。

各项可扣除项目合计：

1 000+220+250+30=1 500（万元）。

转让该项不动产实现的增值额：

5 000−1 500=3 500（万元）。

增值额与扣除项目额比例：

（3 500 ÷ 1 500） × 100%=233%

转让该项不动产应当计算缴纳的土地增值税为：

土地增值税税额=增值额×60%−扣除项目金额×35%

=4 000×60%−1 500×35%

=2 400−525=1 875（万元）；

（4）企业所得税分析。

根据《中华人民共和国企业所得税暂行条例》的规定，销售不动产收入应并入企业的应纳税所得额缴纳企业所得税，该集团公司此项交易应补企业所得税：

（4 000−2 095） × 25%=476.25（万元）。

企业合计应当补缴各项税费（营业税、城建税、教育费附加、土地增值税和企业所得税）为：

220 + 1 875 + 476.25=2 571.25（万元）。

2. 账务处理

对于补缴的各项税费，企业应当及时进行账务处理，其具体的会计处理方法及科目如下：

借：本年利润——补交税费	25 712 500	
贷：应交税费——应交营业税		2 000 000
——城市维护建设税		140 000
——土地增值税		18 750 000
——企业所得税		4 762 500
其他应交款——教育费附加		60 000

（由于当年查补，本应通过固定资产清理和营业外支出处理，但在汇算清缴前由于账户处理已经结束，简便起见，直接通过本年利润调整处理）

借：应交税费——应交营业税　　2 000 000
——城市维护建设税　　140 000
——土地增值税　　18 750 000
——企业所得税　　4 762 500
其他应交款——教育费附加　　60 000
贷：银行存款　　25 712 500

根据《财政部国家税务总局关于土地增值税若干问题的通知》（财税〔2006〕21号）第三条关于土地增值税的预征和清算问题的规定，对未按预征规定期限预缴税款的，应根据《税收征管法》及其实施细则的有关规定，从限定的缴纳税款期限届满的次日起，加收滞纳金。为简便起见，滞纳金未作计算。实际征管中还需要考虑相应的滞纳金。

3. 法律责任分析

由于该案在征收年度内发生，由企业在自查过程中发现的，同时企业做出自我纠错处理，可以不作处罚。如果涉及跨年度，且由税务稽查部门查处，则必须按《中华人民共和国税收征收管理法》的要求进行相应的处罚，并根据其情节，追究相应的法律责任。

许多企业之所以不愿意聘请专家，主要是不愿意支付服务费用。诚然，聘请专家是需要支付服务费用的，而且数额还不会小。通过以上案例，我们可以发现，这种费用支出往往是十分划算的。设想一下，如果该企业没有请专家，上述问题就不可能在税务检查之前被发现。一旦被税务检查人员发现，就要被认定为偷税，所支付的罚款一般是服务费用的几倍，甚至几十倍。这是经济上的风险，而名誉上的损失就更是无法估计出来的。

通过以上案例可以说明，在税务检查人员入驻检查之前企业进行自查（包括聘请外部专家代理检查），是规避涉税风险的有效手段和方法，有关企业应当利用税务机关预先通知并预留的期限进行主动纠错。

三、利用纳税评估消化问题

企业规避涉税风险，纳税评估是一个可以利用的环节。目前，税务机关在税务检查之前开展了一个新的服务项目——纳税评估。笔者认为，这为纳税人规避涉税风险提供了一个十分有利的机会，因此，有关企业应当很好地把握。这里需要提醒读者的是，主管税务机关将某个企业列为纳税评估的对象，该企业是不知道的。但是，如果企业了解税务机关的纳税评估的思路和操作方法，对于规避涉税风险具有积极的意义。这里我们引用普誉财税策划工作室提供的一个案例来做说明。

东方汽车销售服务有限公司，是增值税一般纳税人，为A品牌汽车专卖店，即专营整车销售、零配件供应、售后服务、信息反馈。由于该企业在纳税申报资料是所反映出来的数据不正常。于是，被主管税务机关列为纳税评估的对象。

对于制造企业，税务机关的纳税评估人员一般会采用如下分析操作方法。

1. 分析企业税收负担

在一般情况下，税务机关的纳税评估人员对企业的纳税情况进行纳税评估，会从该企业当期的税收负担率分析入手，其主分析思路为：

其一，评估企业实际税收负担。

东方汽车销售服务有限公司2019年实现销售收入39 517万元，其中整车销售收入36 141万元，汽车维修收入3 376万元，实现增值税90万元，税收负担0.22%，与预警税收负担对比分析，明显低于全国汽车销售平均税收负担预警下限值（0.47%）。

其二，评估企业修正税收负担。

汽车销售服务企业增值税税收负担受到企业库存增减和整车购进是否均衡的影响较大，应对实际税收负担进行修正，消除库存增减和整车购进均衡性对税收负担的影响，从而计算出该企业的税收负担理论值。

汽车销售服务企业（一般纳税人）增值税参考税收负担应为1%~1.5%。我们假设整车销售毛利率4%，维修及配件销售毛利率35%，整车销售收入占全部销售收入的90%应根据实际情况修正参数。那么，参考税收负担模型计算方法为：

参考税收负担=4%×17%×90%+35%×17%×10%=1.2%。

修正后的增值税税收负担=［评估期应纳增值税税额-评估期期末增值税留抵税额+评估期期初增值税留抵税额+同期整车库存金额增量×（1+整车销售平均毛利率）×17%］/［同期销售额+同期整车库存金额增量×（1+整车销售平均毛利率）］×100%。

经测算该企业2019年修正税收负担为0.16%，这个通过修正以后的税收负担值即为该企业实际存在的税收负担理论值。与参考税收负担对比分析，远低于参考税收负担1.2%。

2. 企业销售收入结构分析

通过对企业销售收入的结构分析，可以了解有关企业的利润来源情况。经调查了解到，成熟期（开业3年以上）的汽车销售服务企业主要的利润来源于维修收入，企业维修销售收入占销售收入总额的比例也相对稳定，一般为10%以上，经营高档车企业的这一比例会更高，并随着经营期的延长而逐渐提高。

企业维修销售收入占销售收入总额的比例=评估期维修销售收入/销售收入总额×100%，

该企业的维修销售收入占销售收入总额的比例=3 376万元/39 517万元×100%=8.54%。

该企业经营的品牌是高档汽车，另一参考企业的同一比例是10%，所以，可以进一步怀疑该企业的纳税情况异常，有隐瞒维修收入的可能。

3．分析企业毛利率

汽车销售服务企业的收入一般由整车销售收入和维修收入两个方面构成，因此，将整车与维修销售收入、销售成本分离，分别计算相关指标并对其进行分析，是对汽车销售服务企业纳税评估的关键。但是，在实际操作过程中应当注意，企业往往将精品销售列在维修收入中。

（1）整车销售毛利率分析。

整车销售的毛利一般由两部分构成：一是专用发票注明的折扣；二是完成厂商销售计划的奖励与返利。这里的返利数额由合同约定，返利方式有“明点”和“暗点”两种形式，“明点”由专用发票注明，“暗点”一般是冲抵购车款。对于“暗点”返利，隐蔽性较大。

评估期整车销售毛利率=评估期整车销售毛利/评估期整车销售额；

评估期整车销售毛利=评估期整车销售额-（评估期期初整车库存余额+评估期期间整车购进金额-评估期期末整车库存余额）；

整车毛利率受市场供求关系影响较大，除个别车型高于厂商零售指导价加价销售外，一般均为降价销售，毛利率没有一个绝对的标准值，但综合毛利率一般不会低于2%。

按上述方法计算该公司2019年汽车整车销售毛利率是3.3%，与同品牌的其他企业利润率基本相当。

（2）维修销售毛利率分析。

经调查，在目前的市场环境里，维修服务获利是汽车经营企业获利的主要部分，而维修包括提供维修服务和提供修理配件两个方面。

维修及配件销售的毛利一般由两部分构成：配件加价，一般为15%~20%左右；人工费（工时），一般为15%~25%左右。维修及配件销售毛利率为35%左右。如果维修销售毛利率低于35%，可以推论有关企业有隐瞒维修销售收入的可能。

评估期维修销售毛利率=评估期维修销售毛利/评估期维修销售额；

评估期维修销售毛利=评估期维修销售额-评估期维修配件实耗成本；

评估期维修配件实耗成本=评估期期初配件库存余额+评估期期间配件购进金额-评估期期末配件库存余额；

对于维修销售收入的具体情况可以由有关企业提供。根据企业填报的数据，该公司2019年维修及精品销售实现收入3 376万元。2018年底维修备件账面库存为658万元，2017年账面维修购进2 649万元，年底账面库存为593万元。

当年汽车维修及精品实耗成本=上年底维修备件库存＋当年维修购进-当年底库存

=658+2 649-593

=2 714（万元）。

维修利润率=（维修及精品销售实现收入-维修及精品实耗成本）/维修及精品销售实现收入

=（3 376-2 714）/3 376

= 19.6%。

从经营相同品牌的汽车销售公司的情况看，维修利润率为35%~40%。可见企业维修利润率明显偏低。

（3）配件及精品加价率分析

在工时既定的条件下，

配件及精品的加价=维修及精品收入-配件及精品材料实耗-维修工时费用，

配件及精品加价率=配件及精品的加价/配件及精品材料实耗。

据该公司提供的维修工时费用为1 079万元，假定此项数据准确，可以计算该公司2017年配件加价为：

2017年配件加价=汽车维修及精品收入-实耗材料-维修工时费用

=3 376万元-2 714万元-1 079万元

=-417万元。

该企业的配件利润率为-15.36%。而通过其他企业的调查情况来看，配件加价率一般应为15%~20%。该公司配件加价率呈负值，显然不合常理，可推论其有瞒报维修销售收入或精品赠送未计收入的可能。

4. 税款评估

从上述情况分析，该公司维修利润率明显低于行业平均标准，可以推论有存在瞒报维修销售收入等事项的可能。涉及多少税款呢？我们可以按下述方法推算。

（1）假定该企业账面配件精品实耗成本是真实的，根据维修收入与配件实耗成本的关系：维修收入=配件实耗成本/（1-维修利润率），按维修利润率平均标准下限35%计算：

推算2019年维修收入=2 714/（1-35%）=4 175万元；

推算2019年少缴增值税=（4 175-3 376）×17%=135万元。

（2）假定该企业提供的工时费是真实的，根据维修收入与工时费的关系：维修收入=工时费/工时费占收入的比例，按工时费占收入的比例上限25%计算：

推算2019年维修收入=1 079/25%=4 316万元；

推算2019年少缴增值税=（4 316-3 376）×17%=159.8万元。

综合以上分析，我们可以发现从不同的角度推算，其结论基本相近。

该企业财务负责人对税务评估人员提出的疑点进行了分析。对于税收负担偏低问题解释为该品牌轿车特别是进口轿车降价幅度较大，影响了税收负担。对于维修收入比例偏小、维修毛利低问题解释为同城有3家同品牌店，竞争激烈，建店较晚，所以维修量小、利润低。但同时承认确有精品赠送、免费维修、公司内部车辆维修等视同销售行为，因对税收政策了解不够没有计入销售收入申报纳税。那位负责人当场表示将高度重视，认真开展自查。

该企业在与税务评估人员进行交流以后，对公司的用友财务软件系统与一汽配件专用的R3系统进行了交叉查询和分析，查得2019年R3系统结转维修收入与财务确认相差597万元，涉及增值税101.49万元。造成差额存在的原因是：

（1）公司对外赠送有工时无成本（免费添加机油等）；

（2）整车销售进行精品赠送（车辆贴防晒膜、更换真皮座椅等）；

（3）老客户维修换积分再修理，没有做销售申报；

（4）公司内部车辆修理业务的人工费等在R3系统确认而在财务没有体现；

（5）公司为广告客户免费车辆维修保养。

由于对以上项目相关政策把握不当，造成工时核算不准，同时没能开发票确认收入。

该企业向主管税务机关报送了自查表。将未申报的维修收入进行了申报，补缴入库增值税、滞纳金合计104万元，该公司评估后的增值税税收负担为0.48%，较评估前提高1.18倍，超过了预警线。

通过上例介绍，我们发现东方汽车销售服务有限公司在纳税评估环节消化了涉税风险100多万元，我们可以设想一下，如果该企业的上述问题是在纳税检查环节被查获，其结果将如何？显然，该企业还需要增加一笔罚款，即不低于50万元的支出。

四、纳税评估的法律后果分析

在纳税评估环节消化涉税风险，在目前的政策环境里是视同企业的自查自纠，所以，税务机关一般不追究其相关的法律责任。但是，企业应当知道并明确自身的有关法律责任。

比如，某区检察院的同志2019年3月18日来到该区国税局，通报了查处某商业企业法定代表人张某的一系列经济犯罪事实，并就其涉及的偷税嫌疑请求税务机关出具相关的法律证明，这是怎么回事呢？

原来，该区检察院在查处某商贸公司法定代表人张某经济犯罪的时候，发现该公司曾在2017年因偷税1.2万元被税务机关查处，并被处以0.5倍罚款。而另外一张纳税评估企业自查情况表中反映该公司以自查的形式入库税款1.3万元而并没有罚款。检察机关经核实发现，这1.3万元税款是由于该公司故意少记收入而造成。检察机关对企业的这一行为初步认定为偷税。这笔金额为1.3万元的税款与之前被查处的1.2万元偷税款项相加为2.5万元，超过了该公司2017年应纳税款10%以上，从而检察机关认为企业构成了偷税罪。

该公司法定代表人张某申辩，这1.3万元税款是经税务机关纳税评估程序，自查补缴入库的，税务机关没有认定这笔税款为偷税，也没有加以处罚。于是，检察院的同志来到了税务机关，请求税务机关出具企业自查补税（或纳税评估）不作为偷税的法律依据。对此，税务机关不知如何应对，非常尴尬。

近年来，国家税务总局大力推行科学化、精细化管理，各级税务机关建立了税收分析、纳税评估、税源监控，税务稽查联动机制，狠抓税源管理，促进税收征管质量和效益大大提高。

2005年国家税务总局下发的《纳税评估管理办法（试行）》中对“纳税评估”给予了这样的定义：纳税评估是指税务机关运用数据信息对比分析的方法，对纳税人和扣缴义务人纳税申报（包括减免缓退抵申请）情况的真实性和准确性做出定性和定量的判断，并采取进一步征管措施的管理行为。因此，我们可以认为纳税评估是一种税收管理办法，处于税款征收和税务稽查之间的中间环节。

根据《纳税评估管理办法（试行）》有关规定，对纳税评估中发现的计算和填写错误，政策和程序理解偏差等一般性问题，或存在的疑点问题，经约谈、举证、调查核实等程序认定事实清楚，不具有偷税等违法嫌疑，无须立案查处的，可提请纳税人自行改正。需要纳税人自行补充的纳税资料，以及需要纳税人自行补正申报、补报税款、调整账目的、税务机关应督促纳税人按照税法规定逐项落实。

基层税务机关按照《纳税评估管理办法（试行）》组织实施纳税评估，对促进纳税人纳税申报的真实性、准确性起到了非常积极的作用。通过纳税评估，税务机关可以帮助纳税人准确理解和掌握税法知识，及时发现申报纳税中的问题，通过约谈、辅导等方式，能及时提请纳税人自行改正，将问题和矛盾消化在萌芽状态，有效降低征纳双方的税收风险，从而提高纳税人的税法遵从质量和能力，尤其是通过纳税评估，能从个别企业发现共性问题，可以及时让同行业的纳税人进行自查和完善，变事后查处为事前救济和服务，使企业的合法权益得到尊重和维护。

但是，实践过程中也出现了在一些基层税务机关，纳税评估的作用被人为地放大，已超出了它所能够承担的责任范围的情况。

一些税收管理员在实施纳税评估时，将明显具有偷税嫌疑的违法行为与纳税人计算和填写错误，政策和程序理解偏差等一般性问题混淆对待，导致对本属偷税的违法行为，既不依法实施处罚，也不移交稽查立案或移送公安机关，而是将税款一补了之。

纳税评估越俎代庖的做法，不仅使税法的刚性大打折扣，也为纳税人遵从税收法律和法规埋下了隐患，因此，笔者建议纳税人，我们可以利用纳税评估环节消化一些问题，但是，不能扩大其作用。在处理日常涉税问题的过程中，还是应当做到正确核算、正确处理相应的纳税义务，更不要将属于日常业务有意酿成偷税问题去等待在纳税评估环节去消化。

第五节　突击稽查实施时的处理方法

按照《税务稽查工作规程》规定，税务稽查实施前应当向纳税人发出书面稽查通知，告知其稽查时间、需要准备的资料、情况等，但有下列情况不必事先通知：公民举报有税收违法行为的，稽查机关有根据认为纳税人有税收违法行为的，预先通知有碍稽查的。实施税务稽查应当两人以上，并出示税务检查证件。由于种种原因，目前越来越多的税务稽查部门往往会采用突击检查的方法来对部分企业实施纳税检查。比如对举报案件的检查、对怀疑有账外经营事项企业的检查等。突击稽查的最大特点就是其突然性，使被查对象措手不及，所以，日常业务工作的处理是否合法和合理是规避涉税风险的基础。

一、会计事项的合法性是应对纳税检查的前提

目前许多纳税人都有一个通病：问题出来了，而且问题十分严重，才想到找医生。

【例】

某纺织有限责任公司财务人员李某向笔者咨询，该公司是增值税一般纳税人，2001年投产，主要从事棉纱加工和布匹印染业务。2018年10月，李某从外地购进一批棉纱，并请当地一家联运公司负责运输。棉纱运回后，公司向联运公司支付了123 922元运费，18 588.24元建设基金和15 490.2元的装卸费、保险费，合计158 000.44元。

为了结算方便，该公司的采购员张某与联运公司商定，在开具的运输发票上直接以“运杂费”的名义注明了全部费用158 000.44元。李某随后将这笔运输费用申报抵扣进项税11 060.03元（158 000.44 × 7%）。而主管国税机关于2019年6月18日对该公司的增值税纳税情况进行检查的过程中发现了该张发票，认为这笔“运杂费”不能进行进项税抵扣，要求企业转出已抵扣进项税11 060.03元。这让公司其他财务人员和李某疑惑不解：国家不是规定运费可以抵扣吗？为什么有正规发票却不让抵扣？

事实上，这张发票存在合法性问题。国家有运费抵扣进项税相关规定，但是填写不规范的不能抵扣。国家税务总局《关于调整增值税运输费用扣除率的通知》（财税

〔1998〕114号）规定，增值税一般纳税人购进或销售货物支付的运输费用的扣除率为7%。国家税务总局《关于货物运输业若干税收问题的通知》（国税发〔2004〕88号）第十条第二款规定，增值税一般纳税人取得税务机关认定为自开票纳税人的联运单位和物流单位开具的货物运输业发票，准予计算抵扣进项税额。准予抵扣的货物运费金额，是指自开票纳税人和代开票单位为代开票纳税人开具的货运发票上注明的运费、建设基金和现行规定允许抵扣的其他货物运输费用；装卸费、保险费和其他杂费不予抵扣。货运发票应当分别注明运费和杂费，对未分别注明，而合并注明为运杂费的不予抵扣。按照此规定，该公司在向联运公司支付的费用中，只有运费和建设基金可以抵扣，装卸费、保险费等杂费是不能抵扣的，而该公司取得的运输发票上并未对这些费用分别注明，这种发票不能抵扣进项税额。

有关票据的合法性不仅存在于票据本身，同时还存在于有关企业是否按照税务机关的要求去操作，比如在办理税款抵扣时注意，国家税务总局《关于公路内河货物运输业统一发票增值税抵扣有关问题的公告》（国家税务总局公告〔2006〕2号）第一条规定，自2007年1月1日起，增值税一般纳税人购进或销售货物，取得的作为增值税扣税凭证的货运发票，必须是通过货运发票税控系统开具的新版货运发票。在申报抵扣时除报送《增值税运输发票抵扣清单》纸质文件外，还要报送使用国家免费提供的软件录制的电子信息。电子信息比对不符的不允许抵扣。国家税务总局《关于加强货物运输业税收征收管理有关问题的通知》（国税发明电〔2003〕53号）规定，增值税一般纳税人取得的货物运输业发票，可以在自发票开具日90天后的第一个纳税申报期结束以前申报抵扣。运费发票超过抵扣时间的，也不能抵扣。

2016年5月1日以后，我国在全国范围内实行“营改增”，货物运输业务全面实行增值税管理方式，因此，相关事项统一到增值税专用发票管理上来。

其实，类似上述案例反映的涉税风险，在其他各环节都有体现。这就要求纳税人强化会计的基础工作，规范涉税事项的管理，如果有关事项都能够按照现行税务管理的要求去操作了，一旦税务机关来企业检查，我们也就可以应对自如。

二、日常操作的合理化是应对检查的关键

应对纳税检查，规避涉税风险，应当体现在日常涉税事项处理的过程中。对于多数中小企业来说，会计工作的重点之一是为了满足税务管理的需要。少数私营企业就明确地表示：如果不是为了应对税务机关，我们就不需要会计！所以，企业的许多会计活动都是围绕税务工作的要求来进行的，其中，应对税务机关的纳税检查更是财务人员的工作重点。但是，事实上，仅靠会计和其他财务人员，是无法规避涉税风险的。因为，如果将会计沦落为“记账员”仅在企业的账务处理上做到“合法”那还是

不够的。那么，怎样才能应对税务机关的检查呢？应对税务机关纳税检查的工作重点在哪里呢？笔者认为，日常涉税活动的合法性和合理性是问题的关键。

【例】

某外商投资企业采取实报实销的方式，为外籍管理人员报销住房费用。每名外籍管理人员每月报销的费用超过了16 000元。在税收检查中，主管税务机关认为企业为外籍人员报销的住房补贴超过了合理标准，其中一部分不能享受免税待遇，需要补缴个人所得税。对此，企业财务人员争辩："按有关法规的规定，外籍员工通过实报实销的方式取得的住房补贴可以免税，但法规并没有规定报销的额度，所以我们认为只要外籍员工提供的发票是真实的，就应该免税。"税务机关不认可企业财务人员的观点，坚持认为补贴额度不合理，必须补缴税款。

本例属于纳税人利用税法中对外企报销外籍人员住房补贴没有明确额度限制这个漏洞进行的筹划。其之所以失败，正是因为没有处理好"合理性"这个问题。本例引出日常涉税处理过程中人们常说但一直没有很好阐述的问题：涉税问题的处理要合理。即使人们所说的"打擦边球"，也不能过分。

时下有一个比较流行的理财产品，一直被人们所推崇——税收筹划。人们常说，税收筹划就是合理合法节税。税收筹划的合法性好理解，合理性就比较复杂了。"合理"的含义是什么？把握什么样的尺度才算合理？不合理的筹划会面临何种后果？对于这些问题，不同的人会有不同的看法和理解。

虽然"合理"难以把握，但在税收筹划实践中又必须高度重视，正确处理，否则会使筹划陷入避税甚至是偷税的泥潭。因为现在企业热衷的大部分税收筹划内容，是利用税收法律法规和政策对某些纳税事项没有规定，或者规定不明确，或者仅规定了一个大概的幅度等情况，通过对经营和纳税的筹划、安排，使税收负担减轻。

比如，企业销售产品，其销售价格是由企业根据市场情况来决定的，所以，税务机关对企业产品的销售价格并没有明确的规定。但是，如果个别纳税人恶意操作，比如与购买者串通起将有关产品的价格降得很低，或者在关联企业之间操纵价格，从而规避税收，税法就规定税务机关有最后核定税收的权利。所以，在这种类型的税收筹划中，税法规定的不明确或者说存在弹性，既是税收筹划的切入点，同时也是涉税风险产生的根源。特别是近年来税务机关取消了众多纳税事项的行政审批，转为强化后续管理。企业对很多纳税事项可以依照规定自行处理，至于处理是否存在风险，只有在税务机关进行纳税检查时才能发现，这对于长期依赖税务机关批件纳税的企业来说，涉税风险无疑增大了。

那么，在涉税事项处理实践中应该如何处理"合理性"这个问题呢？笔者认为，纳税人需要注意以下几个问题。

其一，对有关事项的处理做出政策性判断，准确清楚地把握政策是否真的存在弹性或漏洞。比如，在新闻行业中曾经很流行一种“打擦边球”的操作方法：一些新闻单位把编辑、记者的报酬划分为两部分，一部分是基本工资等收入，在纳税时按工资、薪金纳税；另一部分收入按稿费发放，按稿费纳税。因为税法对稿费有减征30%税额的规定，这么做的目的是降低薪金、工资的数额，使其适用较低的税率。

新闻行业真的可以这样处理吗？虽然税法中确实规定了稿酬可以减征30%税额，编辑、记者发稿取得的收入也很像稿酬，但《国家税务总局关于个人所得税若干业务问题的批复》（国税函〔2002〕146号）规定：“任职、受雇于报刊、杂志等单位的记者、编辑等专业人员，因在本单位的报刊、杂志上发表作品取得的所得，属于因任职、受雇而取得的所得，应与其当月工资收入合并，按“工资、薪金所得”项目征收个人所得税”。规定很明确，就是新闻单位的记者、编辑在本单位的报刊、杂志上发表作品取得的所得，不能按“稿酬所得”纳税。因此，新闻单位并不存在薪金可以转化为稿酬的税法漏洞或弹性，上述操作就存在涉税风险，说得更准确一点，就是偷税。

其二，对地方性政策的合法性作出判断。不少纳税人到某地投资经营，其中有些是冲着地方性的优惠政策去的。地方性的优惠政策种类很多，如何看待这些优惠政策是投资活动中面临的重要问题。一般来讲，地方政府出台的没有国家法律法规及政策依据的优惠政策，比如承诺若干年内减免税等，基本没有可信性。有一些优惠政策，如果属于中央授权省级政府可自行制定的政策，只要省级政府出台了相关规定，纳税人就可以操作。

比如目前能够给予区域性税收优惠的地方并不多，新的企业所得税法第八条规定对下列纳税人，实行税收优惠政策：

（一）民族自治地方的企业，需要照顾和鼓励的，经省级人民政府批准，可以实行定期减税或者免税；

（二）法律、行政法规和国务院有关规定给予减税或者免税的企业，依照规定执行。

而企业所得税法实施条件第九十四条则进一步明确，企业所得税法第二十九条所称民族自治地方，是指依照《中华人民共和国民族区域自治法》的规定，实行民族区域自治的自治区、自治州、自治县。对民族自治地方内国家限制和禁止行业的企业，不得减征或者免征企业所得税。所以，投资人应当注意相关的规定，只有少数地方的特定行业可以享受有关税收优惠。

其三，注意有关业务问题的操作尺度，不能滥用漏洞或弹性。在一些具体的税收文件中，往往会有“合理的支出和费用可以在税前扣除”“相关费用可以税前扣除”“采取实报实销方式支出的费用可以税前扣除”等规定，这些规定明显存在弹性或漏洞。那么，是否可以利用这些规定无限制地避税呢？

比如，有的地方规定，企业因生产经营需要为个人通信工具负担通信费，采取实报实销的不计入当月工资、薪金缴纳个人所得税。有的企业就“充分”利用这种规定，让雇员提供大量的通信费单据实报实销，抵顶部分报酬，目的是规避个人所得税。这种做法税务机关肯定不会同意，不少企业就因为无论个人是否实际有通信费支出，企业都以通信费名义向个人发放现金补助而受到查处。况且，即使某些税务机关允许实报实销的通信费可以税前扣除，企业内部也规定有限额，超过限额就会被调整。

不可否认，一些地方的税务机关在执行税法时，会出现和国家统一规定不一致的现象。有些地方的规定对纳税人是有利的，纳税人在利用这些规定筹划时，事先需要了解清楚税务机关执法的尺度，明确掌握在何种限度内是被认可的，筹划的底线就是税务机关执法的下限。

其四，企业负责人应当有理性思维。在日常理财活动中，对于是否合法的问题，会计可以提醒有关当事人，但是在合理性存在问题时，往往就不是会计人员可以把握的了。这就需要企业负责人出面进行控制，所以，企业负责人应当具有涉税风险控制意识。

三、沉着应付冷静对待

税务机关对有关企业进行突击检查，必然会与该企业的负责人员进行交流和沟通。比如让企业的董事长或者总经理介绍企业的生产和经营情况、介绍企业产品的技术特点和业务流程等。而情况介绍环节往往是检查人员发现问题的重要环节，所以，企业的有关人员应当沉着应付，冷静对待，恰到好处地处理突然降临的检查事宜。

但是，现实生活中，部分企业的负责人（如董事长、总经理）总是自以为是，按自己的想法和办事，结果将事情搞糟了自己还不知道问题出在哪里。如某税务局的税务人员到A企业进行检查，检查组组长要求该企业的负责人围绕生产和经营情况进行介绍。这位领导说，他们企业的产品前景广阔，但近年来收入增幅不大，而且产品成本节节攀高，如上一年度原材料价格上涨，使材料成本增加了15%，企业给员工增加了工资，使得工资成本增加了约10%，这两项就增加支出100多万元等。当这位领导介绍情况时，财务科经理明显要打断其介绍，检查人员将这一切看在眼里。

从企业领导的介绍中可以分析出，该企业的产品销路没有问题，收入也应处于上升阶段，由于成本加大，其销售利润可能是下降的。但在检查中发现，该企业业务收入不但没有增加，而且略有下降。另外，企业的利润也没有大幅下降，仍处于往年的微利状态。另外，检查人员虽查证了原材料价格上涨和员工工资调增的情况，但发现企业总的原材料耗费加上工资耗费并没有像介绍的那样多支出100多万元，仅增加了几万元。在众多矛盾面前，财务科经理不得不承认企业多年来一直存在少计收入，虚列成本的问题。

对于为什么上一年度材料价格上涨，但总成本耗费没有增加的问题，财务科经理承认，他们企业每年都要用假原材料发票入账并同时少计收入，但为了防止引起税务部门的注意，他们每年将年度利润总额略调盈余，这样不但可以少缴企业所得税，而且还可以少缴增值税。上一年度，因原材料价格上涨及工人工资增加，这两项的成本正好相当于往年虚开原材料发票的金额，所以上一年度的收入仍然少计。该企业介绍情况的领导，因事前没来得及和财务科经理沟通，不经意将真实情况介绍了出来，结果被检查人员抓住了突破口，查出企业多年的偷税问题。

我们当然不是主张偷税，也不是主张掩盖偷税的事实。但是，客观上的确存在许多由于业务流程操作不当结果导致被税务机关确认为偷税的案例，而这些案例如果事先通过筹划，对相关业务流程完善之后，即不构成偷税的问题。针对这个情况，从企业的角度讲我们可以总结以下三点：

（1）企业的主要负责人与税务检查人员交流要注意政策的把握。税务检查人员听被检查单位领导介绍情况是检查的重要程序，目的是从中寻找线索。对于突击检查，企业其他负责人不可能与财务人员进行沟通，因此，在介绍情况的过程中，可能不了解企业的涉税情况以及相关的处理情况，所以在具体介绍时，就应当注意把握分寸。

（2）注意工作的协调和具体安排，让了解财税业务的领导与检查人员进行交流。有些企业的负责人平时忙于经营和管理活动，而对有关法律和法规学习不到位，不能与本企业的生产和经营情况有机地结合起来，所以在介绍情况时往往问题百出，将本来不属于偷税的事项也作为偷税问题来处理。笔者曾对大量偷税案件进行过分析，通过分析发现，在最终被确认为偷税的案例中，至少有80%的案例是属于业务流程上存在问题。因此，应当安排懂业务的人员与检查部门进行交流。

（3）给税务检查人员介绍情况应当慎重。作为被列为纳税检查对象的企业应当知道，有关负责人向税务机关反映的情况是可能被税务机关作为定案的证据，而在税务稽查人员进入企业进行检查的初期，其反映的情况也将被检查人员作为对企业进行纳税检查的重要线索。检查人员会将有关介绍情况时获得的信息进行记录，并将其与检查中发现的相关信息进行比对和分析，以发现问题并找出揭示和查证问题的突破口。

四、为自己争取时间和空间

税务机关进行突击检查，往往会搞得有关纳税人措手不及。但是，如果有关企业不存在恶意偷税动机，而是由于对有关政策不了解、不熟悉，从而造成有关业务的流程操作为不完美形成偷税，在多数情况下，企业还是可以采取“自救”手段来减少损失的。这里同样也存在一定操作方法和思路。

铝合金门窗制售企业的税收问题，历来是征纳双方争论的热点问题之一，因此，也是税务机关的稽查部门进行重点稽查的点地带。这里就有一个典型案例。

【例】

某市华源装潢安装工程有限公司成立于2012年3月18日，注册地址在市东环二路88号，法定代表人王某，经济类型为私营有限责任公司，经营范围为建筑装潢施工、水电安装；承接铝合金门窗、塑钢门窗的工程业务及发外生产与加工；建筑装潢材料的购销业务。

企业开创初期，就企业所得税问题向当地主管国税机关进行了申报，经批准，企业所得税征收方式为查账征收。2016年3月28日，主管国税机关对该企业2015年度的企业所得税申报情况进行纳税检查。在具体的分析和检查过程中，税务检查人员对纳税人的申报资料进行了归类和整理。该企业的财务报表和纳税申报资料显示：2015年度该企业实现销售收入4 327 975.04元，其中，装潢以及建筑安装劳务收入1 591 800元，其他业务收入2 736 175.04元，企业的会计利润为-101 215.58元，汇算清缴调整后应纳税所得额-12 072.39元。

检查人员对该企业的纳税申报资料进行了分析，发现其申报缴纳增值税的数据明显偏小，在企业规模与用工人数上存在逻辑性问题。于是提出两疑点：

其一，流转税申报税种认定可能存在不当问题。就一般情况而言，多数从事建筑装潢的企业都存在销售铝合金门窗销售业务，而且该部分的比重一般较大。而该企业申报表中存在铝合金销售收入，但是，申报缴纳增值税的比重较小。检查人员推测，该企业报表中的其他业务收入应为建筑安装服务收入的纳税处理可能存在问题。

其二，存在费用列支不实的问题。该企业是一家大型集体所有制房地产开发企业的“第三产业”，据了解有关业务都是来自于这个房地产开发企业的几个工程，本应获得丰厚的利润，但是该企业却存在亏损。通过对年报中职工人数的核查，报表显示职工人数为52人，是否存在虚列职工人员的嫌疑？

针对这些问题，检查人员按照有关法定程序向该单位发出《税务检查通知书》，明确税务机关将对该企业进行纳税检查。通过检查，税务人员发现该企业是某房地产开发企业的“业务合作单位”，自2012年3月成立以来，一直为某房地产开发企业的开发项目做配套工程。事实上也是房地产开发企业的一个“小金库”。检查人员重点进行了税法宣传。过程交流，该负责人发现税务人员对有关情况比较了解，政策分析也入情入理，承认了公司存在虚报职工人数列支费用的问题。

但是，对于建筑装潢施工等服务收入究竟应当纳税增值税，还是缴纳营业税的问题，双方却存在不同的意见。纳税检查人员通过对企业的账册凭证所反映的数据进行了确认，同时对会计资料进行分析后认为：公司的主营业务为建筑装潢施工，水电安装；承接铝合金门窗、塑钢门窗的工程业务及发外生产与加工；建筑装潢材料的购销业务。目前同行业都是既有铝合金门窗销售，又有建筑安装业务，并且铝合金门窗销售业务比重较大，但是，公司的具体情况正好与同行业的其他企业相反。为什么本公司会发生如此特殊的情况？而该企业的负责人解释，在他们从事的业务中都是由甲公司供材料。并且一再强调有关事项在企业成立初期就曾与有关税务机关进行过深入的讨论的，有关业务已经在当地的地方税务机关申报缴纳了营业税。

考虑到该企业的具体业务的复杂性，检查人员要求纳税人提供企业施工资质和在具体业务过程中与甲方签署的业务合同。

结合企业的具体情况分析，虽然该企业具备建设行政部门批准的建筑业施工（安装）资质，但是，如果王某所负责的公司与某房地产开发企业双方没有签署相应的业务合同，那么，王某的公司所提供的建筑装潢施工等所取得的服务性收入1 000万元应当按规定补缴增值税。另外，如果王某所负责的公司与某房地产开发企业双方签署相应的业务合同，但是属于“一揽子”合同，那么，王某的公司所提供的建筑装潢施工等所取得的服务性收入1 000万元也需要按规定补缴增值税。

自2011年5月1日起，根据国家税务总局《关于纳税人销售自产货物并同时提供建筑业劳务有关税收问题的公告》（国家税务总局公告〔2011〕第023号），纳税人销售自产货物同时提供建筑业劳务，应按照《中华人民共和国增值税暂行条例实施细则》第六条及《中华人民共和国营业税暂行条例实施细则》第七条规定，分别核算其货物的销售额和建筑业劳务的营业额，并根据其货物的销售额计算缴纳增值税，根据其建筑业劳务的营业额计算缴纳营业税。未分别核算的，由主管税务机关分别核定其货物的销售额和建筑业劳务的营业额。

纳税人销售自产货物同时提供建筑业劳务，须向建筑业劳务发生地主管地方税务机关提供其机构所在地主管国家税务机关出具的本纳税人属于从事货物生产的单位或个人的证明。建筑业劳务发生地主管地方税务机关根据纳税人持有的证明，按本公告有关规定计算征收营业税。

五、纳税评估与税务稽查的差异

目前有些企业由于多次与纳税评估部门合作，而将应对纳税评估与应对纳税检查混淆起来。其结果是，本来应当认真对待的问题而不认真对待，从而导致企业产生不应有的损失。事实上，纳税评估与税务稽查虽然同为对企业纳税申报情况进行检查，但两者还是有很大区别的。

其一，操作者不同。

国家税务总局《关于印发〈纳税评估管理办法（试行）〉的通知》（国税发

〔2005〕43号）中《纳税评估管理办法（试行）》第二条规定，纳税评估是指税务机关运用数据信息对比分析的方法，对纳税人和扣缴义务人纳税申报（包括减免缓抵退税申请）情况的真实性和准确性做出定性和定量的判断，并采取进一步征管措施的管理行为。《纳税评估管理办法（试行）》规定，纳税评估工作主要由基层税务机关的税源管理部门及其税收管理员负责，重点税源和重大事项的纳税评估也可由上级税务机关负责。

按照国家税务总局《关于印发〈税务稽查工作规程〉的通知》（国税发〔2009〕157号）中的《税务稽查工作规程》解释，税务稽查是税务机关依法对纳税人、扣缴义务人履行纳税义务、扣缴义务情况所进行的税务检查和处理工作的总称。税务稽查包括日常稽查、专项稽查、专案稽查等。税务稽查的基本任务是：依照国家税收法律、法规，查处税收违法行为，保障税收收入，维护税收秩序，促进依法纳税，保证税法的实施。因此，税务稽查是由专门从事稽查工作的税务稽查局来进行的。

其二，指向的对象不同。

开展纳税评估工作原则上在纳税申报到期之后进行，评估的期限以纳税申报的税款所属当期为主，特殊情况可以延伸到往期或以往年度。

按照《纳税评估管理办法（试行）》规定，纳税评估的对象为主管税务机关负责管理的所有纳税人及其应纳所有税种。综合审核对比分析中发现有问题或疑点的纳税人要作为重点评估分析对象；重点税源户、特殊行业的重点企业、税收负担异常变化、长时间零税收负担和负税收负担申报、纳税信用等级低下、日常管理和税务检查中发现较多问题的纳税人要被列为纳税评估的重点分析对象。纳税评估工作根据国家税收法律、行政法规、部门规章和其他相关经济法规的规定，按照属地管理原则和管户责任开展。

《税务稽查工作规程》规定，税务稽查对象中经初步判明具有以下情形之一的，均应当立案查处：偷税、逃避追缴欠税、骗取出口退税、抗税以及为纳税人、扣缴义务人非法提供银行账户、发票、证明或者其他方便，导致税收流失的；未具有前述所列行为，但查补税额在5 000元~20 000元以上的（具体标准由省、自治区、直辖市税务机关根据本地情况在幅度内确定）；私自印制、伪造、倒卖、非法代开、虚开发票，非法携带、邮寄、运输或者存放空白发票，伪造、私自制作发票监制章、发票防伪专用品的；其他税务机关认为需要立案查处的。

其三，操作方法不同。

纳税评估主要是根据纳税人提供的会计和财务报表、纳税申报资料和外围其他资料对有关企业的相关经济指标进行分析，查找疑点，然后针对有关疑点与企业有关人员进行约谈和交流，必要的时候经批准到企业进行现场核查，从而排除疑点，促进有关企业提高税务管理质量。

而按照《税务稽查工作规程》规定，实施税务稽查时，可以根据需要和法定程序采取询问、调取账簿资料和实地稽查等手段进行。调取账簿及有关资料应当填写《调取账簿资料通知书》《调取账簿资料清单》，并在3个月内完整退还。

其四，结果处理不同。

在对评估结果的处理上，《纳税评估管理办法（试行）》第十八条规定，对纳税评估中发现的计算和填写错误、政策和程序理解偏差等一般性问题，或存在的疑点问题经约谈、举证、调查核实等程序认定事实清楚，不具有偷税等违法嫌疑，无须立案查处的，可提请纳税人自行改正。需要纳税人自行补充的纳税资料，以及需要纳税人自行补正申报、补缴税款、调整账目的，税务机关应督促纳税人按照税法规定逐项落实。对纳税评估中发现的需要提请纳税人进行陈述说明、补充提供举证资料等问题，应由主管税务机关约谈纳税人。税务约谈要经所在税源管理部门批准并事先发出《税务约谈通知书》，提前通知纳税人。

但对发现纳税人有偷税、逃避追缴欠税、骗取出口退税、抗税或其他需要立案查处的税收违法行为嫌疑的，要移交税务稽查部门处理。按照《纳税评估管理办法（试行）》规定，对重点税源户，要保证每年至少重点评估分析一次。

对稽查问题需要处理的，稽查人员要制作《税务处理决定书》，主要包括如下内容：被处理对象名称；查结的违法事实及违法所属期间；处理依据；处理决定；告知申请复议权或者诉讼权；做出处理决定的税务机关名称及印章；做出处理决定日期；该处理决定文号；如果有附件，应当载明附件名称及数量。

在税务处理决定执行上，税务执行人员接到上级批准的《税务处理决定书》后，填制税务文书送达回证，按照细则关于文书送达的规定，将《税务处理决定书》送达被查对象，并监督其执行。被查对象未按照《税务处理决定书》的规定执行的，税务执行人员应当按照法定的程序对其应当补缴的税款及其滞纳金，采取强制执行措施，填制《查封（扣押）证》《拍卖商品、货物、财产决定书》或者《扣缴税款通知书》，经县以上税务局（分局）局长批准后执行。被查对象对税务机关做出的处罚决定或者强制执行措施决定，在规定的时限内，既不执行也不申请复议或者起诉的，应当由县以上税务机关填制《税务处罚强制执行申请书》，连同有关材料一并移送人民法院，申请人民法院协助强制执行对已作行政处理决定移送司法机关查处的税务案件，税务机关应当在移送前将其应缴未缴的税款、罚款、滞纳金追缴入库；对未作行政处理决定直接由司法机关查处的税务案件，税款的追缴依照《最高人民检察院、最高人民法院、国家税务局关于印发〈关于办理偷税、抗税案件追缴税款统一由税务机关缴库的规定〉的通知》（高检会〔1991〕31号）规定执行，定为撤案、免诉和免予刑事处罚的，税务机关还应当视其违法情节，依法进行行政处罚或者加收滞纳金。对构成犯罪应当移送司法机关的，制作《税务违法案件移送书》，经局长批准后移送司法机关处理。

最后需要说明的是，按照国家税务总局《关于印发〈税务稽查业务公开制度（试行）〉的通知》（国税发〔2000〕163号）中的《税务稽查业务公开制度（试行）》第二条规定，在税务稽查执法办案中，除法律、行政法规、行政规章规定不能公开或者需要保密的事项外，都要予以公开。公开的主要内容包括：税务稽查执法的范围、职权、依据、程序；受理举报、控告、申诉和行政复议、国家赔偿等制度规范；被查对象的法定权利和义务；税务机关及其稽查人员的执法规范和纪律规范，对税务机关及其稽查人员违法违纪行为进行举报、控告的途径和方法；其他应予公开的事项。

第六节 检查过程中的应对策略

江南水乡有句农谚：靠船下篙。提醒人们做事情要在一定的范围内，要在谱子上。税务检查是一项专业性很强的业务工作，其工作思路是围绕有关企业的资金流、物流和信息流三个方面进行展开的。而进行纳税检查的应对工作，则是在此基础上进行，并且存在被动性，其工作难度就更大。

一、安排有经验懂业务的人陪同检查

恒泰纸制品有限公司的经营者本来想达到少缴税的目的，但是由于没有处理涉税事项的经验，以自己的主观意愿向税务机关陈述某些事实，结果弄巧成拙，反而多缴了大量税款。

事情的过程是这样的，2016年初，广州市某街道办企业在改制过程中裁减了一批年龄偏大的职工。其中五个人有点儿手工技术，大家一合计，就联合出资兴办了恒泰公司，主要从事焚化品的制作和经营业务。

由于企业规模小，盈利能力差，没有请专职会计，也没有按税务机关的要求进行财务管理，所以当地主管税务机关在确定他们的税收情况时，就按照成本法进行测算的。

通过调查，税务机关掌握了如下资料：该企业的经营用房的租金为每月5 000元，职工的工资核定其为平均每人每月为600元，水电以及其他费用核定平均每月为500元。

该企业以生产和制作为主。由于在当地经营花圈等焚化品的业户很少，在该社区仅有这一家，业务可比性不强，而且，对该行业的业务核定也没有权威性的意见可供参考。所以，税务机关在具体核定营业情况时，往往是根据业户的自行申报为基础。

该业户在申报经营情况时，如实提供了有关成本和费用的数据，但在讲到收入情

况时，一再陈述企业所经营的项目不赚钱。据五个职工介绍，销售员只有5元左右的毛利，也就是说，毛利率只有5%。

显然，该企业的有关人员没有如实申报企业的经营情况。于是，当地主管税务就采用以法核定的方法将该企业的毛利率确定为10%。

当地主管税务机关按照法定的程序对其核定税款。计算出该业户的经营情况（这里只分析流转税和企业所得税）。

该业户的月销售额为：

$$（5\ 000+500+600\times 5）\div 10\%=85\ 000（元）；$$

全年合计销售额为：

$$85\ 000\times 12=1\ 020\ 000（元）。$$

以85 000元的销售额作为计税依据，则企业每应缴纳增值税、城建税（7%）及教育费附加（3%）合计为：

$$85\ 000\div 1.06\times 6\%\times（1+7\%+3\%）=5\ 292.45（元）。$$

以10%核定其应缴纳税所得额：

$$1\ 020\ 000\times 10\%=102\ 000（元）；$$

所得税以25%的税率计算，则该企业每月应缴纳企业所得税：

$$102\ 000\times 25\%\div 12=2125（元）。$$

该企业一年实际缴纳各税合计为：

$$（4\ 811.32+481.13+2\ 125）\times 12=92\ 609.4（元）。$$

主管税务机关的核定结果出来后，让该企业的相关员工大吃一惊：这样的税收负担怎么承受得了呀？

显然，这是与实际经营情况不相符的。后来该企业找到笔者，要求笔者帮助解决这个问题。于是，笔者到该企业现场进行了调查。事实上，该类行业平时的业务并不多，但毛利率大。如果他们将实际生产和经营情况进行客观在分析，通过对不同的品种进行分类计算，最终测算出该企业的生产及经营的综合经营毛利率为50%。

在此基础上，该企业每月的实际销售额应当为：

$$（5\ 000+500+600\times 5）\div 50\%=17\ 000（元）。$$

全年合计销售额为：

$$17\ 000\times 12=204\ 000（元）。$$

该企业每月应纳增值税、城建税及教育费附加合计为：

$$17\ 000\div 1.06\times 6\%\times（1+7\%+3\%）=1\ 058.49（元）；$$

以10%核定其应缴纳税所得额：

$$204\ 000\times 10\%=20\ 400（元）；$$

所得税以25%的税率计算，则该企业每月应缴纳企业所得税：

$$20\,400 \times 25\% \div 12=425（元）。$$

该企业一年实际缴纳各种合计为：

$$(962.26+96.23+425)\times 12=17\,801.88（元）。$$

笔者通过一定的程序向当地主管税务作了反映，当然，最后得到了主管税务机关的认可。

通过税收筹划，企业按实际情况进行纳税申报，从而节约流转税和企业所得税合计7 480.52元，实际税收负担是原来的六分之一。

分析点评：

该企业的销售毛利率由10%上升到50%，税收负担实际下降了5倍。只是原来的六分之一，两者的差别多么大啊！（这里没有考虑小微企业的税收优惠）为什么会造成这个结果呢？其原因是有关人士不了解相关政策的规定。在核定征收业务中，纳税人的营业额的确定非常重要，但是毛利率的确定也是十分关键的。税务机关对小规模纳税人确定征税的多少，并不是或者主要不是以纳税人的毛利来确定的，流转税的核定就更是如此。它是以纳税人实现的销售额或营业额作为计税依据，再以法定的税率和征收率计算出来的。一般的情况下，对纳税人的营业额的核定有5种方法：

（1）按照耗用的原材料、燃料、动力等推（测）算核定；

（2）按照成本加合理的费用和利润核定；

（3）按照清产核资盘点库存核定；

（4）核实收入凭证测算实际收入核定；

（5）省级税务机关根据当地情况规定的其他方法核定。

其中以成本倒轧法按照成本加合理的费用和利润核定营业额的方法是使用得最普遍的。

在这里，成本和费用都是非常明确的，而利润额的确定难度比较大，尽管有关法规规定掌握10%的毛利率，但在实际核定税款过程中是根据当地同行业的盈利水平估算一个恰当的毛利率，反算出应纳税营业额作为计税依据。毛利率越高，计算出来的营业额越小，毛利率越低，计算出来的应纳税营业额就越大。这在增值税、营业税的核定过程中的原理是一致的。至于所得税，按照现行规定，当地主管税务机关一般都是采用简易办法征收。即根据营业额乘以附征率直接计算应纳所得税额。

而企业的有关人员不了解税务管理的特点，不了解这些特点对企业带来的后果，简单地理解为，如果向税务机关反映不赚钱，税务机关就会少征税。而有些时候恰恰相反，纳税人未如实进行申报，从而导致税收负担过重，主要责任不在税务机关。

应对纳税检查也是如此，如果纳税人不理解税收的有关政策规定，不理解本企业存在哪些涉税风险，而给税务检查人员介绍情况的过程中乱讲一通，就可能给本企业带来不可预知的涉税风险。

二、注意检查人员的提问重点

在纳税检查过程中，检查人员会不断向企业的有关人员进行提问，要求有关部门提供企业的生产和经营情况。企业的有关人员要对检查人员的提问和要求进行分析，同时做好应对工作。企业有关人员应当知道，检查人员对企业的检查往往是有针对性、有重点的检查，除了让企业人士介绍企业的生产和经营情况以外，如果检查人员在检查过程中提出问题，或者索要有关资料，可能已经发现疑点，以求进一步证明。在这样的情况下，企业人员就应当多问几个为什么？自己思考一下相关业务的涉税处理是否存在问题？如果存在问题是本质问题还是过程问题？这里我们结合一些实务操作案例来对有关问题作一个提示。

【例】

某市飞洋船务有限公司是专门从事小型铁驳船制造的企业，于2010年底由集体企业改制成为私营责任有限公司，同时被认定为一般纳税人。2017年的销售收入为3 500万元。2018年5月18日，该企业被当地主管税务机关确定为税务稽查对象，2018年5月20日税务稽查人员到户对该企业进行纳税检查。

通过对该企业的财务报表、账册和有关凭证进行全面分析，税务检查人员并没有发现重大问题。因为，该企业内部控制机制比较健全，企业的财务部门有关人员的业务素质比较高，所以，通过对其财务方面的书面资料检查和分析，税务检查人员没有发现破绽。

账面检查没有取得实质性的突破，于是，检查人员就进入外围空间。他们通过该企业产品的购买者了解企业的生产情况，并且取得了一些有价值的信息。

据船主反映，他们到该企业购买船只，一般都是以委托加工的方式进行，但是，他们并不出面采购材料。

这是一个很有价值的信息。因为该企业有100多条船是通过委托加工的方式销售的。如果企业以委托加工之名义行经销之实，企业就可能存在偷税嫌疑。检查组走访船主的人数越多，这个意识也就越强烈。他们认为，该企业以委托加工的名义经营，实际上是经销，企业可能存在重大的偷税嫌疑。

以一般的生产情况为例进行分析：一只船的加工费用为5万元，而如果是采用经销售的方式，其计价就为50万元！其间的差异很大。在操作过程中，企业已经将大部分购进的材料作了进项税抵扣，这里的差额一般就是应补税的销售额。检查人员作一个简单的估算：

$$(50-5)\times 100=4\,500\text{（万元）}。$$

应当补缴增值税额为：

$$4\,500\times 17\%=765\text{（万元）}。$$

这是一个什么概念呀？！企业有关人员将这个信息向该企业负责人做了汇报，引起负责人的重视，该负责人迅速寻找税务专家帮助解决问题。

这是一个纳税检查过程中的应对筹划问题，其中存在较大的操作风险。而且，在目前的社会环境里与税务机关打交道，存在政策风险。但是，目前的税务人员也存在明显的缺陷：知识面相对较窄，对有关企业的生产业务流程不熟悉。在这样的情况下，以账查账的比较多，而通过其他方面定案的把握并不大。

因此，如果要解决问题，应当首先对该企业的生产和经营情况进行全面分析，同时了解到税务稽查人员目前的检查情况。经检查，发现该企业的业务操作流程的确存在“瑕疵”，这个“瑕疵”就是将来给该企业带来重大经济损失的关键环节——企业业务流程确认的关键文书——合同。

笔者认为，作为生产和经营的主体，企业对自己以前操作过的业务的相关流程和操作手段进行补充和完善是他们的权利。于是，提出如下咨询意见：

其一，将企业与船主签署的委托加工驳船的加工合同作进一步完善；

其二，再签一份船主与企业委托代购原材料的协议。

同时要求以上协议必须符合相应的法律规定，特别是第二份协议，必须符合《财政部、国家税务总局关于增值税、营业税若干政策规定的通知》（财税字〔1994〕第026号）第5条规定：代购货物行为，凡同时具备以下条件的，不征收增值税，不同时具备以下条件的，无论会计制度规定如何核算，均征收增值税。

（一）受托方不垫付资金；

（二）销货方将发票开具给委托方，并由受托方将该项发票转交给委托方；

（三）受托方按照销货方实际收取的销售额和增值税额与委托方结算货款，并另外收取手续费。将两份协议作为一套材料保存。

以上手续完善以后，再将企业的有关业务从法律的角度进行规范，企业以委托加工的形式生产其产品就无可非议。

对该案例进行分析，我们可以从中得到很多启示：许多问题被查获，对于问题的定性决定权往往还在企业手里，如果处理得当，可能会避免补税、罚款的问题。

三、准确把握纳税检查的进程

税务检查人员对纳税人实施纳税检查，一般都有结案的时间规定，在一般情况下时间不会太长，所以，检查人员在企业现场进行检查都会按照一定的方法和流程进行操作。如果企业人员对自身的生产和经营情况比较熟悉，同时对税收的有关政策比较了解，一般会对检查人员的工作思路和操作指向比较清楚，从而在配合纳税检查过程尽可能规避涉税风险。

【例】

税务检查人员在一家商品流通企业A公司检查时发现，该企业每隔一二个月就有一次数量不等的烟酒报损，报损金额一般在2万元左右，最多的是春节前一个月，报损额达到6万多元。而且每次报损的烟酒基本上都是相同的几个品牌，会计处理也比较规范（后附报损实物清单和报损审批手续）。

凭借职业敏感，检查人员直觉其中存在问题。于是向该企业财务经理提出了疑问：企业经营的烟酒品牌很多，为什么损耗的烟和酒仅是这几种品牌？为什么每次报损额基本上在2万元左右？为什么春节前一个月的报损为平时的3倍？该企业财务经理有处理涉税事项的经验，于是他一口咬定都是正常损耗，并解释说销量大的烟酒其损耗自然就大，年终损耗多一点是因为进行了年终盘点，而且，以前来他们单位检查的所有部门均未对此提出不同意见，财务经理的解释并没有让检查人员打消疑虑。

检查人员遂以参观商场有经营情况为由，请该企业的一名会计陪同来到企业的商场部。财务经理很谨慎，也跟着检查人员到了商场部。为了不引起怀疑，检查人员先故意在商场转了一圈，最后站在了烟酒柜前察看，并主动与营业员聊了起来，从站柜台的辛苦，再聊到年工资收入、奖金，财务经理见与营业员聊家常就走开了，检查人员立马就问营业员奖金是怎么考核的？营业员说是分柜组按营业额来计算的，再问她如果损耗了怎么办？营业员随口就说：扣奖金呗！

检查人员立马追问："那你们每个月因损耗而扣的奖金不是很多吗？"

营业员说一般情况下每个月不存在扣奖金的问题，他们的损耗一般是年终盘点时才发现并一次性扣奖金，而且损耗很小。

这样，检查人员很快就将该商场烟酒柜频繁报损烟酒的问题查问清楚。实际情况是，该企业平时用烟酒对外送礼或招待客人时，先从烟酒柜台上领用并由经办人员签单，等签单累计额大约有了2万元左右就去结账。至此，检查人员的疑虑终于得到印证。

我们绝对不主张企业弄虚作假！但是，在这里我们暂不讨论企业弄虚作假问题，而是将重点放在纳税检查过程中的应对技巧问题。实际上，在日常检查中经常会遇到类似上述弄虚作假的情形。税务检查人员单独看一二份会计凭证或一二笔账务处理，因为手续齐备，可能不会产生疑问，但把多个月份及全年的情况联系起来看，就可能发现有悖常理或值得怀疑的情形，这时，检查人员就会多问几个为什么，用合理怀疑的态度，用自己的职业敏感和悟性去分析其可能存在的违法违规问题，然后通过相应的检查程序去分析和证实自己的怀疑是否合理和正确。

实际上，税务检查人员在检查过程中发现疑点，该企业的财务经理也知道检查人员发现了相应问题的苗头，但是，需要去进行印证。为了防止在印证过程中发生问题，财务经理也随同检查人员到现场。问题是该经理还是由于经验不足，或者是工作协调不到位使一些问题暴露出来。

事实上，有心的检查人员到企业现场就会十分注意企业经营方面的细节问题。上述问题的实质早就在检查人员的意料之中，在到该企业检查的第一天，检查人员就已经注意到该企业招待客人用的是“中华”牌香烟，而从报损单中又看到有“中华”牌子的香烟，所以不自觉地就与招待费联系在一起，所需要的是有力的证据来说明这一点。

在实务操作过程中，如果有关企业能够注意准确把握纳税检查的进程，并采取积极的应对措施，还是可以将涉税风险降到最低的水平上。

【例】

昌泰汽车配件公司主要生产经营汽车的各类油嘴油泵，近年来经营状况良好，公司也在不断扩大生产规模，由于产品质量稳定、可靠，价格又比较合理，所以市场销路也是一路走好。但是，近来税务机关通过监控却发现，该公司的税收负担却不断下降，税收负担由去年的4.8%下降为今年的2.6%。

税务机关对该公司依法进行了检查，通过对该公司“产成品”账的检查，发现该公司的“产成品”分为两类：“外库产成品”和“内库产成品”。税务人员又对该公司的产成品进行了实地的盘点，结果只发现了该公司的“内库产成品”仓库，该公司并不存在“外库产成品”仓库；实际盘存的库存产成品价值比账面结余价值少265.78万元。

面对账实不符的现实结果，财务人员只得说出了实情，所谓“外库产成品”，其实是他们公司对外销售而发出的产品，这些产品都存放在购买厂家的仓库里。由于他们公司发出的部分成品，需要购买厂家经过使用合格后才能付款，他们虽然取得了可以索款的产品入库单和欠条，但是在厂家还没有经过使用合格之后，他们是不能收到这些货款的。在公司还没有收回资金的情况下，为了不增加公司负担，财务人员经过研究决定，将这部分没有收到货款的发出产品，作为“外库产成品”进行管理，暂时还没有计算缴纳增值税。

根据《中华人民共和国增值税暂行条例》第十九条第一款第一项的规定，增值税纳税人销售货物或者应税劳务，纳税义务发生时间为收讫销售款或者取得索取销售款凭据的当天；另外，《中华人民共和国增值税暂行条例实施细则》第三十三条第一款第一项对销售货物或者应税劳务的纳税义务发生时间，作了更具体的规定，采取直接收款方式销售货物，不论货物是否发出，均为收到销售额或取得索取销售额的凭据，并将提货单交给买方的当天。因此，该公司将产品运送到购买厂家的仓库，并取得了可以索款的产品入库单和欠条，在当天就应该做销售处理，并计算缴纳增值税。

该公司发出产品的成本是265.78万元，按照同期同类产品销售价格，应计未计“产品销售收入”353.50万元，根据《中华人民共和国增值税暂行条例》第二条第一款第一项的规定，该公司少缴纳增值税600 950元。税务机关按照一定流程责令其补缴入库，同时根据税收征管法的规定，对其进行了处罚。

其实，该企业的有关人员如果在这个环节能够拿出有关销售合同，并在合同中约定有关业务是赊销或者是分期收款销售方式，情况可能会是另外一种情景。

四、稽查过程中的心理交流

在税务检查过程中，税务稽查人员与企业有关人员的心理交流是其中的一个重要环节。由于双方互相不知底细，工作初期存在防备心理在所难免。特别是客观上存在涉税问题的企业（有关职能部门也知道本企业存在涉税问题），往往会利用心理战术与税务稽查人员进行周旋。反过来讲，税务检查人员在纳税检查过程中也会运用一些心理战术，通过与纳税人的有关负责人的沟通和交流，从其现场的表现中，找到发现问题的突破口。对有关问题的讨论，我们可以通过有关案例来做一些探讨。

【例】

2016年10月，某市地税局稽查局根据举报线索，开始对北京一家知名的置业公司进行检查。该置业公司是一家实力雄厚、规模可观的房地产经营公司，负责某大型置业中心公寓、商场、写字楼的租售，每年缴纳税金上千万元。接到检查通知书后，该置业公司便开始积极采取措施，一方面派出一名财务助理敷衍搪塞检查，以财务核算方式特殊为由制造难题；另一方面却聘请了十几名律师和会计师组成智囊团，作税务和法律事务代理。

某市地税局稽查局也在核心专案组人选上下了一番功夫，选定的办案人员不仅精通涉外税收政策、熟悉财务制度、法律知识丰富，而且拥有大量的办案实战经历和纯熟的谈判技巧。一场较量拉开了序幕。

专案组初步调查发现，该置业公司不但在境内外同时销售公寓，而且会计核算采取京、港两地核算的方式，以香港核算为主，定期进行并账。但两地核算的科目不统一，编码混用，境外凭证不标准，给确认不动产销售收入造成了困难。而该置业公司一直有意隐瞒账务编码对应规则，混淆收入界限，企图扰乱专案组检查思路。

专案组经过调查，拿出了初步检查意见，认为置业公司的经营行为存在四大涉税疑点：

一是置业公司采取境外销售境外收款的方式销售北京的公寓，并未给购房者开具正式发票，有可能存在营业税漏洞。

二是通过实地调查了解到，置业中心商场占据了市中心的位置，房屋面积大、建设豪华，并且早已招商使用，按同类房产推算每年应缴纳城市房地产税金额应在千万元以上，但从北京市地税局征收管理信息系统中查询的纳税申报数据看，自2014年1月

~2016年10月，该置业公司共申报缴纳城市房地产税仅有689万元，数据差距较大。

三是2016年国税局对该置业公司检查，该置业公司2015年补缴预缴企业所得税7 000余万元。依此推算，公司当期销售收入约为21.2亿元，应纳营业税约1.06亿元，但实际缴纳的营业税只有4 900万元。

四是会计师事务所在审计报告上对置业公司2015年缴纳营业税的情况签署了保留意见。

虽然疑点重重，但专案组手里掌握的证据却还仅仅限于十几张凭证，一两份合同，远远达不到定案要求，必须进行更深入的调查取证才能最终做出结论。

为了争取公司的配合，调取到在港保存的证据，把观察的“窗口”扩大，专案组安排了一次见面会，要求与置业公司以财务总监石某为首的智囊团交换意见（现场检查遇到困难，计划从心理沟通过程中寻找突破口）。这是一次严格的正式谈话，会场上架设了摄像机，灯光也显得十分明亮，与黑色的桌椅之间烘托出比往常更加严肃的气氛（心理攻势之一——这里从环境上营造心理攻势的氛围）。当石某步入会场时，显然已经感受到了这样的气氛，但他仰仗着身后会计师、律师组成的顾问团队，与以往一样，仍然摆出了不合作的架势。专案组方面并没有急于开始触及核心问题的询问，而是在正式询问开始前，首先郑重宣读了《税收征管法》（心理攻势之二——这里是政策攻心战术），然后在银幕上用幻灯机展示了已经掌握的部分证据，并与税法的规定条文逐一对应（心理攻势之三——这是正面交锋的关键环节）。一张张幻灯片播放时，石总监一直全神贯注地盯着银幕。当幻灯机的光亮消失以后，询问正式开始。此时的石总监眼睛里已经失去了傲慢的神情，抵制情绪也大为缓和。随后的询问变得顺利起来，原来拒绝回答问题的态度变成无力辩解（税务机关筹划的心理战成功）。

借着石总监转变态度之机，专案组以最快的速度将用少量证据打开的缺口一下子撕开了。首先是在城市房地产税的检查上取得了重大突破。经过实地检查、询问和现场打印账页等一系列取证过程，专案组确认，置业中心商场缴纳城市房地产税是以商场实际出租的房屋面积计算出来的，不符合按房产原值计税的规定。几年来，置业公司只申报缴纳了城市房地产税689万元，由此计算出少缴纳的城市房地产税就有5 700万元之多。

城市房地产税的事实水落石出，使置业公司聘任的智囊团措手不及。他们在接受了城市房地产税完全计算错误的事实后，对自己的代理业务做出了检讨。

经过艰苦的论证，专案组确认的所有事实都被定案，对方最终在认定意见书上签字。案件涉及置业公司少申报缴纳城市房地产税5 700万元；转让不动产少申报缴纳营业税2 493万元；各类合同少缴印花税8.4万元；向员工支付补助、补贴，少代扣代缴个人所得税24.98万元。

从上例来看，从税务检察机关的角度讲，该案例的检查战备和战术都很成功的。但是，从纳税人应对纳税检查的角度讲，置业公司在应对检查过程中的心理战术是不成功的，甚至于说是失败的。究其原因，主要存在如下问题：

其一，自身的知识和能力准备不足。涉税业务的处理涉及会计、财务、企业管理、税收和其他法律知识和学科，在一个企业里不可能拥有和正确运用这些人才，所以，请专业机构的专家是必要的，但是，现在市场比较乱，并且专家的水平还有差异。对于那些属于综合性的涉税筹划业务，就需要聘请高水平的专家，而从本案所反映的情况来看，该置业公司没有请到与其业务相适应的专家，筹划业务存在错误，是导致本案企业失败的根本原因。

其二，置业公司本身财务机构素质不高，也是导致企业产生重大的涉税风险的关键问题。对“会计师事务所在审计报告上对置业公司1997年缴纳营业税的情况签署了保留意见”，理应引起企业的高度重视，但是，置业公司的财务负责人石总监却没有注意到。

其三，置业公司石总监在现场表现存在问题，是本次应对失败的重要原因。一般情况下，企业在稽查过程中恰当运用心理学知识、随时注意税务稽查人员关心的问题，在可能的情况下，针对企业存在的问题如业务流程不完善等进行补救，从而降低企业的涉税风险。在具体的判断过程中，利用谈判技巧，打消税务稽查人员的疑虑等。但是，该企业的相关负责人却并非如此，相反，其表现出的心理不成熟，倒反而被对方利用，使有关问题暴露无遗。这是其他企业通过这个案例分析所应当吸取的教训。

分析启示：

该置业公司的纳税检查案例是一个个案，但是，如果将税务稽查案例综合起来分析，我们就可以发现其中存在相通的地方，包括平常的涉税管理事项，也有可以比照的地方。在日常生产和经营管理活动中，人们往往以一般人的心理状态去度量别人的想法，也就是用“自以为是”的习惯性思维方法去与“矛盾方”打交道，结果是将问题的结果引向自己所希望的反面。我们在前文所提到的恒泰纸制品有限公司的经营者就是如此，本来恒泰纸制品有限公司的经营者想达到少缴税的目的，但是由于没有处理涉税事项的经验，以自己的主观意愿向税务机关陈述某些事实，结果弄巧成拙，反而多缴了大量税款。导致这个结果的原因是有关人员不了解税务管理的特点，不了解这些特点对企业带来的后果，简单地理解为，如果向税务机关反映不赚钱，税务机关就会少征税。而事实上恰恰相反，纳税人未如实进行申报本企业的盈利能力，从而导致税收负担过重。通过以上案例分析，我们得出如下启示：

（1）企业的投资人和生产经营管理者应当熟悉税收法律和法规，并根据有关税收政策的导向安排生产和经营，根据税收政策的变化调整经营思路和会计核算方法。

（2）应当请真正的税务专家给自己当参谋、做顾问。

事实上，要求企业的投资人和生产经营管理者精通税法，是不可能的。但是，企业的投资人和生产经营管理者要有遵从税收规定的心理准备，要理解税务管理的特点，督促企业的职能部门根据税法的规定，正确地核算自己应当承担的纳税义务。如果企业达到一定的规模，就应当聘请税务专家做自己的参谋和顾问。因为目前的企业发正常地生存和发展，除了要应对市场风险以外，就是要应对涉税风险。而能够帮助企业应对涉税风险的，是那些有真才实学的税务专家，其中特别是懂税法、了解税务管理特别的税务专家。

（3）克服侥幸心理，踏踏实实地做事，老老实实做人。

对于那些规模企业而言，存在一个致命的弱点——自以为是。我们的企业已经有一定的规模，企业内部管理完善，会计和财务水平高；如果有问题被税务机关查获，他们往往认为自己的企业有较大的规模，在当地有一定的影响，当地税务机关无论如何也会给面子的（我们与当地主管税务机关的某领导的关系不错，企业如果有点儿小毛病，他们会关照的）等等。事实上，目前税务机关查案定税是一整套的工作流程，如果存在问题，处理的结果只能是依法办事。所以，越是规模企业，就越需要从技术层面上完善管理，从而使规避涉税风险成为可能。

（4）配合税务检查的企业人员要有配合意识。

目前还有一些企业，自以为与主管税务机关的某些领导关系比较“铁”，而当税务稽查人员到企业现场进行纳税检查的时候，企业领导人不冷不热，不闻不问，只是让有关财务人员将账册凭证往那里一放，随他们如何检查。在这样的情况下，稽查人员就会有被冷落的感觉。作为公务人员一般比较有修养，但是，逆反心理的产生是人的本能反应。到企业进行纳税检查，是发现有关企业涉税问题的关键环节。如果税务稽查人员带着逆反心理进行工作，其结果可想而知。如果有关企业有配合意识，让检查人员体会到有关企业的热情，很多事情可能就好说得多。

（5）在检查质询过程中要讲内行话。

第九章
对稽查结果的确认策略

纳税人接受税务检查以后，都将会有一个检查结果。从目前税收执法情况来看，纳税人所接到的税务检查结论往往都不十分理想。而对这个“不理想”的结果，多数企业往往都是被动地接受，他们认为：税务机关既然决定了，我们有什么办法？其实不然，如果企业接到税务机关的《税务行政处罚告知书》，并不是最后的决定，有关企业可能还有机会。

对于税务检查部门的意见我们应当如何认识？如何接受？其中有没有化解风险的思路和办法？在这里，我们结合有关法律的规定，围绕上述问题作一个简要讨论和介绍。

第一节　偷税认定的政策分析

如果纳税人在涉税事项的处理方面存在问题，就可能形成涉税风险。在税务检查过程中，纳税人是否需要承担相关的涉税风险，其涉税经济事项最终是否被认定为偷税，是问题的关键。因此，笔者在这里结合日常税务检查的实践，从纳税人的角度对一些需要注意的问题作一个简要阐述。

一、关于偷税认定的政策分析

《税收征管法》第六十三条规定：“纳税人伪造、变造、隐匿、擅自销毁账簿、记账凭证，或者在账簿上多列支出或者不列、少列收入，或者经税务机关通知申报而拒不申报或者进行虚假的纳税申报，不缴或者少缴应纳税款的是偷税。对纳税人偷税的，由税务机关追缴其不缴或者少缴的税款、滞纳金，并处不缴或者少缴的税款百分之五十以上五倍以下的罚款；构成犯罪的，依法追究刑事责任。”认真研读以上的规定，我们可以发现，偷税有一个重要的前提：主观上的故意。

（一）当事人的态度确认

在执法实践中，主观上是否存在故意，是确定违法事实的关键因素。为了进一步说明问题，我们在这里以“纳税人取得虚开的增值税专用发票行为”为例来做一个简要分析。

税务稽查部门在办案中，对纳税人取得虚开的增值税专用发票进行处理时，有两种不同的处理方式：税务稽查部门认定纳税人属于善意取得虚开的增值税专用发票，对其不以偷税或者骗取出口退税论处，但纳税人已经抵扣的增值税进项税额或者取得的出口退税，必须依法追缴。若税务稽查部门认定纳税人非善意（即恶意）取得虚开的增值税专用发票，必须追缴纳税人已经申报抵扣的增值税进项税额和税务部门已经退还的出口退税额，同时，对纳税人按照偷税和骗取出口退税予以处理，处以偷税、骗税额五倍以下的罚款。这里的“善意”还是非“善意”，我们可理解成当事人主观上是否存在故意。

但是，如何判定是否善意的取得虚开的增值税专用发票，在操作中有一定的难度，对于这个问题，基层税务机关的许多税务人员都曾作过探讨，我们在这里做一个归纳。在实践过程中，判断纳税人取得虚开的增值税专用发票是否属于“善意的（非主观上故意）”，一般会从以下几个方面进行判定。

1. 看纳税人是否存在货物交易行为

税务稽查部门在对纳税人取得虚开的增值税专用发票进行检查的时候，首先会核实清楚纳税人是否真正发生购销业务往来。如果在对纳税人有关财务凭证、仓库资料、相关证人进行实地调查后，证实纳税人在取得虚开的增值税专用发票的过程中，并没有货物交易，那么，税稽查部门会认定纳税人不是属于善意的取得虚开的增值税专用发票。

2. 看发票的有关内容是否一致

在对增值税专用发票所反映的内容方面进行检查，主要从三方面进行：一是供货企业和增值税专用发票开票方是否一致。若供货企业和增值税专用发票开票方不一致，税务稽查部门会认定纳税人属于非善意取得虚开的增值税专用发票；二是供货企业和增值税专用发票上货物名称不一致，税务稽查部门会认定纳税人属于非善意取得虚开的增值税专用发票；三是取得供货企业开出的非供货企业所在地的增值税专用发票，税务稽查部门会认定纳税人属于非善意取得虚开的增值税专用发票。

3. 看发票和货物之间的关系

在一般情况下，有关企业取得的发票与货物之间存在一定的关系。如果货物和发票不是由开票方一并提供，那么，在先有发票后有货物的情况下，若纳税人自己购货，并向第三方取得增值税专用发票的，说明了纳税人主观上具有偷税意识并作出具体行为，税务稽查部门会认定纳税人不是善意的取得虚开的增值税专用发票。在先有货物后有发票的情况下，如果纳税人先从别处取得增值税专用发票，然后再另外购货，那么，税务稽查部门会认定纳税人不是善意的取得虚开的增值税专用发票。

如果货物和发票由开票方一并提供，销售方有货物，但用第三方的发票。纳税人向供货企业购货的时候，供货企业销售属于自己的货物，但是却使用别人的发票，若纳税人不知道对方如此操作，税务稽查部门会认定纳税人属于善意取得虚开的增值税专用发票。

4. 看资金结算往来情况

其一，银行结算。纳税人取得虚开的增值税专用发票：一是若由有关银行结算不是直接和开票方进行结算，那么税务稽查部门会认定纳税人属于恶意的取得发票。二是虽然纳税人原始凭证所附银行支票抬头和发票一致，但是支票内容不一致，那么税务稽查部门会认定纳税不是善意的取得增值税专用发票；若税务稽查部门经在有关银行调查，发现支票头和支票内容一致，但是开票方私自通过银行背书转让给第三方，此时，尽管货物结算和开票方不一致，但是责任并不在纳税人，税务稽查部门会认定纳税人属于善意取得虚开的增值税专用发票。

其二，现金结算。对纳税人取得虚开的增值税专用发票，若是现金交易的，要依据现金交易量是否合理来判定；若现金交易金额巨大，且超过5万元以上的，税务稽查部门可认定其属于非善意（恶意）取得虚开的增值税专用发票。

5. 看纳税人是否故意隐匿事实的情况

对于纳税人来说，可能取得供货企业多份虚开的增值税专用发票。但是，对税务稽查部门来说，由于一些原因，可能当时并不知道纳税人究竟取得多少份虚开的增值税专用发票，纳税人又不提供全部虚开的增值税专用发票的实际情况，日后税务稽查部门再对剩余虚开的增值税专用发票进行查处，若在此之前，已经对同一供货企业的发票进行处理，此时，不管纳税人过去接受该供货企业的发票是否属于善意，对这些补查的发票都会按不是善意取得虚开的增值税专用发票进行处理；若此之前，没有对供货企业的发票进行处理，此时，税务机关会按照实际情况处理。

【例】

2019年5月6日浙江省A金属冶炼公司被处罚，事情是这样的：浙江省A金属冶炼公司在2018年7月从山东省B贸易公司购进一批焦炭，由于B公司属小规模纳税人，只能到国税机关代开3%的增值税专用发票。为了多抵扣税款，A公司业务员就另外联系了深圳C公司，在付给手续费后，按交易额的17%代开了几份增值税专用发票，并抵扣了进项税金。后因C公司大量虚开增值税专用发票案发，当地税务机关稽查人员进行了协查。稽查人员通过核查A公司的购销合同、运费发票、入库单、转账凭证等，证实是业务员在B公司购货，而在C公司取得的增值税专用发票，属“真票假开”的虚开行为，故做出了追缴已抵扣的进项税金，并依据《税收征管法》第六十三条规定处以偷缴税款一倍的罚款。A公司非常不理解：为什么我公司确有货物购进，所接收的也是真实的增值税专用发票，现在不仅不能抵扣税款，还要受到处罚呢？

这就要从案件中涉及的购销双方在开具、接收增值税专用发票时的违法全过程来分析。首先，C公司在没有销售货物的情况下，仅靠收取手续费为A公司开具了增值税专用发票，根据全国人大常委会《关于惩治虚开、伪造和非法出售增值税专用发票犯罪的决定》中“虚开增值税专用发票是指有为他人、为自己、让他人为自己、介绍他人虚开增值税专用发票等行为”的界定，构成了明显的“虚开”违法行为。其次，A公司虽有从B公司购进货物之实，但增值税专用发票却是从购货的第三方取得的，明显违反购进货物必须要购货方、付款方、开票方相一致的原则。《国家税务总局关于纳税人取得虚开的增值税专用发票处理问题的通知》（国税发〔1997〕134号）规定：“在货物交易中，购货方从销售方取得第三方开具的专用发票，或者从销货地以外的地区取得专用发票，向税务机关申报抵扣税款或者申请出口退税的，应当以偷税、骗取出口退税处理，依照《税收征管法》及有关规定追缴税款，处以偷税、骗税数额五倍以下的罚款。”所以，接收了这样的增值税专用发票，即使货物交易情况是真实的，由于货、款、票三不相符，税务机关不但不能允许其抵扣税款，反而要对受票方这种“知假买假”的违法行为给予处罚。

（二）当事人的行为过程和后果确认

在执法的角度来看，当事人行为的后果也是判断其操作事项的法律适用的一个重要方面。例如2019年9月16日上海市某区纳税人小李向税务专家咨询：今年7月~8月由于生意下滑，她没顾得上去交税，税务机关通知她申报纳税，她拒绝了。后来被稽查局查到，定为偷税。除了补税、加收滞纳金外，并处以罚款，还差点被追究刑事责任。小李说，同行的王某从7月份开始经营，也未申报纳税，被税务机关发现后，定为“不申报纳税”。虽然也给予补税、加收滞纳金、处以罚款。但她不明白的是，同样的不缴税，定性却不一样。小李请咨询专家解释一下，什么叫“偷税”？什么叫“不申报纳税”？税务机关在对二者的处罚上有何异同？

税务专家告诉小李，《税收征管法》第六十三条规定了形成偷税的法律要件，而《税收征管法》第六十四条第二款规定：纳税人不进行纳税申报，不缴或者少缴应纳税款的，由税务机关追缴其不缴或者少缴的税款、滞纳金，并处不缴或者少缴的税款百分之五十以上五倍以下的罚款。

第六十三条规定说的是“偷税”，第六十四条说的是“不申报纳税”。构成偷税的，必须具有不缴或者少缴应纳税款的行为，同时采取不缴或者少缴税款的手段（第六十三条列举了偷税四种手段）；而“不申报纳税”主观上具有了不缴或者少缴应纳税款的行为，但没有采取“偷税”所列举的手段。对“偷税”和“不申报纳税”都是由税务机关追缴其不缴或者少缴的税款、滞纳金，并处以不缴或者少缴税款百分之五十以上五倍以下的罚款。所不同的是，“偷税”达到一定数额标准，构成犯罪的，要依法追究刑事责任。而“不申报纳税”就没有此规定。那么，在日常涉税活动中如何区分偷税和未按期申报行为，相关违章处理有何区别？

（1）两者概念不同。

①《税收征管法》规定，纳税人伪造、变造、隐匿、销毁账簿，记账凭证或者在账簿上多列支出或者不列、少列收入，或者经税务机关通知申报而拒不申报，或者进行虚假纳税申报，不缴或少缴应纳税款的，是偷税。在上述违法行为基础上，符合有关标准之一的为偷税犯罪行为，即偷税数额占应纳税数额的10%以上并且偷税额在1万元以上的；因偷税被税务机关给予两次行政处罚又偷税的；

②未按期申报，是指纳税人未按规定的期限办理纳税申报或者扣缴义务人未按规定期限向税务机关报送代扣代缴、代收代缴税款报告表的行为。

（2）两者的处理不同。

①偷税未构成犯罪的，由税务机关追缴其偷税税款，并处所偷税额5倍以下罚款；偷税数额占应纳税额的10%以上不满30%并且偷税数额在1万元以上不满10万元的，或因偷税被税务机关给予两次行政处罚又偷税的，除由税务机关追缴其偷税款外，由司法部门处以3年以下有期徒刑或拘役，并处偷税数额1倍以上5倍以下的罚金；偷税数额占应纳税额的30%以上并且偷税数额在10万元以上的，由税务机关追缴其偷税款，由司法部门处3年以上7年以下有期徒刑，并处偷税数额1倍以上5倍以下罚金。扣缴义务人采取前款所列手段，不缴或者少缴已扣、已收税款，数额占应缴税额的10%以上并且数额在1万元以上的，依前款规定处罚。对多次犯有前两款行为，未经处理的，按照累计数额计算。

②未按期申报的，由税务机关责令限期改正，并处以2 000元以下的罚款，逾期仍不改正的，可处以2 000元以上1万元以下的罚款。

税务机关之所以认定小何为“偷税”，是因为她具有偷税的手段即经税务机关通知申报而拒不申报，造成了不缴或者少缴应纳税款的结果。而她的同行王某，虽然也造成了不缴或者少缴应纳税款的结果，但他并没有采取偷税的手段，属“不申报纳税”行为。因此，他没有构成偷税。

这里需要注意的是，如果该纳税人少缴税额超过10 000元且占应纳税额10%以上，不同的定性将给纳税人带来极为不同的法律后果，依据《税收征管法》六十三条定性，纳税人就涉嫌偷税犯罪，应移送公安机关进一步侦查，纳税人将面临司法机关的刑事追究；而依据《税收征管法》六十四条定性，无论上述数额比例多少，纳税人只会局限在税务行政处理（处罚）范围内。

二、偷税认定的政策界限

在日常生产经营活动过程中，人们往往对相关涉税事项的法律界限把握不准，如偷税、避税和税收筹划。税收筹划是为了节税，避税是为了少缴税，偷税也是想少缴税。这三者很多人感觉在理论上讲不清楚，说不明白，因此在实践过程中也不敢去操作。但是，如果结合法律的具体规定，正确理解其立法精神，问题还是比较容易弄清楚的。

【例】

某地国税稽查局于2019年5月20日对华盛科技有限公司2017年1月1日至2018年12月31日的增值税纳税情况进行了检查。华盛科技有限公司2017年度实现销售收入208.2万元，应缴增值税13.68万元已经入库，增值税税收负担率6.57%，账面存货5.245万元；2012年度实现销售收入213.58万元，应缴增值税13.52万元，增值税税收负担率为6.33%，账面存货8.342万元。由于该企业的产品在当地没有可比性，所以检查人员认为该企业的纳税情况基本正常。

然而，当检查人员对该企业的进货发票等纳税资料进行检查时发现：该企业的进货情况与库存项目的记录有出入，会计人员与仓库保管人员对有关问题的解释风马牛不相及。同时检查人员发现：华盛科技有限公司的管理人员与华润大药房有联系，有关联企业的嫌疑。

于是，经批准对华润大药房进行了相关性检查。

在检查过程中发现：

华润大药房系天元医药科技有限公司变更而来，天元医药科技有限公司的期末账面存货98.72万元，有9.74万元材料通过开票销售给华盛科技有限公司，而其中的88.98万元存货则在华润大药房销售。

但是华润大药房并无完整的销售记录，税务机关对其实行核定征收。当检查人员对华润大药房的进货渠道进行检查时，才使该企业的问题水落石出。

运筹过程：

天元医药科技有限公司是一家主要从事医疗仪器、设备的研发和销售，同时兼营部分药品零售业务的企业。2017年2月初开业，同时被认定为一般纳税人。由于该企业的产品技术含量比较高，生产和经销的医疗仪器和药品的商业毛利也比较大，当年税收负担率达13.94%。年末企业账面的存货98.72万元，其中库存商品88.98万元。

2018年初，该企业的负责人王经理接受了朋友的一个筹划建议：

其一，由于企业所生产的仪器和设备及药品的销售对象一部分是医院和消费者，而这些人不用发票或者只需要普通发票，因此可以将原来的公司分拆成两个独立核算的企业。重新开设了一个华盛科技有限公司，申请认定为增值税一般纳税人，主要从事医疗仪器的研发，同时兼营药品的批发业务，面对需要增值税专用发票的用户；而将天元医药科技有限公司变更为华润大药房，作为小规模商业企业，主要从事小型医疗器材和药品的零售业务。

其二，将天元医药科技有限公司的存货主要交由小规模纳税人的华润大药房销售；

其三，考虑到小规模纳税人的征税特点，部分药品以华盛科技有限公司的名义进货，交由华润大药房销售。

其四，为了扰乱视线，浑水摸鱼，故意让华润大药房不建账，不进行成本核算，内部建立管理账，实行内紧外松的管理方式。

税务处理：

华润大药房2017年度实现销售收入145.36万元，缴纳增值税5.81万元；2018年度实现销售收入158.25万元，缴纳增值税6.33万元。在对华润大药房的检查过程中，通过内查外调，共发现128.36万元的货物是通过华盛科技有限公司进货，由华润大药房销售的，因此不能在华盛科技有限公司抵扣增值税，应补税21.82万元。根据《税收征管法》第六十三条的规定，属于偷税行为，该企业的主管税务机关决定对其给予一倍的罚款处理。对华润大药房未按规定正确核算税款，主管税务机关也给予了相应的处罚。

在该案例中，天元医药科技有限公司的行为涉及避税、税收筹划和偷税三种行为。

其一，天元医药科技有限公司在有较大数量存货的情况下，将企业的身份由一般纳税人变更（分拆）成小规模纳税人，并将其存货由小规模纳税人销售。这样操作，目前我国的税收法律和法规并无限制性规定，因此，对于该企业来说，其存货88.98万元的销售收入本应适用17%的税率而改按4%的征收率，规避税收88.98×（17%-4%）=11.57万元。

但是，财政部、国家税务总局《关于增值税若干政策的通知》（财税〔2005〕165号）第六条对一般纳税人注销时存货及留抵税额处理问题的规定明确，一般纳税人注销或被取消辅导期一般纳税人资格，转为小规模纳税人时，其存货不作进项税额转出处理，其留抵税额也不予以退税。也就是说，自该文件发布之日起，对于一般纳税人注销时存货及留抵税额就不作进项税额转出处理，如果企业采用注销手段处理存货中的增值税当然也就不属于避税的范围。

其二，天元医药科技有限公司的产品技术含量较高，产品的附加值较大，而且其产品的购买者有部分是医疗机构和消费者，这些销售对象不需要增值税专用发票。针对一般纳税人的适用税率为17%，而小规模商业企业纳税人的征收率为4%的特点，企业顺着立法意图，开设独立核算的经营部，从而有效地降低税收负担，实现节税

303.61×（13.94%−4%）=30.18万元。

其三，天元医药科技有限公司在分拆经营以后，将华润大药房经销的商品128.36万元的进项税额21.83万元放在华盛科技有限公司抵扣，则属于偷税行为。

由此可见，在实务操作过程中应当注意偷税、避税与税收筹划的区别与联系，只有偷税属于税务机关下面打击的范围。而对偷税认定的核心要件不能少。

第二节　确认偷税应当注意的问题

在实务操作过程中，偷税一词常常被部分税务人员滥用，有时甚至造成不良的后果。因此，纳税人应当注意掌握政策，正确维护自己的正当权益。

一、缴税期限未过不能为偷税

2019年2月10日，某企业向所在地市国税局申报缴纳2018年度企业所得税8.5万元，县国税局稽查局于2019年3月25日进户实施检查，发现该企业申报不实，固定资产折旧方法改变导致多提折旧50 000元，技术开发费用加计扣除项目多列支费用80 000万元，虚增工资支出50 000元，导致少缴企业所得税59 400元。

稽查局认为，该纳税人采取虚列支出手段进行虚假申报且已造成少缴税款的事实，其偷税的手段与结果均已具备，依据《税收征管法》第六十三条第一款，应定性为偷税，决定全额追缴所偷税款并处以所偷税款50%的罚款。由于该纳税人少缴税额超过10 000元且占应纳税额10%以上，该企业被移送公安机关进一步侦查，其负责人也被当地公安机关收查。

税务专家应邀对该案进行咨询服务。经实地调查和分析，税务专家发现这一案件存在引用法律条款不当、定性不准等问题。因此，立即以该企业的名义进行申诉。

申诉材料中明确指出，如果依据《税收征管法》第六十三条第一款定性为偷税，违法行为（偷税手段）与违法结果（不缴或者少缴应纳税款）两要件缺一不可。在本案中，纳税人虚假申报这一违法行为可以认定，但少缴税款这一结果却得不到确认。表面上看，由于纳税人已缴纳所申报税款，这一结果似已成立，但根据《企业所得税暂行条例》第十五条、第十六条规定，企业所得税申报期是在年度终了后45日内，而征收期（即纳税期限）则是在“年度终了后4个月内汇算清缴，多退少补”。这明显不同于增值税的申缴同期规定，国家的立法本意是考虑到企业所得税征管上的特殊性及其核算业务的复杂性，为企业预留充裕的时间自行调整账务和汇算清缴。

换言之，纳税人虽然申报期已过，但还在法定征收期内，有不受税法追究自行汇算补缴企业所得税的权利。稽查局于法定征收期内进户实施税务稽查，代替纳税人履行汇算清缴义务，既剥夺了纳税人自行汇算清缴的权利，也无意中转移了法律责任主体，免除了纳税人逾期后可能承担的法律责任。

由于纳税人自行履行纳税义务的法定期限尚未结束，其少缴税款的结果尚处于可自行纠正的不确定状态，稽查局认为其少缴税款的结果已确凿无疑，只缺乏事实依据。这其中的法理如同税务机关不得于年后45日内对纳税人未履行企业所得税申报给予处罚一样，必须耐心等到申报期结束才能启动处罚程序。

该市税务局对本案进行了进一步审理，最后予以纠正：该企业采取了偷税手段，但事实结果还未“确凿”产生，不能适用《税收征管法》第六十三条第一款偷税的定性，应依据《税收征管法》第六十四条第一款定性为“编造虚假计税依据”，对其违法行为责令其限期改正并处以5万元以下的罚款。

二、注意偷税认定的要件

有时纳税人的确存在某些事实，其从现象上看很像偷税行为，但是，却不能按偷税来处理。这是为什么呢？下面我们以一个实例来做说明。

【例】

A公司系一家生产性外商投资企业，拥有自营出口权和增值税一般纳税人资格，生产各类健身运动器材，产品销往美国和西欧市场。

2018年，该公司累计实现销售收入29 600万元，已享受出口退税460万元，期末还有增值税留抵税额580万元。在2019年5月开展的税收专项检查中，当地国税局稽查局发现，该公司2018年以来销售下脚料及赠送礼品、发放员工福利等视同销售行为所涉及金额850万元没有入账，少申报缴纳增值税销项税额144.5万元；购进价值960万元的钢材、水泥等建筑材料用于建造生产车间和职工宿舍，没有作进项税额转出，多抵扣增值税进项税额163.2万元，两项共计307.7万元。稽查局按照法定程序向该公司下达税务处理决定等相关法律文书，责令其调整账务，核减期末增值税留抵税额307.7万元，并处2倍罚款615.4万元。该公司对责令核减期末增值税留抵税额没有意见，但对2倍罚款却有不同的看法。

于是，在账务调整之后，企业向税务专家进行咨询，希望其代表该单位进行协调，通过税务行政复议手段，要求减轻税务行政处罚。

经现场调查分析认为，稽查局之所以对该公司做出上述税务处理决定，依据是《税收征管法》第六十三条“纳税人伪造、变造、隐匿、擅自销毁账簿、记账凭证，或者在账簿上多列支出或者不列、少列收入，不缴或者少缴应纳税款的，是偷税”的规定，认定该公司销售不入账不计算销项税额，用于基建工程等非增值税应税项目不作进项税额转出，构成偷税行为。虽然该公司的期末还有增值税留抵税额580万元，但根据国家税务总局《关于增值税一般纳税人发生偷税行为如何确定偷税数额和补税罚款的通知》（国税发〔1998〕66号）相关规定，留抵税额在偷税性质认定和数额认定时不予考虑，而是在补缴税款时予以考虑。具体来说，偷税数额应当按销项税额的不报、少报部分或者进项税额的多报部分确定。如果销项、进项均查有偷税问题，其偷税数额应当为两项偷税数额之和。偷税款的补征入库，应当根据检查核实后一般纳税人当期全部的销项税额与进项税额（包括当期留抵税额），重新计算当期全部应纳税额，若应纳税额为负数，应当核减期末留抵税额。

对一般纳税人偷税行为的罚款，应当按照该通知的规定计算确定偷税数额，以偷税数额为依据处理。由于该公司在销项税额计算、进项税额抵扣方面均涉嫌偷税，偷税数额应为少计的销项税额和多抵扣的进项税额之和，将应纳增值税307.7万元分解至各纳税期与留抵税金相抵减，该公司应纳增值税仍为负数，应当核减期末增值税留抵税额并进行账务调整，而2倍罚款是依据该公司少计的销项税额和多抵扣的进项税额之和为偷税数额进行处理。

基于稽查局的税务处理依据和公司账务处理过程，提出如下建议：

其一，该公司财务人员确实存在因税收政策理解有误，未能按规定正确核算增值税进项税额、销项税额和应纳税额，导致纳税申报错误，并非主观故意。

其二，事实上也没有造成少缴税款的事实。该公司少计的销项税额和多计的进项税额之和为307.7万元，小于期末增值税留抵税额580万元。也就是说，该公司在客观方面并没有造成实际不缴和少缴应纳税款，其行为不具备《税收征管法》第六十三条规定的偷税行为特征，不能定性为偷税。

其三，该公司的行为属于未按规定进行纳税申报问题。只能根据《税收征管法》第六十四条第一款“纳税人、扣缴义务人编造虚假计税依据的，由税务机关责令限期改正，并处5万元以下的罚款”的规定进行处理。

最终复议结果：

从该公司的实际情况来看，虽然有销售下脚料等不入账和未转出基建工程进项税额等情形，但将查补增值税307.7万元分解到各个纳税期与留抵税额相抵减，该公司仍未产生应纳增值税，即该公司没有造成当期少缴应纳税款的事实，因此不能认定为偷税，应该适用《税收征管法》第六十四条第一款的规定，责令该公司限期改正，并处以5万元以下的罚款。

三、构成偷税罪的标准

2009年2月28日第十一届全国人民代表大会常务委员会第七次会议通过将刑法第二百〇一条修改为：纳税人采取欺骗、隐瞒手段进行虚假纳税申报或者不申报，逃避缴纳税款数额较大并且占应纳税额百分之十以上的，处三年以下有期徒刑或者拘役，并处罚金；数额巨大并且占应纳税额百分之三十以上的，处三年以上七年以下有期徒刑，并处罚金。

扣缴义务人采取前款所列手段，不缴或者少缴已扣、已收税款，数额较大的，依照前款的规定处罚。

对多次实施前两款行为，未经处理的，按照累计数额计算。

有第一款行为，经税务机关依法下达追缴通知后，补缴应纳税款，缴纳滞纳金，已受行政处罚的，不予追究刑事责任；但是，五年内因逃避缴纳税款受过刑事处罚或者被税务机关给予二次以上行政处罚的除外。企业一定要从本次《刑法》相关条款修订中看到那条不能触碰的红线。

对照《刑法》201条款修订前后的主要内容，可以看出修订后的条款发生了以下主要变化。

1. 逃避缴纳税款替代偷税

从中可以看出立法者对偷税概念的认识已出现变化。从修订后的该条款看，没有了偷税的定义与表述，而是被逃避缴纳税款所替代。

一般说来，“偷”是指将属于别人的财产据为己有，而在税收问题上，应缴税款原本属于纳税人的合法财产，之所以发生偷逃税行为，是因为纳税人没有依法履行缴纳税款的义务，我们应将这种行为与平常概念中的盗窃行为加以区别。

因此，修订后的该条款并没有沿用偷税的表述，而是采用了逃避缴纳税款的表述，从中可以看出立法者对偷税概念的认识已出现变化。

2. 删除了定罪量刑具体标准

不删除对偷税罪的定罪量刑具体数额标准，很有可能导致司法不公、司法腐败等问题出现。修订后的该条款，删除了对偷税罪的定罪量刑具体数额标准的规定，由司法机关根据实际情况做出司法解释并适时调整。从过去的司法实践看，在经济生活中，偷逃税的情况很复杂，同样的偷税数额在不同时期对社会的危害程度不同；1万元、10万元的偷税标准，对于规模不同的企业，会出现很大的偏差。如果不删除对偷税罪的定罪量刑具体数额标准，很有可能导致司法不公、司法腐败等问题出现。一定条件下可免刑事责任、这样的人性化规定，对于企业发展和社会稳定都是有益的。修订后的《刑法》201条第四款明确规定：有第一款行为，经税务机关依法下达追缴通知后，补缴应纳税款，缴纳滞纳金，已受行政处罚的，不予追究刑事责任；但是，5年内因逃避缴纳税款受过刑事处罚或者被税务机关给予二次以上行政处罚的除外。

从修订后的《刑法》201条第一款可以看出，纳税人采取欺骗、隐瞒手段进行虚假纳税申报或者不申报，逃避缴纳税款数额较大（10%以上）、数额巨大（30%以上），是需要承担刑事责任的。但是，如果纳税人经税务机关依法下达追缴通知后，同时具备以下3个条件，是可以不承担刑事责任的：①已经补缴了全部应纳税款。②已经缴纳了税收滞纳金。③并已接受了税务机关的行政处罚。同时，提醒纳税人不能滥用该条款关于“刑事免责”的相关规定。根据该条款规定，纳税人5年内因逃避缴纳税款受过刑事处罚或者被税务机关给予2次以上行政处罚的，也是要必须承担刑事责任，不能逃避法律的制裁。

由此可见，“一定条件下逃避缴纳税款可免刑事责任”的规定，对于纳税人而言，是一条较为人性化的规定，即纳税人出现第一次偷逃税行为，在税务机关追缴税款并作行政处罚后，可不再追究其刑事责任。这样的人性化规定，对于企业发展和社会稳定都是有益的。一方面，能给予大多数偷逃税者一次悔过自新的机会。对初次发生偷逃税行为的纳税人，特别是那些在偷逃税行为中没有主观故意倾向的纳税人，在经过税务机关指出后补缴了税款并缴纳了滞纳金，可不再追究其刑事责任，这对于缓解征纳矛盾、构建和谐的征纳关系也有很大的促进作用。另一方面，对于极少数“屡教不改”的偷逃税者仍要为其偷税行为付出沉重的代价。在这里我们引用真实的案例来做说明。

刘晓庆案发在2002年，刑法没有修改，没有这个宽大政策，所以按照当年的刑法规定是需要承担刑事责任的。2018年范冰冰逃税的数额肯定算是巨大的了，但由于属于首次被发现偷逃税款，只要范冰冰交纳了约8.84亿元的税款、滞纳金、罚款，就可以不用坐牢，这不是法外施恩，而是新法的规定。着重注意最后一段，我们可以简单的称之为初犯不追究。那么怎么样算初犯？税务机关第一次下达税务处理处罚通知书，就是初犯，即使这一次查了若干年的偷税。如果范冰冰下一次再被发现有类似行为，哪怕数额要小于这一次，恐怕就要坐牢了。

但是，另一个税案的结果就不同。北京某公司实际经营人王某，采用利息收入不入账的方式偷逃税款200余万元，本该受到刑事法律的处罚，但该案在移送检察机关审查起诉期间，《刑法修正案（七）》已经通过实施。据悉，这也是《刑法修正案（七）》实施后北京首起被免于刑事处罚的偷税案件。

犯罪嫌疑人王某是北京市某公司的总经理，也是实际经营人。在2005年5月至2007年12月，王某采用将1 135万余元的利息收入不入账的方式，偷逃税款合计226万余元。税务部门发现了王某及其公司的上述行为后，对其采取了行政处罚措施。2008年7月，王某的公司足额补缴了全部偷逃的税款，并足额缴纳了约679万元罚款和463万余元的滞纳金。

案件侦查阶段，承办人发现，王某公司瞒报收入、进行虚假的纳税申报，少缴税款200余万元，已经属于逃避缴纳税款数额巨大，而且在2005年至2007年，该公司偷税的数额分别占到了公司应纳税额的100%、100%和99%。按照刑法第201条的规定，应认定为偷税罪，王某作为公司直接负责的主管人员，也应以偷税罪定罪处罚。

2009年3月4日，王某的案件被移送检察机关审查起诉。检察官发现，本案可以适用刑法修正案（七）中关于偷税罪的新规定，即“有第一款行为，经税务机关依法下达追缴通知后，补缴应纳税款，缴纳滞纳金，已受行政处罚的，不予追究刑事责任；但是，五年内因逃避缴纳税款受过刑事处罚或者被税务机关给予二次以上行政处罚的除外。”检察机关通过与侦查机关联系沟通，由侦查机关向检察院申请撤回移送审查起诉，检察院做出了同意撤回移送审查起诉处理。

承办此案的检察官介绍说，在刑法修正案（七）的讨论过程中，有关部门就曾提出，偷逃税的情况十分复杂，同样的偷税数额在不同时期对社会的危害程度不同，建议刑法对偷税罪的具体数额不作规定，由司法机关根据实际情况作司法解释并适时调整。同时还有人提出，考虑到打击偷税犯罪的主要目的是为了维护税收征管秩序，保证国家税收收入，对属于初犯，经税务机关指出后积极履行纳税义务，接受行政处罚的，可不再作为犯罪，这样处理可以较好地体现宽严相济的刑事政策。

该检察官认为，修正案（七）对于偷税罪的修改体现出了一种理念上的转变，即刑法的目的不仅仅是打击刑事犯罪，而应该考虑其在更有效地化解社会矛盾，维护社会和谐稳定，保障经济平稳发展中的作用。对偷税罪的修改就适应了当前经济社会发展的形势。目前正值全球金融危机，我国经济也面临严峻挑战，如何保障企业的稳定与活力，为企业创造良好的发展环境，是包括刑法在内的法律制度的重要任务。因此，刑法修正案（七）最终明确，只要符合法律规定的情形，履行了法定的纳税义务，接受了税务机关的行政处罚，且主观恶性较小的，可以不追究刑事责任。

四、计算偷税比例的基数确认方法

修订后的《税收征管法》第七十七条规定，纳税人、扣缴义务人有本法第六十三条、第六十五条、第六十六条、第六十七条、第七十一条规定的行为涉嫌犯罪的，税务机关应当依法移交司法机关追究刑事责任。纳税人、扣缴义务人发生偷税行为，由税务机关追缴其不缴或者少缴的税款、滞纳金，并处不缴或者少缴的税款百分之五十以上五倍以下的罚款；偷税数额占应纳税额的百分之十以上并且偷税数额在1万元以上的就要被移送司法部门，由其判定是否犯罪。《最高人民法院关于审理偷税抗税刑事案件具体应用法律若干问题的解释》（法释〔2002〕33号）第三条规定：“偷税数额占应纳税额的百分比，是指一个纳税年度中的各税种偷税总额与该纳税年度应纳税总额的比例。”但是，在实务操作过程中，有些情况比较复杂，比如，如果企业存在免税事项，那么，经报批直接免征的流转税额是否属于应纳税额，可否作为计算偷税比例的基数呢？

举例说明：某饲料生产企业符合免税条件，每年按时向主管税务机关提出免征增值税申请并经批准，每月将生产销售的饲料作为免税项目填报增值税纳税申报表。某年该企业在生产销售饲料的同时，应部分个体养殖户的要求，将一小部分购进的玉米、大麦、豆粕等原料销售给饲养户自行调料喂牲畜（此种经营行为也可理解为企业销售了饲料）。由于企业没有及时掌握税收政策，认为这也属于免税项目，结果在每月的增值税纳税申报表上将其作为免税项目予以申报。

在税收征管实践中，存在免税、不征税或政策性免税与法定免税的概念。不征税是指税法明确不属于征税的项目，企业生产（经营）了法定免税产品（商品），无须办理免税报批手续；而政策性免税是指企业生产了应税产品，根据国家相关优惠政策，经报主管税务机关批准后免征的税款，应视同企业缴纳了税款。政策性免税有先征后返、即征即退、直接免征3种方式，直接免征相当于国家支持企业节约了一笔资金占用成本。如果享受优惠政策的免税企业发生了偷税行为，在计算偷税比例时，怎样确定应纳税额呢？

目前税务局稽查机关在计算偷税比例时有两种算法：

一种是将免税额剔除。假如该企业当年应纳税额400万元，其中，免税380万元，应税20万元（其中偷税5万元），则偷税比例为5÷20×100%=25%，其偷税的绝对值和相对数均达到移送司法部门了。

另一种是在计算偷税比例时将经报批免征的增值税作为计算基数予以合并，即偷税比例为5÷400×100%=1.25%。

显然，两种算法，其法律后果是不同的，笔者认同后一种计算方法。

国家为了支持饲料工业发展，先后以规范性文件出台了饲料产品免征增值税的优惠政策，《财政部 国家税务总局关于饲料产品免征增值税问题的通知》（财税〔2001〕121号）第二条规定，饲料生产企业向所在地主管税务机关提出免税申请，经省级国税局审核批准后，由企业所在地主管税务机关办理免征增值税手续。而《增值税暂行条例》第十六条免征增值税项目中饲料产品并未列为免税项目，说明企业生产销售饲料产品原本是应税项目，只是国家的扶持政策，以规范性文件（不是以法律形式）出台了免税优惠政策，符合条件的企业只有办理了免税报批手续，才能免征增值税，否则就要如数缴纳增值税了。

《税收征管法》第二十五条规定，纳税人必须依照法律、行政法规规定或者税务机关依照法律、行政法规的规定确定的申报期限、申报内容如实办理纳税申报，报送纳税申报表、财务会计报表以及税务机关根据实际需要要求纳税人报送的其他纳税资料。根据该企业实际情况，且已按规定向主管税务机关报送了增值税纳税申报表，其免税额就应属于应纳税额的范畴，并作为计算偷税比例的分母，免税额视同已纳税额，就如对外长期股权投资的企业，从被投资的中外合资企业或国家高新技术园区内的高新技术企业分回的股利，对方如在免税期，根据税收饶让原则，其分回的利润视同已缴税，免予补税。

如果从企业所得税的角度来分析，我们也可提出应将免税收入作为计算依据的理由，因为经批准减免的所得税额属于应纳税额范畴，在计算偷税比例时，应作为应纳税额的基数予以合并。

五、注意责任主体的确认

在税务管理实践中，往往会出现法律责任认定不清的问题，比如河南省某市国税局稽查局2013年5月8日在对本地某集体企业进行检查时发现，自2010年起该企业已租赁给个人经营，承租人未重新办理营业执照、税务登记，一直以原企业名义独立经营并办理各种涉税事项，出租人未将租赁经营事项及时向税务机关报告。经检查，税务机关发现承租人2013年度存在偷税行为。

于是，就向该企业发出税务处理决定书和税务处罚决定书。对此，该企业提出异议。该企业认为：根据《税收征管法实施细则》第四十九条规定："承包人或者承租人有独立的生产经营权，在财务上独立核算，并定期向发包人或者出租人上缴承包费或者租金的，承包人或者承租人应当就其生产、经营收入和所得纳税，并接受税务管理。但是，法律、行政法规另有规定的除外。"据此，纳税人应为承租人，相关的税务文书应向承租人下达。

而税务机关则认为：承租人未办理任何证件，一直以原企业名义办理各种涉税事项。长期以来，税务机关一直以原企业为管理对象。根据《税收征管法实施细则》第四十九条的规定："发包人或者出租人应当自发包或者出租之日起30日内将承包人或者承租人的有关情况向主管税务机关报告。发包人或者出租人不报告的，发包人或者出租人与承包人或者承租人承担纳税连带责任。"据此，税务机关既然可以要求出租人缴纳税款，也就可以向出租人下达税务处理决定和处罚决定。

那么，以上意见哪个正确呢？笔者以为，连带责任人所承担的只是连带责任。连带责任人并不能取代义务人的地位。具体到本案，根据行政行为相对性原则，作为明确税法上权利义务关系的税务处理决定和处罚决定，应当向纳税人即承租人下达。

此外，《税务登记管理办法》第十条第四款规定："有独立的生产经营权、在财务上独立核算并定期向发包人或者出租人上交承包费或租金的承包承租人，应当自承包承租合同签订之日起30日内，向其承包承租业务发生地税务机关申报办理税务登记，税务机关核发临时税务登记证及副本。"

可见，本案中的承租人是应该办理税务登记而没办理税务登记的纳税人，税务机关的法律文书依然应该向承租人下达。

六、代扣代缴涉税纠纷的政策分析

在日常税收征管实践中，由于种种原因，税务机关需要委托一些纳税人代收代缴或者代扣代缴税款。这里的委托关系有两种，一种情况是现行税收法律法规明确规定纳税人具体有代扣代缴的义务，如个人所得税的代扣代缴就是如此；另一种情况是由于管理上的方便，税务机关通过协议委托特定的纳税人从事某种税款的代扣代缴义务。在代扣代缴税款过程中，如果晚缴或者少缴，是否构成偷税？税务机关将如何处理？

【例】

A屠宰站从2016年5月开始就与当地市国税机关和地税机关签订了代收税款合同，即按照每头猪所屠宰出的猪肉重量折算出销售额，分别为国税机关代收增值税，为地税机关代收城市维护建设税和个人所得税。自2018年初开始，由于经济状况不佳，再加上该站的职工人数较多，仅靠收取的屠宰费根本无法支付正常的基本工资。所以，职工的工资总是要拖上几个月，甚至超过半年才能勉强发工资。无奈之下，该站挪用代扣代缴的税款来发工资。后来，为了弥补税款上的窟窿，该企业只好采取少申报猪的屠宰头数和重量。

2019年1月18日，该站主管市国税局稽查局和地税局稽查局一起对A屠宰站进行代扣代缴税款检查时，通过A屠宰站报给市商业网点基金会的报表和屠宰生猪小票，掌握了A屠宰站自2016年1月1日至2018年9月底共少申报代扣代缴增值税157 230元，城市维护建设税和个人所得税48 850元的事实。市国税局稽查局于2019年1月22日向A屠宰站下达了《税务处理决定书》，而市地税局稽查局于2019年1月23日向A屠宰站下达了《税务处理决定书》。两份《税务处理决定书》均要求A屠宰站于收到《税务处理决定书》之日起15日内缴清税款。同时，税务机关还分别向A屠宰站下达了《税务行政处罚事项告知书》，认定该站少申报代征税款的行为属于“偷税行为”，拟各处所偷税款一倍的罚款，并分别于2019年1月28日和2019年1月28日向A屠宰站下达了《税务行政处罚决定书》，要求A屠宰站在15日内再缴纳共计206 080元的罚款。然而，就A屠宰站当前的经济状况，该企业是无论如何也拿不出这么多钱来缴税的，更谈不上还要缴纳罚款了。

2019年2月10日，市国税局稽查局和地税局稽查局在向A屠宰站银行账号扣缴税款未果的情况下，共同对A屠宰站与本市一家房地产开发公司合作开发的产权属于A屠宰站的一套商品房进行了查封，并于2019年2月22日委托拍卖公司进行拍卖，拍得款项50万元。两家税务机关于2019年2月23日用拍得的款项征收了A屠宰站少申报的税款和对A屠宰站的罚款。

这里的问题是：A屠宰站截留并挪用税款的行为，是否属于偷税行为？两家税务机关是否可以查封并拍卖A屠宰站的商品房？

根据前述资料分析，A屠宰站与市国税机关和地税机关的关系是一种行政委托的关系，这种委托关系是合法的。那么，A屠宰站截留并挪用税款的行为是否属于“偷税行为”呢？根据《税收征管法》第六十三条第一款的规定构成偷税主体的只能是纳税人。而A屠宰站并不符合《税收征管法》第四条第一款规定的“纳税人”的条件。所以，市国税机关和地税机关对A屠宰站截留税款的行为定性为“偷税”是没有法律依据的。

当然，根据《税收征管法》第六十三条第二款的规定，扣缴义务人采取第六十三条第一款所列手段，不缴或者少缴已扣、已收税款的，税务机关除追缴其不缴或者少缴的税款、滞纳金外，还应处不缴或者少缴的税款50%以上5倍以下的罚款；构成犯罪的，还应依法追究刑事责任。然而，根据《税收征管法》第四条第二款的规定，扣缴义务人是指法律、行政法规规定负有代扣代缴、代收代缴税款义务的单位和个人。而法律、法规并没有赋予A屠宰站代扣代缴税款的义务。显然，A屠宰站不属于法律、法规规定的法定扣缴义务人。A屠宰站与税务机关的关系是一种平等的民事关系，只能算作是受税务机关委托而行使代扣代缴的委托代征人。所以，市国税机关与地税机关无权直接对A屠宰站进行补税和罚款。因此，市国税局稽查局和地税局稽查局对A屠宰站的商品房进行查封并拍卖也是违法的。

市国税机关和地税机关对A屠宰站截留并挪用税款的行为追究法律责任只能适用《合同法》。根据《合同法》第八条、第六十条、第一百零七条、第一百一十四条的规定，A屠宰站应该严格按照合同的规定，为市国税机关和地税机关代为征收各项税款，并按照合同约定的时间解缴税款；A屠宰站违反合同约定，擅自侵占国家税款的行为，应依照《民法通则》第一百一十七条的规定，返还侵占国家的税款，并按照合同约定承担违约责任。如果A屠宰站拒不返还税款和承担违约责任，市国税机关和地税机关均可依照《民事诉讼法》的有关规定，向人民法院提起诉讼，并可申请人民法院采取强制执行措施。市国税机关和地税机关不能强行查封并拍卖A屠宰站的商品房。

七、检查期间补缴税款仍要受罚

在税务检查实践中常常会遇到这样的情况，有些企业确实存在偷税问题，在他们认为极有可能被发现的情况下，就采取主动措施：主动将所偷税款补缴入库。比如，江南化工设备有限公司是一家生产塑料制品的国有企业。2019年2月，同外地一客户签订了一份货物销售合同。合同约定，该公司向对方提供260万元的塑料产品，对方在2019年4月8日和5月8日分两次付清货款。货物发出后，该客户如期付清了第一笔货款

80万元，却没有按期支付余款。该公司前去催要货款，对方却表示由于资金紧张，暂时无力支付。而2019年5月该公司已实现增值税24万元，由于没有收回货款，如果再将这180万元向税务机关申报纳税会造成生产资金周转困难，该公司便决定在收回货款时再向税务机关申报，于是只向税务机关申报缴纳了24万元的税款。2020年6月下旬，当地主管国税局稽查局对该公司2018年1月～2019年12月的增值税纳税情况进行专项检查。此时，这笔货款仍未收回。该公司担心这笔业务会被税务局查出，便在检查期间向税务机关申报了这180万元的收入，并缴纳了税款26.154万元。该公司的财务人员认为自己并没有少缴税款，只是迟缴税款，也没什么大问题。

后来稽查人员果然发现了这个问题。公司财务人员便将上述情况向稽查局做了说明。可是检查结束后，稽查局仍然认定该公司未按期申报这笔收入是偷税行为，要处以所偷税款0.5倍的罚款并加收滞纳金。并于2020年8月5日向该公司送达了处罚决定书。企业对于加收滞纳金并无异议，但认定该公司偷税并处以罚款，不能理解。

当地主管税务机关认定该公司偷税并处以罚款是否正确？显然，稽查局认定该公司偷税是有依据的。从上述情况可以看出，该公司是采用分期收款方式销售这批货物。根据《增值税暂行条例实施细则》第三十三条的规定，采取分期收款方式销售货物的，纳税义务发生时间为合同约定的收款日期的当天。因此不论该公司在2020年5月8日是否收回货款，都要确认实现销售收入180万元。同时根据《增值税暂行条例》第二十三条第二款的规定，该公司应在6月份的申报期将这笔收入申报纳税。那么该公司5月份应申报缴纳的税款应为50.154万元，而该公司只申报缴纳了24万元的税款，少申报纳税26.154万元。

根据《税收征管法》第六十三条规定：纳税人伪造、变造、隐匿、擅自销毁记账凭证，或者在账簿上多列支出或者不列、少列收入，或者经税务机关通知申报而拒不申报或者进行虚假的纳税申报，不缴或者少缴应纳税款的，是偷税。对纳税人偷税的，由税务机关追缴其不缴或者少缴的税款、滞纳金，并处不缴或者少缴的税款50%以上5倍以下的罚款。因此，该公司未在规定的期限内申报这180万元收入的行为已经构成偷税。虽然在税务机关检查期间，该公司主动申报缴纳了这笔税款，但这并不影响偷税行为的成立，只是减轻了偷税行为所造成的危害后果。这种情况，根据《行政处罚法》第二十七条第一项规定，当事人主动消除或者减轻违法行为危害后果的，应当依法从轻或者减轻行政处罚。

第三节　陈述机会的正确运用

俗话说，“人无完人，金无足赤”。税务检查人员对企业进行检查，企业可能存在问题，而税务人员在确定纳税人的违法事实的时候，同样也可能存在政策把握不到位的问题。当纳税人接受税务检查的时候，企业在思考应对检查问题上应当从两方面去考虑：一是在税务检查人员实施具体的检查过程中，通过与税务检查人员的交流、沟通，提前发现税务人员关注的问题，在税务检查人员确认相关违法乱纪事实之前，分析企业的相关业务流程是否完备，如果不完备，可以及时补充，从而使问题消化在萌芽状态；二是如果税务机关已经对有关问题拿出意见，如税务机关已经就某项检查发出《税务行政处罚事项告知书》，有关企业在这个环节应对的工作重点，应当放在对《税务行政处罚事项告知书》的内容进行研究上，从而根据结果进行陈述。本节的研究的重点主要放在这个方面。

一、目前税务稽查执法常见差错的主要表现

我国目前正处于变革时期，税收政策变化比较快，投资人在无法适应的情况下，经常出现差错。其实，作为身存在同一个政策环境里的税务机关也是如此，根据有关资料和具体分析，目前税务机关在税收执法过程中存在的问题和差错主要表现在以下几个方面。

其一，援引法律条文不够准确、完整、具体。

在填制税务文书时，有的只引用省级或市级制发的规范性文件，作为执法依据；有的没有具体文号、名称或随意省略；有的税务文书的格式部分不符合相关法律、法规的规定等等，这些问题都有可能成为败诉的因素。

其二，当事人申辩笔录缺乏。

稽查执法中，应当把事人的书面陈述、申辩陈述整理在案。当事人有陈述申辩材料的，应当整理归档；口头陈述申辩的，应当制作陈述申辩笔录，并由当事人签字或盖章；当事人放弃陈述或者申辩权利的，也应制作申辩笔录，并填写“当事人无陈述、申辩意见”字样，并由当事人签字或盖章后存档。这样可以避免在行政诉讼案件中败诉。因为《行政处罚法》明确规定：“拒绝听取当事人的陈述、申辩、行政处罚决定不能成立”。

其三，不按法定程序告知当事人法律救济途径。

有的税务稽查人员在实施行政处罚前，不按规定程序告知当事人陈述申辩权、听证权、复议权、诉讼权；有的把《税务行政处罚事项告知书》和《税务行政处罚决定书》同时下达；还有的未等当事人提出听证申请的法定期限届满，就发出了《税务行政处理决定书》等，所有这些不符合法律程序的行政处罚，按《行政处罚法》的规定都是无效的。

其四，支持税务处理结论的证据不足。

税务稽查底稿作为主要证据，应当由当事人签字后，方为有效证据。

其五，税务文书送达存在的问题。

有的处罚决定送达回证上没有当事人签字，即使有，也大多为企业会计，还有的没有签收时间等。按照《行政处罚法》的规定，实施行政处罚时，不仅要告知当事人违法的事实、证据及处罚依据等，还应告知其陈述、申辩、听证、复议、起诉的期限和途径等。而文书送达必须有送达回证、挂号信回执、登报的报样等，以此证明当事人收到有关文书，或证明有关文书送达当事人，如果当事人没有委托社会中介组织进行代理，则应直接送达企业法定代表人或负责收件人。

其六，未制作出示执法稽查证件笔录。

在实施执法稽查的过程中，不少稽查人员出示执法稽查证件后，忽略制作笔录，这样被稽查人如果对此提起诉讼，税务机关可能因执法程序违法而败诉。所以，要证实税务稽查人员在稽查时出示了执法证件及取证过程合法有效，一定要制作包括稽查时间、地点、证件出示情况、稽查方法等内容的稽查笔录，由当事签字后存入稽查案卷。

其七，处罚决定缺章漏项。

一份稽查处罚决定，必须载明查结的具体违法事实、证据、性质及处罚的具体依据，缺一不可。

其八，表述有误。

送达企业的税务文书往往使用第三人称“该单位”进行表述，应改为第二人称“你单位”进行有针对性的陈述；有的处罚决定书对罚款限定的缴款时间，往往是某年某月某日前到某地缴纳，这与《行政处罚法》的规定，当事人应当自收到处罚决定书之日起十五日内，到指定的银行缴纳罚款的表述不尽吻合。

其九，处罚失当。

偷税处罚失当最常见的是按定额进行处罚，这和新《征管法》规定的处不缴或少缴税款0.5倍以上，5倍以下罚款的规定是不符的。

其十，该移送的不移送。

《刑法》规定，纳税人偷税额在1万元以上且偷税数额占应纳税额的10%以上的，应追究刑事责任。稽查人员对已达到追究刑事责任的案件，往往顾虑重重，不去移送，最后一罚了之。

【例】

2013年8月21日，某市国家税务局东区稽查局（以下简称“东区稽查局”）做出穗国税东稽处〔2013〕112号《税务处理决定书》，责令桥澳船舶修造工程有限公司（以下简称“桥澳公司”）补缴2008年1月至2008年4月期间少缴的增值税45 623.93元，补缴2008年度少缴的企业所得税639 857.40元，合计应补缴税额685 481.33元，并缴纳从滞纳之日起至2012年7月3日止的滞纳金394 400.67元，限桥澳公司应在收到上述决定书之日起15日内到东区稽查局处缴纳上述税款及滞纳金。

2013年8月26日，东区稽查局前往桥澳公司住所地直接送达涉案《税务处理决定书》，发现桥澳公司住所地已无人员办公，无法送达。同日，东区稽查局通过邮政特快专递邮寄该《税务处理决定书》，收件人为“桥澳船舶修造工程有限公司颜某”，收件地址为“某市金洲北路一街101号”，邮件内容未填写。该邮件因收件人手机关机无法送达被退回。2013年9月9日，东区稽查局通过在该局网站发布公告以及在该市国家税务局（以下简称“国税局”）办税服务厅公告栏张贴公告的方式向桥澳公司公告送达涉案《税务处理决定书》，公告期为30日，至2013年10月8日期满。2013年10月9日，国税局工作人员在东区稽查局出具的《税务文书送达回证》见证人栏签名，并加盖国税局的公章予以确认。

因桥澳公司在公告期满后仍未缴纳欠税，国税局于2013年12月17日根据东区稽查局做出的涉案税务处理决定书，向桥澳公司发出《税务事项通知书》（穗黄国税通〔2013〕9479号），限桥澳公司在2013年12月22日前缴纳2008年1月1日至2008年12月31日期间应缴税额639 857.40元，同时按规定缴纳自滞纳之日起至缴款之日止的滞纳金。

桥澳公司不服国税局做出的上述《税务事项通知书》，于2014年2月13日向该市国家税务局申请行政复议，该局于2014年4月3日做出《行政复议决定书》（穗国税复决字〔2014〕第3号），维持该市国税局做出的上述《税务事项通知书》。

桥澳公司仍不服，向区人民法院提起行政诉讼，请求撤销国税局做出的《税务事项通知书》（穗黄国税通〔2013〕9479号）。经审理，区人民法院做出判决，维持国税局做出的《税务事项通知书》（穗黄国税通〔2013〕9479号），驳回桥澳公司的诉讼请求。

一审诉讼期间，桥澳公司就东区稽查局做出的《税务处理决定书》（穗国税东稽处〔2013〕112号）向国家税务局申请行政复议，该局于2014年6月17日做出《不予受理决定书》（穗国税复不受字〔2014〕第10号），以桥澳公司未依法缴纳税款及滞纳金，也未能提供相应担保为由，不予受理桥澳公司提出的复议申请。

桥澳公司不服区人民法院判决，向该市中级人民法院上诉。市中级人民法院判决，撤销区人民法院做出的一审判决，撤销国税局做出的《税务事项通知书》（穗黄国税通〔2013〕9479号）。

案情分析：

（1）国税局做出的《税务事项通知书》（穗黄国税通〔2013〕9479号）是否合法有效，依赖于东区稽查局做出的《税务处理决定书》（穗国税东稽处〔2013〕112号）是否送达。

① 本案中，《税务事项通知书》是催告桥澳公司履行《税务处理决定书》确定的

补缴税款及滞纳金义务。

《中华人民共和国税收征收管理法》第四十条规定，税务机关具有行政强制执行权，可对未履行法定义务的纳税人、扣缴义务人、纳税担保人采取相应强制执行措施。另据《中华人民共和国行政强制法》第三十四条、三十五条规定，行政机关依法作出行政决定后，当事人在行政机关决定的期限内不履行义务的，具有行政强制执行权的行政机关依法强制执行。行政机关做出强制性执行决定前，应当事先书面催告当事人履行义务。催告应当以书面形式做出，并载明下列事项：履行义务的期限；履行义务的方式；涉及金钱给付的，应当有明确的金额和给付方式；当事人依法享有的陈述权和申辩权。

《税收征管法》第六十八条也对上述强制执行决定前的书面催告做出了规定，纳税人、扣缴义务人在规定期限内不缴或者少缴应纳或者应解缴的税款，经税务机关责令限期缴纳，逾期仍未缴纳的，税务机关除依照本法第四十条的规定采取强制执行措施追缴其不缴或者少缴的税款外，可以处不缴或者少缴的税款百分之五十以上五倍以下的罚款。

根据《行政强制法》和《税收征管法》的上述规定，税务机关做出《税务处理决定书》向纳税人限期追缴税款及滞纳金，纳税人逾期未缴纳税款及滞纳金的，税务机关可以对纳税人强制执行。但在强制执行前，应当以《税务事项通知书》的形式责令纳税人限期缴纳进行书面催告，逾期仍未缴纳的，税务机关才可采取强制措施追缴不缴或少缴税款。

因此，本案中，国税局做出的《税务事项通知书》（穗黄国税通〔2013〕9479号）是在东区稽查局做出的《税务处理决定书》（穗国税东稽处〔2013〕112号）基础上做出的。《税务事项通知书》（穗黄国税通〔2013〕9479号）系桥澳公司逾期未按照《税务处理决定书》（穗国税东稽处〔2013〕112号）缴纳税款及滞纳金，国税局在强制执行前，向桥澳公司做出的限期责令缴纳税款及滞纳金的文书。

② 《税务事项通知书》的是否合法有效，依赖于《税务处理决定书》是否送达。

本案中，由于《税务事项通知书》（黄国税通〔2013〕9479号）是催告桥澳公司补缴东区稽查局做出的《税务处理决定书》（穗国税东稽处〔2013〕112号）中要求桥澳公司缴纳的税款及滞纳金。因此，如果该《税务处理决定书》未有效送达至桥澳公司，则该《税务处理决定书》认定的桥澳公司的违法事实和处理决定都未生效，那么《税务事项通知书》也就失去了生效的基础。

（2）东区稽查局做出的《税务处理决定书》（穗国税东稽处〔2013〕112号）公告送达无效。

① 公告送达应在特定情形下适用。

根据《中华人民共和国税收征收管理法实施细则》第八章的规定，税务机关送达文书可以采取直接送达、留置送达、委托送达、邮寄送达以及公告送达等方式进行送达。文书送达通常采取的是直接送达；但当受送达人或者他的同住成年家属拒绝接收诉讼文书的，送达人可以由送达人和见证人在场，将文书留在受送达人的住所，即留置送达；当直接送达有困难的，可以委托其他有关机关或其他单位代为送达或者邮寄送达；当同一送达事项的受送达人众多或者采用以上其他送达方式无法送达时，才可以公告送达。

②《税务处理决定书》（穗国税东稽处〔2013〕112号）公告送达无效

本案中，东区稽查局做出《税务处理决定书》（穗国税东稽处〔2013〕112号）后，虽然采取过直接送达的方式，但尚未穷尽其他合理送达方式的情况下，于2013年9月9日通过在该局网站发布公告以及在被上诉人的办税服务厅公告栏张贴公告的方式向上诉人公告送达该《税务处理决定书》，不符合上述送达程序规定。

虽然国税局提交了邮政特快专递详情单以证实东区稽查局在公告送达之前已向桥澳公司邮寄送达《税务处理决定书》（穗国税东稽处〔2013〕112号），但该邮政特快专递详情单的收件人为“颜通灵”，与桥澳公司法定代表人的姓名“颜某”不符，且邮件内容也未填写，不能证实东区稽查局已向桥澳公司邮寄送达《税务处理决定书》（穗国税东稽处〔2013〕112号）。

（三）国税局做出的《税务事项通知书》（穗黄国税通〔2013〕9479号）认定事实不清、证据不足、违反法定证据，应予以撤销

因此，东区稽查局做出的《税务处理决定书》（穗国税东稽处〔2013〕112号）不能视为已有效送达。被上诉人在《税务处理决定书》（穗国税东稽处〔2013〕112号）尚未有效送达，并未发生法律效力的情况下，据此做出被诉《税务事项通知书》，既缺乏事实根据，亦违反法定程序，依法应予撤销。

启示：税务机关如果要适用公告送达，应符合公告送达的适用条件。当纳税人对该文书不服提起行政诉讼时，如果税务机关无法对符合该适用条件进行举证，法院将认定该文书违反法定送达程序。并且公告送达也有严格的送达程序要求，税务机关应严格按照法律要求进行送达，也是法律对纳税人合法权益进行保护的要求。

二、利用陈述期间积极陈述

按照现行执法程序，税务机关对有关企业进行检查之后，如果发现存在问题并准备对其进行处罚，一般都会实施告知程序，限定纳税人在一定的期限内对税务检察机关所确认的违法事项进行陈述。这对于税务机关来说，是一项义务，而对于纳税人来说则是一项权利。因为，对于纳税人而言，这是一次维护自己合法权益的机会，所以，纳税人应当充分利用这个机会。当纳税人接到税务机关的《税务行政处罚事项告

知书》的时候，不要以为这就是最后的结论，因为，在这个时候还有商量的余地。纳税人完全应当利用这个机会，陈述自己从事有关业务的合法性和合理性，从而再次争取自己的权利。这里引用一个则案例来做说明。

【例】

基本案情：

2018年2月18日，某市国税局稽查局在对永生物资经销实业公司2016年至2017年度的纳税情况进行检查时，经过比较、核对发现，该公司2016年生铁销售收入比2015年减少12 000多万元。根据2016年生铁市场价格仍然持续攀升的行情，检查人员分析认为，如果该公司购销业务不发生变化，生铁销售收入应该比2015年有所增加。

发现疑点：

检查该公司“其他业务收入”账簿，又发现其他业务收入比上年大幅增加，并且每月都有一笔固定的5万元手续费收入和20万元运输收入；询问记账人员，回答是该公司每月为某大型铸造厂负责联系5 000吨的生铁采购业务，向其收取每吨10元的中介手续费用，并将生铁从钢铁厂提出运送到铸造厂，每吨收取运费50元。

至此，检查人员已经清楚了该公司生铁销售收入减少的真正原因。该公司将一部分经销业务转作代购货物业务。这虽然从表面上看并不存在问题，但是，检查人员仍决定对其作进一步的调查，核实该项业务是否符合代购货物的条件。

检查人员先从资金往来上入手，检查其银行存款账簿，发现银行存款借、贷方本年发生额累计大于上年。经进一步到银行查询该公司资金往来情况，证实了该公司经常收到铸造厂的结算汇款，且该公司也有汇给强生钢铁厂的货款。检查人员开始怀疑该公司购进生铁不入账，直接发给铸造厂，然后再向铸造厂收取货款，将其中一部分以手续费和运费的名义，记入“其他业务收入”，涉嫌偷税。

深入调查：

于是，检查人员加大了调查、取证力度。首先，他们到强生钢铁厂销售部门询问销售人员，了解该公司购销生铁业务的具体操作过程。2015年度由于生铁销售仍处以卖方市场，钢铁厂规定购货方必须先付款，后发生铁。检查人员据此从财务部门提取了该公司先预付货款，再购生铁冲账的纸质书证材料。随后，他们又到铸造厂调查，掌握了铸造厂是收到生铁，检验合格，验收入库后才支付购货款的第一手证据材料。检查人员汇总提取的各种证据资料，证明该公司上述采购业务不属于代购行为，而是购进生铁不入账，隐瞒销售收入12 000万元，存在偷逃税款的行为。

该公司财务负责人辩解说：“我公司在具体操作该项代购业务前，就请税务代理方面的专业人士进行了税收筹划，与铸造厂达成合作意向，接受代购委托为其联系货源，而钢铁厂是将生铁直接发售给铸造厂的，并且将销售发票给铸造厂的，并且将销售发票也是开具给铸造厂的。我公司只是负责将该项发票转交给铸造厂，按照钢铁厂实际收取的生铁销售额合计12 000万元和增值税额2 040万元与铸造厂结算货款，并另外向铸造厂收取每吨10元手续费和50元的运输费，共计分别为60万元和300万元，属于正常的代购行为，不需缴纳增值税，而且也已将兼营的非应税劳务——其他业务收入（手续费收入、运费收入）按规定申报缴纳了营业税。”

处理意见：

检查人员指出：其一，公司在该项购销业务中，对每一笔货款的进、出，都是预先垫付资金，然后再同铸造厂结算货款，不完全符合代购条件，不属于代购行为，对其取得的销售收入应全额缴纳增值税。其二，既然该公司上述生铁采购业务不属于代购行为，需要缴纳增值税，那么相应的随同生铁销售而提供的运输服务，属于混合销售行为，对其取得的300万元运输收入视同销售生铁征收增值税。其三，对其收取属于价外费用的60万元手续费收入一并征收增值税。

因此，该市国税稽查局决定对该生铁运销公司追征增值税2 092.31万元[12 000×17%+300÷（1+17%）×17%+60÷（1+17%）×17%]，并对其所偷税款处以0.5倍罚款，同时对补缴税款自滞纳之日起按规定加收滞纳金。

处理依据：

第一，《财政部、国家税务总局关于增值税、营业税若干政策规定的通知》（〔1994〕财税字第026号）第5条规定：代购货物行为，凡同时具备以下条件的，不征收增值税，不同时具备以下条件的，无论会计制度规定如何核算，均征收增值税。（一）受托方不垫付资金；（二）销货方将发票开具给委托方，并由受托方将该项发票转交给委托方；（三）受托方按照销货方实际收取的销售额和增值税额与委托方结算货款，并另外收取手续费。

第二，《增值税暂行条例实施细则》第5条第1款规定：“一项销售行为如果既涉及货物又涉及非应税劳务，为混合销售行为。从事货物的生产、批发或零售的企业、企业性单位及个体经营者的混合销售行为，视为销售货物，应当征收增值税；其他单位和个人的混合销售行为，视为销售非应税劳务，不征收增值税。”

第三，《增值税暂行条例实施细则》第12条规定：“条例第6条所称价外费用，是指价外向购买方收取的手续费、补贴、基金、集资费、返还利润、奖励费、违约金（延期付款利息）、包装费、包装物租金、储备费、优质费、运输装卸费、代收款项、代垫款项及其他各种性质的价外收费。凡价外费用，无论其会计制度如何核算，均应并入销售额计算应纳税额。”

峰回路转：

正当企业按照主管税务机关的要求，筹措款项，准备缴纳补税和罚款的时候，该企业的负责人王经理聘请税务专家，请他对有关问题进行进一步的分析。

税务专家了解了企业有关购销业务的全过程之后，并没有发现税务稽查人员的定性存在什么问题。显然，企业的代购业务不能成立，应该按照税法的有关规定进行处理。但是，当他对补税的具体数额进行分析之后，提出了疑问：公司将经销业务筹划成代销业务，但是未符合代销的三个要件，导致未按实际销售额入账，在形式上与账外经营相类似。对于账外经营的偷税数额确定，税法有过具体的规定，其偷税额等到于销项税额（包括价外费用的销项税额）减去进行项税额的差额。考虑到尚未到缴纳补税和罚款的最后期限，他建议公司向主管税务机关提出陈述意见。为了提高办案的成功率，公司立即聘请该税务专家作为企业的代言人，与税务机关进行具体的协调。

经过税务专家的努力，主管税务机关采纳了建议，同意考虑该业务的进项税额的抵扣因素，最后，对该公司给予补税52.31万元，罚款一倍的处理。

国家税务总局《关于增值税一般纳税人发生偷税行为如何确定偷税数额和补税罚款的通知》（国税发〔1998〕66号）以及国家税务总局关于修改《国家税务总局关于增值税一般纳税人发生偷税行为如何确定偷税数额和补税罚款的通知》的通知（国税函〔1999〕739号）对偷税的处理问题做出如下规定。

1. 关于偷税数额的确定

（1）由于现行增值税制采取购进扣税法计税，一般纳税人有偷税行为，其不报、少报的销项税额或者多报的进项税额，即是其不缴或少缴的应纳增值税额。因此，偷税数额应当按销项税额的不报、少报部分或者进项税额的多报部分确定。如果销项、进项均查有偷税问题，其偷税数额应当为两项偷税数额之和。

（2）纳税人的偷税手段如属账外经营，即购销活动均不入账，其不缴或少缴的应纳增值税额即偷税额为账外经营部分的销项税额抵扣账外经营部分中已销货物进项税额后的余额。已销货物的进项税额按下列公式计算：

已销货物进项税额=账外经营部分购货的进项税额-账外经营部分存货的进项税额。

纳税人账外经营部分的销售额（计税价格）难以核实的，应根据《中华人民共和国增值税暂行条例实施细则》第十六条第（三）项规定按组成计税价格核定其销售额。

2. 关于税款的补征

偷税款的补征入库，应当视纳税人不同情况处理，即：根据检查核实后一般纳税人当期全部的销项税额与进项税额（包括当期留抵税额），重新计算当期全部应纳税额，若应纳税额为正数，应当作补税处理，若应纳税额为负数，应当核减期末留抵税额。

3. 关于罚款

对一般纳税人偷税行为的罚款，应当按照本通知第一条的规定计算确定偷税数额，以偷税数额为依据处理。

税收筹划是一项专业性很强的综合性经济活动，在日常生产和经营管理活动中，要进行税收筹划，就得认真学习，在全面了解经济业务事项、系统掌握有关税收和其他相关经济政策的前提下才能进行。

由于经济活动是十分复杂的，建立在经济基础之上的法律活动不可能对每一个经济活动都规定得十分具体，因此，对于税收活动而言，主管税务机关具有较大的自由裁量权。因此，对于那些似是而非，有关政策界定并不十分明确的问题的处理，比较有效的办法是请专业人士去处理。从表面上来看企业可能要花费一大笔费用，并且存在不确定的风险，但是，借助于专业人士是我们提高企业管理水平、提高办事效率的有效途径。

通过对这个案例进行分析，我们也可以从中得到许多启示：其一，涉税经济事项是复杂的，在具体操作过程中，业务流程操作得不同，其法律后果也不相同；其二，税务机关通过检查所得到的结果也是可以探讨的，因此，不要以为税务机关做出的结论就是不可改变的；其三，税收法律法规的规定也是复杂的，有些事项按照不同的法律规定去衡量，其结果也是不同的；其四，涉税事项的处理，其中尤其是一些复杂的涉税事项的处理，最好是请具体较高水平的税务专家，其中尤其是税收筹划专家来操作，才可以将涉税风险降到理想状态。

三、纳税人陈述过程中应注意的问题

税务检查风险就是指税务责任的一种不确定性，纳税人、扣缴义务人被税务机关检查后，承担了过多的税务责任，或是引发可以避免的补税、罚款的责任。产生税务检查风险的原因很多，既有纳税人因素，也有税务管理人员的因素。其中，由于税务检查人员不了解被检查对象具体情况而出具了对被检查人不利的检查意见，导致纳税人多缴税款和受到不恰当的处罚的情况也是时有发生的。如果出现这种情况，纳税人应该按照法律法规规定，正确行使陈述权和申辩权，降低税务检查风险。

1. 主动要求陈述和申辩

有些人可能认为，对于税务机关确认的违法事项，在税务稽查过程中，企业有关人员已经进行了说明和解释，在税务机关做出决定后再说什么也没有用了。事实上，当税务机关给纳税人发出《行政处罚事项告知书》，并不意味着就是税务机关的决定，这是其一。其二，税务稽查过程中，企业的人员的说明只是零碎的，可能税务人员没有认真听取其正确的意见，如果在接到《行政处罚事项告知书》以后，在经过认真思考和分析的前提下做出进一步陈述和申辩，会让税务机关做出符合客观情况的决定。

2018年8月，某市税务局在对一纳税户进行税务检查时，通过发货单获得纳税人商品发出数量和金额，并以此金额确定作为增值税计税依据，拟对纳税人少申报计税的商品发货金额作为偷税处理。纳税人提出，发出商品收入应按货款结算方式确定商品销售的计税收入，不应该按已经发出商品全额计税。由于检查人员对企业的业务流程存在不同理解，没有采纳纳税人意见。纳税人在收到税务部门的《行政处罚事项告知书》后，在规定时间内及时提出了书面陈述申辩意见，并将纳税义务发生时间的税收政策规定和购销双方的货款结算合同陈述给税务审理机构。税务机关经过审理后，采纳了纳税人的意见，撤销了拟对企业做出的偷税处理。

2. 陈述的方法要得当

有关当事人在陈述、申辩时应尽量提供相关章程、合同、业务处理（包括有关技术性能说明）等方面的书面资料以及其他有利于本单位的资料，帮助税务机关的人关人员对企业的生产和经营情况的涉税事项作了出正确的判断。

2018年5月，某市国税局稽查局在对一钢铁公司进行税收检查时，税务检查人员与纳税人对固定资产修理用配件进项税额是否应该转出问题产生不同意见，由于涉税金额较大，双方存在不同理解，检查人员也没有采纳纳税人意见。最后，纳税人通过积极的陈述和申辩，提供涉税资料，税务检查审理机构充分考虑了纳税人的意见，使税务检查补税处罚风险问题得到了圆满解决。

3. 要充分引用相关法律法规条文，抓住合理的时机，充分陈述自己的情况

从纳税人一方来说，虽然控制税务风险的措施很多，企业可以通过增强税务风险意识、加强涉税管理、提高办税专业能力或者专业税务代理来减少税务风险。但是，充分和正确行使陈述权、申辩权却是纳税人首要考虑和采取的重要措施。这里我们引用一个案例来说明。

【例】

2018年7月19日我在武汉做讲座。课间休息时，接待了一位“老朋友”李生华。一年前我在这里做讲座时，他曾咨询过企业开办的有关税收政策和筹划操作技巧。这次他又遇到麻烦事儿了。

他拿出当地税务机关出具的《税务违法处理决定书》和《税务违法处罚决定书》，请我帮他“顾问”一下。原来，最近他的企业接受了税务机关的纳税稽查。

最近，一家企业接受了税务机关的纳税稽查。

税务稽查情况：

2018年6月15日，主管地方税务机关在对独资企业康达生物开发有限公司2017年度的个人所得税以及其他地方税种的纳税情况进行检查时，发现了以下问题：

其一，公司向李生亮支付借款的利息30 000元（该企业按12%的利率计算提取并支付借款利息），未代扣代缴个人所得税，根据税法规定公司应该赔缴。应补缴个人所得税为6 000元（250 000 × 12% × 20%）。

其二，支付借款利息超过银行同类、同期贷款利率的部分（银行同类、同期贷款利率为6%），已经在计算企业所得税时进行了税前扣除，根据现行个人独资企业所得税政策规定，不得在税前扣除。因此，企业应调增应纳税所得额16 000元[250 000 ×（12%−6%）]。

根据财政部、国家税务总局《关于印发〈关于个人独资企业和合伙企业投资者征收个人所得税的规定〉的通知》（财税〔2000〕91号）（财税〔2000〕91号）规定：投资者的费用扣除标准，由各省、自治区、直辖市地方税务局参照个人所得税法"工资、薪金所得"项目的费用扣除标准确定。投资者的工资不得在税前扣除。主管税务机关核定投资者李生华的费用扣除标准为每月1 600元，全年合计19 200元，已经纳税7 990元。则康达生物开发有限公司需补缴个人所得税5 140元[（60 000 + 16 000−19 200）× 35%−6 750−7 990]。

以上两项合计为11 240元。地方税务机关按税法规定对该公司的违法事实做出了补税11 240元的决定，同时根据税收征管法规定对其做出罚款一倍的处理意见。这样，该公司及其负责人累计缴纳个人所得税19 130元（7 990+5 140 + 6 000），罚款11 240元。

企业情况：

企业创办之初，该负责人准备出资25万元，同时向其弟借了25万元，于2016年1月开办一家个人独资企业。

在负责人去工商部门办理《法人营业执照》前，曾向税务专家咨询并接受其建议，将其弟的25万元借款改作投资，兄弟俩按照《合伙企业法》的规定申请注册成立合伙企业。

公司成立后，该负责人实际负责经营，其弟几乎不介入公司管理事务（他们私下里有一个协议，其弟的投入仍以借款处理），公司的会计并未理解合伙经营与独资经营的区别，在进行具体的会计处理时，就按实际情况来操作，将其弟的款项作为借款来处理。

由于负责人对税收政策和会计业务的处理情况不十分理解，他也没有干预会计的工作。年底，该公司就以合同约定按年息12%向其弟支付了利息3万元（银行同期同档利率为6%）。2017年度该公司账面实现利润6万元，该企业适用个体工商业户个人所得税政策。因此，负责人向主管地税机关申报缴纳了个人所得税7 990元[（60 000−19 200）× 30%−4 250]。

政策分析：

事实上，从法律关系上讲，负责人胞弟作为合伙股东之一，公司不需要在税前支付他的30 000元利息，而应在税后进行利润分配。在其他因素不变的情况下，合伙企业的应纳税所得额应当是90 000元。

财政部、国家税务总局《关于印发〈关于个人独资企业和合伙企业投资者征收个人所得税的规定〉的通知》（财税〔2000〕91号）（财税〔2000〕91号）规定：“合伙企业的投资者按照合伙企业的全部生产经营所得和合伙协议约定的分配比例确定应纳税所得额，合伙协议没有约定分配比例的，以全部生产经营所得和合伙人数量平均计算每个投资者的应纳税所得额。”如果兄弟二人在合伙协议中未约定分配比例，则两人的应纳税所得额均为45 000元。二人应分别申报缴纳个人所得税3 910元[（45 000-19 200）×20%-1 250]。

这样，兄弟二人合计应承担个人所得税7 820元，比现行会计核算方法减少个人所得税11 310元（19 130-7 820）。

策划建议：

对于这个案件的处理，企业和税务机关都存在工作不细致的问题。作为企业的会计人员，如果按照相应的企业性质进行会计核算，就不存在这个问题；而税务稽查人员在进行检查取证时，如果根据工商部门发放的执照确认企业的性质，也就不会产生如上错误。因此，该负责人可以持公司的营业执照与税务机关联系，陈述情况，提请税务机关更正。如果税务机关不预受理，则依法缴清税款后进行行政复议。

《行政处罚法》第三十二条规定：当事人有权进行陈述和申辩。行政机关必须充分听取当事人的意见，对当事人提出的事实、理由和证据，应当进行复核；当事人提出的事实、理由或者证据成立的，行政机关应当采纳。行政机关不得因当事人申辩而加重处罚。第四十一条规定：拒绝听取当事人的陈述、申辩，行政处罚决定不能成立。《税收征管法》第八条规定：纳税人、扣缴义务人对税务机关所作出的决定，享有陈述权、申辩权；依法享有申请行政复议、提起行政诉讼、请求国家赔偿等权利。这是对纳税人、扣缴义务人享有申辩权、陈述权及寻求司法救济权利的法律规定。税务检查实践中，对税务检查处理意见如果存在异议，既可以直接向检查人员陈述，也可以向实施处罚或处理的税务机关陈述申辩。

其四，要注意陈述、申辩的时限。对行政处罚的陈述、申辩，按照规定应在收到行政处罚告知书后3日内提出，否则即视为当事人放弃陈述、申辩权利。

其五，会计、办税人员不要以个人身份进行陈述、申辩，而是以有关企业的身份对有关事项做出具体的陈述和说明。

第十章 纳税检查的账务调整

税务检查结束后，税务机关会及时督促纳税人调整账户，不然的话，虽然纳税人当期补缴了税款，但随着时间的推移，补缴的税款又有可能被抵回，从而使纳税检查流于形式。而从纳税人的角度讲，如果不能将涉税事项作正确处理，又将产生新的涉税风险。但是，对于税务检查后的账务调整应当如何进行，目前作全面介绍的著述很少，所以，许多财务人员对此感到很棘手，我们在这里对纳税检查的账务调整的相关业务问题作一个相对比较系统的分析和介绍。

第一节　纳税检查账务调整概述

纳税检查以后的账务调整是一个复杂的业务问题，需要涉及相关业务的企业和人员按照一定的规定和要求进行处理。但是，在具体的操作过程中，纳税检查后的账务调整应当遵循什么原则，按照什么方法进行调整？在本节里我们将对有关内容作初步介绍。

一、纳税检查后企业的账务调整

根据国家税务总局《增值税日常稽查办法》规定，增值税一般纳税人在税务机关对其增值税纳税情况进行检查后，凡涉及增值税涉税账务调整的，应设立“应交税费——增值税检查调整”专门账户。凡检查后应调减账面进项税额或调增销项税额和进项税额转出的数额，借记有关科目，贷记本科目；凡检查后应调增账面进项税额或调减销项税额和进项税额转出的数额，借记本科目，贷记有关科目；待全部调账事项入账后，应结出本账户余额，并对该余额进行处理，处理之后，本账户无余额。

值得关注的是，按照国家税务总局《关于增值税一般纳税人发生偷税行为如何确定偷税数额和补税罚款的通知》的规定，偷税款的补征入库，应当视纳税人不同情况处理。即：根据检查核实后纳税人当期全部的销项税额与进项税额（包括当期留抵税额），重新计算当期全部应纳税额，若应纳税额为正数，应当作补税处理，若应纳税额为负数，应当核减期末留抵税额。该科目的余额按照以上所述的原则进行处理，不能以税务机关的纳税检查是在企业上年度会计报表决算之后进行的，作为直接补税的依据。

根据应付税款的规定，涉及企业所得税的，还应设立“所得税”科目，该科目借方反映企业根据纳税所得计算出的所得税额，贷方反映税收减免或退回的所得税额。该科目余额在借方，月末应将其借方余额转入“本年利润”科目，结转后该科目无余额。

“以前年度损益调整”科目属于损益类科目。核算企业本年度发生的调整以前年度损益的事项。其借方发生额，反映企业以前年度多计收益、少计费用而调整以前年度损益的数额；贷方发生数额反映企业以前年度少记收益、多计费用调整以前年度损益的数额。在处理补或退所得税等有关项目后，企业应将“以前年度损益调整”科目的余额转入“利润分配——未分配利润”科目，结转后，该科目无余额。

【例】

某生产机电产品的工业企业上年度8月份售给甲厂A产品200件，售价总额250 000元，成本总额160 000元，企业作如下分录：

借：银行存款　　250 000

　贷：其他应付款——甲厂　　250 000

借：其他应付款——甲厂　　160 000

　贷：库存商品——A产品　　160 000

不通过“销售收入”账户，漏缴了增值税（销项税额）42 500元，同时也少实现企业利润47 500元（207 500-160 000）。

第一步：如果税务机关的纳税检查是在企业上年度决算编报之前进行的，因上年度尚未结账，可根据正常的会计核算程序，直接调整上年度账项，应通过“主营业务收入”科目核算产品（商品）的销售收入，通过“主营业务成本”科目核算产品（商品）销售成本，同时结转产品（商品）的销售利润。

其账务调整分录为（250 000元应是含税售价总额，应化为不含税售价）：

（1）计入收入。

借：银行存款　　250 000

　贷：主营业务收入——A产品　　213 675

　　应交税费——增值税检查调整　　36 325（213 675×17%）

（2）结转成本。

借：主营业务成本　　160 000

　贷：库存商品——A产品　　160 000

（3）将收入和成本结转入“本年利润”科目。

借：主营业务收入　　　　213 675

　贷：本年利润　　　　213 675

借：本年利润　　　　160 000

　贷：主营业务成本　　　　160 000

（4）计算企业所得税。

该笔业务实现利润为213 675-160 000=53 675元，应交企业所得税53 675×25%=13 418.75元。

借：所得税　　　　13 418.75

　贷：应交税费——应交所得税　　　　13 418.75

上交时，

借：应交税费——应交所得税　　　　13 418.75

　贷：银行存款　　　　13 418.75

（5）结转“所得税”科目。

借：本年利润　　　　13 418.75

　贷：所得税　　　　13 418.75

（6）将“本年利润”科目余额结转到“利润分配——未分配利润”科目。

借：利润分配——未分配利润　　　　40 256.25

　贷：本年利润　　　　40 256.25（213 675-160 000-13 418.75）

第二步：如果税务机关的纳税检查是在企业上年度决算后进行的，且影响上年利润的项目，由于企业上年度已结账，所有的损益账户在当期都结转至“本年利润”账户，凡涉及调整会计利润的，不能通过正常的会计核算程序对“本年利润”科目进行调整，而应通过“以前年度损益调整”科目进行调整。

（1）依该例红字冲销分录不变，调整分录如下。

借：银行存款　　　　250 000

　贷：以前年度损益调整　　　　213 675

　　　应交税费——增值税检查调整　　　　36 325（213 675×17%）

借：以前年度损益调整　　　　160 000

　贷：库存商品——A产品　　　　160 000

（2）计算企业所得税。

借：以前年度损益调整　　　　13 418.75

　贷：应交税费——应交所得税　　　　13 418.75

（3）上交时。

借：应交税费——应交所得税　　　　13 418.75

贷：银行存款　　13 418.75

（4）将“以前年度损益调整”科目余额结转到“利润分配——未分配利润”科目。

借：利润分配——未分配利润　　40 256.25

贷：以前年度损益调整　　40 256.25

企业出现以前期间的重大会计差错，如果影响损益，应将其对损益的影响数额调整到发现当期的期初留存收益，会计报表其他相关项目的期初数也一并调整。如查出以前年度增加利润的，即企业少提了法定盈余公积金和法定公益金，应调整期初留存收益，借记“利润分配——未分配利润”科目，贷记“盈余公积”科目；如查出以前年度减少利润的，即企业多提了法定盈余公积金和法定公益金，应借记“盈余公积”科目，贷记“利润分配——未分配利润”科目。

二、纳税检查调账存在的问题

企业接受税务稽查后，有的及时处理账务，进行纳税调整，但也有不少企业没有意识到纳税调整的重要性，补缴税款后就完事，不调整相关账务，有的虽作账务调整，但因财务人员业务不够熟练，会计处理不当，导致会计资料失真。做好账务调整是巩固稽查成果、确保国家税收的重要一环，对企业来说也至关重要，否则可能会造成重复纳税。从目前情况来看，部分企业在纳税检查后账务调整存在的主要问题：

（一）增值税方面

1. 增值税销项税

（1）少计或不计收入不作调账处理。主要包括由价外费用、逾期押金、以旧换新销售、还本销售等经济事项引起会计处理上少计或不计收入，少计销项税，税务稽查后不调增销售收入和销项税。

（2）视同销售货物不计销项税，税务稽查后不调增销项税。

2. 增值税进项税

（1）违规抵扣行为不调账。违反《增值税暂行条例》规定，将不得从销项税额抵扣的进项税额项目违法抵扣，税务稽查后不调减进项税。

（2）超前抵扣行为不调账。未按照国家税务总局《关于加强增值税征收管理的通知》规定的增值税一般纳税人购进货物或应税劳务，其进项税额申报抵扣的时间执行，提前抵扣进项税额，税务稽查后不调减进项税。

2019年3月12日，某市国税局稽查局的稽查员在对该市长江贸易有限公司2017年～2018年的账簿进行检查时，企业2017年凭证上一笔会计分录引起他们的注意。该分录为：

借：应交税费——应交增值税　　　　4 000

　贷：银行存款　　　　4 000

经询问企业会计了解到，该企业在2016年曾因将用于职工福利的外购货物抵扣进项税款被税务机关做出补缴增值税4 000元的处理决定，接到处理决定书后，企业及时补缴了税款，并做出了上述会计分录。

根据国家税务总局《关于增值税日常稽查管理办法的通知》，增值税一般纳税人在税务机关对其增值税纳税情况进行检查后，凡涉及应缴增值税账务调整的，应设立"应交税费——增值税检查调整"专门账户；凡检查后应调减账面进项税额或调增销项税额和进项税额转出的，借记有关科目，贷记"应交税费——增值税检查调整"；凡检查后应调增账面进项税额或调减销项税额和进项税额转出的，借记"应交税费——增值税检查调整"，贷记有关科目；全部调账事项入账后，应对该账户余额进行处理，处理后该账户无余额。

该企业接到处理决定书后，正确的账务调整应为：

借：应付福利费　　　　4 000

　贷：应交税费——增值税检查调整　　　　4 000

如果"应交税费——应交增值税"账户无余额，则还应：

借：应交税费——增值税检查调整　　　　4 000

　贷：应交税费——未交税金　　　　4 000

而这家企业不仅没有设立"应交税费——增值税检查调整"专门账户，而且只作缴税会计分录而未作提取会计分录，这样就造成"应付福利费"科目会计失真。

（二）企业所得税方面

（1）对已查企业既有查补税前可扣除税金（营业税、房产税、印花税、土地增值税、城建税、教育费附加），又有查补企业所得税问题的，账务调整差错率较高，被查企业在进行账务处理时，对税前可扣除税金又进行了重复列支，造成少缴当年度企业所得税。

（2）查补企业所得税，加收罚款、滞纳金，企业在转账时先通过"以前年度损益调整"科目列支后，又从"以前年度损益调整"科目转入"本年利润"借方，列为当年支出，轧抵了当年度的利润总额（年度企业所得税申报未作纳税调整）。

例：某电子实业有限公司，查补企业所得税58 261.50元。企业接到《税务处理决定书》后，作了如下会计分录：

借：以前年度损益调整　　　　58 261.50

　贷：应交税费——应交所得税　　　　58 261.50

借：本年利润　　　　58 261.50

　贷：以前年度损益调整　　　　58 261.50

（3）对房地产开发企业查补的未按预收账款申报缴纳的营业税、城建税、教育费附加，被查企业在做账务调整时，直接列入“主营业务税金附加”，抵扣当年的应纳税所得额。

（4）外资企业以留存收益分配股利或转增资本（视同先分配再增资）时，除非我国政府同外国政府订立的关于对所得避免双重征税和防止偷漏税的协定中规定，该股息在我国免于征税外，根据企业所得税法实例条例第九十一条规定，非居民企业取得股息、红利等权益性投资收益，减按10%的税率征收企业所得税。《国家税务总局关于下发协定股息税率情况一览表的通知》（国税函〔2008〕112号）补充规定，2008年1月1日起，非居民企业从我国居民企业获得的股息，将按照10%的税率征收预提所得税。显而易见，错误的调账分录，让外资企业规避了10%的境内预提所得税。

【例】

某外商独资企业（股东为某外国公司）2015年成立，2019年账外收入1 170万元，贷款打入负责人个人账户，产品成本已分批计入账面已售产品的主营业务成本科目。该公司没有留抵税额且不亏损，增值税、企业所得税适用税率分别是17%、25%。纳税评估补税后作了以下两笔分录：

（1）缴税分录。

借：应交税费——应交企业所得税　　250万元（1 170 ÷ 1.17 × 25%）

　　应交税费——应交增值税　　170万元（1 170 ÷ 1.17 × 17%）

　贷：银行存款　　4 200 000

（2）应交税费结转分录。

借：利润分配——未分配利润　　4 200 000

　贷：应交税费——应交企业所得税　　2 500 000

　　　应交税费——应交增值税　　1 700 000

表面看来，该公司的账务处理似乎没问题，但仔细思考后发现，账外收入属公司所有，应向老板娘收取，在没到账之前，应记入“其他应收款 负责人”。正确的会计分录应该是：

借：其他应收款——老板娘　　11 700 000

　贷：应交税费——应交增值税　　1 700 000

　　　应交税费——应交企业所得税　　2 500 000

　　　盈余公积——法定盈余公积　　750 000（税后利润的10%）

　　　利润分配——未分配利润　　6 750 000

对比正确的调账分录和错误的会计分录后发现，该企业留存收益（盈余公积和未分配利润）两者差额1 170万元，错误的会计分录所反映的留存收益少。

（三）个人所得税方面

（1）检查中有的企业仅按照《税务行政处罚决定书》上的罚款金额按时解缴入

库，对《涉税联系单》上应补缴的个人所得税税款，不仅未向纳税人追缴，也未到有关税务机关申报缴纳。

（2）由单位代缴个人所得税的企业，在计算缴纳时没有按税法规定将不含税收入换算为应纳税所得额计算个人所得税，同时在账务调整中存在问题。如将查补的利息、红利项目，工资薪金项目的个人所得税，直接列入“利润分配”“应付福利费”“预算外支出”（事业单位）科目，少缴个人所得税。

三、账务调整的原则

1．要与法律、法规、制度相结合

账务调整应符合国家税收法律法规和财务会计制度的规定。目前企业理财环节相关的法律法规较多，从大的方面讲有税法和会计法规等，从操作层面上讲，有税收法规、财务制度、会计准则等。在进行具体的业务处理过程中，应当注意有关政策的具体运用，如果出现政策差异，则需要注意差异的处理。

2．要保持纳税人账载计税所得额和实际征收的计税所得额的一致性

检查后，在材料、生产成本、库存商品等环节发生的查补额，要根据影响程度进行分配，并把分配给销售环节的查补额，连同“销售”“利润”“利润分配”三个环节应分配的查补额，作为检查期查增的计税所得额，并据以进行账务调整。否则，势必造成明补暗退或重复征税情况的发生。

3．保持会计核算资料的真实性

这要求查补额影响到哪一个环节，就要分配到哪一个环节，并把账务调整到哪一个环节。即使查补额不影响当期利润，也要进行调账。

本年度错漏账目的调整。本年度发生的错漏账目，只影响本年度的税收，应按正常的会计核算程序和会计制度，调整与本年度相关的账目，以保证本年度应缴税金和财务成果核算真实、正确。对流转税、财产税和其他各税检查的账务调整，一般不需要计算分摊，凡查补本年度的流转税、财产税和其他税，只需按照会计核算程序，调整本年度相关的账户即可。但对增值税一般纳税人，应设立“应交税费——增值税检查调整”专门账户核算应补（退）的增值税。凡检查后应调减账面进项税额或调增销项税额和进项税额转出的数额，借记有关科目，贷记本科目；凡检查后应调增账面进项税额或调减销项税额和进项税额转出的数额，作与上述相反分录。全部调账事项入账后，应结转出本账户的余额，并对该余额进行处理。

以前年度错漏账目的调整。对属于以前年度的错漏问题，因为财务决算已结束，一些过渡性的集合分配账户及经营收支性账户已结账轧平无余额，错漏账目的调整，不可能再按正常的核算程序对有关账户一一进行调整，一般在当年的“以前年度损益调整”科目、盘存类延续性账目及相关的对应科目进行调整。若检查期和结算期之间时间间隔较长的，可直接调整“以前年度损益调整”和相关的对应科目，盘存类延续性账目可不再调整，以不影响当年的营业利润。对查补（退）的以前年度增值税，为不致混淆当年度的欠税和留抵税额，应直接通过“应交税费——未交增值税”科目进行调整。

【例】

某企业年终甲产品少留在产品成本10 000元，而12月份甲产品未发生销售收入，此时虽然没有影响到当期利润，但为了保持“库存商品”与“生产成本”两个环节的账面数额与实际数额一致，也应作如下调账分录：

借：生产成本——甲产品　　10 000

　贷：库存商品——甲产品　　10 000

假定甲产品单价为200元，12月份销售30台，库存20台，则应先将查补额进行分配，然后作如下的调账分录：

借：生产成本——甲产品　　10 000

　贷：库存商品——甲产品　　4 000

　　主营业务成本——甲产品　　6 000

4. 要保持总账和明细分类账的一致性

企业在会计核算中，记账要进行平行登记。在调整总分类账时也应对该明细分类账户进行调整，这样才能保持总账对明细账的平衡关系，使总账与明细账同步变动。如果遇到应该分配调账的明细账不明确或涉及账户较多的情况，也可以从简调整到关系最直接或金额较大的一个或几个明细账户中。

5. 一般从简原则

（1）在年度中间检查的查补额，如果余额较小，距离检查时间较长，影响各核算环节的程度较小等情况，可以直接调整到“本年利润”账户。

（2）对上年度的所得税进行检查时，查出的属于材料、在产品等环节的数额较小的问题也可不调账。但对于直接影响本期利润的问题，可全部调整到“本年利润”科目，对中间的核算环节可不分配计算，也不调整账户。

（3）明细账户调整时，一般可从简调整到一个或几个主要明细账户上。

四、纳税调整的协调

每年1月～4月，是我国企业所得税汇算清缴期。在此期间笔者经常接到纳税人的咨询，其中一个突出的问题就是财务人员不清楚在什么情况下需要调账，什么情况需要作纳税调整。

实际上财政部、国家税务总局关于印发《关于执行〈企业会计制度〉和相关会计准则有关问题解答（三）》的通知（财会字〔2003〕29号）已经对这个问题进行过明确。文件规定，对于因会计制度及相关准则就有关收益、费用或损失的确认、计量标准与税法规定的差异，其处理原则为：企业在会计核算时，应当按照会计制度及相关准则的规定对各项会计要素进行确认、计量、记录和报告，按照会计制度及相关准则规定的确认、计量标准与税法不一致的，不得调整会计账簿记录和会计报表相关项目的金额。企业在计算当期“应交所得税”时，应在按照会计制度及相关准则计算的利润总额（即“利润表”中的“利润总额”，下同）的基础上，加上（或减去）会计制度及相关准则与税法规定就某项收益、费用或损失确认和计量等的差异后，调整为应纳税所得额，并据以计算当期“应交所得税”。据此，在税收与会计工作的实践中，我们根据纳税调整是否与账务调整相关联，可以将纳税调整业务分为两种情况：不需要调账，即只是调整应纳税所得额，也就是仅在年度汇算表上进行调整与账无关；需要调账，即纳税调整与调账同时并存。

（1）“不需调账，只作纳税调整”这种做法的前提是会计记账科目使用正确，登记数字也无错误，只是按照税收规定进行纳税调整事项。这类业务在进行纳税调整的时候，是不涉及账务调整的。对这类事项作出判断的依据，是企业会计处理按会计制度的规定进行，只要符合会计制度的规定就是正确的，如罚款支出、滞纳金支出应在“营业外支出”列支。无论税收如何规定，会计上不存在账务调整的问题。我们可以把这一类业务的特点简明地归纳为：纳税申报按税法规定，会计账务按会计制度，各走各的道。

我们以计税工资的纳税调整为例。某企业全年已计入应付工资科目的数额是200万元，按计税工资的要求，超出限额扣除标准20万元。检查该企业与工资有关的各个账户的记录，发现无论会计科目的运用还是依据原始凭证计入的数字，都是正确无误的。在这种情况下，所做的纳税调整，就是把20万元作为调增事项，填入申报表中的调增栏目中就行了。

（2）在进行纳税调整的同时，必须进行会计账务调整。

这类业务之所以产生了会计调账的需要，必然存在一个前提条件，那就是，在作纳税调整之前，会计记录就产生了一定的错误。或者是会计科目运用不当，或者是账户记录数字有误。这样，一方面，会计利润本身就可能不正确；另一方面，可能造成少缴所得税。在处理这类事项时，一定要账务调整与纳税调整同时进行，严格地讲应先作账务的调整，然后再进行正常的纳税调整。我们也把这一类业务的特点总结归纳为：会计记账已有错，纳税调整必改错。

仍以上例来做说明。假如在汇算期，财会人员发现该企业将6万元本该计入工资总额之内的发放津贴没有计入“应付工资”账户，而是记在了“其他应付款”账户下。

会计分录为：借记其他应付款6万元，贷记银行存款6万元。原始凭证为：职工领取岗位津贴的签名表。这样，该会计处理就影响到了两个方面。

第一，应计入成本费用的工资支出没有计入，年底的会计利润就虚增6万元，造成会计报表数据不实。

第二，纳税调整时，按计税工资的标准，实际上已超出限额26万元而不是账面上的20万元。

对此，应首先进行会计账务的调整。调整分录如下：借记以前年度损益调整6万元，贷记其他应付款6万元。然后进行纳税调整：根据计算，该企业全年实际超出计税工资标准为26万元，应对这26万元做纳税调整的调增处理。

通过以上的实例分析，对纳税调整与会计调账之间的区别和联系可以概括为：会计账务记录有错才进行调账处理，没有错误就不做任何调整，应不应该调账是会计处理范围内的事。纳税调整只按税收规定进行处理，有些与调账有联系，有些与调账没联系。而无论有没有联系，都不能影响纳税调整应税所得额的正确计算。

第二节　应交税费的账务处理规定

2006年2月15日，财政部发布新的会计准则和审计准则体系，其中新会计准则于2007年1月1日起在上市公司中执行，鼓励其他企业执行。新的会计准则在会计核算方面作了部分调整，其中应交税费科目的会计实务发生了变化：应交税费科目取消，换成"应交税费"。

一、应交税费的核算范围

（1）本科目核算企业按照税法规定计算应交纳的各种税费，包括增值税、消费税、营业税、所得税、资源税、土地增值税、城市维护建设税、房产税、土地使用税、车船使用税、矿产资源补偿费等。

（2）企业计提消费税、营业税、资源税、城市维护建设税、教育费附加时，借记“营业税金及附加”“其他业务成本”等科目，贷记“应交税费（消费税、营业税、资源税、城市维护建设税、教育费附加）”科目。

（3）企业计提房产税、土地使用税、车船使用税、矿产资源补偿费时，借记“管理费用”科目，贷记“应交税费（房产税、土地使用税、车船使用税、矿产资源补偿费）”科目。

（4）企业计提土地增值税时，借记“营业税金及附加”“固定资产清理”等科目，贷记“应交税费（土地增值税）”科目。

（5）企业（保险）按规定应交纳的保险保障基金，也通过本科目核算。

（6）企业代扣代交的个人所得税等，也通过本科目核算。借记“应付职工薪酬”科目，贷记“应交税费（应缴个人所得税）”科目。

（7）企业不需要预计应交数所交纳的税金，因为不存在与税务机关的结算关系，如印花税、耕地占用税等，所以不在本科目核算。

（8）应交税费的明细核算

本科目应当按照应交税费的税种进行明细核算。

应交增值税还应分别“进项税额”“销项税额”“出口退税”“进项税额转出”“已交税金”等设置专栏进行明细核算。

二、应交税费的主要账务处理

1. 应交增值税

（1）企业采购物资等，按可抵扣的增值税额，借记本科目（应交增值税——进项税额），按应计入采购成本的金额，借记“材料采购”“在途物资”或“原材料”“库存商品”等科目，按应付或实际支付的金额，贷记“应付账款”“应付票据”“银行存款”等科目。购入物资发生的退货，做相反的会计分录。

（2）销售物资或提供应税劳务，按营业收入和应收取的增值税额，借记“应收账款”“应收票据”“银行存款”等科目，按专用发票上注明的增值税额，贷记本科目（应交增值税——销项税额），按实现的营业收入，贷记“主营业务收入”“其他业务收入”科目。发生的销售退回，做相反的会计分录。

（3）实行“免、抵、退”的企业，按应收的出口退税额，借记“其他应收款”科目，贷记本科目（应交增值税——出口退税）。

（4）企业交纳的增值税，借记本科目（应交增值税——已交税金），贷记“银行存款”科目。

（5）小规模纳税人以及购入材料不能取得增值税专用发票的，发生的增值税计入材料采购成本，借记“材料采购”“在途物资”等科目，贷记“银行存款”等科目。

2. 应交消费税、资源税和城市维护建设税

（1）企业按规定计算应交的消费税、资源税、城市维护建设税，借记“营业税金及附加”等科目，贷记本科目（应交消费税、资源税、城市维护建设税）。

（2）出售不动产，计算应交的营业税，借记“固定资产清理”等科目，贷记本科目（应交营业税）。

（3）交纳的消费税、资源税、城市维护建设税，借记本科目（应交消费税、营业税、资源税、城市维护建设税），贷记“银行存款”等科目。

3. 应交所得税

（1）企业按照税法规定计算应交的所得税，借记“所得税”等科目，贷记本科目（应交所得税）。

（2）交纳的所得税，借记本科目（应交所得税），贷记“银行存款”等科目。

4. 应交土地增值税

（1）企业转让的国有土地使用权连同地上建筑物及其附着物一并在“固定资产”或“在建工程”等科目核算的，转让时应交的土地增值税，借记“固定资产清理”科目，贷记本科目（应交土地增值税）。

（2）交纳的土地增值税，借记本科目（应交土地增值税），贷记“银行存款”等科目。

5. 应交房产税、土地使用税和车船使用税

（1）企业按规定计算应交的房产税、土地使用税、车船使用税，借记“管理费用”科目，贷记本科目（应交房产税、应交土地使用税、应交车船使用税）。

（2）交纳的房产税、土地使用税、车船使用税，借记本科目（应交房产税、应交土地使用税、应交车船使用税），贷记“银行存款”等科目。

6. 应交个人所得税

（1）企业按规定计算的应代扣代交的职工个人所得税，借记“应付职工薪酬”科目，贷记本科目（应交个人所得税）。

（2）交纳的个人所得税，借记本科目（应交个人所得税），贷记“银行存款”等科目。

7. 应交的教育费附加、矿产资源补偿费

（1）企业按规定计算应交的教育费附加、矿产资源补偿费，借记“营业税金及附加”“其他业务支出”“管理费用”等科目，贷记本科目（应交教育费附加、应交矿产资源补偿费）。

（2）交纳的教育费附加、矿产资源补偿费，借记本科目（应交教育费附加、应交矿产资源补偿费），贷记“银行存款”等科目。

8. 应交税费的贷方反映

本科目期末贷方余额，反映企业尚未交纳的税费；期末如为借方余额，反映企业多交或尚未抵扣的税金。

三、新准则的主要变化

财政部2006年10月30日最新颁布的《企业会计准则——应用指南》（财会〔2006〕18号），其中对应交税费的核算，是所有会计科目中核算内容最大的科目。

本文将结合《企业会计准则第16号-政府补助》《企业会计准则第18号-所得税》等相关税收法规，对应交税费的财税处理做简要分析。

（一）新准则条件下增值税业务的核算

新的会计准则条件下增值税的核算除将一级科目“应交税费”更换为“应交税费”外，其余二三级科目核算都没有变化，这里仅举例说明一下容易混淆的业务的增值税核算。

【例】

某公司2018年1月购进农产品一批，收购发票注明的金额为100 000元，并支付运费5 000元，款已付。公司将其中的20%对外投资，10%作为福利发给本单位职工，其余的全部留到企业。

2018年2月由于发生水灾，造成库存货物毁损，其中该批农产品也损失一部分，毁损的账面价值为5 000元（含运费465元）。

该公司为一般纳税人，农产品成本利润率为10%，不考虑其他相关税金。

1．增值税视同销售的主要规定

即会计上不确认税法上确认收入的销售行为，目前，税法上规定了8种视同销售行为：

（1）将货物交付他人代销；

（2）销售代销货物；

（3）设有两个以上机构并实行统一核算的纳税人，将其货物从一个机构移送其他机构用于销售，但相关机构设在同一县（市）的除外；

（4）将自产或委托加工的货物用于非应税项目；

（5）将自产、委托加工或购买的货物作为投资，提供给其他单位或个体经营者；

（6）将自产、委托加工的货物分配给股东或投资者；

（7）将自产、委托加工的货物用于集体福利或个人消费；

（8）将自产、委托加工或购买的货物无偿赠送他人。

所以，上例将购进农产品中的20%对外投资，在税收上应作视同销售处理。

2．增值税有关进项税额转出的主要规定

我国增值税实行进项税额抵扣制度，但在一些特定情况下，纳税人已经抵扣的进项税额必须转出。目前进项税额的转出主要有以下2种情况：

（1）纳税人购进的货物及在产品、产成品及其劳务发生非正常损失；

（2）纳税人购进的货物或应税劳务改变用途，如用于非应税项目、免税项目或集体福利与个人消费等。

这两种情况已抵扣的进项税额之所以要转出，是因为原购进货物或应税劳务不能产生增值税销项税额，已抵扣的进项税额失去了抵扣的来源。其他需要转出进项税额的情况有，商业企业收到供货企业的平销返利，出口企业按“免、抵、退”办法计算应计入主营业务成本的不得免征和抵扣税额等，上例中将10%用作福利应作进项税额转出。

3.“三小票”进项税的处理的相关规定

增值税抵扣凭证，除了纳税人通过防伪税控系统自行开具或税务机关代开的增值税专用发票外，还有海关完税凭证、农产品收购凭证及运输发票，其进项税的抵扣是采用发票金额直接乘于扣除率。其中农产品的扣除率13%，运输发票扣除率7%会计处理：

（1）购进农产品时的业务处理：

借：原材料　　　　　91 650 [100 000×（1-13%）+5 000×（1-7%）]

　　应交税费——应交增值税（进项税额）13 350（100 000×13%+5 000×7%）

　贷：银行存款　　　　　　　　105 000

（2）投资业务视同销售的处理：

新准则规定，对于存货的视同销售，不再按旧准则那样结转到成本中去，而是参照《企业会计准则第14号——收入》的相关规定处理。

借：长期股权投资　　　　　　　　22 784.19

　贷：其他业务收入　　　　20 163[91 650×20%×（1+10%）]

　　　应交税费——应交增值税（销项税额）　2 621.19（20 163×13%）

借：其他业务成本　　　　　18 330（91 650×20%）

　贷：原材料　　　　　　　　　18 330

（3）用作福利的进项税额转出：

借：应付职工薪酬　　　　　　　　10 500

　贷：原材料　　　　　　9 165（91 650×10%）

应交税费——应交增值税（进项税额转出）1 335（13 350×10%）

（4）非正常损失的进项税额转出：

借：待处理财产损溢　　　　　　　5 624.55

　贷：原材料　　　　　　　　　5 000

　　　应交税费——应交增值税（进项税额转出）624.55 [（5 000-465）×13% +465/（1-7%）×7%]

另外，对于出口退税企业，应收的出口退税款，在新准则下是：借记“其他应收款（应收出口退税款）”，贷记“应交税费——应交增值税（出口退税）”

（二）新准则条件下的所得税核算

所得税新准则下要求所得税核算采用资产负债表债务法，并新设了“所得税费用”“递延所得税资产”“递延所得税负债”的科目。其通过比较资产负债表上列示的资产、负债按照企业会计准则规定确定的账面价值与按照税法规定确定的计税基础，对于两者之间的差额分别应纳税暂时性差异与可抵扣暂时性差异，确认相关的递延所得税负债与递延所得税资产，并在此基础上确定每一期间利润表中的所得税费用。

（三）与补贴收入有关的税务处理

根据新《企业会计准则16号——政府补助》的规定，政府补助是政府无偿给予企业的现金或非现金资源。而税收返还则是属于政府补助的一种。税收返还是政府按照国家有关规定采取先征后返（退）、即征即退等办法向企业返还的税款，属于以税收优惠形式给予的一种政府补助。增值税出口退税不属于政府补助。除税收返还外，税收优惠还包括直接减征、免征、增加计税抵扣额、抵免部分税额等形式。这类税收优惠体现了政策导向，但并未直接向企业无偿提供资产，不作为本准则规范的政府补助。

税收返还的政府补助，在原准则下计入“补贴收入”科目，在新准则下则计入“营业外收入”科目。例如：

（1）根据（财税字〔1999〕198号）文的规定，增值税一般纳税人销售免税货物，一律不得开具专用发票（国有粮食购销企业销售免税粮食除外）……粮食和植物油免税。对承担收储任务的国有粮食企业销售粮食，以及其他粮食企业销售军用粮、救灾粮、水库移民用粮和政府储备食用植物油的，免征增值税。

会计处理：国有粮食购销企业，购进粮食取得专用发票，因销售免税，所以不计入进项税额，而直接计入成本。销售时，借记“银行存款”科目，贷记“主营业务收入”“应交税费——应交增值税（销项税额）”，再借记“应交税费——应交增值税（销项税额）”，贷记“营业外收入”

（2）对增值税一般纳税人销售其自行开发生产的软件产品，按17%的法定税率征收增值税后，对其增值税实际税收负担超过3%的部分实行即征即退政策。也属于政府补助，将此收益记入“营业外收入”科目。

第三节　账务调整的方法

企业进行涉税账务调整，需要采用一定的调整方法。企业进行纳税涉税事项的账务调整包括日常进行的一般账务调整和企业所得税汇算清缴过程中的账务调整以及纳税检查过程中的账务调整等。本节主要就前两种情况做简要介绍。

一、一般账务调整方法

与会计的其他业务处理方法一样，也存在一定的账务调整方法。具体的有三种：红字冲销调整法、补充调整法和综合调整法。

1. 红字冲销调整法

红字冲销调整法，就是会计账务借贷方科目或金额发生错误，先用红字编制一套内容与错误分录内容完全相同的调整分录，冲销原有错误记录。然后，再用蓝字编制一套正确的调整分录，重新调整账务。

【例】

某生产机电产品的工业企业2018年2月18日在接受主管税务机关的纳税检查过程中，发现上年度9月份售给甲厂A产品200件，售价总额250 000元，成本总额160 000元，企业作如下分录：

借：银行存款　　250 000
　贷：其他应付款——甲厂　　250 000
借：其他应付款——甲厂　　160 000
　贷：库存商品——A产品　　160 000

不通过“销售收入”账户，漏缴了增值税（销项税额）42 500元，同时也少实现企业利润47 500元（207 500-160 000）。

账务调整分两步进行：

第一步，先用红字金额编制一套相同的调整分录，冲销原错误记录，即：

借：银行存款　　250 000（红字）
　贷：其他应付款——甲厂　　250 000（红字）
借：其他应付款——甲厂　　160 000（红字）
　贷：库存商品——A产品　　160 000（红字）

第二步，再用蓝字编制一套正确的调整分录。

如果税务机关的纳税检查是在企业上年度决算编报之前进行的，就应该按照会计核算的程序调整上年度账务，要通过“销售收入”账户核算产品销售收入与产品销售成本，同时又要结转产品销售利润。其账务调整分录如下：

借：银行存款　　250 000
　贷：主营业务收入——A产品　　207 500
　　　应交税费——应交增值税（销项税额）　　42 500
借：主营业务成本——A产品　　160 000
　贷：库存商品——A产品　　160 000
借：产品销售收入——A产品　　47 500

贷：本年利润　47 500

同时将与该笔“主营业务收入”相对应的“主营业务成本”转入“本年利润”。

如果税务机关的纳税检查是在企业上年度决算编报之后进行的，应将上年度少报的增值税42 500元，通过本年度“应交税费”账户直接上缴。将上年度少实现的利润47 500元，直接记入“本年利润——上年利润调整”账户，与本年度利润合并计征所得税。即：

借：以前年度损益调整　42 500

　贷：应交税费——应交增值税（销项税额）　42 500

借：主营业务成本——A产品　160 000

　贷：库存商品——A产品　160 000

借：主营业务收入——A产品　47 500

　贷：本年利润——上年利润调整　47 500

查出以前年度增利或减利时，将金额借记“盈余公积”，贷记“利润分配——未分配利润”科目；计算所得税时，将金额借记“所得税”，贷记“应交税费——应交所得税”科目；上交时，借记“应交税费——应交所得税”，贷记“银行存款”科目。

【例】

某企业以银行存款缴纳消费税50 000元，缴纳拖欠消费税的滞纳金1 000元。

（1）原会计分录为：

借：产品销售税金及附加　50 000

　　营业外支出　1 000

　贷：银行存款　51 000

（2）更正时，用红字冲销：

借：产品销售税金及附加　50 000（红字）

　　营业外支出　1 000（红字）

贷：银行存款　51 000（红字）

（3）用蓝字编制如下正确的分录：

借：应交税费——应交消费税　50 000

　　利润分配　1 000

　贷：银行存款　51 000

这种方法适用于会计科目用错，或会计科目虽未错，但实际记账金额大于应记金额的错误账项。

2. 补充调整法

补充调整法可以是对会计遗漏的经济事项，按照会计核算程序，用蓝字编制调整分录，进行补充调整。也可以针对会计账务借、贷科目无错误，但金额少记，按差额用蓝字编制一套正确的调整分录，补充调整原来账务。

【例】

漏记退休人员工资800元，补记：

借：营业外支出　　800

　贷：应付工资　　800

3. 综合调整法

综合调整法是红字冲销调整法与补充调整法的结合运用。在实际工作中，错用会计科目往往表现为：一方面使用了不该使用的科目，另一方面应该使用的科目没有使用。运用综合调整法，对前者用反向登记方式予以冲销，对后者用蓝字金额补充登记，两者综合使用，构成一套调整分录。一般在错用会计科目时使用这种方法。

【例】

企业购入基建物资2 000元，计入“管理费用”账户。

原分录为：

借：管理费用　　2 000

　贷：银行存款　　2 000

更正时，只需作如下分录：

借：在建工程　　2 000

　贷：管理费用　　2 000

【例】

某工业企业购进一批甲材料，价格100 000元，外地运费1 000元，以银行存款支付。企业作如下分录：

借：原材料——甲材料　　100 000

　　管理费用　　1 000

　贷：银行存款　　101 000

企业分录的错误表现在两个方面，一是错用了“管理费用”科目，二是漏记了“原材料”科目，实质上是少记了材料采购成本，虚增了管理费用。其调整分录如下：

借：原材料——甲材料　　1 000

　贷：管理费用　　1 000

二、汇算清缴的涉税账务调整方法

企业所得税汇算清缴，必须做好涉税账务调整。一些企业在企业所得税汇算清缴后，因忽视账务调整工作，存在成本费用的多计或少计，或用其他方式人为地虚列利润等现象，增加或减少下年度或以后年度利润，使得已作纳税处理的已税利润在以后年度又出现继续征税的情况，增加企业不必要的负担，还会使企业财务状况和反映的会计信息失真。

企业所得税汇算清缴一般涉及两方面调整：一是账务调整，一是纳税调整。账务调整只是针对违反会计制度规定所做账务处理的调整，纳税调整则是针对会计与税法差异的调整。前者必须进行账内调整，通过调整使之符合会计规定；后者只是在账外调整，即只在纳税申报表内调整，通过调整使之符合税法规定。由于应纳税所得额的计算应该建立在会计利润总额基础之上，所以账务调整的结果也必然在纳税申报表中得以体现。企业不仅要根据调整后的数额正确填列《企业所得税年度纳税申报表》及其相关附表，而且要根据调整报告年度会计报表相关项目的数字和本年度会计报表相关项目的年初数填列。

调整方法主要有以下几种。

1. 日常审核中发现错账的调整方法

企业会计人员在定期结算过程中一般会对有关账务情况进行自查。对日常审核中发现的问题，其中错误的账项往往尚未影响到其他后续事项的核算。如审核当期材料采购成本，发现将采购基建材料的运杂费计入原材料成本，该材料尚未领用。对这类错误问题，可采取会计记账中错账的更正方法，直接进行调整，一般有红字更正法和补充登记法两种。

2. 年终结账前查出错误的调整方法

企业会计人员如果在年终结账前进行审核，对于查出的错误问题要根据具体情况直接在当期有关账户中进行调整。如涉及实现利润数额的，可以直接调整“本年利润”账户的数额，使错误问题得以纠正。如补缴上年度的所得税属于税前不予扣除项目，会计制度的规定，补缴上年度的所得税，应调整上年度的所得税费用。汇算后通过以前年度损益调整科目，期末转入本年利润，在下一年度的汇算清缴时，不作为税前扣除项目，这样会造成“纳税调整前所得”与企业的利润表的“利润总额”不完全一致。如果为了两者一致，则先做费用扣除，然后再作为其他纳税调增项目填报也可，或者按会计制度规定，以前年度损益调整直接计入未分配利润科目。

3. 以前年度影响损益项目的调整方法

纳税人在计算应纳税所得额时，其会计处理办法同国家税收规定不一致的，应当依照国家有关税收的规定计算纳税。依照税收规定予以调整，按税收规定允许扣除的金额，予以扣除。会计制度及相关准则在收益、费用和损失的确认、计量标准与企业所得税法规的规定上存在差异。对于因会计制度及相关准则就收益、费用和损失的确认、计量、记录和报告，按照会计制度及相关准则规定的确认、计量标准与税法不一致的，不得调整会计账簿记录和会计报表相关项目的金额。

企业在计算当期应缴所得税时，应在按照会计制度及相关准则计算的利润总额（即利润表中的利润总额）的基础上，加上（或减去）会计制度及相关准则与税法规定就某项收益、费用或损失确认和计量等的差异后，调整为应纳税所得额，并据以计算当期应缴所得税。企业在年度中间发现以前年度会计事项影响损益的调整，涉及补退所得税的，应对以前年度的利润总额（或亏损总额）进行调整，通过“以前年度损益调整”科目进行账务处理。对上年度一些属消耗性费用（企业生产经营已实际支付的如不涉及产品成本核算的工资、工会经费、捐赠、招待费、罚款等费用）的开支，就其应补退的所得税数额作“以前年度损益调整”账务调整。

第四节　补退流转税的账务调整

对于企业被当地主管税务机关查处，如果涉及补税增值税和其他流转税，就需要进行纳税调整。增值税的补、退不涉及应税所得额的变动，但如果不及时调整账务，将会造成下期多缴或少缴增值税。

一、补、退增值税的账务调整

进行增值税的纳税检查，就可能发现企业在增值税的税务处理方面的问题：少缴税或者多缴税。对于少缴税，一般情况下即为偷税，这就存在既补又缴的账务处理问题，而如果是多缴税，就需要向主管税务机关申报退税。

（一）补交增值税的账务调整

按照《会计准则》的规定，纳税人在补交增值税后应及时进行账户处理。实际交纳增值税时，应借记“应交税费——应交增值税（已交税金）”，贷记“银行存款”。同时区分不同情况作进一步处理。

1. 少记销项税额而补交税款处理

对于纳税人少记销项税额而补交的税款，应借记（或用红字贷记）有关科目，贷记“应交税费——应交增值税（销项税额）”。

2. 多记进项税额而补交税款处理

对于纳税人记账时因多记进项税额而补交的税款，应借记（或用红字贷记）有关科目，贷记“应交税费——应交增值税（进项税额转出）”。

3. 将不允许抵扣的进项税额作抵扣而补交税款的处理

对于纳税人将不允许抵扣的进项税额作抵扣而补交的税款，应用红字借记“应交税费——应交增值税（进项税额）”，贷记（或用红字借记）相关科目。

4. 少记销售额而少交税款的处理

对于纳税人少记销售额而少交的税款，应借记有关科目，贷记“主营业务收入”，贷记“应交税费——应交增值税（销项税额）”科目。

（二）退增值税的账务调整

对于纳税人多交的增值税，只需做如下账务调整：

（1）对于纳税人多计销项税额而多交税款的，用红字借记（或贷记）有关科目，用红字贷记“应交税费——应交增值税（销项税额）”科目。

（2）对于纳税人记账时因少记进项税额而多交税款的，用蓝字补记，借记“应交税费——应交增值税（进项税额）”科目，贷记（或用红字借记）有关科目。

（3）对于误记已税而多交的税款，用红字借记“应交税费——应交增值税（已交税额）”科目，用红字贷记（或用蓝字借记）有关科目。

（三）根据税务机关的《税务处理决定书》补缴增值税的账务处理

【例】

税务稽查人员于2018年2月份稽查企业当年增值税缴纳情况，进行账簿稽查时，发现该企业“预收账款”账户贷方余额624 780元，金额较大，经进一步深入稽查查明细账和有关记账凭证、原始凭证及产品出库单，查明产品已出库，企业记入“预收账款”账户的余额全部是企业分期收款销售产品收到的货款和税款，而没有及时结转产品销售收入。经核实，该批产品的生产成本价为450 000元，据此，应作如下调整：

计应税收入=624 780 ÷（1+17%）=534 000（元）

应补增值税：534 000 × 17%=90 780（元）

相关企业的账务处理方法为：

借：预收账款	6 247 800	
贷：主营业务收入		534 000
应交税费——增值税检查调整		90 780
借：主营业务收入	450 000	
贷：库存商品		450 000

假如上例是对2017年进行纳税检查，则企业应当作如下账务处理：

借：预收账款	624 780	
贷：以前年度损益调整		534 000
应交税费——增值税检查调整		90 780
借：以前年度损益调整	450 000	
贷：库存商品		450 000

二、补、退消费税的账务调整

（1）因多计或少计销售额而退、补消费税的账务调整。

①因少计销售额而补交消费税的，借记“主营业务税金及附加”科目，贷记“应交税费——应交消费税”科目；同时借记“本年利润”科目，贷记“主营业务税金及附加”科目，转入当期损益。对于少计的销售额，应借记相关科目，贷记“主营业务收入”。

②因多计销售额多交的消费税，用红字作与上述相同的会计分录。

（2）纳税人以应税消费品作为股权投资、用于在建工程、非生产机构、抵偿债务等非货币性交易的，无论该非货币性交易是否涉及补价问题，均应以应税消费品的公允价值为计税依据，计算应交纳的消费税额并将消费税额记入换入资产的入账价值。

但是，新会计准则对此做了调整，根据《企业会计准则——非货币性交易》的规定：

纳税人发生非货币性交易，未涉及补价或支付补价的，其换入资产的入账价值等于换出资产的账面价值与所支付的相关税费（含增值税）之和。计算公式如下：

换入资产的入账价值=换出资产的账面价值＋所支付的相关税费（含增值税）

纳税人发生非货币性交易，并收到补价的，可按下列公式计算换入资产的入账价值：

换入资产的入账价值=换出资产的账面价值—（收到的补价款÷换出资产的公允价值）＋所支付的相关税费（含增值税）

纳税人因非货币性交易补交消费税的，应比照下列规定进行账务调整：

①纳税人因将应税消费品作为股权投资而补交消费税的，应借记“长期投资”科目，贷记“应交税费——应交消费税”“库存商品”等科目。注意，账务调整后，补交的消费税不得从以后各期应纳消费税税额中抵扣。

②纳税人因将应税消费品用于在建工程所需补交消费税的，应借记“在建工程或固定资产（不需要安装）”科目，贷记“应交税费——应交消费税”“库存商品”等科目。注意，账务调整后，补交的消费税也不得从以后各期的应纳消费税税额中抵扣。

③纳税人因将应税消费品用于非生产机构、抵偿债务而补交税款的，应借记“营业外支出”“营业费用”“应付账款”等科目，贷记“应交税费——应交消费税”“库存商品”等科目；同时将相关损益类科目转入当期损益，借记“本年利润”科目，贷记“营业外支出”“营业费用”等损益类科目。

（3）对于纳税人随同产品出售但单独计价的包装物或逾期未退还的包装物押金而补交消费税的，借记“其他业务支出”科目，贷记“应交税费——应交消费税”“营业外收入”等科目；同时将损益类科目转入当期损益。

（4）对于委托加工物资收回后，直接销售的应税消费品而补交消费税的，将受托方代收代交的消费税，计入委托加工物资的加工成本，借记“委托加工物资”科目，贷记“应付账款”“银行存款”等科目；委托加工物资收回后，用于连续生产且规定可以抵扣消费税的，纳税人应按受托方代收代交的消费税额，借记“应交税费——应交消费税”科目，贷记“应付账款”“银行存款”等科目。

（5）对于纳税人需补交进口消费品应纳消费税的，其缴纳的消费税应计入该项消费品的成本，借记“固定资产”“物资采购”“库存商品”等科目，贷记“银行存款”科目。会注意缴纳的消费税不得从销售应税消费品的应纳税税额中抵扣。

（6）纳税人将应税产品自营出口应纳消费税的，在报关出口后申请退税时，借记“应收补贴款”科目，贷记“主营业务成本”；当收到退回的消费税时，应借记“银行存款”科目，贷记“应收补贴款”科目。

（7）纳税人将应税产品委托外贸企业代理出口，应交纳消费税，借记“应收补贴款”科目，贷记“应交税费——应交消费税”科目；交纳税款时，借记“应交税费——应交消费税”科目，贷记“银行存款”。当收到退回的消费税时，应借记“银行存款”科目，贷记“应收补贴款”科目。

三、补、退缴营业税的账务调整

营业税业务相对比较简单，但是，营业税涉及很多行业，由于不同的行业具体的业务流程可能不同，其纳税义务实现的情况也存在差异，就使营业税的核算复杂起来。这里对补计营业税的情况作一个简要归纳。

1. 补计营业税的账务处理

无论是何种原因导致补交营业税，都应在实际交纳时，借记“应交税费——应交营业税”科目，贷记“银行存款”等科目。但所补交的营业税应分别不同的原因，计入相关科目。

（1）对于少计业务收入或少计算营业税额导致补交营业税的，应借记“主营业务税金及附加”等科目，贷记“应交税费——应交营业税”科目。

对于多提、多交营业税的，用红字作与上述相反的会计分录。

（2）对于金融企业接受其他企业委托发放贷款，少计代扣代缴营业额的，借记“应付账款——应付委托贷款利息”科目，贷记“应交税费——应交营业税”科目。

（3）对于建筑安装业务实行转包或分包形式的，总承包人少计代扣代缴营业税的，借记“应付账款”科目，贷记“应交税费——应交营业税”科目。

（4）对于纳税人销售不动产少交营业税的，应按销售额计算营业税，借记“固定资产清理”科目，贷记“应交税费——应交营业税”。

（5）纳税人销售无形资产少交营业税的，按销售额计算的营业税，借记“其他业务支出”等科目，贷记“应交税费——应交营业税”科目。

2. 营业税查补业务举例

在实际工作中，有些企业在往来账方面经常做税收筹划，比如有些企业应作收入而没有作收入，从表面上看是收入没有做，成本也没有增加，企业损益没有受到任何影响，但是企业就是利用的这一障眼法进行了筹划，表面上收入成本都不做，实际上却减少了流转税的计税依据，从而达到少缴税款的目的，但实际上并不可行。税务人员在检查工作中，已经重点注意对往来账的检查，特别是善于对不按现行会计制度规定记账的账户、对冲往来账以及长期挂账的往来账户检查中发现疑点。

上海市某运输公司是一家有限责任公司，注册资本200万元，主要从事集装箱货物运输业务等。2015年度实现主营业务收入9 868 548.50元，实现利润总额245 335元，2015年申报缴纳地方各税816 897元。税务检查人员在检查该企业往来账业务时，通过查看记账凭证发现一笔会计分录如下：

借：运输支出　　140 000

　贷：其他应付款——应付车辆费用　　140 000

税务检查人员进一步查看所附原始凭证发现为单位自制“应付运费计算单”单据，内容为：应付驾驶员运输费用148 000元，应收取驾驶员管理费8 000元。

通过对记账凭证和原始凭证进行分析，以及同该公司会计人员及驾驶员座谈了解，检查人员查清了该业务的来龙去脉。

由于近年来经营形式发生变化，该运输公司将部分车辆租赁或承包给驾驶员经营，方法是运输公司统一对外承揽运输业务，并负责同发货方结算运输收入，然后根据运输收入的一定比例向驾驶员支付承包费并计入运输成本，同时向驾驶员收取管理费。如上述凭证，运输公司应向驾驶员支付148 000元承包费，全部计入运输成本；同时应向驾驶员收取8 000元管理费，计入企业其他收入。

通过以上分析发现，该公司将收取的管理费直接冲减运输成本，该业务处理方法虽然对损益没有影响，但收取的管理费未计入其他收入，漏缴了营业税金及附加。经详细统计，该公司2015年收取的管理费直接冲减运输成本共计600 000元，应补缴营业税30 000元、城建税2 100元、教育费附加900元。

根据《中华人民共和国税收征收管理法》第六十三条第一款规定，该公司隐匿管理费收入偷逃营业税金的行为应定性为偷税，主管税务机关对其少缴的税款及附加责令限期补缴入库，并按规定加收滞纳金，同时还对所偷税款处以一倍罚款。

该公司在查补税款之后的账务处理如下：

（1）补提税款及附加。

借：以前年度损益调整　　33 000

　贷：应缴税金——应缴营业税　　30 000

　　　——应缴城建税　　2 100

　　其他应缴款——应缴教育费附加　　900

（2）缴纳税金及罚款。

借：应缴税金——应缴营业税　　33 000

　——应缴城建税　　2 100

　其他应缴款——应缴教育费附加　　900

　营业外支出——罚款支出　　32 100

　贷：银行存款　　65 100

（3）结转以前年度损益调整。

借：利润分配——未分配利润　　33 000

　贷：以前年度损益调整　　33 000

四、查补税业务的一般处理方法

个别企业为了追求利益最大化，不惜少缴税款，在成本核算中，千方百计地少计收入，多列费用。尽管有的企业在年度汇算清缴中对部分费用作了调整，但也只是在企业所得税纳税申报表中体现，补缴完企业所得税后，并不作增加企业资产、所有者权益等相关账务调整。

因此，税务机关在对纳税人进行检查或对企业所得税纳税申报表进行审核时，如果发生补税和其他调整项目，应注意跟踪管理，看有关企业的账务处理是否涉及企业利润的核算。关注应调增应纳税所得额的项目，是否同时调增了企业利润。此外，如果有关企业将利润用于分配时，还要关注其是否增加了企业资产和所有者权益，是否代扣代缴了个人所得税，等等。这里我们举一个实例来说明一般查补税业务的账务处理方法。

【例】

2019年6月，某公司在接受其主管地方税务机关的纳税检查时，发现其在2018年11月底（企业所得税适用25%税率）有一笔下脚料变卖收入40 000元未入账，但其成本已计入主营业务成本。税务机关据此责令该企业补缴企业所得税10 000元，并处以5 000元的罚款。该公司缴纳了相应的税款，并作如下会计分录（本例中省略滞纳金核算）：

借：以前年度损益调整　　10 000

　贷：应交税费——所得税　　10 000

借：营业外支出　　5 000

　　应交税费——所得税　　10 000

贷：银行存款　　15 000

该公司的做法实际上是冲减了15 000元的利润，由此带来的问题是未正确核算的相关税金，账务处理也存在问题。40 000元下脚料的变卖收入，属于国税部门征收的增值税的含税收入，地税机关在查补企业所得税时，应通报国税部门补征增值税。

正确的做法是：企业要将40 000元的含税收入，换算为不含税收入后计算缴纳企业所得税。并且，如果企业的投资人将这部分收入据为己有，则要视同利润分配，补征个人所得税。

具体处理方法如下：

该笔下脚料的变卖收入应补缴增值税：40 000÷（1+17%）×17%≈5 811.97元，应补缴企业所得税：40 000÷（1+17%）×25%≈8 529.51元。在此情况下，主管地方税务机关对其处以50%罚款，为4 264.76元。企业的会计分录如下：

借：其他应收款　　5 811.97

　贷：应交税费——应交增值税（销项税额）　　5 811.97

借：以前年度损益调整　　8 529.51

　贷：应交税费——所得税　　8 529.51

借：营业外支出　　4 264.76

　　应交税费——所得税　　8 529.51

　贷：银行存款　　12 794.27

借：其他应收款　　34 188.03

　贷：以前年度损益调整　　34 188.03

对于投资人来说，如果把这部分收入用来归还销售款，则作如下分录：

借：现金　　40 000

　贷：其他应收款　　40 000

如果视同利润分配，则要代扣代缴个人所得税：

借：其他应收款——代缴个人所得税　　8 000

　贷：银行存款　　8 000

借：应付利润　　48 000

　贷：其他应收款　　48 000

第五节　企业所得税的账务调整

随着会计制度和税收制度改革的逐步深入，财务会计与所得税会计正在逐步分离，利润总额与应纳税所得额的差异逐步扩大。这就使得企业所得税账务调整的工作趋于复杂化。因此，有必要对其加以研究，弄清造成利润总额与应纳税所得额差异的原因，搞清现行《企业会计制度》规定的所得税费用核算的原则，才能顺利地进行企业所得税的账务处理和账务调整。

一、补缴所得税的账务调整

企业在接受检查后，不能忽视有关账目的调整。

【例】

2018年6月5日对某纳税人进行企业所得税检查过程中，发现该企业将10 000元的电脑一次性列入管理费用，税务机关认为该电脑应作固定资产。假设当年可提折旧2 000元，则应调增应纳税所得额为8 000元，税务机关对纳税人做出处理后，纳税人对补缴所得税借记“所得税”，贷记“应交税费”科目，而对资产类科目不作调整。

如果纳税人对资产类科目不作调整，也不设置“递延税款备查登记簿”，将使8 000元的支出无法通过折旧方式逐年在税前扣除。

正确的账务调整为：

借：固定资产	10 000	
贷：以前年度损益调整		8 000
累计折旧		2 000

然后借记“以前年度损益调整”，贷记“应交税费——应交所得税”。

会计制度和税法在一些成本、费用的扣除范围和扣除标准、扣除时间上存在一定的差异，对暂时性差异造成少缴税款在补税时一般应作账务调整。纳税人存在的结转原材料、生产成本、产成品问题，资产费用的折旧、摊销等问题，只要不是虚列的成本费用，在税务检查补缴所得税的同时，应对资产类科目进行账务调整，详细记录相关的补缴税款原因、金额、转销期限、已转销数额，在以后年度所得税申报中作纳税调减，不然就会造成多缴所得税。

二、利润总额与应纳税所得额产生差异的原因

1. 永久性差异

永久性差异是指某一会计期间，由于会计制度和税法在计算收益、费用或损失时的口径不同所产生的税前会计利润与应纳税所得额的差异，这种差异在本期发生，不会在以后各期转回。永久性差异的主要类型有：

（1）按会计制度规定应作为收益，但在计算所得税时不确认为收益。

（2）按会计制度规定不作为收益，但在计算所得税时作为收益。

（3）按会计制度规定作为费用或损失冲减当期损益，但在计算所得税时不得扣减。

（4）按会计制度规定不得作为费用或损失，但在计算所得税时允许扣减当期损益。

（5）永久性差异确认的特殊事项。比如已经享受投资抵免的国产设备在规定期限内出租、转让应补交的所得税，也作为永久性差异处理。

2. 暂时性差异

暂时性差异是指由于税法与会计制度在确认收益、费用或损失的时间不同而产生的税前会计利润与应纳税所得额的差异。这种差异在本期发生，但可在以后一期或若干期转回。暂时性差异的主要类型有：

（1）企业获得的某项收益，按照会计制度规定应作为本期收益，但税法规定在计算所得税时应作为以后各期的收益，从而形成差异。

（2）企业获得的某项收益，按照会计制度规定应作为以后各期收益，但税法规定在计算所得税时应作为当期收益，从而形成差异。

上述两种应当增加未来或当期应纳税所得额的暂时性差异称为应纳税暂时性差异。

（3）企业发生的某项费用或损失，按照会计制度规定应作为当期费用或损失，但税法规定应抵扣以后各期应纳税所得额，从而形成差异。

（4）企业发生的某项费用或损失，按照会计制度规定应作为以后会计期间的费用或损失，但税法规定应抵扣当期应纳税所得额，从而形成差异。

这两种应当抵扣未来或当期应纳税所得额的暂时性差异称为可抵减暂时性差异。

三、对所得税账户调整的方法

不执行新会计准则的企业在所得税处理时可采用应付税款法或纳税影响会计法，但是1 500多家上市公司和国资委下的企业已执行所得税会计准则，它们采用的是资产负债表债务法。

（一）应付税款法

应付税款法是指企业按照税法规定计算当期应纳税所得额，并以此计算确认所得税费用，交纳企业所得税，不再将差异递延。在应付税款法下，当期的所得税费用与应交所得税额相等。企业按应纳税所得额计算应交所得税时，借记“所得税”科目，贷记“应交税费——应交所得税”科目；实际交纳所得税时，借记“应交税费——应交所得税”科目，贷记“银行存款”科目；期末结转所得税费用时，借记“本年利润”科目，贷记“所得税”科目。

【例】

2018年末，某2 400人的企业，财务利润总额13 600 000元，当年实际发放的工资总额为46 080 000元。假定该市税务机关经过检查核实，确认该企业可以在税前列支的合理的工资为人均1 100元/月；企业有价值75 000 000元的设备，按照双倍余额递减法计提折旧，当年提取折旧额15 000 000元（不考虑净残值）；按照税法规定应按年限法计提折旧7 500 000元。其余内容未发生纳税调整事项。企业所得税的账户处理方法如下：

第一步，计算差异额。

暂时性差异额=15 000 000—7 500 000=7 500 000（元）

永久性差异额=46 080 000—（24 000 000 × 0.11 × 12）=14 400 000（元）

差异总额=暂时性差异额+永久性差异额

=7 500 000+14 400 000=21 900 000（元）

第二步，计算应纳税所得额。

应纳税所得额=财务利润总额+差异总额

=13 600 000+21 900 000=35 500 000（元）

第三步，计算应交所得税额。

应交所得税额=应纳税所得额 × 适用税率

=35 500 000 × 25%=8 875 000（元）

第四步，企业所得税账户处理。

（1）按照所计算的应交所得税额

借：所得税　　8 875 000

　贷：应交税费——应交所得税　　8 875 000

（2）结转所得税费用

借：本年利润　　8 875 000

　贷：所得税　　8 875 000

（3）交纳所得税

借：应交税费——应交所得税　　8 875 000

　贷：银行存款额　　8 875 000

（二）纳税影响会计法

纳税影响会计法就是将暂时性差异对本期所得税费用的影响金额递延和分配到以后各期的方法。在纳税影响会计法下，企业首先将当期的纳税暂时性差异或可抵减暂时性差异递延和分配到以后各期，并按应纳税所得额计算出当期所得税费用和应交所得税额；然后计算应由本期承担的前期暂时性差异或可抵减暂时性差异对所得税费用的影响额；最后把当期所得税费用和应由本期承担的前期所得税费用额相加总，以计算确定本期所得税费用的一种方法。

根据企业会计制度的规定，采用纳税影响会计法的企业可以选择采用：递延法或债务法具体进行会计核算。

需要指出的是，递延法或债务法之间既存在区别、又有联系。它们的联系表现在这两种方法都是纳税影响会计法，企业进行所得税会计核算的方法；它们都反映了暂时性差异对企业所得税费用产生的影响。而两者的差异主要表现在对新税收政策和税率变动的反应不同。采用递延法的企业，在开征新税种或税率发生变动时，不对原已确认的暂时性差异所影响的所得税费用进行调整，在转回暂时性差异的所得税影响金额时，按照原所得税税率计算转回；采用债务法的企业，在开征新税种或税率发生变动时，应当对原已确认的暂时性差异所影响的所得税费用进行调整，在转回暂时性差异的所得税影响金额时，按照现行所得税税率计算转回。

使用纳税影响会计法应当注意下列问题：

第一，企业会计制度规定，在暂时性差异产生递延税款借方金额的情况下，为了慎重起见，如在以后转回暂时性差异的时期内（一般为3年），有足够的应纳税所得额予以转回的，才能确认暂时性差异的所得税影响金额，并作为递延税款的借方予以反映；

第二，不符合上述第一条所规定的条件的，应当将其发生的暂时性差异产生的递延税款借方金额，于发生当期视同永久性差异处理，不再递延到以后各期。

第三，企业按规定以交纳所得税后的利润再投资所退回的所得税，以及实行先征后返还所得税的企业，应当于实际收到退回的所得税时，冲减退回当期的所得税费用，也不再递延。

下面介绍递延法和债务法的核算过程。

1. 递延法

采用递延法时，将税前会计利润加减永久性差异额，计算所得税费用，借记“所得税”科目；按应纳税所得额计算应交所得税，贷记“应交税费——应交所得税”科目；将其差额借记或贷记“递延税款”科目。企业转回前期确认的应由本期承担的递延所得税资产（即递延税款借方余额）时，借记“所得税”科目，贷记“递延税款”科目；转回前期确认的应由本期承担的递延所得税负债（即递延税款贷方余额）时，应借记“递延税款”科目，贷记“所得税”科目。

【例】

仍引用上例，同时根据账户反映，“递延税款”账户本年承担的借方余额500 000元、贷方余额200 000元（不受税率变动影响），本期所得税税率由27%调为25%。企业所得税的账户处理方法如下。

第一步，计算差异额。

暂时性差异额=15 000 000−7 500 000=7 500 000（元）

永久性差异额=46 080 000−（24 000 000 × 0.11 × 12）=14 400 000（元）

第二步，计算应纳税所得额。

应纳税所得额=财务利润总额 + 永久性差异额+暂时性差异额

=13 600 000+14 400 000+7 500 000=35 500 000（元）

第三步，计算应交所得税额。

应交所得税额=应纳税所得额 × 适用税率

=35 500 000 × 25%=8 875 000（元）

第四步，按税前利润与永久性差异的和计算本期应承担的所得税费用。

本期所得税费用=（财务利润总额 + 永久性差异额）× 适用税率

=（13 600 000+14 400 000）× 25%=7 000 000（元）

第五步，计算暂时性差异额影响的应交所得税费用。

暂时性差异额影响的所得税费用=7 500 000 × 25%=1 875 000（元）

第六步，确定应由本期承担的递延所得税资产和递延所得税负债。

本期承担的递延所得税资产=500 000元

本期承担的递延所得税负债=200 000元

第七步，企业所得税账户处理。

（1）按照所计算的应交所得税额和暂时性差异额影响的应交所得税额记账。

借：所得税　　7 000 000

　　递延税款　　2 475 000

　贷：应交税费——应交所得税　　8 875 000

（2）分担应由本期承担的递延所得税资产和递延所得税负债。

借：所得税　　300 000

　　递延税款　　200 000

贷：递延税款　　500 000

（3）结转所得税费用

借：本年利润　　7 300 000

　贷：所得税　　7 300 000

（3）交纳所得税

借：应交税费——应交所得税　　8 875 000

　贷：银行存款　　8 875 000

2. 债务法

采用债务法时，将税前会计利润加减永久性差异额，计算所得税费用，借记“所得税”科目；按应纳税所得额计算应交所得税，贷记“应交税费——应交所得税”科目；将其差额借记或贷记“递延税款”科目。在未开征新税种、税率未发生变更的情况下，企业转回前期确认的应由本期承担的递延所得税资产（即递延税款借方余额）时，借记“所得税”科目，贷记“递延税款”科目；转回前期确认的应由本期承担的递延所得税负债（即递延税款贷方余额）时，应借记“递延税款”科目，贷记“所得税”科目。如果开征了新税种或所得税率发生了变化，企业应根据所计算的由于税率变动或开征新税调减的资产，或调增的负债，借记“所得税”科目，贷记“递延税款”科目；或者，企业应根据所计算的由于税率变动或开征新税调增的资产，或调减的负债，借记“递延税款”科目，贷记“所得税”科目。

【例】

续前例，假定2018年为又一个会计期间。本期，工资总额与可在税前列支的合理性工资的差异与上年相同，为1 440万元；本期计提折旧1 200万元[（7 500−1 500）×20%]；本期分担的前期递延税款不变，仍为50万元和20万元（该部分不受所得税率变动的影响）；同时，本年由于税收政策调整，所得税率降为15%。其账户处理如下：

第一步，计算差异额。

暂时性差异额=12 000 000−750=4 500 000（元）

永久性差异额=46 080 000−（24 000 000×0.11×12）=14 400 000（元）

第二步，计算应纳税所得额。

应纳税所得额=财务利润总额＋永久性差异额+暂时性差异额

=13 600 000+14 400 000+4 500 000=32 500 000（元）

第三步，计算应交所得税额。

应交所得税额=应纳税所得额×适用税率

=32 500 000×15%=4 875 000（元）

第四步，按税前利润与永久性差异的和计算本期应承担的所得税费用。

本期所得税费用=（财务利润总额＋永久性差异额）×适用税率

=（13 600 000+14 400 000）×15%=4 200 000（元）

第五步，计算暂时性差异额影响的应交所得税额。

暂时性差异额影响的所得税费用=4 500 000×15%=675 000（元）

第六步，确定应由本期承担的递延所得税资产和递延所得税负债。

本期承担的递延所得税资产=500 000元

本期承担的递延所得税负债=200 000元

第七步，确定由于税率变动而造成调增、调减以前各期递延所得税资产或递延所得税负债调增、调减额的影响。

截至本期因税率变动而调减的递延所得税资产，即：

15 000 000 ×（30%−15%）=225 000元

第八步，企业所得税账户处理。

（1）按照所计算的应交所得税额和暂时性差异额影响的应交所得税额记账。

借：所得税　　4 200 000

　　递延税款　　675 000

　贷：应交税费——应交所得税　　4 875 000

（2）分担应由本期承担的递延所得税资产和递延所得税负债。

借：所得税　　300 000

　　递延税款　　200 000

　贷：递延税款　　500 000

（3）分担本期因税率减低而调减的递延所得税资产。

借：所得税　　225 000

　贷：递延税款　　225 000

（4）结转所得税费用。

借：本年利润　　4 725 000

　贷：所得税　　4 725 000

（5）交纳所得税。

借：应交税费——应交所得税　　4 875 000

　贷：银行存款　　4 875 000

四、企业所得税纳税检查调整的特殊事项

税务检查后，对于以下几种情况，一般都将查补应纳税所得额视同直接影响利润的因素而全部作为调增计税所得额。一是查补应纳税所得额较小，影响当期利润较小；二是查补应纳税所得额发生在上一年度、以往年度，或年终检查时，查补应纳税所得额发生在年初；三是检查期末纳税人在产品结存和库存商品结存都较少，或查补应纳税所得额发生月份至检查期末的中间月份内，存在着产品结存和库存商品结存为零或较少的情况。在这种情况下，可不将查补应纳税所得额分配计算而全部视同查增所得额计税，检查后只补税不调账。

除上述情形外，不将查补应纳税所得额分配计算，将影响计税所得额的准确性并直接影响纳税人财务成果的真实性。因此，应作相应的纳税调整。

（一）调账内容的确定

（1）属于多转或少转材料成本、商品进销差价的，应分别调整原材料（或材料成

本差异）、在产品成本、库存商品成本、主营业务成本及本年利润等科目；

（2）属于多转或少转在产品成本的，应分别调整生产成本、库存商品、主营业务成本及本年利润等科目；

（3）属于多转或少转产成品生产（库存商品）成本的，应分别调整库存商品、主营业务成本及本年利润等科目；

（4）属于多摊或少摊、多提或少提、多计、少计期间费用的，应首先调整待摊费用、预提费用、营业费用、管理费用、财务费用，然后调整本年利润等科目。

（5）属于将在建工程负担的开支挤入成本、费用或营业外支出的，要全部冲回，并调增利润；

（6）对于将收入或利润挂在往来账的，应当冲销往来账，并调增利润。

（二）查补应纳税所得额的分配计算

查补应纳税所得额的分配计算一般采取逐步分配法或比例分配法。

1. 逐步分配法

逐步分配法就是将需分配的查补额，按原材料、生产成本、库存商品、主营业务成本等核算环节的程序，一步一步地往下分配，逐步分配法的基本分配公式为：

分配给下一程序的查补额=转出数/（转出数+结存数）×需分配的查补额

分配结存程序结存数=结存数/（转出数+结存数）×需分配的查补数

2. 比例分配法

比例分配法就是按应调整的各环节期末数字或累计数字所占比例而进行分配的方法，它只需一次分配，与逐步分配法中需多次分配相比简便很多，因此在检查工作中较为常用。

在材料采购环节和有关材料账户借方发生的查补额要在原材料、生产成本、库存商品、主营业务成本四个环节进行分配。

各环节结存应分配数=各该环节期末结存数/（材料期末结存数+征税成本期末结存数+库存商品期末结存数+库存商品累计结存转销售成本数）×需分配查补额

为计算简便起见，我们把上式中分母的倒数和需分配的查补额的乘积称为分配比例，则各环节的分配情况如下：

（1）材料结存应分配数=材料期末结存数×分配比例

（2）生产成本结存应分配数=征税成本期末结存数×分配比例

（3）库存商品结存应分配数=库存商品期末结存数×分配比例

（4）销售成本应分配数=库存商品累计结转销售成本数×分配比例

在分配时会注意，需要在几个环节分配的，其分配比例中的分子为该环节的期末结存数，分母为该环节和该环节以前各环节的期末结存数之和。

如在生产成本账户借方以及制造费用账户借、贷方所发生的查补额，只需按

（2）、（3）、（4）在生产成本、库存商品和主营业务成本三个环节进行分配；在生产成本账户贷方与库存商品账户借方所发生的查补额，只需按（3）、（4）在库存商品和主营业务成本两个环节进行分配。

商品流通企业在商品采购环节发生的查补额可比照上述公式在商品采购、库存商品和主营业务成本三个环节进行分配；在库存商品账户借方发生的查补额可以比照上述公式在库存商品和主营业务成本两个环节进行分配。

参考文献

[1]庄粉荣. 实用税收策划 [M] . 成都：西南财经大学出版社, 2001.

[2]庄粉荣. 涉税事项处理技巧 [M] . 成都：西南财经大学出版社, 2003.

[3]庄粉荣. 投资活动与税收策划 [M] . 成都：西南财经大学出版社, 2003.

[4]庄粉荣. 纳税检查应对技巧 [M] . 成都：西南财经大学出版社, 2003.

[5]庄粉荣. 税收策划实务 [M] . 上海：立信会计出版社, 2003.

[6]庄粉荣. 纳税检查实务 [M] . 上海：立信会计出版社, 2003.

[7]庄粉荣. 纳税管理实务 [M] . 上海：立信会计出版社, 2003.

[8]庄粉荣. 税收策划案例分析（经济管理类课程教材税收系列） [M] . 北京：中国人民大学出版社, 2005.

[9]庄粉荣. 纳税策划实战精选百例 [M] . 北京：机械工业出版社, 2006.

[10]庄粉荣. 纳税策划实战精选百例 [M] . 2版. 北京：机械工业出版社, 2008.

[11]庄粉荣. 个人财富增值的税收策划 [M] . 北京：机械工业出版社, 2008.

[12]庄粉荣. 资产重组：业务的税收策划 [M] . 北京：机械工业出版社, 2008.

[13]庄粉荣. 销售业务纳税策划操作实务 [M] . 北京：机械工业出版社, 2008.

[14]庄粉荣. 纳税策划大败局 [M] . 北京：机械工业出版社, 2010.

[15]庄粉荣. 纳税策划实战精选百例 [M] . 3版. 北京：机械工业出版社, 2010.

[16]庄粉荣. 增值税检查应对技巧 [M] . 北京：机械工业出版社, 2011.

[17]庄粉荣. 企业所得税检查应对技巧 [M] . 北京：机械工业出版社, 2011.

[18]庄粉荣. 企业涉税风险的表现及规避技巧 [M] . 北京：机械工业出版社, 2011.

[19]庄粉荣. 现代服务业财税策划实务 [M] . 北京：中国经济出版社, 2011.

[20]庄粉荣. 制造企业财税策划实务 [M] . 北京：中国经济出版社, 2011.

[21]庄粉荣. 企业所得税操作实务 [M] . 北京：中国经济出版社, 2011.

[22]庄粉荣. 房地产企业财税策划实务 [M] . 北京：中国经济出版社, 2011.

[23]庄粉荣. 避税暗战 [M] . 北京：清华大学出版社出版, 2011.

[24]庄粉荣. 纳税策划实战精选百例 [M] . 4版. 北京：机械工业出版社, 2012.

[25]庄粉荣. 所得税纳税策划案例精选 [M] . 北京：机械工业出版社, 2012.

[26]庄粉荣. 投融资业务财税策划演练 [M] . 北京：机械工业出版社, 2013.

[27]庄粉荣. 经营管理财税策划演练 [M] . 北京：机械工业出版社, 2013.

[28]庄粉荣. 房地产企业财税策划演练全集 [M] . 北京：机械工业出版社, 2013.

[29]庄粉荣. 纳税策划实例全集 [M] . 北京：机械工业出版社, 2013.

[30]庄粉荣. 企业涉税风险的表现及规避技巧 [M] . 2版. 北京：机械工业出版社, 2014.

[31]庄粉荣. 纳税策划实战精选百例 [M] . 5版. 北京：机械工业出版社, 2014.

[32]庄粉荣. 谁动了老板的钱包 [M] . 北京：中华工商联合出版社, 2014.

[33]庄粉荣. 不缴冤枉税——税收优惠利用技巧 [M] . 北京：中华工商联合出版社, 2014.

[34]庄粉荣,庄亦如. 不缴糊涂税——税收优惠利用疑难 [M] . 北京：中国财政经济出版社, 2015.

[35]庄粉荣. 税务稽查案例分析与点评 [M] . 北京：中国法制出版社, 2015.

[36]庄粉荣. 纳税策划实战精选百例 [M] . 6版. 北京：机械工业出版社, 2016.

[37]庄粉荣,庄亦如. 建筑施工企业营改增案例精解 [M] . 北京：机械工业出版社, 2017.

[38]庄粉荣. 税收策划36计 [M] . 北京：中国铁道出版社有限公司, 2020.

[39]《中华人民共和国企业所得税法实施条例》立法起草小组. 中华人民共和国企业所得税法实施条例释义及适用指南 [M] . 北京：中国财政经济出版社,2007.

[40]财政部会计司编写组. 企业会计准则讲解（2006） [M] . 北京：人民出版社, 2007.

读者意见反馈表

亲爱的读者：

感谢您对中国铁道出版社有限公司的支持，您的建议是我们不断改进工作的信息来源，您的需求是我们不断开拓创新的基础。为了更好地服务读者，出版更多的精品图书，希望您能在百忙之中抽出时间填写这份意见反馈表发给我们。随书纸制表格请在填好后剪下寄到：北京市西城区右安门西街8号中国铁道出版社有限公司大众出版中心 王佩 收（邮编：100054）。或者采用传真（010-63549458）方式发送。此外，读者也可以直接通过电子邮件把意见反馈给我们，E-mail地址是：1958793918@qq.com。我们将选出意见中肯的热心读者，赠送本社的其他图书作为奖励。同时，我们将充分考虑您的意见和建议，并尽可能地给您满意的答复。谢谢！

所购书名：______________________

个人资料：

姓名：__________ 性别：__________ 年龄：__________ 文化程度：__________

职业：__________ 电话：__________ E-mail：__________

通信地址：______________________ 邮编：__________

您是如何得知本书的：

□书店宣传 □网络宣传 □展会促销 □出版社图书目录 □老师指定 □杂志、报纸等的介绍 □别人推荐 □其他（请指明）__________

您从何处得到本书的：

□书店 □邮购 □商场、超市等卖场 □图书销售的网站 □培训学校 □其他

影响您购买本书的因素（可多选）：

□内容实用 □价格合理 □装帧设计精美 □带多媒体教学光盘 □优惠促销 □书评广告 □出版社知名度 □作者名气 □工作、生活和学习的需要 □其他

您对本书封面设计的满意程度：

□很满意 □比较满意 □一般 □不满意 □改进建议

您对本书的总体满意程度：

从文字的角度 □很满意 □比较满意 □一般 □不满意

从技术的角度 □很满意 □比较满意 □一般 □不满意

您希望书中图的比例是多少：

□少量的图片辅以大量的文字 □图文比例相当 □大量的图片辅以少量的文字

您希望本书的定价是多少：

本书最令您满意的是：

1.

2.

您在使用本书时遇到哪些困难：

1.

2.

您希望本书在哪些方面进行改进：

1.

2.

您需要购买哪些方面的图书？对我社现有图书有什么好的建议？

您更喜欢阅读哪些类型和层次的书籍（可多选）？

□入门类 □精通类 □综合类 □问答类 □图解类 □查询手册类

您在学习计算机的过程中有什么困难？

您的其他要求：